To: Rolf Simonic

Datenfernkommunikation

Datenfernkommunikation

Grundlagen und Anwendungen
der Übertragung von Daten und Texten
in öffentlichen Datennetzen

Ralph Langner

W
DE
G

Walter de Gruyter · Berlin · New York 1989

Ralph Langner ist
Inhaber eines Berliner Software-Hauses

CIP-Titelaufnahme der Deutschen Bibliothek

Langner, Ralph
Datenfernkommunikation : Grundlagen und Anwendungen der Übertragung von Daten und Texten in öffentlichen Datennetzen / Ralph Langner. – Berlin ; New York : de Gruyter, 1989
ISBN 3-11-011856-4

Satz und Druck: Arthur Collignon GmbH, Berlin. – Bindung: Dieter Mikolai, Berlin. – Umschlagentwurf: Karl-Lothar Hildebrand, Berlin.

Vorwort

Wir erleben gegenwärtig den raschen Ausbau von Datennetzen, Datenbanken und Telekommunikationsdiensten. Telekommunikation ist zum Schlagwort beim Entwurf gesellschaftlicher Szenarien von Morgen geworden. Dies nicht von ungefähr: In zentralen Lebensbereichen von Wirtschaft und Gesellschaft spielt die Ressource Information sowie die Fähigkeit zu schneller und effizienter Kommunikation eine immer größere Rolle. Schon heute sind Unternehmen und ganze Wirtschaftszweige nicht mehr konkurrenzfähig, weil sie die Vernetzung mit den neuen Kommunikationstechnologien und die Erschließung elektronischer Informationsquellen versäumt haben. Diese Situation wird sich im Laufe der nächsten Jahre zuspitzen.

Dieses Handbuch wendet sich an Praktiker in Wirtschaft, Wissenschaft und Verwaltung, die die in der modernen Datenfernkommunikation liegenden Möglichkeiten und Chancen bereits heute nutzen wollen. Die Entwicklung und Verbreitung leistungsfähiger, preiswerter Informationstechnik hat dazu geführt, daß Datenfernkommunikation heute mit einfachsten Mitteln zu realisieren ist. Die Erfahrung hat gezeigt, daß die für den Anwender entstehenden Schwierigkeiten mit denen der elektronischen Textverarbeitung zu vergleichen sind: Sobald anfängliche Berührungsängste überwunden sind, ist auch der Laie ohne spezielle Fachausbildung in der Lage, die neuen Techniken nutzbringend in den beruflichen Alltag einzubeziehen.

Vor allem durch die Verbilligung von Rechnerleistung und die Verbreitung leistungsfähiger Personal Computer haben sich die Einsatzgebiete der Datenfernübertragung (DFÜ) von der reinen Datenfernverarbeitung (DFV) zunehmend zur Datenfernkommunikation (DFK) hin gewandelt. Dieser Entwicklung trägt das vorliegende Handbuch Rechnung. Die Hauptanwendungsbereiche, die behandelt werden, sind:

- Übermittlung von Texten, Daten und Dokumenten innerhalb von und zwischen Organisationen;
- Abruf von Online-Datenbanken;
- Nutzung elektronischer Kommunikationssysteme.

Mit Kapiteln zu Dateikompression und Chiffrierung werden Themen behandelt, die systematisch in anderen Teilgebieten der Informatik angesiedelt sind, jedoch in der Praxis der Datenfernkommunikation von Bedeutung sind. Aus dem gleichen Grund werden mathematisch-technische Details der Datenübertragung, deren Kenntnis für den Anwender unnötig ist, nicht erörtert. Ebenfalls nicht behandelt werden lokale Rechnernetze (LANs) und primär zur Datenfernverarbeitung dienende organisationsinterne Weitverkehrsnetze.

Dieses Buch ist Nachschlagewerk und Lehrbuch in einem. Weil es sowohl elementare Grundlagen der Datenkommunikation als auch anwendungsbezogene Tips und Detailinformationen für den Fachmann enthält, sollte der Leser je nach Interessenlage und Wissensstand im Text „springen". Erleichtert wird dies durch Kurzübersichten zu Beginn jedes Kapitels.

Berlin, im Herbst 1988 Ralph Langner

Inhalt

1. Entwicklung und Dynamik der Datenfernkommunikation

Gemessen an der gegenwärtigen technologischen Innovationsrate ist die der Datenfernkommunikation zugrundeliegende Telekommunikationstechnik schon verhältnismäßig alt. Sie datiert aus dem 19. Jahrhundert. Schon Telegraph und, einige Jahrzehnte später, auch Fernschreiber basieren auf der Übermittlung von Informationen in maschinenlesbarer Form. Erst das Aufkommen der elektronischen Datenverarbeitung führte jedoch zur modernen Datenfernkommunikation, da sie mit den Computern kommunikationsfähige Endgeräte zur Verfügung stellte, die – im Unterschied zu Telegraph und Fernschreiber – die empfangenen Daten nicht nur anzeigen, sondern auch weiterverarbeiten können.

Die Verbindung von Telekommunikation und Informationsverarbeitung entwickelt sich seit ihren Anfängen in den 60er Jahren dieses Jahrhunderts explosionsartig. Der bisherige Verlauf dieser Entwicklung manifestiert sich in drei Teilbereichen besonders deutlich:

- Ausbau der Kommunikationsnetze und Informationsangebote
  Die Nutzung öffentlicher Datennetze nimmt exponentiell zu. Im gleichen Umfang steigt ihre Leistungsfähigkeit. Im Bereich der öffentlichen Telekommunikationsdienste findet eine Ausweitung der Informationsangebote von Zielgruppen in der Wissenschaft zu solchen in Wirtschaft und Verwaltung bis hin zum privaten Endverbraucher statt.

- Anwachsen des gesamtgesellschaftlichen Informationsbedarfs
  Information und Kommunikation sind zu unverzichtbaren Ressourcen der hochtechnisierten Gesellschaft geworden. Wissenschaft und Wirtschaft sind ohne leistungsfähige Informationsangebote und Kommunikationsmedien nicht mehr denkbar. Um so stärker wird der Wettbewerb um Information, und in Verbindung hiermit wird Information zum Wirtschaftsgut, für dessen Produktion und Verbreitung eine eigene Industrie entsteht.

- Soziale Auswirkungen

  Die zunehmende Nutzung der Datenfernkommunikation hat Auswirkungen auf das Leben und Zusammenleben der Menschen bis in den Privatbereich hinein, von denen nicht nur diejenigen betroffen sind, deren Berufstätigkeit unmittelbar durch die neuen Techniken verändert wird. Auf manche dieser Auswirkungen reagierte die „Informationsgesellschaft" bereits mit Sanktionen wie z.B. mit rechtlichen Regelungen zum Datenschutz.

Viele Hinweise sprechen dafür, daß die Entwicklung der Datenfernkommunikation dennoch erst in ihren Anfängen begriffen ist. Im folgenden wird ihr bisheriger und (vermutlich) künftiger Verlauf für jeden der oben skizzierten Teilbereiche aufgezeigt.

1.1 Ausbau der Kommunikationsnetze und Informationsangebote

Die Entwicklung der Datenfernkommunikation läßt sich an zwei Indikatoren ablesen. Der erste Indikator besteht im Ausbau der Datennetze und in der Steigerung ihrer Leistungsfähigkeit. Der zweite Indikator besteht in den Anwendungsmöglichkeiten, die die neuen Kommunikationsnetze eröffnen, und in den Anwendergruppen, an die sich diese Möglichkeiten richten.

Bis zur Einführung des Computers steht die Entwicklung der Telekommunikation unter dem Vorzeichen der Übertragung von Sprache und Bild. Als deutlich wird, daß die elektronische Datenverarbeitung ganz neue Nutzungsmöglichkeiten der Telekommunikation eröffnet, wird das Telefonnetz zusätzlich zum Maschine-Maschine-Dialog verwendet. Das Telefonnetz bietet den Vorteil einer weitreichenden Verbreitung, doch ist die Zusatznutzung zur Datenübertragung durch die hier verwendete Analogtechnik der Signalweiterleitung beschränkt.

Ein qualitativer Sprung wird mit dem Aufbau digitaler Datennetze erreicht, die ausschließlich der Datenübertragung dienen und bedeutend höhere Leistungsmerkmale erzielen als das Telefonnetz. Die Einführung von ISDN steht gegenwärtig für den Trend, alle Bereiche der Telekommunikation zu digitalisieren und über ein einheitliches Netz abzuwickeln. Als Zielrichtung dieser Entwicklung zeichnet sich eine leistungsfähige

Datenkommunikation mit einer Vielzahl von Teilnehmern zu niedrigen Gebühren ab. Das könnte bedeuten, daß Datenkommunikation in Zukunft so „alltäglich" wie das Telefonieren wird.

Die Entwicklung öffentlicher Telekommunikationsdienste hängt zusammen mit den gewandelten Anwendungsbereichen des Computers: Die Entwicklung des Computers von der reinen Rechenmaschine (englisch: Computer) zum Informationssystem und Textverarbeitungssystem bis hin zum Spielzeug (verbunden mit einer entsprechenden Verbilligung und Verbreitung der Geräte) findet hier ihr Äquivalent. Ursprünglich wird Datenübertragung hauptsächlich zur dezentralen Nutzung von Rechenleistung verwendet, also zur Datenfernverarbeitung. Ein Übergang findet statt, als Rechenzentren zusätzlich Informationen in Form von Datenbanken anbieten. Mit der Erschließung neuer Anwendungsbereiche erfolgt gleichzeitig eine Diffusion zu neuen Anwenderkreisen. Eine dritte Schwelle wird schließlich mit der Entstehung von Kommunikationsdiensten überschritten, die von der Weiterleitung elektronischer Mitteilungen bis zum „electronic shopping" ein umfassendes Dienstleistungsangebot für den privaten Kunden bieten.

1.1.1 Entwicklung der Datennetze

Seit der Einführung der Computer vollzieht sich die Entwicklung der Datennetze auf zwei unterschiedlichen technologischen Strängen, die durch die analoge und die digitale Übertragungstechnik repräsentiert werden. Während die Datenübertragung im analog übertragenden Telefonnetz wegen der weiten Verbreitung dieses Netzes und den relativ günstigen Kosten große Popularität erlangt hat, realisieren digitale Datennetze weit höhere Leistungsmerkmale. Die künftige Entwicklung geht in Richtung auf eine zunehmende Digitalisierung der Telekommunikationsnetze, von der auch das Telefonnetz betroffen sein wird.

Datenübertragung wird in diesem Handbuch verstanden als die Weiterleitung von Informationen in maschinenlesbarer Form. Datenfernkommunikation als Informationsaustausch räumlich voneinander entfernter Datenverarbeitungsanlagen oder Ein/Ausgabegeräte setzt öffentliche Weitverkehrsnetze voraus, die zur Datenübertragung genutzt werden können. Solche Telekommunikationsnetze werden hier – unabhängig davon, zu welchen Zwecken sie sich sonst noch eignen – einheitlich als „Datennetze" bezeichnet. Datennetze haben zwei Hauptaufgaben:

- Einerseits sollen Datennetze eine fehlerfreie und schnelle Übertragung gewährleisten.
- Andererseits sollen sie – als „offene“ Netze – die Erreichbarkeit möglichst vieler Teilnehmer gewährleisten.

Es gibt kein Datennetz, das beide Ziele optimal verwirklicht. Aus Kostengesichtspunkten sind die leistungsfähigsten Datennetze nicht auch die mit den meisten Teilnehmern. Die Entwicklung und die Unterschiedlichkeit der Datennetze lassen sich am besten darauf hin beschreiben, welche dieser beiden Hauptaufgaben in welchem Umfang realisiert ist.

Die Ursprünge: Telegraph und Fernschreiber

Die Ursprünge der Datenfernkommunikation liegen in der Telegraphie. 1844 richtete Samuel Morse die erste Telegraphenleitung über eine Distanz von 40 km zwischen Baltimore und Washington ein. Die Telegraphie hat sich seither zur bevorzugten Möglichkeit der Übermittlung kurzer Nachrichten an Adressaten entwickelt, die über Telefon nicht zu erreichen sind. Da per Telegraphie selbst dorthin Botschaften übermittelt werden können, wohin andere Kommunikationsnetze noch nicht vorgedrungen sind, ist sie heute noch in Gebrauch. Die wichtigste technische Neuerung bestand in der Verwendung von Funkverbindungen.

Als knapp hundert Jahre später der Fernschreiber entwickelt wurde, stand auch hier die Übermittlung von eher kurzen Dokumenten im Vordergrund. Anders als beim Telegraphen wird der Fernschreiber jedoch direkt beim Teilnehmer installiert und ist von ihm selbst zu bedienen. Der Fernschreiber findet damit besonders im geschäftlichen Bereich bei der schnellen Übermittlung von Dokumenten Verwendung und konnte sich hier auch gegen das Telefon durchsetzen. 1933 eröffnete die Deutsche Reichspost mit zwei Fernschreibeämtern in Berlin und Hamburg den Deutschen Telexdienst und gleichzeitig den ersten automatischen Telexdienst der Welt. Ende 1933 zählte dieser Dienst noch weniger als 50 Teilnehmer, doch wuchs die Teilnehmerzahl rasch und beständig an. Ende 1939 gab es in Deutschland über 800 Teilnehmer, 1945 etwa 3.000 Teilnehmer, 1955 über 16.000 und heute mehr als 150.000 Teilnehmer. In der ganzen Welt sind gegenwärtig etwa 1,5 Millionen Anschlüsse per Telex erreichbar. Diese Tatsache erklärt auch, warum sich an der grundlegenden Technik des Fernschreibers bis heute kaum etwas geändert hat und der Telex daher technisch gesehen hoffnungslos veraltet ist.

Datenübertragung im Telefonnetz

Nachdem in den 40er Jahren dieses Jahrhunderts der Computer eingeführt worden war, sind die Anfänge der Datenfernübertragung von Computer zu Computer zunächst durch bei der Post bzw. (im Ausland) bei privaten Fernmeldegesellschaften gemietete Fernmeldeleitungen gekennzeichnet, mit denen zwei Computer wie über ein großes Verlängerungskabel miteinander verbunden werden. Diese Art der Datenübertragung ist nicht nur teuer, sondern hat auch den Nachteil, daß praktisch immer nur ein Computer erreicht werden kann, der mit dem anderen Computer fest verbunden ist.

Datenübertragung im öffentlichen Telefonnetz scheiterte lange an der Tatsache, daß das Telefonnetz seit seiner Entwicklung im Jahr 1876 auf dem analogen Übertragungsprinzip basiert, das zur Übertragung von gesprochener Sprache gut geeignet ist. Zur Übertragung digitaler Signale, wie sie bei der Ein- und Ausgabe von Computern anfallen, ist das Telefonnetz jedoch wenig geeignet. Sollen maschinenlesbare digitale Daten im Telefonnetz übertragen werden, muß daher beim Sender erst eine Umwandlung von digitaler in analoge Darstellung und beim Empfänger in umgekehrter Richtung vorgenommen werden. Diese von speziellen Zusatzgeräten (Modems) vorgenommene Umwandlung ist technisch recht aufwendig. Besonders muß darauf geachtet werden, daß der normale Sprechverkehr im Telefonnetz nicht gestört werden darf. Aus diesem Grund ist die Datenübertragung im Telefonnetz von Anfang an nur eine Nebennutzung, die erst vergleichsweise spät eingeführt wurde. Erst im Jahr 1971 wurden von der Deutschen Bundespost die ersten Modems zur Datenübertragung im Telefonnetz angeboten.

Aus den erwähnten technischen Gründen ist die Leistungsfähigkeit der Datenübertragung im Telefonnetz auch heute noch beschränkt. Daß sich diese Form der Datenübertragung inzwischen dennoch weitgehend durchgesetzt hat, liegt daran, daß über das Telefonnetz sehr viele Anschlüsse zu erreichen sind. Mit der Zunahme der Anwender hat sich schließlich die erforderliche Technologie so weit verbilligt, daß Datenübertragung im Telefonnetz heute eine der billigsten Formen der Datenfernkommunikation ist.

Digitale Datennetze

Das Telefonnetz ist nur bedingt zur Datenübertragung geeignet, da Daten beim Computer in digitaler Form anfallen, das Telefonnetz jedoch nur analoge Signale (repräsentiert durch Schwingungen unterschiedlicher Frequenz) übertragen kann. Ein wichtiger Leistungssprung wurde daher mit der Einführung von speziellen Netzen für digitale Übertragung erzielt. Bereits 1967 bietet die Deutsche Bundespost mit dem Datex-L-Dienst ein vom Telefonnetz unabhängiges digitales Datennetz an. In seinen Anfangsjahren war Datex-L allerdings nur mit der langsamen Übertragungsgeschwindigkeit 300 bit/s zu nutzen; heute reicht das Spektrum der Übertragungsgeschwindigkeiten bis zu 64.000 bit/s.

Ein weiterer qualitativer Sprung wird mit der Einführung der sogenannten Paketvermittlungstechnik erreicht. Hierbei handelt es sich um eine spezielle Technologie der Datenübermittlung in digitalen Netzen, bei dem Sender und Empfänger für die Dauer der Verbindung keine eigene Leitung zur Verfügung gestellt bekommen („Leitungsvermittlungstechnik"), sondern eine einzige Leitung von vielen Teilnehmern gleichzeitig benutzt wird. Ermöglicht wird das dadurch, daß der übertragene Datenstrom in „Datenpakete" abgeteilt wird, deren Sender und Empfänger im Kopf jedes Pakets identifiziert werden, so daß spezielle Netzrechner erkennen können, wohin das jeweilige Datenpaket weiterzuleiten ist. Als erstes paketvermitteltes Netz wurde im Jahr 1971 in den Vereinigten Staaten das Netz TYMNET eingeführt. In der Bundesrepublik wurde Paketvermittlung dann 1980 mit dem Datex-P-Netz möglich.

Die Vorteile der Paketvermittlung liegen technisch gesehen darin, daß sie dem diskontinuierlichen Verkehrsaufkommen von Datenendeinrichtungen besser gerecht wird als die Leitungsvermittlung. Für den Benutzer wirkt sich das in einer interessanten Gebührenstruktur aus, da die Abrechnung weitgehend volumenabhängig anstelle von zeitabhängig erfolgt, so daß häufig geringere Nutzungsgebühren als beim Telefonnetz entstehen. Da außerdem unterschliedliche Übertragungsgeschwindigkeiten zwischen Sender und Empfänger möglich sind, hat sich die Paketvermittlung inzwischen weltweit durchgesetzt. Ein besonderer Vorteil liegt darin, daß die internationalen Paketnetze untereinander verknüpft sind und somit leicht Auslandsverbindungen hergestellt werden können.

Die künftige Entwicklung läßt sich mit dem Stichwort ISDN beschreiben. ISDN steht für „Integrated Services Digital Network" und beschreibt ein digitales Multifunktionsnetz, in dem alle Telekommunikationsdienste – also auch das Telefon – auf digitale Übertragung umgestellt werden. 1987 begann die Bundespost den ISDN-Probebetrieb. ISDN ist deshalb von besonderer Bedeutung, weil es auch die Umstellung des Telefons auf digitale Übertragung beinhaltet. Die Folgen hiervon werden eine stark verbesserte Übertragungsqualität und ein hoher Vernetzungsgrad bei vergleichsweise niedrigen Kosten sein.

Entwicklung der Teilnehmerzahl

Abb. 1-1 veranschaulicht die Entwicklung der Teilnehmer an Datendiensten in der Bundesrepublik, angefangen von 60 Teilnehmern im Jahr 1967 – dem Jahr der Einführung von Datex-L – bis hin zum Jahreswechsel 1985/86, als die Post über 250.000 Teilnehmer für Datenanschlüsse zählt. Dabei sind die Teilnehmer von Telex, Teletex und Bildschirmtext sowie die Benutzer privater Akustikkoppler (und zahlreicher illegal installierter „Export-Modems") nicht mitgerechnet.

Der etwa 1980 einsetzende steile Anstieg erklärt sich durch die Verbilligung der Mikroelektronik, die dazu führte, daß immer mehr Unternehmen – und dann selbst Privatleute – Computer installierten. Je „kleiner" aber die Computer werden, desto häufiger werden sie über Datennetze an „große" Computer angeschlossen, um Rechenleistung, Informationen oder Dienstleistungen in Anspruch zu nehmen.

Weltweit sind die Teilnehmerzahlen nur grob zu schätzen. Solche Schätzungen gehen in die gleiche Richtung wie das Zahlenmaterial für die Bundesrepublik. Sie gehen für das Jahr 1975 von weltweit einer Million Teilnehmer aus, berechnen für 1985 15 Millionen Teilnehmer und für das Jahr 2000 schließlich 128 Millionen Teilnehmer.

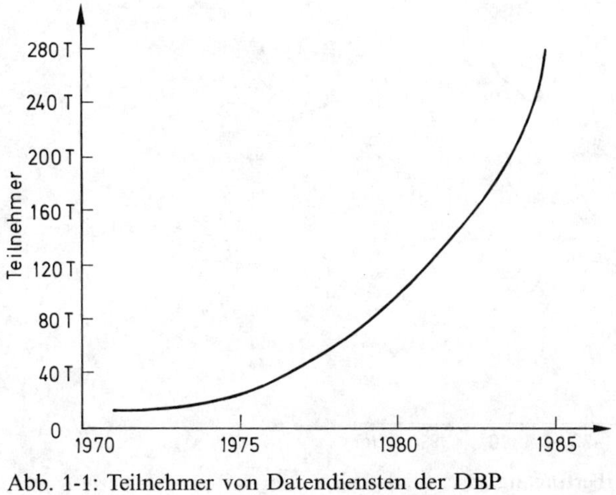

Abb. 1-1: Teilnehmer von Datendiensten der DBP

Anstieg der Leistungsfähigkeit

Das Anwachsen der Teilnehmerzahlen spiegelt die Entwicklung der Datenfernkommunikation nur unzureichend wider, da sie die Entwicklung der Leistungsfähigkeit unberücksichtigt läßt. Die Leistungsfähigkeit der Datennetze aber ist ausschlaggebend dafür, wieviel und zu welchen Zwekken Daten übertragen werden können.

Leistungsfähigkeit mißt sich im Bereich der Datenfernkommunikation an Kriterien wie Übertragungsgeschwindigkeit und durchschnittliche Fehlerrate. Die Entwicklung der Übertragungsgeschwindigkeit ist in Abb. 1-2 veranschaulicht, wobei zu beachten ist, daß die Ordinate logarithmisch skaliert ist.

Was bedeutet nun diese Steigerung der Übertragungsgeschwindigkeit praktisch? Ein Beispiel: mit der Einführung von ISDN werden in der Bundesrepublik Übertragungsgeschwindigkeiten von 64.000 bit/s zum Alltag gehören. Dann könnte man die im 25-bändigen Großen Brockhaus enthaltenen Zeichen (mit Ausnahme der Bilder und Zeichnungen) in knapp zehn Stunden übertragen. Auf einer Direktrufleitung oder per Satellit könnte dieselbe Informationsmenge sogar in weniger als einer halben Stunde übertragen werden. Die besondere Bedeutung von ISDN liegt jedoch darin, eine hochleistungsfähige „offene" Datenfernkommunikation mit einer Vielzahl von Teilnehmern zu ermöglichen.

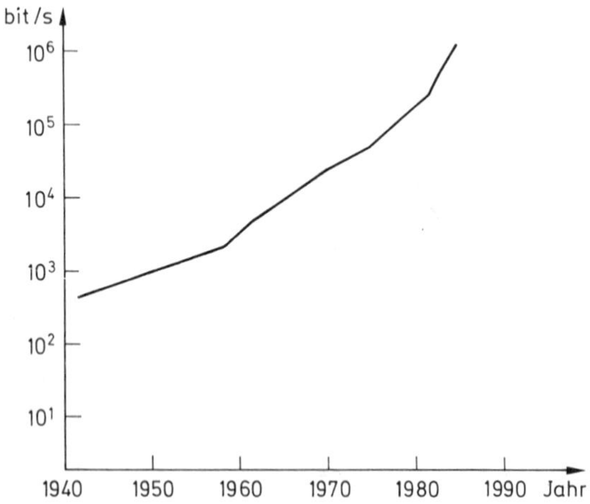

Abb. 1-2: Entwicklung der Übertragungsgeschwindigkeit

1.1.2 Zunahme der Nutzungsmöglichkeiten

Die Nutzung der Datenfernkommunikation läßt sich grob in drei Stufen einteilen. Anfänglich dominiert die Verwendung von Datennetzen zur Nutzung entfernter Rechenleistung (Datenfernverarbeitung). Später kommt die Benutzung von elektronischen Informationsdiensten (Datenbanken) hinzu. Die dritte Stufe schließlich wird durch Kommunikationsdienste mit einem umfassenden Dienstleistungsangebot gekennzeichnet. Diese drei Nutzungsarten stehen gleichzeitig für einen Übergang von Nutzergruppen aus Wissenschaft, Verwaltung und Wirtschaft hin zum privaten Endbenutzer.

Da man über Datennetze – wie beim Telefon – inhaltlich ganz unterschiedliche Botschaften übermitteln kann, eignet sich Datenfernkommunikation zu unterschiedlichsten Einsatzzwecken. Die drei wichtigsten Einsatzgebiete sind:

- Nutzung von entfernter Rechnerleistung und Verarbeitung dezentral anfallender Daten
- Informationsbeschaffung über Datenbanken
- Kommunikation und Inanspruchnahme von informationellen Dienstleistungen

Wie bei jeder neuen Technologie wurde die moderne Datenfernkommunikation – einer chemischen Diffusion ähnlich – in ihren Anfängen zunächst von einer Kern-Anwendergruppe im Bereich der Wissenschaft genutzt. Es folgte die Ausweitung auf Nutzer in Wirtschaft und Verwaltung und im letzten Schritt dann auf private Anwenderkreise. Durch die unterschiedliche Größe der jeweiligen Teilnehmergruppen läßt sich dann auch das exponentielle Wachstum der Teilnehmerzahlen erklären.

Datenfernverarbeitung

Datenfernverarbeitung basiert darauf, daß Daten zur Verarbeitung an einen räumlich entfernten Computer übertragen werden, wo sie zentral verarbeitet werden. Die Resultate werden anschließend wieder zurückübertragen oder verbleiben, wie z.B. bei der Auswertung dezentraler Meßdaten, im Zentralrechner. Die Ursprünge der Datenfernverarbeitung liegen in den 60er Jahren, als die Rechenleistung weniger Computer von vielen Anwendern nachgefragt wurde. Eine wesentliche technische Voraussetzung der Datenfernverarbeitung bestand dabei in der Einführung von Time-Sharing-Systemen, die von mehreren Benutzern gleichzeitig benutzt werden können. Diese Situation war 1964 gegeben, als am M.I.T. das erste Time-Sharing-System in Betrieb genommen wurde. Dann aber wurde rasch deutlich, daß es unerheblich ist, ob das zur Dateneinund -ausgabe verwendete Terminal im gleichen Raum wie der Computer steht oder aber viele hundert Kilometer entfernt über ein Datennetz angeschlossen ist.

Das Aufkommen der Time-Sharing-Systeme führte zum ersten Datenfernübertragungs-Boom. Mit ihren dezentralen Terminals wurden nun viele Organisationen in die Lage versetzt, die Rechenleistung von großen Computern zu nutzen, die sie selbst aus Kostengründen nie hätten installieren können. Diese Situation änderte sich mit der Erfindung des Mikroprozessors im Jahr 1971. Im Gefolge der damit erzielten erheblichen Kostenreduktion konnten immer mehr Unternehmen ihre eigenen Rechenanlagen installieren. Die jüngste Entwicklung mit immer leistungsfähigeren Personal Computern, deren Kapazität und Verarbeitungsgeschwindigkeit den monströsen Großcomputern der 60er Jahre gleichkommt, zeigt eine Rückdrängung der Supercomputer in Bereiche an, in denen es auf extrem hohe Rechenleistung ankommt (z.B. im Bereich der Forschung und des Militärs). Ein weiterer Bereich, in dem die Datenfernverarbeitung allerdings nach wie vor von Bedeutung ist, sind die zahlreichen Anwendungsfälle, in denen Daten zentral koordiniert werden müssen und sich daher die Verbilligung von Rechnerleistung nicht auf Architekturentscheidungen auswirkt. Beispiele hierfür sind die Koordination der Daten für Flugzeugbuchungen, Versicherungen, Krankenkassen, Banken usw.

Datenbanken

Die Entwicklung der Online-Datenbanken hängt eng mit der Entwicklung der Großrechner zusammen. Sie ist eine Folge davon, daß Verlage und IuD-Stellen, die gedruckte Indizes und Informationsverzeichnisse herausgeben, ihre Produktion auf computergestützte Datenbanksysteme und elektronischen Fotosatz umstellten. Mit der Verfügbarkeit interaktiver, benutzerorientierter Computerprogramme, die keine speziellen Computerkenntnisse zur Bedienung voraussetzen, und der Verbreitung preiswerter Terminals und Mikrocomputer gingen einige Verlage dazu über, ihre Datenbanken als zusätzlichen Service online zur Verfügung zu stellen. Aus diesem Nebennutzen entwickelte sich dann bald ein neuer Markt.

Die ersten Online-Datenbanken waren allerdings noch nicht öffentlich, sondern nur einer geschlossenen Benutzergruppe zugänglich. Hierzu gehört als erstes größeres Datenbanksystem das von der NASA initiierte System RECON, das im Jahr 1966 aufgebaut wurde. 1970 war dieses System von 24 Datenterminals von unterschiedlichen Stellen in Nordamerika aus erreichbar. Auch in Europa liegen die Anfänge der Online-Datenbanken in der Weltraumforschung: Das erste europäische Datenbanksystem für einen eingeschränkten Benutzerkreis wurde 1969 für die Europäische Behörde für Weltraumforschung in der Bundesrepublik installiert.

Schon 1968 begann die nordamerikanische National Library of Medicine jedoch damit, die Datenbank MEDLARS über Datenfernkommunikation halböffentlich anzubieten. MEDLARS führt alle im Index Medicus nachgewiesene medizinische Fachliteratur auf. Anfangs konnten neun medizinische Bibliotheken diesen Service nutzen. Die Nutzung von Datenbanken im größeren Umfang scheiterte in der Anfangszeit an den hohen Telekommunikationsgebühren (bedingt durch die hohen Kosten für Standleitungen). Dieser Zustand änderte sich grundlegend im Jahr 1971, als in den Vereinigten Staaten das Datennetz TYMNET verfügbar wurde. Im gleichen Jahr wurde – dank TYMNET – die Datenbank MEDLARS unter der Bezeichnung MEDLINE (zusammengezogen aus MEDLARS-On-Line) in den Vereinigten Staaten öffentlich angeboten. Seither kamen ständig neue Datenbanken zu verschiedensten Sachgebieten hinzu, so daß heute ein vielfältiges und bereits kaum noch überschaubares Angebot besteht. Mittlerweile sind eigene Datenbanken erforderlich, um aus dem Angebot von mehreren tausend Datenbanken eine geeignete Datenbank zu einem bestimmten Thema zu finden.

Kommunikationsdienste

Während die Benutzer von Datenbanken noch vorwiegend aus dem wissenschaftlichen und industriellen Bereich stammen, wurde spätestens mit dem Aufbau elektronischer Kommunikationsdienste auch der private Anwender erreicht. Elektronische Kommunikationsdienste unterscheiden sich dadurch von Datenbanken, daß der Betreiber des Informationsdienstes selbst keine (oder nur vergleichsweise wenige) Informationen sammelt, sondern nur die Fähigkeit des Zentralcomputers zur Informationsspeicherung und gezielten Informationsabfrage zur Verfügung stellt. Die Informationen werden von den Benutzern selbst oder von Dritten (z.B. Dienstleistungsunternehmen) eingegeben. Somit lassen sich elektronische Kommunikationsdienste – auch: Mailboxen – eher einem Kommunikationsmedium als einer Informationsquelle vergleichen.

Die ersten Nutzungen von Datenfernkommunikation als Kommunikationsmedium beginnen Ende der 70er Jahre im wissenschaftlichen Umfeld. Ausschlaggebend war hier das Bedürfnis von Forschungsgruppen nach intensiver Kommunikation mit Mitgliedern, die (für die USA typisch) räumlich weit voneinander entfernt sind und daher sowohl Anreiseschwierigkeiten haben als auch wegen der Zeitverschiebung telefonisch schlecht zu erreichen sind. Elektronische Kommunikationsdienste mit ihrer Möglichkeit zur Zwischenspeicherung von Mitteilungen, Texten und Daten boten für dieses Problem eine geradezu ideale Lösung.

Der erste elektronische Kommunikationsdienst, der das Experimentalstadium überwand, wurde 1977 in den Vereinigten Staaten am New Jersey Institute of Technology unter dem Namen EIES (eine Abkürzung für die schlichte Bezeichnung „Electronic Information Exchange System") eingeführt und war zunächst einer kleinen Gruppe von Wissenschaftlern vorbehalten (also nicht öffentlich). Dank der raschen Verbreitung von Personal- und Home-Computern zu Beginn der 80er Jahre nahm elektronische Kommunikation allerdings dann geradezu explosionsartig zu. Als erster kommerzieller Mailbox-Dienst wurde schon 1979 in den Vereinigten Staaten der CompuServe Information Service gestartet. CompuServe war ursprünglich ein konventionelles Service-Rechenzentrum, das zunächst nur nach einer Möglichkeit suchte, die durch Datenfernverarbeitung in den Abend- und Nachtstunden nicht ausgelasteten Rechner anderweitig zu nutzen. Hierfür wurde dann privaten Nutzern die Möglichkeit angeboten, die Rechner und das zugehörige Datennetz (damals: MicroNet) zum Austausch elektronischer Mitteilungen zu benutzen. Nach einem großen Anfangserfolg wurde der Service schon im Folgejahr stark erweitert. Kennzeichnend für diese Erweiterung sind die zusätzliche Aufnahme von Informationsangeboten ähnlich wie bei Datenbanken. Das Dienstleistungsspektrum umfaßt heute z.B. neben dem Kernbestandteil der elektronischen Post

- elektronisches Einkaufen
- Buchungen und Reservierungen
- Abwicklung des Zahlungsverkehrs
- Weiterbildungsangebote
- Unterhaltung

Was in den Vereinigten Staaten bereits Realität ist, sollte nach der Planung des Bundespostministeriums auch in der Bundesrepublik über Bildschirmtext bereits möglich sein. Da Btx jedoch nicht entfernt auf solche Publikumsresonanz stieß wie erwartet, ist ein ähnlich breit gefächertes Informations- und Dienstleistungsangebot hierzulande erst dann zu erwarten, wenn die Anschaffung und Bedienung konventioneller Geräte zur Datenfernkommunikation weit einfacher wird als bisher. Diese Entwicklung zeichnet sich – nicht zuletzt durch die jüngst veränderte Rechtsposition der Bundespost bei der Frage der Zulassung privater Datenübertragungseinrichtungen – bereits ab und dürfte innerhalb der nächsten fünf Jahre erkennbare, wirtschaftlich bedeutsame Auswirkungen haben. Bis dahin werden diejenigen, die das volle Spektrum elektronischer Kommunikationsdienste in Anspruch nehmen wollen, wie bisher auf das Angebot in den USA zurückgreifen.

1.2 Sozioökonomische Aspekte der Datenfernkommunikation

Für hochtechnisierte Gesellschaften wie die modernen westlichen Industrienationen erlangt das Sprichwort „Wissen ist Macht" eine immer größere Bedeutung. Die Beschaffung der „richtigen", möglichst aktuellen Informationen ist praktisch überall in der industriellen Produktion von Bedeutung, betrifft sie nun die Entwicklung neuer Medikamente, neuer Produkte oder neuer technologischer Verfahrensweisen. Information ist zu einer Ressource geworden, ohne die ganze Wirtschaftszweige nicht nur weniger effizient, sondern überhaupt nicht mehr arbeiten könnten.

Da die Reproduktion und Speicherung von Information – im Unterschied zu Materie und Energie – praktisch keine Probleme mehr erzeugt, verlagert sich das Augenmerk zunehmend auf die schnelle und gezielte Informationsbeschaffung. Dies um so mehr, als wissenschaftliche, technologische und wirtschaftlich relevante Information immer rascher veraltet und dann aktuelle Information neu beschafft werden muß. Die hierin liegende Eigendynamik ist unverkennbar: Im Bereich der Forschung ermöglicht der Informationszuwachs ein bisher nicht dagewesenes Maß an neu produzierter Information. Im Bereich der wirtschaftlichen Verwertung wird jedoch mit dem Informationszuwachs auch der Konkurrenzdruck größer: je mehr Informationen verfügbar sind, desto mehr Informationen müssen zusätzlich verwertet werden, um einen Konkurrenzvorsprung erzielen zu können. Somit kulminiert die Informationsproduktion in einer „Informationsexplosion", deren wesentliches Kennzeichen ist, daß mehr Information produziert wird, als genutzt bzw. überhaupt überblickt werden kann. Erstaunlicherweise sind es aber gerade (und ausschließlich) die Möglichkeiten der modernen Informationsverarbeitung und Datenfernkommunikation, die eine Bewältigung der Informationsexplosion ermöglichen.

1.2.1 Information als Ressource

Die sozioökonomische Bedeutung der Datenfernkommunikation hängt eng mit ihrer Eigenschaft als unverzichtbares Produktionsmittel industrieller Gesellschaften zusammen. Mit der Bedeutungszunahme des Zugriffs auf aktuelle Information sind krisenhafte gesellschaftliche Umstrukturierungen verbunden, wie sie ähnlich schon im vorangegangenen industriellen Entwicklungsprozeß auftraten. Eine dieser krisenhaften Entwicklungen besteht in der Bewältigung der „Informationsexplosion" durch zusätzliche Informationstechnologie und in den damit verbundenen Auswirkungen auf berufliche Qualifikationsprofile.

„Ressourcen" im volkswirtschaftlichen Sinn sind Voraussetzungen für die Produktion knapper Güter, im allgemeinen Sinn also solche Güter, deren Verfügbarkeit den in einer Gesellschaft erreichten Grad von Wohlfahrt, im ausgeprägten Zustand den Grad von Wohlstand definieren. Ändern sich durch eine revolutionäre technische Problemlösung die zur Produktion von Wohlfahrt benötigten Voraussetzungen, so hat das unmittelbare, zunächst krisenhafte Auswirkungen auf das Leben und Zusammenleben der beteiligten Menschen. Die Einführung der Datenfernkommunikation im Zuge der modernen Informationstechnologie wurde daher als Markstein des Übergangs in die postindustrielle „Informationsgesellschaft" dargestellt.

Vor der ersten industriellen Revolution, die mit der Erfindung der Dampfmaschine gegen Ende des 18. Jahrhunderts eingeleitet wurde, bestand die wichtigste Ressource in (vorwiegend menschlicher) Muskelkraft und, in beschränktem Ausmaß, in natürlichen Energiequellen wie tierische Energie, Wind usw. Der Ersatz von Muskelarbeit durch Kraftmaschinen bewirkte einerseits, daß erstmalig in der Menschheitsgeschichte für breitere Bevölkerungskreise Armut und Hunger überwunden werden konnten, andererseits aber auch, daß zahlreiche Berufe verschwanden und andere neu entstanden. Zur wichtigste Ressource wurden nun fossile Brennstoffe in ihrer Eigenschaft als Energiequellen.

Die zweite industrielle Revolution bestand in der Einführung der informationsverarbeitenden Maschinen. Die hiervon ausgehende „Informatisierung“ der Gesellschaft war indessen bereits ein Jahrzehnt zuvor durch die Entwicklung der elektronischen Massenmedien vorbereitet worden. Der Ausbau und die weltweite Vernetzung der Informations- und Kommunikationswege in Gestalt der elektronischen Massenmedien (zunächst Radio und Fernsehen) führt zur Sicht der Welt als „globales Dorf“, dessen „Einwohner“ jederzeit darüber informiert sind, was „am anderen Ende“ des Dorfes vor sich geht. Die Einführung der Datenfernkommunikation erlaubt indessen einen entscheidenden Schritt über die Nutzungsmöglichkeiten der Massenmedien hinaus. Da Informationen nun in maschinenlesbarer Form übertragen werden können, ist eine sehr viel schnellere und gezieltere Informationssuche und -auswertung möglich, als es die traditionellen Massenmedien je erlaubten. Die hierdurch erzielte Effizienzsteigerung erlaubt dann erst die volle Ausbeutung von Information und die damit verbundene Wertsteigerung.

Die Informationsexplosion und ihre Bewältigung

Information ist nur dann von Nutzen, wenn sie auch ausgewertet und weiterverarbeitet werden kann. Immer größere Mengen von Information sind nicht von vornherein wertvoller, sondern wirken ab einer gewissen Schwelle dysfunktional: sie sprengen die (menschliche oder maschinelle) Verarbeitungskapazität und lähmen den Produktionsprozess. Diese Situation wird mit dem Schlagwort „Informationsexplosion“ beschrieben. Während vor dem Zeitalter der Datenverarbeitung das Hauptproblem der Informationsbeschaffung darin bestand, daß die gesuchte Information an den zugänglichen Orten (z.B. Bibliothek) nicht verfügbar war (oder überhaupt noch nicht existierte), konfrontiert das explosionsartige Anwachsen der Informationsmenge den Nutzer mit einer neuen Problematik: daß nämlich aufgrund der Datenfülle die gesuchte Information nicht mehr gefunden wird. Wie immens der Informationszuwachs ist, läßt sich z.B. an der Zeit ablesen, in der sich das wissenschaftliche Wissen verdoppelt. Schätzungen, die sich an der Produktion von Büchern und wissenschaftlichen Zeitschriften orientieren, gehen davon aus, daß diese

Zeitspanne um 1800 50 Jahre betrug, um 1950 zehn Jahre und um 1970 nur noch fünf Jahre.

Eine unvermeidbare Folge dieses gewaltigen Informationszuwachses besteht darin, daß niemand mehr selbst auf einem eng umgrenzten Gebiet alle relevanten Publikationen lesen kann. Die Antwort hierauf war eine immer weiter zunehmende Spezialisierung, deren Hauptproblem darin besteht, in der allgemeinen Informationsflut die hochspeziellen Fachinformationen zu finden. Allein durch den Einsatz der elektronischen Datenverarbeitung wird jedoch in vielen Bereichen erstmals eine gezielte und selektive Informationssuche möglich. Datenbanken haben gegenüber ihren gedruckten Gegenstücken neben dem Geschwindigkeitsvorteil einen entscheidenden Vorzug: durch die Möglichkeit zur Bildung komplexer Abfrageprofile erlauben sie eine wesentlich gezieltere Informationssuche als konventionelle, gedruckte Indizes.

Wissensverarbeitende Systeme

Anhand der Bedeutung, die der Fähigkeit zur Übertragung maschinenlesbarer Daten zukam, läßt sich bereits abschätzen, welche Auswirkungen der nächste Innovationsschub der Informationstechnologie haben wird, der bereits heute von einigen Autoren als dritte industrielle Revolution bezeichnet wird. Er besteht darin, Computer nicht mehr nur zur Speicherung, Verwaltung und numerischen Auswertung von Daten zu verwenden, sondern auch dazu, diese Daten zu interpretieren und als Ausgangspunkt für weiterführende Schlußfolgerungen zu nehmen. In Zusammenhang mit solchen „intelligenten" Computerprogrammen, wie sie gegenwärtig entwickelt werden, erhalten Datenbanken eine neue Dimension. Mit hilfe solcher Expertensysteme lassen sich die in Datenbanken gespeicherten, an sich bedeutungslosen Informationen in bedeutungsvolles und praktisch anwendbares „Wissen" transformieren. Der Aufbau der ersten externen „Wissensbanken" für intelligente entscheidungsunterstützende Systeme ist bereits im Gang. Ein technologischer und wirtschaftlicher „Quantensprung" wird zu erwarten sein, wenn solche Wissensbanken von kleinen und preiswerten intelligenten Systemen abgerufen werden können, wie sie von den Japanern im Rahmen des Projekts zur Entwicklung einer „Fünften Computergeneration" geplant sind.

1.2.2 Auswirkungen auf Wirtschaft und Arbeitswelt

Die zunehmende Nutzung der Datenfernkommunikation führt zur Veränderung von Berufsprofilen und zur Schaffung neuer Berufe. Verändert werden insbesondere die Anforderungsprofile der hauptsächlich mit Dokumentationsaufgaben und Informationsbeschaffung betrauten Berufe. In stärkerem oder schwächerem Umfang sind jedoch vom Börsenfachmann bis zum Zeitungsreporter alle Berufsgruppen betroffen, die dienstleistungsmäßig Informationen beschaffen und verarbeiten.

Die Bedeutung von Information als Produktionsfaktor schlägt sich für den Einzelbetrieb darin nieder, daß die verfügbare und genutzte Information zu einer wesentlichen Voraussetzung für die Leistungsfähigkeit und somit auch Konkurrenzfähigkeit des Unternehmens wird. In technologieorientierten Branchen erzeugt der Informationszuwachs einen wettbewerbsbedingten Innovationsdruck. Bei sinkenden Preisen muß das Unternehmen, das wettbewerbsfähig bleiben will, in immer kürzeren Abständen Innovationen produzieren. Da die Kosten für Forschung und Entwicklung jedoch kontinuierlich ansteigen, müssen Unternehmen Wege suchen, um unnötige Forschungsaktivitäten zu vermeiden. Dieser Zusammenhang erklärt die große Bedeutung, die der wirtschaftlichen Nutzung der Fachinformation in technologieorientierten Branchen (also den Wachstumsbranchen) gegenwärtig zukommt. Sie hat dazu geführt, daß Information selbst zur begehrten Ware geworden ist.

Information als Ware

Der Markt für die Ware Information ist durch stetiges Wachstum gekennzeichnet. Die geschätzten Umsätze der Fachinformationsmärkte beliefen sich 1981 weltweit auf 1.622 Millionen US-Dollar, für 1987 werden sie auf 4.936 Millionen Dollar geschätzt. Das entspricht einem jährlichen Zuwachs von 21%. Für die Bundesrepublik bringt die Entwicklung des internationalen Marktes für Fachinformation zahlreiche Risiken mit sich, da sie als Informationsanbieter weit zurück liegt. Tab. 1-1 enthält die geschätzten Zahlen für 1987.

Bei der abzusehenden künftigen Bedeutung dieses Marktes können gegenwärtig wichtige Chancen vertan werden. Daß eine schwache Marktposition auch aus anderen Gründen zum Risiko werden kann, ergibt sich aus

Land	Mio $	Anteil
USA	4.285	87%
Großbritannien	224	5%
Österreich/Schweiz	134	3%
Frankreich	77	2%
Bundesrepublik	67	1%

Tab. 1-1: Das Marktpotential für Fachinformationen 1987

der Tatsache, daß die mangelhafte Verfügbarkeit eigener Datenbanken schnell zur Abhängigkeit der Fachinformationsversorgung von ausländischen Quellen werden kann, die nicht ständig international öffentlich zugänglich bleiben müssen. So gibt es gerade in den Vereinigten Staaten periodisch immer wieder Stimmen, die sich mit protektionistischer Zielsetzung für eine Sperre von amerikanischen Datenbanken für ausländische Nutzer aussprechen. Nicht zuletzt aus diesem Grund wird der Ausbau der Fachinformationsversorgung in der Bundesrepublik durch die Bundesregierung seit 1985 mit einem sogenannten Fachinformationsprogramm öffentlich gefördert. Neben der allgemeinen Erhöhung der Nutzungsquote von Fachinformationen verfolgt dieses Programm ausdrücklich das Ziel, die Wettbewerbsfähigkeit der deutschen Fachinformationsanbieter zu verbessern.

Veränderung im Beschäftigungssystem

Im Gefolge der wachsenden wirtschaftlichen Bedeutung des „Produktionsfaktors Information“ ergab sich in den Vereinigten Staaten schon im Jahr 1956 erstmalig die Situation, daß mehr Beschäftigte in informationsverarbeitenden als in materialverarbeitenden Berufen tätig waren. Bislang ist der Trend in Richtung einer Zunahme der informationsverarbeitenden Tätigkeiten ungebrochen und wird in den letzten Jahren durch den vermehrten Einsatz von Industrie-Robotern verstärkt.

Eine Entwicklung, die sich in den Vereinigten Staaten bereits abzeichnet, ist die Nutzung der Datenfernkommunikation zu verstärkter Heimarbeit. Wer praktisch ausschließlich an einem Computerterminal arbeitet, kann dies rein technisch gesehen auch mit sehr geringen Kosten von zu Hause aus tun. Entgegen kommt dem eine flexible Arbeitszeitregelung, die dann z.B. wahlweise Tages- oder Nachtarbeit ermöglicht. Die Datenfernkommunikation könnte dann dazu führen, daß die örtliche Bindung an die

Betriebsstätte für größere Arbeitnehmerkreise entfällt. Die infrastrukturellen Folgen hiervon würden den Berufsverkehr und langfristig auch auf die Wohnraumentwicklung betreffen, da die so entstehende räumliche Unabhängigkeit die Ballungsgebiete entlasten würde. Da damit vermutlich sowohl die Arbeitsproduktivität als auch die Flächenproduktivität erhöht würde, könnte dies zum Absinken des Bedarfs an baulichen Nutzflächen für Industrie- und Dienstleistungsbetriebe führen. In der Bundesrepublik werden diese Entwicklungen, die in Europa vermutlich frühestens zur Jahrtausendwende zum Tragen kommen werden, in erster Linie seitens der Gewerkschaften im Hinblick auf einen dann möglicherweise mangelhaften Arbeitnehmerschutz diskutiert.

Die Datenfernkommunikation hat mit dem „Informations-Broker" oder „Informations-Vermittler" auch bereits eine ganz neue Berufsgruppe hervorgebracht. Der Informations-Broker führt im Auftrag von Firmen oder Einzelpersonen, die hierzu nicht über das nötige Wissen verfügen, Datenbankrecherchen durch. Der Informations-Broker zeichnet sich dadurch aus, daß er über Datenbanken und Abfragesprachen sehr gut bescheid weiß und außerdem die Thesauri der unterschiedlichen Datenbanken seines Fachgebiets kennt. Er ist in der Lage, einen Suchauftrag sehr schnell und effizient in ein Suchprofil umzusetzen und weiß, in welchen Datenbanken sich die Suche überhaupt lohnt. Dadurch kann der Informations-Broker den Suchprozeß wesentlich verkürzen und somit teure Online- und Lizenzgebühren für erfolglose Recherchen einsparen helfen. Mittlerweile gibt es eigene Datenbanken, in denen Informationsbroker ihre Dienste anbieten.

Wie konventionelle Berufe durch die Einführung der Datenfernkommunikation verändert werden können, zeigt sich beispielhaft im Bereich der Publizistik. Nachdem für Generationen die Schreibmaschine das wichtigste „Werkzeug" des Journalisten war, hielt hier die Datenfernkommunikation im Gefolge der elektronischen Textverarbeitung rasch Einzug. Insbesondere freiberuflich arbeitende Journalisten nutzen Datenfernkommunikation von der Informationsbeschaffung über Datenbanken bis hin zur Übermittlung fertiger Artikel an Redaktionen und Satzbetriebe. Das bedeutet aber, das neben der fachpublizistischen Ausbildung des Journalisten ein beträchtliches technologisches Zusatzwissen erforderlich geworden ist.

1.2.3 Mißbrauchspotential und Gefahren

Wie jede Technologie ist die Datenfernkommunikation den Gefahren mißbräuchlicher Anwendung ausgesetzt. Ein solcher Mißbrauch liegt etwa dann vor, wenn (z.B. personenbezogene) Daten auf dem Weg der Datenfernübertragung nicht autorisierten Personenkreisen zur Verfügung gestellt werden. Wenngleich es Probleme des Datenschutzes und der Computerkriminalität schon seit Einführung der EDV gibt, eröffnen die technischen Möglichkeiten der Datenfernkommunikation ein ganz neues Mißbrauchspotential. Mindestens eine ebenso große Rolle wie die tatsächlichen Mißbrauchsmöglichkeiten spielen bei der Einschätzung der Gefahren der Datenfernkommunikation aber auch eher emotional begründete Ängste und Befürchtungen.

Die moderne Datenfernkommunikation betrifft immer größere Teilbereiche des gesellschaftlichen und privaten Lebens und hat einen vom Laien nicht mehr zu überblickenden Komplexitäts- und Vernetzungsgrad erreicht. Der Transport von Daten aller Art geschieht so schnell, so lautlos und unsichtbar, daß vom einzelnen nicht mehr zu kontrollieren ist, welche ihn betreffenden Daten von wem wohin übertragen werden. Mit der Zunahme von personenbezogenen Daten und „lebenswichtigen" Geschäftsdaten erwachsen hieraus verständliche Ängste vor möglichem Mißbrauch. Während die Auswirkungen traditioneller Technologien „sichtbarer" sind und vergleichsweise leicht kontrolliert werden können (z.B. in Form von Meßwerten über den Ausstoß umweltbelastender Schadstoffe u.ä.), sind die Auswirkungen der modernen Datenfernkommunikation „unsichtbar" und immateriell. Dieser Sachverhalt wird von vielen Beteiligten nicht zuletzt deshalb als bedrohlich empfunden, weil Einhaltung oder Nicht-Einhaltung legislativer Schutzvorschriften z.B. zum Datenschutz oder zur Bekämpfung der Wirtschaftskriminalität im Einzelfall aus technischen Gründen nur schwer überprüft (und gegebenenfalls entsprechend geahndet) werden kann.

Besonders im Privatleben entsteht bei vielen Menschen das Gefühl, durch Datennetze und Rechnerverbünde „erfaßt", überwacht und kontrolliert zu werden. Ängste vor Überwachung und Kontrolle knüpfen sich hauptsächlich an die Befürchtung, daß per Datenfernkommunikation personenbezogene Datenbestände, die ohnehin bereits an unterschiedlichsten Orten gespeichert sind (z.B. Meldewesen, Sozialversicherung, Krankenversicherung), unmittelbar zu jedem Zeitpunkt an jedem Ort abgerufen und miteinander verknüpft werden könnten. Für diese (aus mehreren Gründen unrealistische) Vision einer dann vermeintlich „durchsichtigen" Persönlichkeit wurde das Stichwort vom „gläsernen Menschen" geprägt. Die hiermit angesprochenen Ängste richten sich darauf, daß die Persönlichkeit des Einzelnen „nach außen" verlagert ist, in entseelte Maschinen, die nicht „vergessen" und anscheinend den sonst gewohnten, gescholtenen und belächelten Imperfektionen der Bürokratie enthoben sind. Während zumindest in der Bundesrepublik bislang weder die öffentliche Verwaltung noch der Computer als vollkommen erlebt wurde, wird in der Vorstellung vieler Menschen die Kombination beider potentiell zu einem perfekten Kontrollapparat, wie er – als Fiktion – in George Orwells Roman „1984" geschildert wird. Solche Vorstellungen kommen darin zum Ausdruck, daß Datenbanken und Datennetze als Instrumente eines unpersönlichen, totalitären „Big Brother" gesehen werden. In diesem Zusammenhang ist zu beachten, daß in die Zeit des Aufbaus der Datennetze die Diskussion um den maschinenlesbaren Personalausweis, die umstrittene Volkszählung, die Rasterfahndung, die Anfänge der Gentechnik und verwandte Themen fallen. Sie alle kennzeichnen eine sensiblisierte Wahrnehmung vom Wert der personenbezogenen Information, die in das Datenschutzgesetz und in das „Recht auf informationelle Selbstbestimmung" einmündet.

Datenschutz

Datenschutz ist der Schutz personenbezogener Daten vor Mißbrauch zur Sicherung der Persönlichkeitssphäre des Einzelnen. Datenschutzbestimmungen sind im Bundesdatenschutzgesetz geregelt. Dieses Gesetz trat in großen Teilen am 1.1.1978 in Kraft, die Vorschriften über technische und organisatorische Maßnahmen zur Datensicherung ein Jahr darauf.

Das Bundesdatenschutzgesetzes besagt, daß personenbezogene Daten nur dann verarbeitet werden dürfen, wenn dies vom Bundesdatenschutzgesetz (oder einer anderen Rechtsvorschrift) erlaubt ist oder aber der Betroffene hierzu seine Einwilligung gegeben hat. Zur „Verarbeitung" wird dabei auch die Speicherung und Übermittlung von Daten gezählt. Das Bundesdatenschutzgesetz schreibt weiterhin vor, daß Stellen, die personenbezogene Daten verarbeiten, Schutzmaßnahmen dafür zu treffen haben, daß diese Daten nicht mißbräuchlich an Dritte gelangen. In der Anlage zum Gesetz findet sich ein Anforderungskatalog, der bestimmt, welche Art Schutzmaßnahmen zu ergreifen sind. Die auf die Datenfernkommunikation anzuwendenden Anforderungen besagen, daß die unbefugte Benutzung von DV-Anlagen, in denen personenbezogene Daten gespeichert sind, zu verhindern ist. Hierzu werden im einzelnen Festlegen und Kontrolle der Befugnisse, Sicherung der Übertragungsleitungen, Chiffrieren der zu übertragenden Daten, Protokollieren der Benutzung, Vergabe und Sicherung von Paßwörtern sowie Analyse versuchter Mißbräuche genannt.

Hacker

In der Anfangszeit der Vernetzung von Rechenanlagen wurde die Weitergabe von Daten zwar nicht unbedingt liberal gehandhabt, doch gab es kaum ausgebaute Sicherungssysteme, die vor unbefugtem Zugriff auf gespeicherte Datenbestände hätten schützen können. Gleichzeitig hatte sich mit dem Aufkommen spottbilliger Home-Computer und einer neuen Generation von computerbegeisterten Jugendlichen, die vorzugsweise zum billigen Nachttarif per Akustikkoppler die Datennetze erkundeten, eine neue Spezies des „Hackers" herausgebildet. Als „Hacker" bezeichneten sich schon vor dieser Erscheinung technikbegeisterte Jugendliche, die es durch intelligente Tricks und Kniffe schafften, komplexe technische Systeme zu manipulieren. Für diese Mentalität bieten sich die öffentlichen Datennetze mit der Möglichkeit, in die teuersten Supercomputer der Welt einzudringen, als eine Art gigantische „Spielwiese" an. Um so interessanter wird das Ganze, wenn dabei zuvor noch Sicherheitssysteme zu überwinden sind.

Solche „Hacks" werden in der Presse häufig dramatisiert. Dennoch gab es tatsächlich eine Reihe von Fällen, in denen Jugendliche auch in sicherheitsempfindliche Datennetze eindrangen. Solche Vorfälle bildeten z.B. die Vorlage für den stark beachteten Film „War Games", der die Befürchtungen vieler Bürger und Computerexperten anhand eines unbefugten Eindringens in das zentrale Rechnernetz des Pentagon alptraumhaft zum Ausdruck brachte.

Meist haben solche „Hacker" nicht die Absicht, Schaden anzurichten. Nicht zuletzt die – bisher seltenen – Fälle mutwilliger Zerstörung durch sogenannte „Virus-Programme" sind jedoch so folgenreich, daß sie in der Neuformulierung des 2. Gesetzes zur Bekämpfung der Wirtschaftskriminalität (2. WiKG) als strafbare Handlung gewürdigt werden. Wegen der aus technischen Gründen besonders schwierigen Strafverfolgung und der Tatsache, daß Schüler nicht in der Lage sind, Schadensersatzforderungen in Millionenhöhe zu erfüllen, liegt der Schwerpunkt der Bekämpfung solcher Delikte bei der Prävention durch verbesserte Sicherungssysteme.

Computerkriminalität

Computerkriminalität ist die mißbräuchliche Verwendung von DV-Anlagen, die deren Betreiber oder Dritten wirtschaftlichen Schaden zufügt. Solche mißbräuchlichen Handlungen mit oder an Computern können strafrechtlich verfolgt werden. Dies gilt zwar auch für Verstöße gegen die Datenschutzbestimmungen, die jedoch nicht zur Computerkriminalität im engeren Sinne gezählt werden: Während erstere sich stets auf den Schutz von Persönlichkeitsrechten beziehen, geht es bei letzterer um die Zufügung von wirtschaftlichem Schaden. Im Unterschied zum Datenschutz bezieht sich die Rechtsprechung zur Computerkriminalität nicht auf den Schutz der Persönlichkeitsrechte eines Betroffenen, sondern auf den Schutz der Funktionsfähigkeit von DV-Systemen und des Vermögens des Betreibers. Computerkriminalität gehört nach dieser Definition zur Obergruppe der Wirtschaftskriminalität. Die bisher verfügbaren Statistiken deuten darauf hin, daß 90% aller Delikte im Zusammenhang mit Computerkriminalität von Angestellten des geschädigten Unternehmens begangen werden und somit nicht von Außenstehenden unter Ausnutzung öffentlicher Datennetze. Da Betriebsangehörige ohnehin Zugang zu den betreffenden Rechenanlagen haben, brauchen sie sich nicht notwendig der Datenfernübertragung zu bedienen.

Rechtsgrundlage zur Beurteilung und Ahndung von Computerkriminalität ist das Strafgesetz. Da sich in der Praxis der letzten Jahre einige Lücken des Strafgesetzbuches zeigten, wurde das Strafgesetz durch das Zweite Gesetz zur Bekämpfung der Wirtschaftskriminalität (2.WiKG) ergänzt, das sich speziell mit diesem Themenkreis befaßt und am 1.8.1986 in Kraft trat. Das bloße unbefugte Eindringen in Computeranlagen (auf dem Weg über Datenfernkommunikation), wie es von unzähligen „Hakkern" praktiziert wird, sollte durch das 2. WiKG nach der Absicht des Bundesjustizministeriums bereits unter Strafe gestellt werden. Der eingeschaltete Rechtsausschuß lehnte dies jedoch unter dem Aspekt einer „Überkriminalisierung" ab. Daher ist „Hacken" erst dann strafbar, wenn über das bloße unbefugte Eindringen hinaus Straftaten wie z.B. Sabotageakte oder das „Ausspähen" geschützter Daten begangen werden. Die im Rahmen der Computerkriminalität erfaßten Delikte lassen sich in die Kategorien Mißbrauch, Sabotage und Betrug einordnen.

Mißbrauch besteht z.B. dort, wo der Benutzer eines Rechenzentrums Rechenkapazität für Zwecke nutzt, die in seiner Zugangsberechtigung nicht festgelegt sind. Streng genommen zählt hierzu bereits das Aufrufen von Spielprogrammen wie das bei Operateuren von Großcomputern beliebte „Adventure". In wie weit derartige Verwendungen bereits kriminell sind, ist meist schwer zu entscheiden. Anders, wenn ein Angestellter eines Rechenzentrums „nebenbei" auf der Rechenanlage ein Programm erstellt und testet, das er dann auf eigene Rechnung anderen zum Kauf anbietet. Von Mißbrauch sind aber nicht nur die Betreiber von Rechenzentren betroffen, sondern auch die Benutzer von Datendiensten. Mißbrauch besteht auch dort, wo sich jemand unbefugten Zugang zu einem Datendienst verschafft, indem er die Benutzerkennung eines anderen, rechtmäßigen Benutzers verwendet. Diese Benutzerkennung wurde entweder „erspäht" oder (durch Ausprobieren) „erhackt". Diese Problematik besteht für alle rechtmäßigen Nutzer von gebührenpflichtigen oder zugangslimitierten Datendiensten, die über eine Benutzerkennung verfügen (z.B. Datex-P). Die meisten „Hacker" verwenden „geborgte" Benutzerkennungen, für deren Gebühren der rechtmäßige Benutzer auch bei unbefugter Benutzung aufkommen muß.

Sabotage liegt dort vor, wo DV-Anlagen oder Software mutwillig zerstört werden. Dieser Fall ist zwar relativ selten, kann aber in seinen Auswirkungen exorbitante Dimensionen einnehmen, wenn größere Rechenanlagen und teure Software betroffen sind. Sabotageakte gegen DV-Anlagen und Software wurden bisher hauptsächlich durch unmittelbare physische Gewalt begangen. Die Palette der hier zu nennenden Delikte reicht vom Zerstören eines Terminals durch mutwilliges Eingießen von (zur Erhöhung der Korrosionswirkung gesalzenem) Kaffee in die Tastatur bis zum Bombenanschlag, bei dem ein gesamtes Rechenzentrum zerstört wird. Während diese Art von Sabotageakten keine besonderen technischen Vorkenntnisse erfordert, ist dies bei Sabotageakten, bei denen die Datenfernkommunikation mit im Spiel ist, immer der Fall. Hier muß der Betreffende einerseits über fundierte Computerkenntnisse im allgemeinen und andererseits über die Organisation der speziellen Rechenanlage im besonderen bescheid wissen. Ein solches Wissen ist einerseits bei Mitarbeitern vorhanden, andererseits bei „Hackern", die sich hobbymäßig mit der Struktur und Architektur großer Rechenanlagen beschäftigen.

Den schwerwiegendsten Fall solcher „intelligenter" Sabotage stellen sogenannte „Virus-Programme" dar, die in der Öffentlichkeit bereits für Aufsehen sorgten. Virus-Programme heißen deshalb so, weil sie einerseits ein System „krank" (funktionsunfähig) machen können, andererseits „ansteckend" wirken. Tatsächlich handelt es sich bei solchen Viren nicht um ganze Programme, sondern um Programmteile, die an den Anfang eines im System vorhandenen ausführbaren Computerprogramms kopiert werden. Das Virus-Programmodul beinhaltet zwei Funktionen: eine Funktion zum „infizieren" weiterer Programme und eine weitere Funktion zur Zerstörung des „Wirtsprogramms". Das Virus-Programmodul wird immer zu Beginn eines Programmaufrufs ausgeführt. Die Funktion zur „Infizierung" anderer Programme bewirkt, daß sich das Programmodul in alle anderen erreichbaren Programme hineinkopiert. Danach sind nach einem Programmlauf alle anderen Programme, die sich in dem entsprechenden Benutzerbereich befanden, ebenfalls „infiziert". Die Funktion zur Programmzerstörung setzt meist viel später ein, nachdem alle Programme bereits „infiziert" sind. Sie bewirkt einfach einen „Absturz" des Programms durch Ausführen einer Endlosschleife (in Pascal z.B.: Repeat until False). Wann diese Funktion zur Zerstörung aufgerufen wird, kann z.B. durch Abfrage der Systemzeit gesteuert werden: auf diese Weise kann dafür gesorgt werden, daß sämtliche Programme eines Systems zu einem bestimmten Zeitpunkt funktionsunfähig werden.

Betrügerische Transaktionen von Geldmengen u.ä. durch Manipulation von Computerprogrammen sind im Bewußtsein der Öffentlichkeit weit mehr präsent, als sie tatsächlich auftauchen. Die Tatsache, daß heute alle Banken über EDV verwaltet werden und die unternehmerische Buchführung ebenfalls automatisiert abgewickelt wird, führt viele Leute zu dem Schluß, das findige Köpfe es leicht hätten, sich größere Beträge auf ihr eigenes Konto zu überweisen. In der Praxis sind die hierbei verwendeten Sicherungssysteme jedoch so ausgefeilt, daß praktisch nur einige wenige Betriebsangehörige die Möglichkeit hätten, solche betrügerischen Transaktionen durchzuführen (weshalb es sich dann auch praktisch um Veruntreuung handelt). Sie unterliegen jedoch besonders strengen Sicherungskontrollen. Die bisher nachgewiesenen Fälle von Betrug mittels Fälschung von Daten (z.B. zwecks Überweisung auf eigenes Konto, fingierte Bestellungen usw.) wurden ausschließlich von Mitarbeitern des geschädigten Unternehmens begangen. Diese aber haben in der Regel ohnehin einen solchen Zugang zur DV-Anlage, daß sie es nicht nötig haben, die fraglichen Manipulationen und Transaktionen per Datenfernkommunikation vorzunehmen.

1.3 Literatur

Baethge, M. & Overbeck, H.
Die Zukunft der Angestellten. Neue Technologien und berufliche Perspektiven in Büro und Verwaltung. Frankfurt/M & New York 1986

Bell, D.
The coming of post-industrial society. New York, NY: Basic Books 1973

Bourne, C.P.
On-line systems: History, technology, and economics. Journal of the American Society for Information Science, 5, 1980, 155–160

Burhenne, W.E.; Perband, K.; Kehrhahn, J.
EDV-Recht. Systematische Sammlung der Rechtsvorschriften, organisatorischen Grundlagen und Entscheidungen zur elektronischen Datenverarbeitung. 3 Bde., Loseblattausgabe Berlin: E. Schmidt 1970ff

Deutsch, K.W.
Von der Industriegesellschaft zur Informationsgesellschaft. In: Pfeiffer, R. & Lindner, H. (Hg.), Systemtheorie und Kybernetik in Wirtschaft und Verwaltung. Berlin: Duncker & Humblot 1982

Drucker, P.F.
The age of discontinuity. Guidelines to our changing society. New York, NY: Harper & Row 1968

Feigenbaum, E.A. & McCorduck, P.
Die fünfte Computer-Generation. Basel: Birkhäuser 1984

Gallwas et al.
Datenschutzrecht. Kommentar und Vorschriftensammlung. Stuttgart etc.: Kohlhammer 1979

Gesellschaft für Information und Dokumentation (Hg.)
Rechtsfragen der Fachkommunikation. Loseblattsammlung. Frankfurt: IDD 1982ff

Heilmann, H. (Hg.)
Handbuch des Datenschutzes. München: König 1977

Hiltz, S.R. & Turoff, M.
The network nation. Human communication via computer. Reading, MA: Addison-Wesley 1978

Hofstätter, P.R.
Die Angst vor dem technischen Fortschritt. In: Kraus, H. (Hg.), Verwaltungstechnologie zwischen Ökonomie und Legalität. Graz 1985

Jaburek, W. & Schmölzer, G.
Computer-Kriminalität. Wien: Orac 1985

Infotech (Hg.)
Data Communications. Infotech State of the Art Report, 8, 1, 1980

Kaiser, W. (Hg.)
Telekommunikation als Berufschance. Berlin usw.: Springer 1982

Levy, S.
Hackers. Heroes of the computer revolution. Garden City, NY: Anchor 1984
Lindecker, J.D.
Datensicherheit ist die Achillesferse der Informatik. io Management-Zeitschrft, 7/8, 1986, 314–317 (Teil 1); 9, 1986, 357–361 (Teil 2)
McLuhan, M.
Die magischen Kanäle. Düsseldorf & Wien: Econ 1970
Nefiodow, L.A.
Strukturwandel und ökonomische Bedeutung der Informationstechnik. In: Schulz, A. (Hg.): Die Zukunft der Informationssysteme. Berlin usw.: Springer 1986, 81–98
Nilles, J.M.; Carlson, F.R.; Gray, P.; Hanneman, G.
The telecommunications-transportations tradeoff: Options for tomorrow. New York, NY: Wiley 1976
Papert, S.
Mindstorms. Kinder, Computer und neues Lernen. Basel, Boston, Stuttgart: Birkhäuser 1982
Richter, A.
Datenschutz. Leitfaden für Ausbildung und Praxis. Stuttgart etc.: Kohlhammer 1982
Rotach, M. (Hg.)
Chancen und Risiken der Telekommunikation in der Schweiz. Kurzbericht über das Forschungsprojekt Manto. Zürich: Verlag der Fachvereine 1987
Schnöring, T. (Hg.)
Gesamtwirtschaftliche Effekte der Informations- und Kommunikationstechnologien. Berlin usw.: Springer 1986
Sieber, U.
Computerkriminalität und Strafrecht. Köln usw.: Heymanns 1980 (2. Aufl.)
Turkle, S.
The second self. Computers and the human spirit. New York: Simon & Schuster 1984
Zimmerli, E. & Liebl, K. (Hg.)
Computermißbrauch, Computersicherheit. Fälle – Abwehr – Aufdeckung. Ingelheim & Küstnacht: Hohl 1984

2. Grundlagen der Datenübertragung

Datenübertragung bedarf – wie jede Form der Kommunikation – einheitlicher Konventionen des Nachrichtenaustauschs. Diese Regeln schaffen die Voraussetzungen dafür, daß die übertragenen Daten von Sender und Empfänger in gleicher Weise interpretiert werden. Soll Datenübertragung nicht nur zwischen Computern gleichen Typs möglich sein, stellt sich das Problem der Kompatibilität auf einer neuen Ebene dar. Eine effiziente, „offene" Datenfernkommunikation ist nur dann möglich, wenn einheitliche Regeln zur Datenübertragung beachtet werden.

Hierzu gehören z.B. die Festlegung eines zur Kommunikation verwendeten Alphabets sowie die Repräsentation seiner Elemente. Weiterhin gehört hierzu die Festlegung bestimmter Kommunikationsstandards – wie die Beachtung festgelegter Übertragungsgeschwindigkeiten –, die von der Eigenart der Datennetze und Übertragungsgeräte bestimmt werden. Auch kann der Zugang zu offenen Datennetzen dadurch erschwert werden, daß der anzuschließende Computer nicht über die erforderliche Schnittstelle verfügt. Welche Schnittstellentypen gebräuchlich sind und über welche Eigenschaften eine Schnittstelle verfügen muß, damit sie sich zur Datenfernkommunikation eignet, wird in den folgenden Unterkapiteln dargestellt.

Alle hier dargestellten Einzelheiten der Übertragungstechnik befinden sich auf einer „untersten" Ebene der Datenübertragung. Sie werden weitgehend von der verwendeten Hardware realisiert, weswegen der Anwender nicht allzu tief in die Hintergründe einzudringen braucht. Eine Kenntnis der zur Datenübertragung verwendeten Codes und ihrer Struktur indessen ist wichtig für das Verständnis der Vorgänge, auf denen eine erfolgreiche Datenübertragung beruht. Ein solches Verständnis kann z.B. dazu beitragen, Fehler schnell zu erkennen und zu beseitigen.

2.1 Zeichen und Codes

Datenübertragung beruht auf der Möglichkeit, die physikalische Repräsentation von Informationen umzuwandeln, ohne daß ihr Inhalt verändert wird. Wenn hierbei nach einem festgelegten Schema verfahren wird, so wird dieser Vorgang als Codierung bezeichnet. Informationen können so – unabhängig von der Erscheinungsform, in der sie dem menschlichen Benutzer gegenübertreten – in einer Weise dargestellt werden, die sich zur Übertragung über weite Strecken eignet. Voraussetzung für die Nützlichkeit einer solchen Codierung ist jedoch, daß der Empfänger den gleichen Code benutzt, um die empfangene Information wieder in die ursprünglichen Zeichen rückzuverwandeln. Eine „offene" Kommunikation basiert darauf, daß Codes verwendet werden, die von allen Teilnehmern geteilt werden.

Zur Abfassung und Übermittlung von Botschaften ist ein Zeichenvorrat nötig. Ein solchen Zeichenvorrat bildet z.B. das Alphabet, wie es auf einer Computertastatur repräsentiert ist und auf einem Bildschirm dargestellt werden kann. Diese Zeichen können – als grafische Konfigurationen von Linien, Punkten und Bögen – nicht direkt über eine elektrische Leitung übermittelt werden. Zur Übermittlung muß daher ein anderer Zeichenvorrat gewählt werden, der den Erfordernissen der elektrischen Übertragung (oder der Übertragung in Form von elektromagnetischen Wellen) besser entspricht. Die „Übersetzung" eines Zeichenvorrats in einen anderen ist eine Codierung; die Anweisung, wie diese Umwandlung der Repräsentation von Informationen und Zeichen geschehen soll, ein Code. Wendet man den Code auf das umgewandelte Ergebnis an, so erhält man die Information in ihrer ursprünglichen Form.

Ein Beispiel für einen Code ist der Morse-Code, der sich deswegen technisch gut zur Übertragung eignet, weil sein Alphabet nicht aus vielen unterschiedlichen Buchstaben besteht, sondern nur aus den drei Signalzuständen „lang", „kurz" und „Pause". Für die Übertragung ist es unerheblich, ob diese Codeelemente als Striche und Punkte auf Papier oder als kurze und lange Lichtsignale oder Stromstöße dargestellt werden. Der Morse-Code enthält gleichzeitig eine Anweisung darüber, wie Buchstaben in diese Codeelemente umzuwandeln sind. Diese Anweisung gibt gleichzeitig dem Empfänger die Möglichkeit, die so übermittelte Nachricht wieder in Buchstaben rückzuverwandeln.

Für die heutige Datenfernkommunikation werden leistungsfähigere Codes verwendet, die über ein umfangreicheres Alphabet verfügen und eine schnellere Übertragung ermöglichen. Die heutige Datenübertragung basiert nahezu ausschließlich auf dem weltweit benutzten ASCII-Code, der in der Form übertragen wird, wie er intern in digitalen informationsverarbeitenden Systemen repräsentiert ist, nämlich binär.

2.1.1 Der ASCII-Code

ASCII ist eine Abkürzung für „American Standard Code of Information Interchange". Hier handelt es sich jedoch nicht mehr nur um einen amerikanischen Standard zum Informationsaustausch: Der ASCII-Code hat – von wenigen Ausnahmen abgesehen – eine weltweite Verbreitung gefunden. Er legt in seiner ursprünglichen Form ein aus 128 Zeichen bestehendes Alphabet mit eindeutig zugeordneten numerischen Werten fest, das weltweit zur Datenübertragung benutzt wird.

Der ASCII-Code wird international zur Datenübertragung verwendet. Richtlinien zur Standardisierung finden sich in DIN 66003 und in den CCITT-Empfehlungen als Beschreibung des „Internationalen Alphabets Nr. 5".

Der ASCII-Code besteht in der Zuordnung eines Zeichensatzes zu numerischen Werten zwischen 0 und 127. Der ASCII-Code erlaubt es, Buchstaben als numerische Werte darzustellen oder umgekehrt numerische Werte als Repräsentation von Buchstaben zu verarbeiten. So läßt sich z.B. der Buchstabe „A" im ASCII-Code durch den Wert 65 repräsentieren; in gleicher Weise kann „B" auch als 66, „C" als 67 usw. dargestellt werden. In anderer Richtung ist die Umwandlung ebenso möglich, so daß der Wert 65 als „A" interpretiert werden kann, 66 als „B" und 67 als „C". Die Buchstabenfolge „ABC" ist damit gleichbedeutend mit 65 66 67 – und umgekehrt. In gleicher Weise könnte die Botschaft

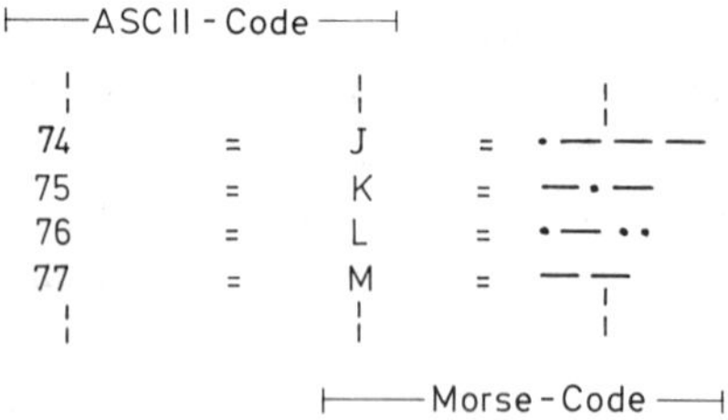

Abb. 2-1: ASCII-Code und Morse-Code

„HALLO" auch durch die Zahlenfolge 72 65 76 76 79 dargestellt werden, und die Zahlenfolge 66 73 84 84 69 als „BITTE". Die durch den ASCII-Code hergestellte Zuordnung zweier unterschiedlicher Zeichensätze ist prinzipiell mit dem Morse-Code zu vergleichen, nur daß dort Buchstaben Mustern kurzer und langer Signale zugeordnet werden (siehe Abb. 2-1).

Für den Programmierer ist die Darstellung des von ASCII zur Verfügung gestellten Alphabets und seine Umwandlung in numerische Werte leicht nachzuvollziehen, da praktisch jede Programmiersprache entsprechende Umwandlungsroutinen zur Verfügung stellt. So führt es zum gleichen Resultat, ob z.B. in Pascal die Anweisung WRITE('A') oder WRITE(Chr(65)) gegeben wird. In Basic würde die gleiche Wirkung wie PRINT „A" durch den Befehl PRINT CHR$(65) erzielt werden. In einer Programmiersprache wie C, die keine expliziten Typumwandlungen durchführt, führt schon die Ausführung des Statements „putchar(65)" zur Bildschirmausgabe des Buchstabens „A". Die reziproke Umwandlung läßt sich daran veranschaulichen, daß in Pascal die Anweisung WRITE(Ord('A')) das gleiche Resultat liefert wie WRITE(65), bzw. in Basic PRINT ASC(„A") in der Wirkung identisch ist mit PRINT 65.

Dem ASCII-Code unterliegt – wie allen anderen Codes auch – keine besondere „innere Logik". Warum der Buchstabe „A" gerade durch den Wert 65 und nicht etwa durch den Wert 37 (oder durch irgend einen anderen Wert) repräsentiert wird, ist völlig willkürlich. Eine andere Zuordnung der Zeichen würde ebenso gut funktionieren, vorausgesetzt, sie würde in gleicher Weise in der Praxis Verwendung finden.

Das von ASCII zur Verfügung gestellte Alphabet besteht nicht nur aus Buchstaben, sondern ebenso noch aus Ziffern, Sonderzeichen und nicht sichtbaren Steuerzeichen, die für die Datenübertragung besonders wichtig sind. Die einfachste – und praktisch bedeutsamste – Einteilung des Zeichenvorrats ist die in sichtbare und nicht sichtbare Zeichen oder in Schriftzeichen und Steuerzeichen.

Schriftzeichen

Buchstaben – und zwar in Groß- und Kleinschreibung – sind eine absolute Notwendigkeit zur Kommunikation von Texten. Darüber hinaus ist die Repräsentation von Ziffern ebenfalls wichtig, da im ASCII-Code ein Zahlenwert nie unmittelbar angegeben wird, sondern immer als Zeichen für ein Element aus dem zugeordneten Zeichensatz steht. Will man also im ASCII-Code Zahlen darstellen, kann dies nicht direkt geschehen,

!	“	#	$	%	&	’	(	)	*	+	,	–	.	/	
33	34	35	36	37	38	39	40	41	42	43	44	45	46	47	
0	1	2	3	4	5	6	7	8	9						
48	49	50	51	52	53	54	55	56	57						
:	;	⟨	=	⟩	?	@									
58	59	60	61	62	63	64									
A	B	C	D	E	F	G	H	I	J	K	L	M	N	O	P
65	66	67	68	69	70	71	72	73	74	75	76	77	78	79	80
Q	R	S	T	U	V	W	X	Y	Z	[	\	]	^	—	‘
81	82	83	84	85	86	87	88	89	90	91	92	93	94	95	96
a	b	c	d	e	f	g	h	i	j	k	l	m	n	o	p
97	98	99	100	101	102	103	104	105	106	107	108	109	110	111	112
q	r	s	t	u	v	w	x	y	z	{	|	}	~		
113	114	115	116	117	118	119	120	121	122	123	124	125	126		

Abb. 2-2: Schriftzeichen im ASCII-Code

sondern nur mit Zahlen, die auf die im zugeordneten Alphabet enthaltenen Ziffern verweisen. So kann z.B. eine „1“ nicht einfach durch den Wert 1 dargestellt werden, sondern nur durch den Wert 49. Da Sender und Empfänger aber beide diese Konvention kennen und benutzen, führt sie in der Praxis zu keinen Problemen. Sonderzeichen – wie Punkt, Komma, Ausrufezeichen – schließlich sind für alle Formen differenzierter Textkommunikation unverzichtbar und bilden ebenfalls einen festen Bestandteil des ASCII-Codes.

Die vom ASCII-Code zur Verfügung gestellten Buchstaben, Ziffern und Sonderzeichen sind zusammen mit ihren korrespondierenden numerischen Werten in Abb. 2-2 dargestellt. Eine vollständige Tabelle des ASCII-Codes findet sich im Anhang.

Die hier dargestellten Zeichen entsprechen größtenteils dem Zeichenvorrat einer gewöhnlichen Computertastatur. Zur Darstellung einiger Zeichen auf dem Bildschirm muß zusätzlich zur betreffenden Taste noch die Shift-Taste (Großschreibung) betätigt werden.

Steuerzeichen

Außer den bisher erwähnten „sichtbaren“ Zeichen (Buchstaben, Ziffern und Sonderzeichen) enthält der ASCII-Code noch eine Reihe weiterer Zeichen. Diese Zeichen werden durch die Werte 0 bis 32 sowie 127 repräsentiert und als „Steuerzeichen" bezeichnet. Sie haben kein direkt auf dem Bildschirm darstellbares Äquivalent, sondern übernehmen Steuerfunktionen für den Ablauf der Kommunikation. Die englische Bezeichnung dieser Steuerzeichen als „Control-Codes" ist besonders eingängig, da die meisten dieser Zeichen (mit zwei Ausnahmen) auf der Tastatur durch Betätigen einer speziellen „Control-Taste" darzustellen sind.

Das Zeichen mit dem Wert 32 wird als SPACE oder auch BLANK (zu deutsch: Leerzeichen) bezeichnet. Auf der Computertastatur ist es der Leertaste zugeordnet. Das Leerzeichen wird genau genommen nicht als Zeichen auf dem Bildschirm (oder Drucker) dargestellt, sondern bewirkt einfach eine Positionierung des Cursors (oder Schreibkopfes) um ein Zeichen nach rechts. Deshalb wird es nicht zu den sichtbaren Zeichen, sondern zu den Steuerzeichen gerechnet.

Der Wert 127 repräsentiert das Steuerzeichen DELETE, das manchmal auch als RUBOUT bezeichnet wird und auf vielen Computertasten eine eigene Taste hat, die mit DEL oder RUB gekennzeichnet ist. DELETE wird bei bildschirmorientierten Dialoganwendungen meist dazu verwendet, das Zeichen zu löschen, auf dem sich der Cursor befindet.

In Tabelle 2-1 sind die restlichen Steuerzeichen mit den Werten Null bis 31 aufgeführt. Jedes dieser Zeichen kann auf der Computertastatur eingegeben werden, indem die „Control-Taste" und gleichzeitig noch eine weitere Taste (die in der folgenden Tabelle an Position 2 aufgeführt ist) betätigt wird. Tatsächlich wird hierbei auf einen alternativen Zeichensatz umgeschaltet, ähnlich wie bei der Verwendung der Taste SHIFT zur Eingabe von Großbuchstaben. An dritter Position ist das Kürzel des betreffenden Steuerzeichens angegeben. Da diesen Zeichen keine Buchstaben oder sonst direkt darstellbaren Zeichen entsprechen, werden sie meist mit ihrer Funktion gekennzeichnet. Zur Abkürzung und Vereinfachung wird hierzu ein genormtes Kürzel verwendet, z.B. „SP" anstelle von SPACE. Zur eindeutigen Kennzeichnung, daß es sich in diesem Fall nicht um die Buchstaben „S" und „P" handeln soll, sondern um ein einziges Steuerzeichen, werden diese Kürzel in der Regel in spitze Klammern eingebunden, also z.B. ⟨SP⟩ für SPACE. In gleicher Weise kann der ASCII-Code 127 (DELETE) auch durch ⟨DEL⟩ ausgedrückt werden. Schließlich listet Tabelle 2-1 noch die amerikanische Bezeichnung und ihre Bedeutung auf.

Die meisten dieser Sonderzeichen werden nicht im manuell gesteuerten Dialog verwendet, sondern im Rahmen von Übertragungsprotokollen,

Dez.	Ctrl-	Kürzel	Bezeichnung	Bedeutung
0	^@	⟨NUL⟩	Null	Nil (Füllzeichen)
1	^A	⟨SOH⟩	Start of Heading	Anfang der Steuerinformation
2	^B	⟨STX⟩	Start of Text	Anfang des Textes
3	^C	⟨ETX⟩	End of Text	Ende des Textes
4	^D	⟨EOT⟩	End of Transmission	Ende der Übertragung
5	^E	⟨ENQ⟩	Enquiry	Stationsaufforderung
6	^F	⟨ACK⟩	Acknowledge	Positive Rückmeldung
7	^G	⟨BEL⟩	Bell	Klingel
8	^H	⟨BS⟩	Backspace	Rückwärtsschritt
9	^I	⟨HT⟩	Horizontal Tab	Horizontal-Tabulator
10	^J	⟨LF⟩	Linefeed	Zeilenvorschub
11	^K	⟨VT⟩	Vertical Tab	Vertikal-Tabulator
12	^L	⟨FF⟩	Formfeed	Formularvorschub
13	^M	⟨CR⟩	Carriage Return	Wagenrücklauf
14	^N	⟨SO⟩	Shift Out	Dauerumschaltung
15	^O	⟨SI⟩	Shift In	Rückschaltung
16	^P	⟨DLE⟩	Data Link Escape	Sonderzeichen ein
17	^Q	⟨DC1⟩	Device Control 1	Gerätesteuerzeichen 1
18	^R	⟨DC2⟩	Device Control 2	Gerätesteuerzeichen 2
19	^S	⟨DC3⟩	Device Control 3	Gerätesteuerzeichen 3
20	^T	⟨DC4⟩	Device Control 4	Gerätesteuerzeichen 4
21	^U	⟨NAK⟩	Negative Acknowledge	Negative Rückmeldung
22	^V	⟨SYN⟩	Synchronous Idle	Synchronisierung
23	^W	⟨ETB⟩	End of Transmission Block	Blockende
24	^X	⟨CAN⟩	Cancel	Ungültig
25	^Y	⟨EM⟩	End of Medium	Ende der Aufzeichnung
26	^Z	⟨SUB⟩	Substitute	Ersetzungszeichen
27	^[	⟨ESC⟩	Escape	Code-Umschaltung
28	^\	⟨FS⟩	File Separator	Hauptgruppen-Trennzeichen
29	^]	⟨GS⟩	Group Separator	Gruppen-Trennzeichen
30	^^	⟨RS⟩	Record Separator	Untergruppen-Trennzeichen
31	^–	⟨US⟩	Unit Separator	Teilgruppen-Trennzeichen
127		⟨DEL⟩	Delete	Löschen

Tab. 2-1: ASCII-Steuerzeichen

ohne daß der Benutzer hiervon etwas bemerkt. Dennoch gibt es auch einige Sonderzeichen, die manuell gesendet werden und ohne die ein Dialog zwischen Sender und Empfänger kaum möglich ist. Das am häufigsten manuell benutzte Steuerzeichen ist Control-M oder ⟨CR⟩, für das an jedem Computer eine eigene Taste zur Verfügung gestellt wird. Diese Taste ist meist mit RETURN, ENTER oder einem nach links unten abgewinkelten Pfeil gekennzeichnet. Die RETURN-Taste sendet aber nichts anderes als den ASCII-Code 13 an den Computer, erfüllt also dieselbe Funktion wie Control-M. Wird also in einer beliebigen Situation die Eingabe ⟨CR⟩ erwartet, kann ebenso gut auch Control-M eingegeben werden. Ein weiteres wichtiges Steuerzeichen, das häufig bei der manuellen Datenfernkommunikation gebraucht wird, ist ⟨BS⟩ (Backspace). Dieses Steuerzeichen hat die Funktion, den Cursor eine Position nach links zu bewegen und gibt dem Benutzer die Möglichkeit, Tippfehler zu korrigieren, wie sie bei der interaktiven Kommunikation von Terminal zu Terminal oder auch bei der Eingabe von Kommandos zur Steuerung von Datenbanken und Mailboxen leicht auftreten. An den meisten Tastaturen befindet sich hierfür eine eigene Taste, die in der Regel mit ← oder „BS" gekennzeichnet ist. Die gleiche Wirkung kann aber auch erzielt werden, indem Control-H eingegeben wird.

Übertragung von Steuerzeichen

Steuerzeichen werden bei der Datenübertragung in gleicher Weise behandelt wie sichtbare Zeichen. Für den eigentlichen Übertragungsvorgang macht es keinen Unterschied, ob der Wert 65 (für „A") oder der Wert 13 (für ⟨CR⟩) übertragen wird. Dieser Sachverhalt hat praktische Auswirkungen.

Ein Control-M bewirkt tatsächlich nur ein „Carriage Return", also einen Wagenrücklauf oder die Positionierung des Cursors am Anfang der Zeile. Wird bei gewöhnlichen Anwenderprogrammen ⟨CR⟩ eingegeben, wird aber nicht nur ein Wagenrücklauf, sondern zusätzlich automatisch noch ein Zeilenvorschub (Linefeed) ausgeführt. Dadurch wird der Cursor am Anfang der nächsten Zeile positioniert. Durch das automatische Hinzufügen eines ⟨LF⟩ erscheint es dem Benutzer so, daß die Eingabe von ⟨CR⟩ stets auch einen Zeilenvorschub bewirken würde. Das dies jedoch nicht so ist, läßt sich in der Praxis der Datenfernkommunikation schnell feststellen. Wird direkt mit einem anderen Computer oder Datenterminal kommuniziert und am Ende einer Nachricht ⟨RETURN⟩ eingeben, wird sich der Cursor nur zum Anfang der Zeile bewegen, ohne daß ein Zeilenvorschub erfolgt. Aus diesem Grund bieten einige Terminal-Programme die Möglichkeit, eine als „Auto-Linefeed" bezeichnete Funktion einzuschalten, die ebenfalls nach jedem ⟨CR⟩ automatisch ein ⟨LF⟩ einfügt. Bei Terminal-Programmen, die über diese Möglichkeit nicht verfügen, kann die gleiche Wirkung erzielt werden, indem nach der Eingabe von ⟨CR⟩ noch ein Control-J gesendet wird.

In gleicher Weise wie sichtbare Zeichen kann auch ein akustisches Signal übertragen werden. Möglich wird dies durch das standardisierte Steuerzeichen ⟨BEL⟩ (Control-G), das bewirkt, daß bei der Gegenstelle ein Ton erzeugt wird. Dies ist z.B. dann sinnvoll, wenn der Kommunikationspartner während einer Terminal-Sitzung zeitweilig abwesend ist und wieder zum Terminal zurückgerufen werden soll.

Standard ASCII und erweitertes ASCII

In seiner ursprünglichen Form besteht das Alphabet im ASCII-Code aus 128 Zeichen, denen die Werte zwischen 0 und 127 zugeordnet sind. Davon liegen die sichtbaren Zeichen – Buchstaben, Zahlen und Sonderzeichen – im Bereich von 33 bis 126.

Es gibt aber auch ein „erweitertes" ASCII, das über die doppelte Anzahl von Zeichen verfügt, also über 256 Zeichen. Die Werte zwischen 128 und 256 sind z.B. mit Graphik-Sonderzeichen belegt, mittels derer auf dem Bildschirm ansprechende Graphik-Umrahmungen usw. dargestellt werden können. Auch einige griechische Zeichen für mathematische Anwendungen sind verfügbar.

In vielen Fällen wird nur das standard ASCII zur Datenfernkommunikation benutzt. Dies auch deshalb, da viele Computer (insbesondere Großcomputer, also auch Host-Rechner von Datenbanken und kommerziellen Mailbox-Diensten) nicht über das erweiterte ASCII verfügen und somit Zeichen mit Werten über 127 nicht interpretieren können. Außerdem sind im erweiterten ASCII die über 127 liegenden Zeichen nicht standardisiert (tatsächlich handelt es sich hier um eine Eigenentwicklung der Firma IBM, die zwar häufig nachgeahmt wird, jedoch keine offizielle Norm repräsentiert).

Umlaute und nationale Sonderzeichen

Ein Blick in die oben dargestellte Code-Tabelle ergibt, daß im ursprünglichen ASCII-Code keine Umlaute und andere nationale Sonderzeichen wie z.B. das „ß" enthalten sind. Aus diesem Grund wurde das ursprüngliche ASCII-Alphabet national modifiziert. Die nationalen ASCII-Sonderformen beinhalten landesübliche Sonderzeichen wie in Deutschland z.B. die Umlaute. Generell sieht der ASCII-Code schon in seiner ursprünglichen Form die Einbeziehung nationaler Sonderzeichen vor. Für diese Zwecke werden zehn Positionen zur Verfügung gestellt. Wie diese Positionen im einzelnen belegt werden, ist nicht standardisiert, doch halten sich die meisten Hersteller von Großcomputern und 8-Bit-Rechnern an eine einheitliche Belegung, die z.B. die Umlaute in die Positionen der eckigen und geschweiften Klammern setzt (auch auf der Tastatur). Rechner mit dem erweiterten, aus 256 Zeichen bestehenden ASCII-Zeichensatz (wie der IBM PC) benutzen dagegen zur Darstellung nationaler Sonderzeichen Codes oberhalb von 127. Die entsprechenden Dezimal-Codes für standard und extended ASCII sind in Tabelle 2-2 dargestellt.

Aufgrund dieser Diskrepanzen zwischen standard und extended ASCII passiert es, daß verschiedene Rechnertypen für Umlaute unterschiedliche Codes verwenden. Dies führt in der Praxis der Datenfernkommunikation, wo es oft vorkommt, daß Rechner unterschiedlichen Typs miteinander kommunizieren, dazu, daß Umlaute falsch dargestellt werden. Die einfachste und häufig genutzte Möglichkeit, diesem Problem zu begegnen, besteht in der Ausschreibung von Umlauten und Sonderzeichen (also z.B. „ae“ statt „ä“ und „ss“ statt „ß“). Sollen bereits zuvor als Dateien erstellte Texte übermittelt werden, ist dieses Verfahren wenig praktikabel. So würde eine eventuell vorhandene Formatierung (Blocksatz) durch die Umwandlung zerstört. Eine bessere Lösung besteht in der Verwendung eines Konvertierungsprogramms, das die in einer Datei enthaltenen nationalen Sonderzeichen nach extended bzw. standard ASCII umcodiert. Wie ein solches Hilfsprogramm aussehen könnte, ist im Anhang beispielhaft dargestellt. Inzwischen gibt es im Bereich der Kommunikationssoftware auch einige Terminalprogramme, die automatisch eine Umwandlung der Umlaute von standard nach extended ASCII vornehmen. Hierbei handelt es sich bisher ausnahmslos um deutsche Entwicklungen, da der amerikanische Software-Markt dieses Problem offensichtlich noch nicht erkannt hat.

Sonderzeichen	standard	extended
§	64	21
Ä	91	142
Ö	92	153
Ü	93	154
ä	123	132
ö	124	148
ü	125	129
ß	126	225

Tab. 2-2: Nationale Sonderzeichen in standard und extended ASCII

2.1.2 Weitere Codes

Trotz seiner großen Bedeutung ist der ASCII-Code nicht der einzige Code, der bei der Datenfernkommunikation eine Rolle spielt. Dies allein schon deshalb, da die Zahlenwerte, die der ASCII-Code Schriftzeichen zuordnet, zusätzlich durch weitere Codes codiert werden, bevor sie übertragen werden. Da digitale Computer auf Hardware-Ebene nur zwischen zwei Kennzuständen unterscheiden, findet vor der Übertragung eine zusätzliche Übersetzung in den Binär-Code statt, dessen Alphabet lediglich zwei Codeelemente verwendet. Außerdem werden der ebenfalls für maschinennahe Vorgänge wichtige Hexadezimal-Code und der im Telexnetz verwendete Fernschreib-Code beschrieben.

Der Binär-Code

Der Binär-Code besteht aus einer Zuordnung eines aus zwei Elementen bestehenden Alphabets zu numerischen Werten. Er ermöglicht es, jeden ganzzahligen Wert als Kombination zweiwertiger Codeelemente auszudrücken. Der Binär-Code ist deshalb von grundlegender Bedeutung für die gesamte Elektronische Datenverarbeitung, weil er derjenige Code ist, den Computer intern zur Darstellung und Weiterleitung von Informationen verwenden. Digitale Computer können nur zwischen den Zuständen „Strom" und „kein Strom" (bzw. „positives Potential"/„negatives Potential") unterscheiden. Diese Unterscheidung bietet jedoch eine tragfähige Grundlage selbst für komplexe arithmetische und logische Operationen, weil sie durch geeignete Codierung zur Verarbeitung von Zahlen und Symbolen genutzt werden kann. Die Zustände „Strom" und „kein Strom" lassen sich auch als „0" und „1" symbolisieren. Der Binär-Code liefert eine Zuordnung dieser Symbole zu Zahlenwerten.

Der Binär-Code ist damit gleichzeitig derjenige Code, den Computer ohne weitere Umsetzungsschritte verarbeiten können. Deswegen müssen alle Befehle an den Computer in den Binär-Code umgewandelt werden und alle vom Computer zurückgegebenen Nachrichten wieder aus dem Binär-Code in einen anderen Code, z.B. den ASCII-Code, rückübersetzt werden. Da die Überlagerung mit „höheren" Codes kein technisches, sondern ein informationelles Problem ist (Aufbau geeigneter Datenstrukturen, mit denen komplexe Sachverhalte der realen Welt repräsentiert werden), lassen sich über Codierungs-Zwischenschritte ohne weiteres auch Texte und andere ursprünglich nicht-binäre Daten in binärer Form speichern, verarbeiten und weiterleiten.

Der Binär-Code nimmt als einer der einfachsten überhaupt möglichen Codes – ein Code mit nur einem Codeelement wäre logisch unmöglich – eine Sonderstellung ein. Dennoch unterscheidet sich auch der Binär-Code prinzipiell nicht von anderen Codes und kann somit zur Veranschaulichung z.B. mit den römischen Ziffern verglichen werden, die eine andere Form der Codierung von numerischen Werten darstellen (siehe Tab. 2-3).

Binär-Code				
1	=	1	=	I
10	=	2	=	II
11	=	3	=	III
100	=	4	=	IV
101	=	5	=	V
111	=	6	=	VI
¦		¦		¦
		Römisch		

Tabelle 2-3: Binär-Code und Römische Zählweise

Für den menschlichen Betrachter ist die binäre Darstellungsweise ungeeignet, weil sich die einzelnen Werte auf den ersten Blick kaum unterscheiden lassen. Deshalb findet zur Dateneingabe und -anzeige eine weitere Codierung z.B. durch Überlagerung mit dem ASCII-Code statt. Der ASCII-Code bildet die Voraussetzung dafür, daß mit dem Binär-Code nicht nur Zahlenwerte dargestellt werden können, weil er es ermöglicht, Buchstaben, Ziffern usw. als Zahlenwerte darzustellen. Für die Benutzung des ASCII-Codes ist dabei unwesentlich, ob diese Zahlenwerte dezimal oder binär dargestellt werden. Aus diesem Grund läßt sich die in Abb. 2-3 dargestellte Zuordnung von Binär-Code und ASCII-Code vornehmen, die es letztlich gestattet, Buchstaben binär zu repräsentieren.

ASCII-Code				
¦		¦		¦
J	=	74	=	1001010
K	=	75	=	1001011
L	=	76	=	1001100
M	=	77	=	1001101
¦		¦		¦
		Binär-Code		

Abb. 2-3: ASCII-Code und Binär-Code

In dieser binären Darstellungsweise können Buchstaben – und alle anderen Elemente des ASCII-Alphabets ebenso – vom Computer nicht nur dargestellt und verarbeitet, sondern auch übertragen werden. Zur Übertragung muß nur noch festgelegt werden, welcher physikalische Zustand als logisch „1“ und als logisch „0“ interpretiert wird. Dies ist jedoch durch internationale Übereinkünfte (CCITT-Empfehlungen) geregelt.

Der Hexadezimal-Code

Der Hexadezimal-Code verwendet einen Zeichenvorrat, der nicht wie der Dezimal-Code über zehn, sondern über 16 unterschiedliche Zeichen verfügt. Die Zahlen größer als Neun werden mit den Buchstaben A bis F gekennzeichnet (siehe Abb. 2-4).

Der Hexadezimal-Code gestattet es, Zahlenwerte von 0 bis 255 zweistellig auszudrücken. Der Wert 255 wird im Hexadezimal-Code als „FF“ dargestellt. Eine vollständige Gegenüberstellung der Werte von Null bis 255 ist der Konvertierungstabelle im Anhang zu entnehmen. Zur Kennzeichnung, daß ein bestimmter Wert hexadezimal und nicht dezimal codiert ist, wird häufig ein angehängtes „H“ verwendet. So steht etwa „10H“ für den hexadezimalen Wert 10, der dezimal dem Wert 16 entspricht. Eine andere

←Hexadezimal-Code→				
0	=	0	=	0
1	=	1	=	1
2	=	2	=	10
3	=	3	=	11
4	=	4	=	100
5	=	5	=	101
6	=	6	=	110
7	=	7	=	111
8	=	8	=	1000
9	=	9	=	1001
A	=	10	=	1010
B	=	11	=	1011
C	=	12	=	1100
D	=	13	=	1101
E	=	14	=	1110
F	=	15	=	1111
10	=	16	=	10000
⋮		⋮		⋮
		|←Binär-Code→|	

Abb. 2-4: Hexadezimal-Code und Binär-Code

gebräuchliche Kennzeichnungsmöglichkeit ist der Programmiersprache C entlehnt und besteht in dem Präfix „0x“, so daß z.B. „0x11“ als Entsprechung für den dezimalen Wert 17 gewählt wird.

Wenngleich der Hexadezimal-Code auf den ersten Blick kompliziert und gewollt aussieht, wird er doch in erster Linie aus Gründen der Übersichtlichkeit benutzt. So verwenden Programme zur Suche von Übertragungsfehlern den Hexadezimal-Code zur Anzeige der empfangenen Zeichen, da auf diese Weise eine übersichtiche Darstellung der tatsächlichen Leitungszustände möglich ist (ähnlich einem Dump). Auch das Arbeiten mit Bit-Masken (siehe Kap. 2.1.3 und 4.3.1) wird durch die Verwendung des Hexadezimal-Codes erleichtert, da häufig verwendete Masken zum Setzen einzelner Bits auf „geraden“, leicht zu merkenden hexadezimalen Werten liegen (01H, 02H, 04H, 08H, 10H, 20H, 40H, 80H usw).

Einsatzgebiete des Hexadezimal-Codes finden sich schließlich bei speziellen Codierverfahren wie dem Intel-Hex-Format, bei dem eine Datei im Binärformat in ein 7-Bit-Textformat umgewandelt wird, das sich auch über weniger anspruchsvolle Datenleitungen übertragen läßt (siehe Kap. 4.3.1).

Der Fernschreib-Code (Baudot-Code)

Das Telexnetz als erstes digitales Datennetz der Welt war in seiner Frühzeit noch nicht so leistungsfähig wie heutige Datennetze. Deshalb wurde zur Übertragung ein relativ einfacher 5-Bit-Code verwendet, der – entwickelt im Jahr 1871 und 1924 zur internationalen Norm erklärt – auch heute noch in Gebrauch ist. Die offizielle Bezeichnung dieses auch „Baudot-Code“ genannten Codes lautet „Internationales Fernschreib-Alphabet Nr. 2“.

Der Umfang dieses Alphabets ist bedeutend geringer als der des ASCII-Codes. Es besteht aus lediglich 32 Elementen. Da diese geringe Anzahl von Elementen gerade die Darstellung der Schriftzeichen (ohne Unterscheidung zwischen Groß- und Kleinschreibung) zuläßt, nicht aber zusätzlich die Darstellung von Ziffern, Satzzeichen, arithmetischen Sonderzeichen und Steuerzeichen, wurden zwei Steuerzeichen vereinbart, mit denen zwischen den grundsätzlichen Alternativen Buchstaben/Ziffern umgeschaltet werden kann.

A	-	=	11000
B	?	=	10011
C	:	=	01110
D	⟨?⟩	=	10010
E	3	=	10000
F		=	10110
G		=	01011
H		=	00101
I	8	=	01100
J	⟨BEL⟩	=	11010
K	(	=	11110
L	)	=	01001
M	.	=	00111
N	,	=	00110
O	9	=	00011
P	0	=	01101
Q	1	=	11101
R	4	=	01010
S	’	=	10100
T	5	=	00001
U	7	=	11100
V	=	=	01111
W	2	=	11001
X	/	=	10111
Y	6	=	10101
Z	+	=	10001
⟨CR⟩	⟨CR⟩	=	00010
⟨LF⟩	⟨LF⟩	=	01000
⟨Buchst.⟩	⟨Buchst.⟩	=	11111
⟨Ziffern⟩	⟨Ziffern⟩	=	11011
⟨SP⟩	⟨SP⟩	=	00100
⟨NUL⟩	⟨NUL⟩	=	00000

Tab. 2-4: Fernschreib-Code

Es bedeuten an zusätzlichen, nicht dem ASCII-Code entsprechenden Steuerzeichen:

⟨?⟩ „Wer da?“
⟨BUCHST.⟩ Umschalten auf Buchstaben-Zeichensatz
⟨ZIFFERN⟩ Umschalten auf Ziffern-Zeichensatz

Der Fernschreib-Code macht erneut ein Grundprinzip jeglicher Codierung deutlich. Dieses Prinzip besagt, daß die zur Repräsentation und Übertragung verwendeten numerischen Werte in keinem logischen Zusammenhang mit den von ihnen repräsentierten Buchstaben und Ziffern (oder sonstigen repräsentierten Symbolen) stehen. Der Fernschreib-Code ermöglicht ebenso die Übertragung von Nachrichten wie der ASCII-Code, wenn der Kommunikationspartner den gleichen Code verwendet. Außerdem wird deutlich, daß einzelnen Codeelementen auch eine Sonderbedeutung gegeben werden kann wie das Umschalten in eine zweite Repräsentationsgruppe. Diese Technik wird auch beim ASCII-Code verwendet, wobei dort häufig die Zeichen ⟨ESC⟩ (Escape) und ⟨DLE⟩ (Data Link Escape) als Umschaltungszeichen für alternative, teilweise benutzerdefinierte Zeichensätze benutzt werden.

2.1.3 Bits und Bytes

Ein Bit (ein aus „binary digit" zusammengezogenes Kunstwort) ist die kleinste Informationseinheit, die einem zweiwertigen Codeelement des Binär-Codes entspricht. Ein Byte besteht aus einer Gruppe von gewöhnlich acht zusammengehörigen Bits. Bytes sind die „Grundeinheit" der Datenübertragung, da bei den meisten höheren Codes (wie z.B. ASCII) mit einem Byte jeweils ein Zeichen dargestellt und übertragen werden kann.

Die im binären Alphabet verfügbaren zweiwertigen Entscheidungen werden in der Informatik auch als Bits bezeichnet. Ein Computer arbeitet nicht mit einzelnen Bits, da er sonst nur bis zwei zählen könnte, sondern mit Bit-Gruppen. Als Byte wird dabei eine Gruppe von gewöhnlich acht Bit bezeichnet. Wenngleich die tatsächliche Verarbeitungsleistung (und entsprechend die spezifische „Wortlänge") eines Mikroprozessors nicht notwendig auf 8 Bit pro Taktzyklus begrenzt ist, sind einzelne Bytes für Zwecke der Datenübertragung prozessorunabhängig von Bedeutung, da pro Byte ein Zeichen (z.B. ein Buchstabe) übertragen wird.

Da ein Byte aus einer festgelegten Anzahl von Bits besteht, werden bei der Darstellung kleiner numerischer Werte die führenden Stellen mit Nullen aufgefüllt. Ebenso, wie man den Wert 3 dezimal auch als 00000003 ausdrücken kann (am eigentlichen Wert ändert sich nichts), kann derselbe Wert binär sowohl als 11 als auch als 00000011 dargestellt werden. Durch das Voranstellen führender Nullen wird gewährleistet, daß jedes Byte unabhängig vom dargestellten Zeichen das gleiche Format hat.

Bytelänge

Aus wieviel Bits ein Byte besteht, steht in direktem Zusammenhang mit der Anzahl der Codeelemente des verwendeten Codes. Der standard ASCII-Code besteht aus 128 Elementen. Der höchste Wert – 127 – wird binär durch den Ausdruck 1111111 repräsentiert. Das bedeutet, daß sich jedes im standard ASCII verwendete Zeichen durch einen siebenstelligen binären Ausdruck darstellen läßt. Sieben Bit pro Zeichen reichen daher völlig aus, um den kompletten standard ASCII-Zeichensatz zu benutzen und zu übertragen.

Die Anzahl der Bits, aus denen ein Byte besteht, wird als Bytelänge, manchmal auch als „Anzahl an Datenbits" bezeichnet und ist ein wichtiger Übertragungsparameter. Wieviel Bits erforderlich sind, um alle Elemente eines bestimmten Codes abzubilden, hängt davon ab, aus wieviel Elementen das Alphabet des Codes besteht. Die Berechnung ist einfach: Zur Darstellung des standard ASCII sind sieben Bits erforderlich, da $2^7 = 128$ ist. Damit läßt sich die erforderliche Bytelänge einfach durch folgende Rechnung ermitteln, die sich an der Anzahl der darzustellenden Codeelemente orientiert:

$$2^5 = 32 \qquad 2^6 = 64 \qquad 2^7 = 128 \qquad 2^8 = 256$$

Um den erweiterten ASCII-Zeichensatz mit 256 unterschiedlichen Zeichen zu repräsentieren, ist also eine Bytelänge von acht Bit erforderlich, während für einen aus nur 32 unterschiedlichen Zeichen bestehenden Code – wie den Fernschreib-Code – eine Bytelänge von fünf Bit ausreicht. Dabei könnte der Fernschreib-Code ohne weiteres auch im 8-Bit-Format dargestellt werden, der ASCII-Code jedoch nicht im 5-Bit-Format. Ein bestimmter Code kann durch Verwendung führender Nullen stets mit einer längeren Bytelänge als erforderlich dargestellt werden. So kann in der binären Darstellung das standard ASCII ohne weiteres auch mit einer Bytelänge von acht Bit dargestellt werden, indem einfach eine „0" vorangestellt wird. Andererseits ist es aber nicht möglich, einen Code mit einer kürzeren Bytelänge als erforderlich darzustellen (auf Ausnahmen wie z.B. Huffman-Codes wird in Kap. 4.3.2 hingewiesen). In der binären Codierung würden hierdurch Bits verloren gehen, die dazu führen, daß die zu decodierende Information verfälscht wird. Wird z.B. das Zeichen „Ä" des erweiterten ASCII (dezimal: 142, binär: 10001110) im 7-Bit-Format dargestellt, entfällt das höchste Bit:

8 Bit gesendet:	Ä	= 142 =	10001110
7 Bit empfangen:	⟨SO⟩	= 14 =	0001110

Die verbleibende Information – dezimal 14, binär 0001110 – wird nun aber als Steuerzeichen ⟨SO⟩ interpretiert und weist somit keine Ähnlichkeit mit der ursprünglichen Information auf. Dieses Beispiel veranschaulicht, warum es wichtig ist, daß Sender und Empfänger bei der Datenübertragung die gleiche Bytelänge verwenden.

Um jedes Bit eines Bytes eindeutig zu kennzeichnen, hat sich international eine Nummerierung durchgesetzt, die bei Null beginnt. Ein Byte mit der Bytelänge von 8 Bit verfügt demnach über die Bits Null bis Sieben. Die Nummerierung geht in aufsteigender Reihenfolge von rechts nach links. Ein Byte, das über den Wert 65 den Buchstabern „A" repräsentiert, läßt sich also Bit für Bit wie in Abb. 2-5 kennzeichnen.

Bit 7	Bit 6	Bit 5	Bit 4	Bit 3	Bit 2	Bit 1	Bit 0
0	1	0	0	0	0	0	1

Abb. 2-5: Durchnummerierung der Bits eines Bytes

Anders ausgedrückt, kann man sagen, daß in diesem Beispiel der Darstellung des Werts 65 (als Abbildung des Zeichens „A") die Bits 0 und 6 „gesetzt" (logisch „1") sind, während die Bits 2, 3, 4, 5 und 7 „nicht gesetzt" (logisch „0") sind.

Binär codierte Dateien

Ein Byte muß nicht notwendig zur Darstellung eines ASCII-Zeichens benutzt werden. Es kann z.B. auch eine Instruktion eines ausführbaren Computerprogramms in Maschinensprache repräsentieren. Dadurch wird es möglich, per Datenfernkommunikation auch ausführbare Computerprogramme und generell Dateien zu übertragen, die nicht den ASCII-Code verwenden. Um bei der Datenübertragung überhaupt von Wert zu sein, müssen alle übertragenen Informationen codiert sein, doch kann es aus verschiedensten Gründen sinnvoll sein, nicht den ASCII-Code zu benutzen. In diesen Fällen wird generell von „binär codierten Dateien" gesprochen, womit lediglich gesagt ist, daß die betreffende Datei nicht den ASCII-Code verwendet und alle Bit-Kombinationen vorkommen können.

Die Übertragung von binär codierten Dateien erfordert in den meisten Fällen eine Bytelänge von acht Bit. Hieraus resultieren Probleme, wenn das verwendete Datennetz oder der angewählte Host nur eine Bytelänge von sieben Bit unterstützen. Ein weiteres Problem erwächst aus der Tatsache, daß die Übertragung binär codierter Dateien Codetransparanz voraussetzt. Einige Datennetze und Hosts gehen prinzipiell von der Verwendung des ASCII-Codes aus und verwenden bestimmte Zeichen als Steuerinformationen. So bewirkt z.B. das Senden von Control-S (ASCII 19) bei manchen Hosts eine „Sendepause" (siehe Kap. 4.2.1). Dieses Zeichen darf dann nicht mehr in den zu übertragenden Nutzdaten enthalten sein, was jedoch bei binär codierten Dateien nicht ausgeschlossen werden kann. Wird hinsichtlich der übertragbaren Bitmuster keine Einschränkung gemacht, ist hingegen von einer „codetransparenten" Übertragung die Rede.

Eine codetransparante Übertragung im 8-Bit-Format ist nicht nur für ausführbare Computerprogramme erforderlich, sondern teilweise auch für Textdateien, wenn diese mit bestimmten Text-Editoren erstellt wurden. Einige Text-Editoren wie z.B. WordStar verwenden nämlich Bit 7 zur Codierung von Formatierungsinformationen, die bestimmte Textverarbeitungsfunktionen wie Blocksatz erleichtern. Probleme kann es auch bei der Verwendung des erweiterten ASCII-Zeichensatzes geben, da dann die nationalen Sonderzeichen einen Wert größer als 127 haben und nicht mehr mit einer Bytelänge von sieben Bit darstellbar sind.

2.2 Übertragungsformate

Übertragungsformate beinhalten Konventionen darüber, wie Informationen zwischen Computern physikalisch ausgetauscht werden. Sie beziehen sich auf die Geschwindigkeit, mit der die Übertragung stattfindet, auf die Synchronisation von Sender und Empfänger, auf das verwendete Verfahren zur Fehlerprüfung und auf die Richtung des Informationsflusses. Die Vereinbarung, welches Übertragungsformat Sender und Empfänger benutzen, ist eine Voraussetzung für fehlerfreie Datenübertragung.

Der Aufbau eines Bytes – und ebenso die Angabe des verwendeten Codes – sagen zunächst wenig darüber aus, wie dieses Byte (also das codierte Zeichen) übertragen werden soll. Zusätzlich zum verwendeten Code müssen noch Festlegungen bezüglich folgender Übertragungsparameter getroffen werden:

- Serielle oder parallele Übertragung
- Gleichlaufverfahren

- Paritätsprüfung
- Betriebsart
- Übertragungsgeschwindigkeit.

Nur wenn Sender und Empfänger das gleiche Übertragungsformat benutzen, ist die Voraussetzung für eine erfolgreiche Datenübertragung gegeben. Deswegen wurde die Zahl der prinzipiell möglichen Übertragungsformate auf einige wenige begrenzt, die in die Praxis eingang gefunden haben. Die zur Verfügung stehenden Übertragungsformate orientieren sich weitgehend an Hardware-Gegebenheiten und sind daher vom Benutzer kaum unmittelbar zu manipulieren. Oft hat der Benutzer aber die Möglichkeit, zwischen mehreren Übertragungsformaten umzuschalten. Deswegen ist eine Kenntnis und ein Verständnis der gebräuchlichen Übertragungsformate von großer praktischer Bedeutung. Dem Anwender begegnen Übertragungsformate in der Praxis häufig als Kürzel wie z.B. „1200/8/N/1“. Wird dieses Übertragungsformat von der Gegenstelle gefordert, muß er seine Datenstation entsprechend einstellen.

2.2.1 Serielle und parallele Übertragung

Zur Übertragung eines Bytes gibt es grundsätzlich zwei Möglichkeiten: die zugehörigen Bits werden entweder alle auf einmal – also „parallel“ – über jeweils eigene Leitungen oder aber nacheinander – also „seriell“ über eine einzige Leitung übertragen. Dabei spielt die serielle Übertragung in der heutigen Datenfernkommunikation die weitaus größere Rolle.

Serielle Übertragung

Bei der seriellen Übertragung werden die ein Byte konstituierenden Bits der Reihe nach übertragen. Es wird also stets nur 1 Bit gleichzeitig gesendet bzw. empfangen. Die Übertragung beginnt mit Bit 0, darauf folgt Bit 1, dann Bit 2 usw. Ein Byte wird also „von rechts nach links“ übertragen. Der Informationsfluß über eine serielle Datenleitung ist schematisch in Abb. 2-6 dargestellt.

Der große Vorteil dieser Übertragungsart besteht darin, daß nur eine einzige Datenleitung zum Senden und eine weitere zum Empfangen benötigt wird, da jeweils nur ein Bit (mit den Zuständen logisch „1“ und logisch „0“) gleichzeitig übertragen wird. Daher ist der technische Aufwand vergleichsweise gering.

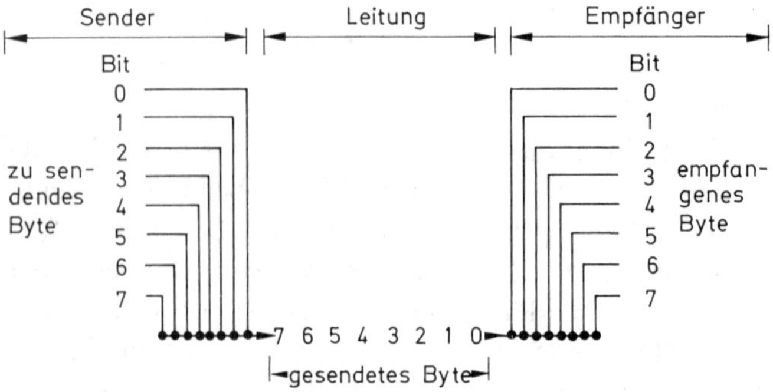

Abb. 2-6: Serielle Datenübertragung

Die serielle Übertragung ist die weitaus am häufigsten genutzte Möglichkeit der Datenübertragung bei der Datenfernkommunikation. Deswegen erfordert die Teilnahme an der Datenfernkommunikation zwingend das Vorhandensein einer seriellen Schnittstelle am Gerät, die dieses Übertragungsformat realisieren kann. Bei manchen Gerätetypen ist eine solche Schnittstelle in der Grundausstattung nicht vorhanden, kann aber mit geringem Aufwand nachgerüstet werden.

Parallele Übertragung

Bei der parallelen Übertragung werden alle Bits eines Bytes gleichzeitig übertragen. Das setzt voraus, daß die genutzte Leitung über mindestens so viel Kanäle verfügt wie die Bytelänge beträgt. Die Übertragung eines Bytes mit einer Bytelänge von acht Bit bei paralleler Übertragung ist schematisch in Abb. 2-7 dargestellt.

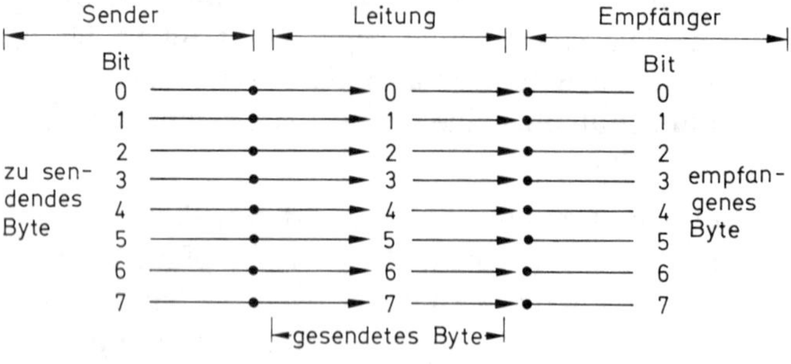

Abb. 2-7: Parallele Übertragung

Durch die gleichzeitige Übertragung mehrerer Bits kann die parallele Übertragung prinzipiell um den Faktor der Bytelänge schneller als die serielle Übertragung arbeiten. Da mehrere Kanäle vorhanden sein müssen, ist sie jedoch merklich kostenaufwendiger und wird überwiegend auf kurzen Übertragungsstrecken von wenigen Metern eingesetzt, z.B. zwischen Computer und Drucker.

In analogen Datennetzen – wie dem öffentlichen Telefonnetz – ist darüber hinaus eine Ausnutzung der Möglichkeiten der parallelen Übertragung nur sehr begrenzt möglich, da sie hier die gleichzeitige Übertragung unterschiedlicher Frequenzen voraussetzt. Da das verfügbare Frequenzband jedoch eng begrenzt ist, sind bei der parallelen Übertragung nur vergleichsweise langsame Übertragungsgeschwindigkeiten zu realisieren. Von der Bundespost werden nur wenige Datenübertragungseinrichtungen für parallele Übertragung zur Verfügung gestellt, die zudem sehr langsam arbeiten (mit 200 und 400 bit/s). Außerdem kann mit diesen Übertragungsgeräten nur ein begrenztes Alphabet verwendet werden. Die parallele Übertragung wird aus diesen Gründen heute nur für Spezialanwendungen genutzt, bei denen hauptsächlich numerische Daten mit geringem Geräteaufwand übertragen werden, z.B. zu Bestellzwecken und zur Übermittlung von Meßdaten.

2.2.2 Gleichlaufverfahren

Gleichlaufverfahren stellen sicher, daß ein übertragener Bitstrom vom Empfänger wieder korrekt in einzelne Zeichen zerlegt werden kann. Hierzu werden bei der asynchronen Übertragung vom Sender Steuerzeichen in die Nachricht eingefügt, die Anfang und Ende jedes Bytes markieren. Bei der synchronen Übertragung wird über eigene Taktleitungen der verwendete Bit-Takt übertragen und zusätzlich Anfang und Ende einer Gruppe von Bytes (Datenblock) markiert. Das asynchrone Übertragungsverfahren ist technisch einfacher zu realisieren und, da kostengünstiger, besonders bei kleineren Computern verbreitet.

Bei der seriellen Übertragung wird eine Nachricht als Bitstrom übertragen. Der empfangende Computer muß in diesem Bitstrom die einzelnen Bytes „wiedererkennen". Dies erfordert eine Synchronisation beider Computer, die sicherstellt, daß Anfang und Ende der Nachricht auch als solche erkannt werden. Ohne Synchronisation würde eine Verschiebung der Nachricht – z.B. aufgrund eines Übertragungsfehlers – dazu führen, daß der Inhalt der gesamten Nachricht (also nicht nur der Inhalt der nicht übertragenen Bits) verfälscht wird. Wenn der sendende Computer z.B. die Zeichenfolge „HALLO“ sendet, also die ASCII-Codes 72, 65, 76, 76 und 79, würde das zugehörige Bitmuster – die tatsächlich übertragene Information also – bei Verwendung einer Bytelänge von acht Datenbits wie folgt aussehen:

01001000 01000001 01001100 01001100 01001111

Durch einen Übertragungsfehler werden jedoch die ersten beiden Bits der Nachricht nicht übertragen. Der empfangende Computer würde dann bei der Zerlegung des Bitstromes in Bytes folgendes Muster erhalten:

00100001 00000101 00110001 00110001 001111

Dieses Muster hätte jedoch keine Ähnlichkeit mehr mit der gesendeten Nachricht; decodiert würde es die Werte 33, 5, 49, 49 und 60 liefern, also die ASCII-Zeichen „!“, ⟨ENQ⟩, „1“, „1“ und „⟨“.

Um solche Fehler zu vermeiden, die nicht nur ein einzelnes Zeichen, sondern die gesamte Übertragung in Mitleidenschaft ziehen würden, gibt es spezielle Steuerverfahren, die den Gleichlauf (Synchronisation) der sendenden und der empfangenden Stelle sicherstellen. Diese Steuerverfahren beruhen teilweise darauf, daß zusätzliche Information in den Bitstrom eingefügt wird, die Anfang und Ende einer Nachricht kennzeichnet. Durch solche Steuerinformationen wird eine Nachricht „eingerahmt“, und der empfangende Computer hat nun die Möglichkeit, den empfangenen Bitstrom auf diese Rahmen hin abzutasten und somit Anfang und Ende der gesendeten Nachricht zu erkennen. Der zur Synchronisation benutzte Rahmen ist schematisch in Abb. 2-8 dargestellt.

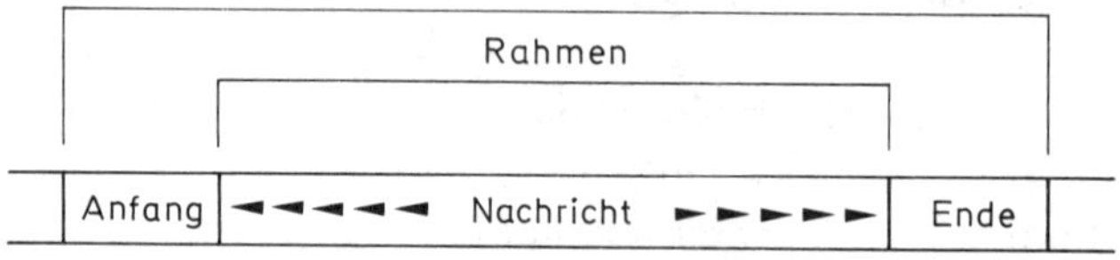

Abb. 2-8: Rahmung einer Nachricht durch Steuerinformationen

Wird nach der Erkennung einer Ende-Markierung als nächste Information keine Anfang-Markierung erkannt, so zeigt dies einen Übertragungsfehler an. Computer und Datenterminals verfügen über die Möglichkeit, solche Fehler als „Rahmenfehler“ (framing errors) zu erkennen.

Grundsätzlich sind zwei Verfahren zur Synchronisation in Gebrauch, die als „synchrone Übertragung“ und als „asynchrone Übertragung“ bezeichnet werden. Auch das „asynchrone“ Verfahren ist ein Verfahren zur Synchronisation, so daß die gewählte Bezeichnung irreführend ist. Während bei der synchronen Übertragung jedoch über zusätzliche Taktleitungen ein kontinuierlicher Bit-Takt gesendet wird, wird bei der asynchronen Übertragung die Synchronisation über die Datenleitungen zu Beginn jedes übertragenen Bytes neu aufgebaut.

Asynchrone Übertragung

Bei der asynchronen Übertragung wird die Synchronisation zwischen Sender und Empfänger für jedes übertragene Byte neu hergestellt. Hierzu wird jedem Byte ein „Startbit“ vorangestellt. Das Ende des Bytes wird durch ein oder zwei „Stopbits“ markiert. Diese Übertragungsart wird daher auch als „Start-Stop-Verfahren“ bezeichnet. Das tatsächlich übertragene Zeichen setzt sich bei der asynchronen Übertragung aus den Datenbits und der Rahmeninformation zusammen, also zusätzlich noch aus den Start- und Stopbits (Abb. 2-9).

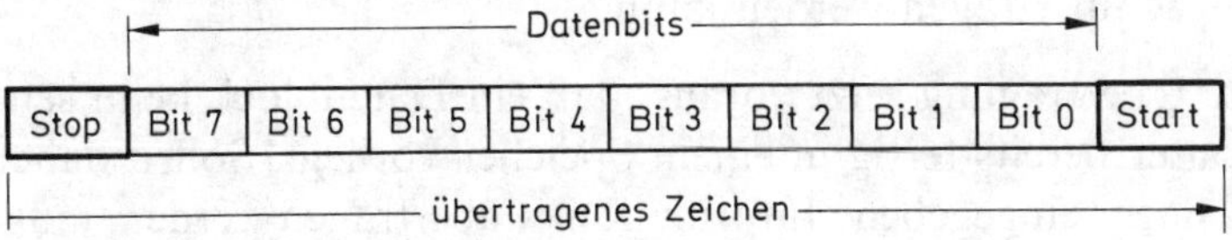

Abb. 2-9: Aufbau eines Zeichens bei asynchroner Übertragung

Die Anzahl der eingefügten Stopbits orientiert sich an der Übertragungsgeschwindigkeit. In den meisten Fällen wird ein Stopbit verwendet.

Die asynchrone Übertragung ist die am weitesten verbreitetste Form der Übertragung. Im Bereich der Mikrocomputer spielt sie die größte Rolle, da sie technisch einfacher zu realisieren und dementsprechend preiswerter ist als die synchrone Übertragung. Für die Verwendung zur Dialogkommunikation ist dabei auch von Bedeutung, daß bei der asynchronen Übertragung jedes auf der Tastatur eingegebene Zeichen sofort zur Gegenstelle gesendet wird, was z.B. für Befehlseingaben zur Datenbankabfrage sinnvoll ist.

Synchrone Übertragung

Bei der synchronen Übertragung wird der Gleichlauf zwischen Sender und Empfänger nicht für jeweils ein Byte, sondern für jeweils ein Bit hergestellt. Hierzu werden zusätzlich zu den Datenleitungen physikalisch und logisch eigenständige Taktleitungen verwendet, die unabhängig von den übertragenen Daten Taktimpulse übermitteln. Diese Taktimpulse geben an, wann ein Bit zu erwarten ist. Beim Eingehen des Taktimpulses wird dann der auf der Datenleitung vorliegende elektrische Zustand als logisch „1" oder logisch „0" interpretiert. Start- und Stopbits werden dadurch überflüssig.

Der Vorteil der synchronen Übertragung besteht in erster Linie in einer höheren Geschwindigkeit. Es läßt sich leicht ausrechnen, wieviel Zeit gespart werden kann, wenn nicht pro Byte noch ein Startbit und ein oder zwei Stopbits übertragen werden müssen. Nachteile liegen aber darin, daß diese Übertragungsart nur für Dateitransfer benutzt werden kann und außerdem einen sehr viel höheren technischen Aufwand voraussetzt, der sich proportional in höheren Kosten niederschlägt. Im PC-Bereich findet die Nutzung der synchronen Übertragung praktisch nicht statt, da sie vergleichsweise teurere Hardware voraussetzt. Außerdem muß für den Dialogverkehr eine von der Tastatur eingegebene Botschaft erst zwischengespeichert und mit den nötigen Steuerinformationen versehen werden, bevor sie übertragen werden kann.

Die synchrone Übertragung setzt voraus, daß ein Datenblock beim sendenden Computer bereits fertig in einem Speicher vorliegt. Sollen daher direkt über Tastatur eingegebene Informationen übertragen werden, müssen diese von der Datenendeinrichtung erst zwischengespeichert und zu einem Block mit fester Länge „aufgefüllt" werden, bevor die Übertragung erfolgen kann. Dieser Block wird dann – ähnlich wie bei der asynchronen Übertragung – durch spezielle Steuerzeichen, die über die Datenleitungen gesendet werden, eingerahmt. Die Einrahmung der Nachricht erfolgt bei der synchronen Übertragung jedoch nicht durch einzelne Bits, sondern durch Bytes. Der Aufbau solcher Blöcke kann unterschiedlich realisiert werden. Hierzu sind mehrere Protokolle zur Übertragungssteuerung in Gebrauch, von denen die beiden verbreitetsten – das von der Firma IBM entwickelte BSC-Protokoll und das HDLC-Protokoll – im folgenden kurz beschrieben werden.

BSC-Protokoll

BSC steht für „Binary Synchronous Communications“ und wurde von der Firma IBM für Datenübertragungszwecke entwickelt. Als Markierung des Blockanfangs wird das Steuerzeichen ⟨SYN⟩ (ASCII 22) gesendet. Für den Fall, daß das Steuerzeichen falsch übertragen wird oder verloren geht – was die fehlerhafte Übertragung eines ganzen Blocks zur Folge hätte –, werden in der Praxis oft zwei ⟨SYN⟩ hintereinander gesendet.

Nach den beiden ⟨SYN⟩ wird der Inhalt des Blocks – also die Nutzdaten – übertragen. Als Größe eines Blocks werden in der Regel 128 Byte verwendet. Die Bytelänge ist dabei stets auf acht Bit festgelegt. Jedes Zeichen wird ohne Start- und Stopbits übertragen.

Zum Abschluß eines Blocks wird wiederum ein ganzes Zeichen gesendet, dessen Inhalt davon abhängig ist, ob noch weitere Blöcke folgen oder ob die Übertragung anschließend beendet ist. Ist die Übertragung nach dem aktuellen Block noch nicht beendet (folgen also noch weitere Blöcke), so wird als Steuerzeichen ⟨ETB⟩ für „End of Transmission Block“ (ASCII 23) gesendet. Folgen anschließend keine weiteren Blöcke mehr, wird stattdessen ⟨EOT⟩ (ASCII 4) für „End of Transmission“ gesendet. Der schematische Aufbau eines Blocks beim BSC-Protokoll ist in Abb. 2-10 dargestellt.

Sobald der empfangende Computer einen Blockanfang erkannt hat, interpretiert er nun – für die vorher vereinbarte Blocklänge bzw. bis zum Empfang des Steuerzeichens ⟨ETB⟩ – alle acht aufeinanderfolgenden

⟨SYN⟩ ⟨SYN⟩	Blockvorspann
Byte 1 Byte 2 Byte 3 : : Byte n	Nutzdaten
⟨ETB⟩	Blockende

Abb. 2-10: Blockaufbau beim BSC-Protokoll

Bits als Byte. Der zusätzlich verwendete Bit-Takt sorgt dafür, daß der Empfänger die eingehenden Bits genau in dem gleichen Rhythmus empfängt, wie sie vom Sender gesendet wurden.

Das bisher beschriebene Verfahren hat den Nachteil, daß die verwendeten Steuerzeichen (⟨SYN⟩, ⟨ETB⟩ und ⟨EOT⟩) nicht in der übermittelten Nachricht enthalten sein dürfen. Diese Übertragungsart ist somit nicht codetransparent, sondern „codegebunden". Müssen aber alle möglichen Bitmuster zur Übertragung zur Verfügung stehen, muß ein „codeungebundenes" oder „codetransparentes" Verfahren genutzt werden. Hierzu werden in Varianten des ursprünglichen BSC-Protokolls die Steuerzeichen von den Datenbits dadurch unterschieden, daß ihnen jeweils noch ein ⟨DLE⟩ (Data Link Escape) vorangestellt wird.

HDLC-Protokoll

HDLC ist eine Abkürzung für „High-Level Data Link Control" und bezeichnet ein synchrones Steuerverfahren, bei dem die Nachrichten ebenfalls blockweise übertragen werden und die Synchronisation bitweise hergestellt wird. Das HDLC-Protokoll ist international genormt und kommt hauptsächlich bei der Übertragung in Computernetzen (z.B. zwischen Datex-P-Netzrechnern) zur Anwendung. Das HDLC-Protokoll ist ein leistungsfähiger internationaler normierter Standard (DIN 66221) für die übertragung in digitalen Datennetzen und wird unter anderem auch

Blockbegrenzung Adressfeld Steuerfeld	Blockvorspann
Byte 1 Byte 2 Byte 3 : : Byte n	Datenfeld
Prüffeld (1. Halbwort) Prüffeld (2. Halbwort) Blockbegrenzung	Blockende

Abb. 2-11: Blockaufbau beim HDLC-Protokoll

im Datex-P-Netz zur Datensicherung beim Transport zwischen den Netzrechnern verwendet, da es sich durch eine sehr hohe Fehlersicherheit auszeichnet.

Der Hauptunterschied zum BSC-Protokoll besteht in völliger Code-Unabhängigkeit. Als Blockbegrenzungszeichen wird die eindeutig identifizierbare Bitfolge 01111110 verwendet. Dieses Blockbegrenzungszeichen dient sowohl zur Markierung eines Blockanfangs als auch zur Markierung des Blockendes. Dem Blockbegrenzungszeichen folgt ein acht Bit langes Adreßfeld, das Informationen über den Zielrechner enthält (wichtig in Netzwerken). Es wird gefolgt von einem ebenfalls acht Bit langenSteuerfeld. Das Format des darauf folgenden Datenfeldes kann zwischen Sender und Empfänger frei vereinbart werden (z.B. 128 mal acht Bits). Dem Datenfeld folgt als Besonderheit noch ein 16 Bit langes Prüffeld, das Redundanzinformationen enthält und somit eine automatische Fehlerprüfung ermöglicht. Abgeschlossen wird ein Block durch ein Blockbegrenzugszeichen, das gleichzeitig den nächsten Block einleiten kann. Der schematische Aufbau eines Blocks beim HDLC-Protokoll ist in Abb. 2-11 dargestellt.

2.2.3 Paritätsprüfung

Die Paritätsprüfung ist eine Methode zur automatischen Erkennung von Übertragungsfehlern. Durch die Übertragung zusätzlicher Redundanzinformation zu jedem Zeichen bzw. Block ist es in manchen Fällen möglich, zu erkennen, ob ein oder mehrere Bits bzw. Bytes falsch übertragen wurden. Die Paritätsprüfung kann für einzelne Zeichen und für Zeichengruppen (Blöcke) durchgeführt werden. Die Berechnung der Redundanzinformation kann auf zwei verschiedene Arten erfolgen, die als gerade und als ungerade Parität bezeichnet werden.

Die Paritätsprüfung beruht auf dem Vergleich zusätzlich eingefügter Kontrollinformation in die zu übertragenenden Nutzdaten. Diese Kontrollinformationen ergänzen das Bitmuster der Nutzdaten bei Aufaddierung der auf logisch „1" gesetzten Bits zu einem geraden oder einem ungeraden Wert. Da die Paritätsprüfung die Übertragung von zusätzlicher Information (Paritätsbits oder -bytes) voraussetzt, bedingt sie bestimmte Abweichungen im Übertragungsformat und wird deshalb an dieser Stelle behandelt.

Das Verfahren zur Paritätsprüfung beinhaltet keinerlei Angaben darüber, wie ein erkannter Fehler behandelt werden soll. Es ist daher lediglich ein Verfahren zur Fehlererkennung, nicht aber zur Fehlerkorrektur.

Da die Paritätsprüfung Unterschiede im Übertragungsformat bewirkt, müssen Sender und Empfänger vor dem Aufbau einer Datenverbindung vereinbaren, welche Art der Paritätsartsprüfung verwendet werden soll. Gebräuchlich sind

- gerade Parität (even parity)
- ungerade Parität (odd parity)
- keine Parität (no parity).

Die Paritätsprüfung kann sich auf jedes übertragene Byte (Zeichenparität) oder (zusätzlich) auf jeden übertragenen Block (Blockparität) beziehen.

Zeichenparität

Die Prüfung der Zeichenparität kommt insbesondere bei der asynchronen Übertragung zum Einsatz. Wird als Übertragungsparameter „gerade Parität" benutzt, wird das Bitmuster jedes Bytes – die Anzahl der „gesetzten" Bits – durch ein zusätzliches Paritätsbit auf eine gerade Zahl ergänzt. Wird als Übertragungsparameter „ungerade Parität" benutzt, wird das Bitmuster jedes Bytes durch ein zusätzliches Paritätsbit auf eine ungerade Zahl ergänzt. Wie jedes andere Bit auch, kann das Paritätsbit den Wert „0" oder „1" annehmen. Der aktuelle Wert wird – abhängig vom gewählten Verfahren – jeweils von der Übertragungseinheit (Schnittstellenbaustein) berechnet.

Das Paritätsbit wird direkt anschließend an die Datenbits übertragen, also unmittelbar nach dem höchstwertigen Bit. Die Position des Paritätsbits bei einer Bytelänge von sieben Datenbits und einem Stopbit ist schematisch in Abb. 2-12 dargestellt.

Zur Berechnung des Werts des Paritätsbits wird die Anzahl der auf „1" gesetzten Datenbits eines zu übertragenden Bytes berechnet. Der Wert

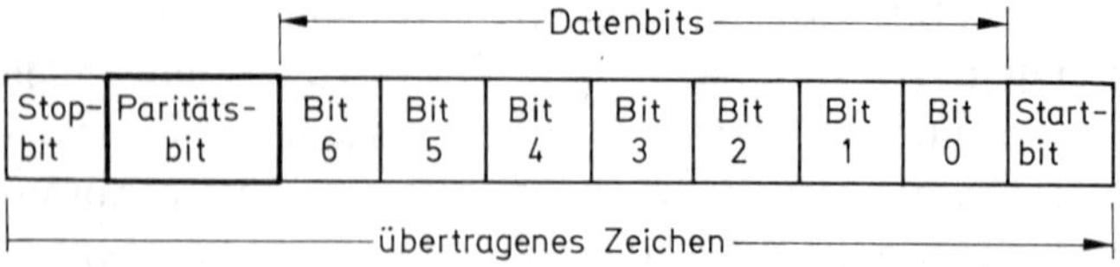

Abb. 2-12: Position des Paritätsbits

des Paritätsbits ergänzt den so resultierenden Wert nun bei gerader Parität auf eine gerade Zahl oder bei ungerader Parität auf eine ungerade Zahl. Soll der sendende Computer z.B. das Zeichen „a“ (ASCII 97) übertragen, lautet das korrespondierende Bitmuster 01100001. Es enthält eine ungerade Zahl von Einsen (drei). Deswegen würde das Paritätsbit bei gerader Parität den Wert „1“ erhalten, um die Anzahl der Einsen auf eine gerade Zahl zu ergänzen. Bei ungerader Parität würde das Paritätsbit dagegen den Wert „0“ erhalten, da bereits ein ungerader Wert vorliegt.

Die auf „1“ gesetzten Datenbits plus Paritätsbit ergeben bei gerader Parität also stets eine gerade Zahl, bei ungerader Parität stets eine ungerade Zahl. Dies ist die Voraussetzung dafür, daß der empfangende Computer feststellen kann, ob die Übertragung fehlerhaft war. Zur Paritätsprüfung braucht der empfangende Computer nur die Anzahl der Einsen von Datenbits und Paritätsbit zusammenzuzählen. Ist der resultierende Wert bei gerader Parität ungerade, war die Übertragung fehlerhaft. Das gleiche ist der Fall, wenn bei ungerader Parität ein gerader Wert resultiert.

Bei der Einstellung „keine Parität“ wird vom sendenden Computer kein Paritätsbit eingefügt. Es ist zu beachten, daß das resultierende Übertragungsformat ein Bit pro Zeichen kürzer ist als bei Verwendung von gerader oder ungerader Parität.

Zeichenparität als Fehlerquelle

Die Zeichenparität vermag nur dann eine Möglichkeit zur Fehlererkennung darzustellen, wenn die Übertragungsformate von Sender und Empfänger übereinstimmen. Benutzen Sender und Empfänger unterschiedliche Paritätsarten und/oder eine unterschiedliche Bytelänge, führt das Paritätsbit zu Übertragungsfehlern. Benutzt z.B. der Sender die Einstellung „gerade Parität“ und der Empfänger die Einstellung „ungerade Parität“, wird er jedes ankommende Zeichen als fehlerhaft erkennen.

Weniger einfach sind die Probleme, wenn der Empfänger zusätzlich eine andere Bytelänge verwendet. Hier besteht die Gefahr einer falschen Interpretation nicht aller, sondern nur einer bestimmten Gruppe von Zeichen. Benutzt z.B. der Sender die Übertragungsparameter gerade Parität/7 Datenbits, der Empfänger aber die Parameter keine Parität/8 Datenbits, führt dies zu Übertragungsfehlern, da der Empfänger nun das vom Sender gesendete Paritätsbit als achtes Datenbit (Bit 7) interpretiert. Das hat zur Folge, daß etwa die Hälfte aller empfangenen Zeichen falsch interpretiert wird (ohne daß deshalb ein Paritätsfehler erkannt wird). Alle ASCII-

Codes, bei denen das Paritätsbit auf „1“ gesetzt ist, werden nun falsch empfangen: sie liefern Codes mit Werten über 127. Diese werden vom Empfänger entweder falsch oder gar nicht dargestellt.

Überträgt der Sender z.B. das Zeichen „A“ mit den Parametern gerade Parität/7 Datenbits, wird dieses Zeichen – zufällig – korrekt von einer mit keine Parität/8 Datenbits arbeitenden Gegenstelle empfangen, da das Paritätsbit auf logisch „0“ steht (siehe Abb. 2-13). Überträgt der Sender dasselbe Zeichen aber mit ungerader Parität, wird das Paritätsbit auf logisch „1“ gesetzt, und die Gegenstelle empfängt nicht mehr das Zeichen „A“, sondern den Code 193, der nun – je nach dem, ob der Empfänger über ein erweitertes ASCII verfügt oder nicht – als Grafik-Sonderzeichen oder aber überhaupt nicht dargestellt wird.

	Sender verwendet gerade Parität	Sender verwendet ungerade Parität
gesendet:	0 1 0 0 0 0 0 1	1 1 0 0 0 0 0 1
	↑ ← Datenbits (6-0) →	↑ ← Datenbits (6-0) →
	└ Paritätsbit	└ Paritätsbit
empfangen:	0 1 0 0 0 0 0 1	1 1 0 0 0 0 0 1
	← Datenbits (7-0) →	← Datenbits (7-0) →
	= „A“	= 193

Abb. 2-13: Zeichenparität als Fehlerquelle

Tabelle 2-5 enthält diejenigen Buchstaben, die bei einer solchen nicht übereinstimmenden Einstellung (Sender sendet mit sieben Datenbits/gerade oder ungerade Parität, Empfänger empfängt mit acht Datenbits/keine Parität) dennoch korrekt übertragen werden. Der Empfänger kann

Parität	Empfangenes Zeichen																									
keine	A	B	C	D	E	F	G	H	I	J	K	L	M	N	O	P	Q	R	S	T	U	V	W	X	Y	Z
gerade	A	B		D			G	H			K		M	N		P			S		U	V			Y	Z
ungerade			C		E	F			I	J		L			O		Q	R		T			W	X		
keine	a	b	c	d	e	f	g	h	i	j	k	l	m	n	o	p	q	r	s	t	u	v	w	x	y	z
gerade			c		e	f			i	j		l			o		q	r		t			w	x		
ungerade	a	b		d			g	h			k		m	n		p			s		u	v			y	z

Tab. 2-5: Vergleichstabelle zur Ermittlung der Parität des Senders

sich hieran orientieren, um zu ermitteln, mit welcher Einstellung der Sender arbeitet. Die angegebene Parität bezieht sich auf den Sender.

Eine durch falsche Paritätseinstellung fehlerhafte Übertragung ist also daran erkennbar, daß etwa die Hälfte der Zeichen richtig übertragen wird. Wird überhaupt kein Zeichen richtig übertragen, kann das daran liegen, daß der Sender die Einstellung sieben Datenbits/keine Parität verwendet, der Empfänger aber acht Datenbits/Parität. Die Stopbits (siehe Kap. 2.2.2) werden in diesem Fall vom Empfänger stets als gesetztes Bit 7 interpretiert.

Blockparität

Werden – wie bei der synchronen Übertragung – geschlossene Datenblöcke übertragen, ist eine Ausdehnung der Paritätsprüfung auf den gesamten Block möglich. Bei der Berechnung der Blockparität wird pro Block nicht ein einzelnes Paritätsbit, sondern ein Paritätsbyte errechnet. Dieses Paritätsbyte wird auch als LRC-Byte (für Longitudinal Redundancy Check) bezeichnet.

Das Paritätsbyte berechnet sich bitweise aus den Bits der übertragenen Bytes. Für jedes Bit wird die horizontale Parität berechnet. Es wird also zunächst die Parität für alle nullten Bits berechnet, dann eine Parität für alle ersten Bits, alle zweiten usw. Dieses einzelne Bit wird dem Paritätsbyte des betreffenden Blocks zugeschlagen. Am Beispiel für einen Block, der bei einer Bytelänge von sieben Bit nur aus den Zeichen „A“, „B“ und „C“ besteht, berechnet sich die Blockparität bei gerader Parität wie in Abb. 2-14 dargestellt.

	„A“	„B“	„C“		Paritätsbyte
Bit 6	1	1	1	→	1
Bit 5	0	0	0	→	0
Bit 4	0	0	0	→	0
Bit 3	0	0	0	→	0
Bit 2	0	0	0	→	0
Bit 1	0	1	1	→	0
Bit 0	1	0	1	→	0
Paritätsbit	0	0	1	→	1

Abb. 2-14: Berechnung der Blockparität

Die Blockparitätsprüfung geht stets „horizontal" vor. Bei der anschließenden Übertragung wird das Paritätsbyte an den Block angehängt.

Effizienz der Paritätsprüfung

Die Paritätsprüfung hat keine direkten Auswirkungen auf die Fehlerbehandlung, sondern ist nur ein Verfahren zur Fehlerprüfung. Wie die Fehlerbehandlung vor sich geht, bleibt dem Benutzer überlassen. Die meisten Kommunikationsprogramme verfahren aber so, daß Paritätsfehler nicht ausgewertet werden. Dies aus gutem Grund, denn die Paritätsprüfung ist ein sehr wenig effizientes Verfahren zur Fehlerprüfung.

Ein Grund hierfür besteht in der Unfähigkeit zur Erkennung sogenannter Doppelfehler. Solche Doppelfehler treten auf, wenn nicht nur ein Bit, sondern z.B. zwei oder vier Bits falsch übertragen wurden – was bei höheren Übertragungsgeschwindigkeiten häufiger der Fall ist, als daß nur ein einzelnes Bit verfälscht wird. Hierbei ist zu beachten, daß eine Störung in der Leitung von zwei Millisekunden Dauer bei einer Übertragungsgeschwindigkeit von 300 bit/s gerade ein Bit zerstört, bei einer Übertragungsgeschwindigkeit von 1200 bit/s aber bereits zwei Bit. Bei 4.800 bit/s können vier und mehr Bits zerstört werden. Derartige Doppelfehler können jedoch durch die Paritätsprüfung nicht entdeckt werden, da sich die Zahl der gesetzten Bits wieder zu einem geraden bzw. ungeraden Wert ergänzen kann, so daß trotz vermeintlich korrekter Übertragung ein Übertragungsfehler vorliegt.

Die Blockparität vermag zwar sehr viel genauer zu arbeiten, wird jedoch in der Praxis nur selten benutzt, weil bei der Blockübertragung ohnehin wirksamere Verfahren zur Fehlerprüfung zur Verfügung stehen (wie z.B. das HDLC-Protokoll).

Aus diesen Gründen wird die Paritätsprüfung im Bereich der Datenfernkommunikation meist nicht benutzt (Einstellung „keine Parität"), was sich nicht zuletzt positiv auf die Transfergeschwindigkeit auswirkt, da dieselbe Nachricht mit effektiv weniger Bits übertragen werden kann. Die Paritätsprüfung bleibt dennoch ein wichtiger Übertragungsparameter, der abgestimmt werden muß, weil es zu Übertragungsfehlern führt, wenn Sender und Empfänger eine voneinander abweichende Parität verwenden.

2.2.4 Betriebsart

Die Betriebsart kennzeichnet die Richtung des Informationsflusses zwischen sendender und empfangender Datenstation. Mögliche Betriebsarten sind duplex, halbduplex und simplex. Bei der Betriebsart duplex können Daten gleichzeitig gesendet und empfangen werden. Im Halbduplex-Betrieb kann zwischen dem Senden und dem Empfang von Daten umgeschaltet werden, ohne daß gleichzeitiges Senden und Empfangen möglich ist. Beim selten verwendeten Simplex-Betrieb kann dauerhaft nur gesendet oder nur empfangen werden.

Die Betriebsart bezieht sich auf die Leitungscharakteristik der genutzten Übertragungsstrecke und nicht auf die tatsächlich stattfindende Kommunikation. Sie gibt an, welche Richtungen des Datenflusses von einer bestimmten Übertragungsstrecke unterstützt werden.

Die Unterscheidung mehrerer Betriebsarten ist in erster Linie Ausdruck eines technischen Problems. Als flexibelste Lösung wäre die Betriebsart duplex prinzipiell vorzuziehen, da sie es gestattet, Daten zur gleichen Zeit zu senden und zu empfangen, doch ist sie besonders bei höheren Übertragungsgeschwindigkeiten momentan noch nicht immer zu realisieren, da aufwendiger.

Duplex

In dieser – teilweise auch als „vollduplex" bezeichneten – Betriebsart können beide miteinander verbundenen Datenstationen gleichzeitig Daten senden und empfangen. Sie setzt somit mindestens zwei unterschiedliche physikalische Kanäle voraus, auf denen die Datenübertragung stattfindet. Schematisch ist der Informationsfluß beim Duplex-Betrieb in Abb. 2-15 dargestellt.

Die auf den Leitungen realisierbaren Übertragungsgeschwindigkeiten müssen nicht identisch sein. Um höhere Übertragungsgeschwindigkeiten zumindest in einer Richtung realisieren zu können, verwenden manche

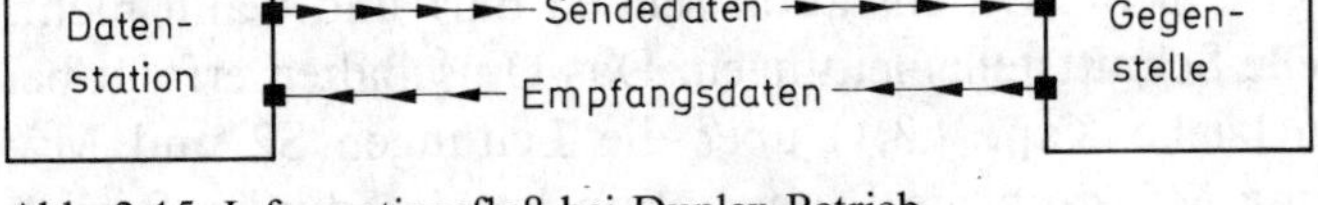

Abb. 2-15: Informationsfluß bei Duplex-Betrieb

Datenübertragungseinrichtungen einen „Hilfskanal", über den nur eine sehr viel niedrigere Übertragungsgeschwindigkeit möglich ist. So findet z.B. bei Bildschirmtext (vgl. Kap. 5.4.1) der Datenfluß vom Anbieter zum Teilnehmer mit 1.200 bit/s statt, in der Gegenrichtung aber nur mit 75 bit/s. In diesen Fällen ist teilweise auch von „semiduplex" die Rede. Tatsächlich handelt es sich aber um einen Duplex-Betrieb, da Daten gleichzeitig gesendet und empfangen werden können. Die hierdurch realisierbaren Leistungsmerkmale reichen in vielen Fällen aus, wenn z.B. – wie auch bei Datenbankabfragen – einer der Teilnehmer nur einige wenige Kommandos übermittelt, während die Gegenstelle längere Texte oder Datensätze sendet.

Halbduplex

Der Halbduplex-Betrieb ermöglicht eine wechselseitige Kommunikation, bei der jeweils eine der beiden Stationen sendet und die andere empfängt. Ein gleichzeitiges Senden und Empfangen wie beim Duplex-Betrieb ist in dieser Betriebsart nicht möglich.

Der Halbduplex-Betrieb verläuft über einen einzigen Kanal, der jeweils von einer Station zum Senden benutzt wird. Schematisch ist der Informationsfluß beim Halbduplex-Betrieb in Abb. 2-16 dargestellt.

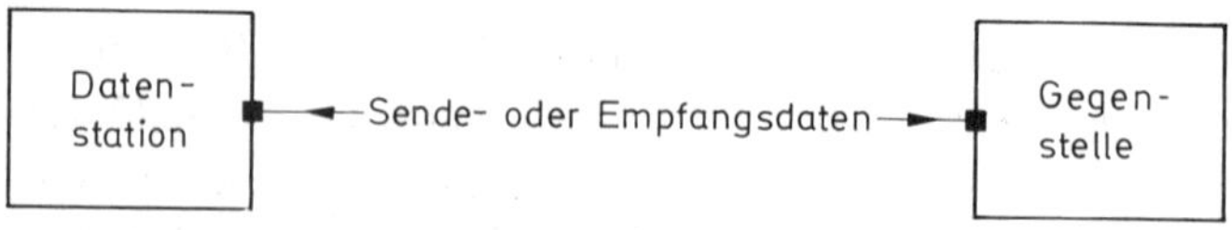

Abb. 2-16: Informationsfluß bei Halbduplex-Betrieb

Beim Halbduplex-Betrieb hat die sendende Station stets die höhere Priorität. Während des Empfangs von Zeichen darf die Datenstation nicht senden, sondern muß warten, bis die Gegenstelle das Ende ihrer Nachricht angezeigt hat. Die Datenstation kann in dieser Betriebsart nur dann senden, wenn die Gegenstelle nicht sendet.

Die Abstimmung, wann die Datenstation senden darf und wann nicht, erfolgt über spezielle Schnittstellenleitungen. Das Umschalten erfolgt bei V.24-Schnittstellen (siehe Kap. 2.3.1) über die Leitungen S2 und M2. Anhand der Leitung M5 kann die Datenstation im Halbduplex-Betrieb erkennen, ob sie senden darf oder nicht. Eine besondere Problematik dieses „Handshakes“ besteht darin, daß hierdurch auf der Datenleitung kurze Impulse erzeugt werden, die fälschlicherweise als Nutzdaten interpretiert werden können. Zur Fehlervermeidung wird meist noch eine kurze Wartezeit eingelegt, nachdem die Richtung des Informationsflusses umgeschaltet wird.

Die Betriebsart halbduplex ist heute noch ziemlich weit verbreitet, da sie technisch weniger aufwendige und somit preiswertere Übertragungseinrichtungen als beim Duplex-Betrieb erfordert. So sind beispielsweise zahlreiche Modems mit 1.200 bit/s im Einsatz, die im Halbduplex-Betrieb arbeiten.

Simplex

Bei der Betriebsart „simplex“ findet der Datenfluß immer nur in einer Richtung statt. Eine wechselseitige Kommunikation ist daher in dieser Betriebsart nicht möglich, da entweder immer nur gesendet oder immer nur empfangen werden kann. Der Informationsfluß beim Simplex-Betrieb hat also immer nur eine der in Abb. 2-17 schematisch dargestellten Formen. Ein Umschalten wie beim Halbduplex-Betrieb ist nicht möglich.

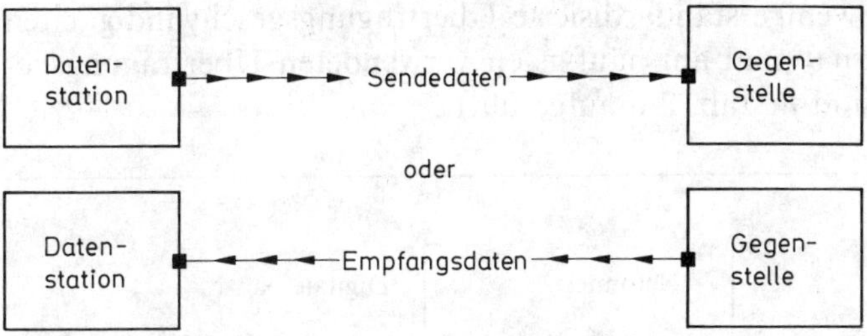

Abb. 2-17: Informationsfluß bei Simplex-Betrieb

Für die heutige Datenfernkommunikation ist der Simplex-Betrieb wegen seiner stark eingeschränkten Möglichkeiten (prinzipiell kein Dialogverkehr) praktisch ohne Bedeutung. Seine Einsatzgebiete liegen in Sonderanwendungen, wie z.B. bei den Informationsdiensten von Nachrichtenagenturen, die ihre Informationen immer nur verschicken, ohne von der Gegenstelle jemals eine Antwort zu erhalten.

2.2.5 Übertragungsgeschwindigkeit

Die Übertragungsgeschwindigkeit gibt an, wie schnell Daten übertragen werden. Sie ist damit ein wesentliches Leistungsmerkmal einer Datenübertragungsleitung und der zugehörigen Übertragungseinrichtungen. Gemessen wird die Übertragungsgeschwindigkeit in der Einheit bit/s, die angibt, wieviel Bit pro Sekunde über eine Datenleitung übertragen werden können. Die in öffentlichen Datennetzen nutzbaren Übertragungsgeschwindigkeiten sind international genormt.

Da Stromimpulse über elektrische Leitungen annähernd mit Lichtgeschwindigkeit transportiert werden, entsteht praktisch keine Verzögerung zwischen dem Absenden und dem Empfang eines Zeichens – egal, wie lang die dabei zurückgelegte Distanz ist. Durch technische Beschränkungen der verwendeten Datennetze bedingt kann ein Bit jedoch nicht pro Elektron codiert werden, sondern erfordert eine Codierung in hiermit verglichen extrem langsame elektrische Zustandsänderungen (ein Bit hat bei einer Übertragungsgeschwindigkeit von 300 bit/s eine „Länge" von knapp 1000 km). Die maximal zu erreichende Übertragungsgeschwindigkeit ist somit in erster Linie von Beschränkungen des verwendeten Datennetzes und der Datenübertragungseinrichtungen abhängig.

Da eine korrekte Übertragung die Verwendung derselben Übertragungsgeschwindigkeit bei Sender und Empfänger voraussetzt, werden in der Praxis nur einige wenige standardisierte Übertragungsgeschwindigkeiten benutzt. Die international am häufigsten verwendeten Übertragungsgeschwindigkeiten sind in Tab. 2-6 aufgeführt.

50 bit/s	Telex		
300 bit/s		Telefonnetz	Digitale Netze
1.200 bit/s		Telefonnetz	Digitale Netze
2.400 bit/s		Telefonnetz	Digitale Netze
4.800 bit/s		Telefonnetz	Digitale Netze
7.200 bit/s			Digitale Netze
9.600 bit/s			Digitale Netze

Tab. 2-6: Standardisierte Übertragungsgeschwindigkeiten

Die Übertragungsgeschwindigkeit verhält sich proportional zu den Kosten der Übertragung (inklusive Festkosten für Übertragungseinrichtungen). Aus diesem Grund werden die niedrigen Übertragungsgeschwindigkeiten außerordentlich häufig genutzt. Hinzu kommt, daß für die höheren

Übertragungsgeschwindigkeiten nur vereinzelt Geräte angeboten werden, die in der Betriebsart duplex arbeiten und sich somit für Dialogverkehr eignen.
Für die Datenfernkommunikation im öffentlichen Telefonnetz sind durch die CCITT-Empfehlungen bestimmte Übertragungsgeschwindigkeiten für Modems festgelegt. Die betreffenden Übertragungsgeschwindigkeiten werden deshalb manchmal mit den entsprechenden V.-Siegeln gekennzeichnet. Die wichtigsten dieser Modem-Spezifikationen sind in Tab. 2-7 zusammengefaßt.

CCITT	Geschwindigkeit	Betriebsart
V.21	300 bit/s	duplex
V.22	1.200 bit/s	duplex
V.22bis	1.200 bit/s	duplex
	2.400 bit/s	duplex
V.23	1.200 bit/s	halbduplex
	1.200/75 bit/s	duplex
	75/1.200 bit/s	duplex
V.26bis	1.200 bit/s	halbduplex
	2.400 bit/s	halbduplex
V.27ter	2.400 bit/s	halbduplex
	4.800 bit/s	halbduplex
V.32	9.600 bit/s	duplex

Tab. 2-7: Übertragungsgeschwindigkeiten im Telefonnetz

Häufig in der Praxis eingesetzte Spezifikationen sind V.21 und V.23. Seit 1988 sind in der Bundesrepublik auch Modems der Spezifikation V.22bis erhältlich, die mittelfristig vermutlich (wie in den USA) den Modem-Markt dominieren werden.

Berechnung der Übertragungsdauer

Aus der gewählten Übertragungsgeschwindigkeit läßt sich errechnen, in welcher Zeit eine bestimmte (in Byte ausgedrückte) Datenmenge übertragen werden kann. Bei der Umrechnung, wie lange eine Übertragung dauert, ist zu berücksichtigen, daß bei asynchroner Übertragung zusätzlich zu jedem Byte noch ein Startbit, mindestens ein Stopbit und eventuell noch ein Paritätsbit übertragen wird. Bei einer Bytelänge von sieben Datenbits werden also pro Zeichen jeweils zehn Bit übertragen. Wird eine Übertragungsgeschwindigkeit von 300 bit/s verwendet, so lassen sich dann

30 Zeichen pro Sekunde übertragen. Die folgenden Beispielrechnungen veranschaulichen die Berechnung der Übertragungsdauer:

- Eine Bildschirmseite enthält 80 x 25 = 2000 Zeichen. Bei asynchroner Übertragung mit 8 Datenbits, keiner Parität und einem Stopbit müssen pro Zeichen 10 Bit übertragen werden. Bei einer Übertragungsgeschwindigkeit von 1200 bit/s beträgt die Übertragungsdauer daher etwa 17 Sekunden (20.000 / 1.200).
- Eine Textseite enthält 60 x 65 = 3900 Zeichen. Bei asynchroner Übertragung mit 7 Datenbits, keiner Parität und einem Stopbit werden pro Zeichen 9 Bit übertragen. Bei einer Übertragungsgeschwindigkeit von 300 bit/s beträgt die Übertragungsdauer daher knapp zwei Minuten (35.100 / 300 = 117 Sek.).
- Eine Programmdatei enthält 55 KByte (1 KByte = 1024 Byte). Bei asynchroner Übertragung mit 8 Datenbits, keiner Parität und einem Stopbit und einer Übertragungsgeschwindigkeit von 2400 bit/s kann die Datei in knapp vier Minuten übertragen werden (563.200 / 2.400 = 235 Sek.).

Dateigröße	Übertragungsgeschwindigkeit		
	300 bit/s	1200 bit/s	2400 bit/s
5 KB	2′51″	43″	21″
10 KB	5′41″	1′25″	43″
15 KB	8′32″	2′08″	1′04″
20 KB	11′22″	2′50″	1′25″
25 KB	14′13″	3′33″	1′46″
30 KB	17′04″	4′16″	2′08″
35 KB	19′55″	4′59″	2′29″
40 KB	22′45″	5′41″	2′51″
45 KB	25′36″	6′24″	3′12″
50 KB	28′26″	7′07″	3′33″
55 KB	31′17″	7′49″	3′55″
60 KB	34′08″	8′32″	4′16″
65 KB	36′59″	9′15″	4′37″
70 KB	39′49″	9′57″	4′59″
75 KB	42′40″	10′40″	5′20″
80 KB	45′31″	11′23″	5′41″
85 KB	48′21″	12′05″	6′03″
90 KB	50′27″	12′48″	6′24″
95 KB	54′03″	13′31″	6′45″
100 KB	56′53″	14′13″	7′07″

Tab. 2-8: Übertragungsdauern bei 8N1/7E1/7O1

Tabelle 2-8 enthält die Übertragungsdauer für Dateien unterschiedlicher Größe, wobei von einer asynchronen Übertragung mit acht Datenbits, keine Parität oder sieben Datenbits, gerade/ungerade Parität, und jeweils einem Stopbit ausgegangen wird. Dabei wird jeweils die minimale Übertragungsdauer angegeben, die aus unterschiedlichen Gründen in der Praxis nicht immer erreicht werden kann (siehe unten).

Wichtig bei der Bewertung der Übertragungsgeschwindigkeit ist nicht zuletzt, ob der Kommunikationspartner mit der beabsichtigten Geschwindigkeit zu erreichen ist. Aus Kostengründen arbeiten viele öffentliche Datenstationen mit niedrigen Übertragungsgeschwindigkeiten, und selbst die Zugänge zu Datex-P Netzknoten über das Telefonnetz sind gegenwärtig höchstens mit 1200 bit/s zu erreichen. Für viele Anwendungen – insbesondere für Dialogbetrieb – ist dies jedoch nicht weiter tragisch, da Nachrichten mit höheren Geschwindigkeiten als 1200 bit/s praktisch nicht mehr direkt auf dem Bildschirm mitgelesen werden können. Noch geringere Ansprüche sind im Dialogbetrieb an den Sendekanal zu stellen. Aus diesem Grund hat sich z.B. der kostengünstige 1200/75 bit/s-Modus für viele Dialoganwendungen durchgesetzt.

Schrittgeschwindigkeit

Mit der Übertragungsgeschwindigkeit verwechselt wird häufig die sogenannte Schrittgeschwindigkeit, deren Einheit Baud (abgekürzt: Bd) ist. Die Schrittgeschwindigkeit drückt aus, wieviel Schritte (Impulse) pro Sekunde bei einer Datenübertragung stattfinden. Ein Schritt kann aber aus mehreren Bit bestehen, weshalb die Maße in Einzelfall zwar gleich sein können, aber nicht gleich sein müssen.

Ein „Schritt“ ist Signal mit einer bestimmten Zeitdauer. Im Telefonnetz sind nicht beliebig viele Schritte pro Sekunde möglich, sondern aufgrund physikalischer Beschränkungen höchstens 1600 Schritte pro Sekunde (also 1600 Baud). Dennoch sind auch im Telefonnetz höhere Übertragungsgeschwindigkeiten als 1600 bit/s zu erzielen, indem pro Schritt mehrere Bits codiert werden. Voraussetzung hierfür ist, daß die Datenleitung pro Schritt mehr als zwei unterschiedliche Kennzustände annehmen kann. Die Erzeugung und Erkennung solcher Schritte mit mehr als zwei Zuständen realisieren Modems durch ein spezielles Verfahren, das als „mehrstufige Modulation“ bezeichnet wird. Da dieses Verfahren technisch aufwendiger ist als die einstufige Modulation, erklärt sich hieraus auch der beträchtliche Preisunterschied zwischen V.23- und V.22bis-Modems. Die gegenwärtig maximal mögliche Auflösung eines Schrittes liegt bei fünf Bit. Damit wird – immer noch bei einer Schrittgeschwindigkeit von 1600 Baud – eine Übertragungsgeschwindigkeit von 9.600 bit/s ermöglicht. Allerdings sind solche hohen Übertragungsgeschwindigkeiten im Telefonnetz noch die Ausnahme und sehr fehleranfällig.

Transfergeschwindigkeit

Als Transfergeschwindigkeit wird die Anzahl von Bits, Bytes oder Blöcken bezeichnet, die durchschnittlich pro Zeiteinheit fehlerfrei übertragen wird. Die Transfergeschwindigkeit entspricht somit im Idealfall der Übertragungsgeschwindigkeit, beträgt aber in der Praxis durchschnittlich nur etwa 70% der Übertragungsgeschwindigkeit. Dies deshalb, da bei allen Kommunikationsprotokollen zusätzlich zu den Nutzdaten Steuerdaten und Redundanzinformationen übertragen werden, die ebenfalls Übertragungszeit beanspruchen. Besonders geschwindigkeitsverringernd wirken sich dabei Quittungsmechanismen zur Fehlerkorrektur aus, da hierdurch zusätzliche Turnaround-Zeiten mit entsprechenden Verzögerungen entstehen.

Einstellen der Übertragungsgeschwindigkeit

Zur Datenübertragung ist es notwendig, daß Sender und Empfänger mit der gleichen Übertragungsgeschwindigkeit arbeiten. Eine unterschiedliche Übertragungsgeschwindigkeit führt dazu, daß die übermittelte Information vom Empfänger nicht richtig interpretiert wird. Vor einer Übertragung muß gegebenenfalls die von der Gegenstelle geforderte bzw. die im benutzten Datennetz mögliche Übertragungsgeschwindigkeit eingestellt werden, wenn die benutzte Datenübertragungseinrichtung ein solches Umschalten zuläßt.

In der Regel führt der Versuch, im Telefonnetz mit unterschiedlichen Übertragungsgeschwindigkeiten zu arbeiten, dazu, daß vom Empfänger beim Verbindungsaufbau das Trägersignal nicht erkannt wird, dessen Frequenz von der gewählten Übertragungsgeschwindigkeit abhängig ist. Eine automatische Geschwindigkeitserkennung und -umschaltung, wie sie von einigen amerikanischen Modems durchgeführt wird, ist hierzulande (mit Ausnahme der Geschwindigkeitsklasse V.22bis) von der Bundespost bisher verboten. Ein Sonderfall der Geschwindigkeitsanpassung kann durch Benutzung von Paketnetzen erfolgen, die eine Geschwindigkeitsumsetzung zwischen Sender und Empfänger durchführen (siehe Kap. 5.2).

2.3 Schnittstellen-Spezifikationen

Eine Schnittstelle ist eine Übergabestelle von Informationen zwischen zwei informationsverarbeitenden Einheiten (z.B. Datenendeinrichtung und Datenübertragungseinrichtung). Über eine Schnittstelle wird Information von einer informationsverarbeitenden Einheit an eine andere informationsverarbeitende Einheit übergeben. Schnittstellen finden sich z.B. bei der Informationsübergabe zwischen Computer und Modem (Abb. 2-18) und bei der Interaktion zwischen Computer und Benutzer („Benutzerschnittstelle"). In diesem Kapitel geht es nur um Schnittstellen zwischen Datenendeinrichtungen und Datenübertragungseinrichtungen.

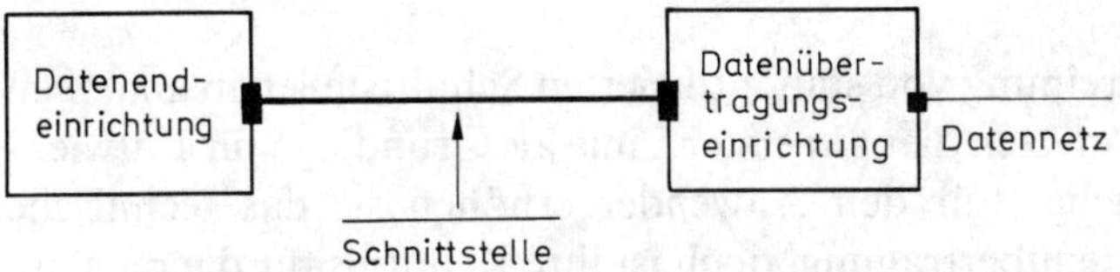

Abb. 2-18: Schnittstelle zwischen DEE und DÜE

Schnittstellen zur Datenübertragung unterliegen den gleichen Anforderungen wie Codes: sie müssen in gleicher (oder zumindest strukturell ähnlicher) Weise aufgebaut sein, damit die übertragenen Daten von der Gegenstelle korrekt empfangen werden können. Außerdem muß die Schnittstelle über besondere Einrichtungen und Vorkehrungen zur Bedienung der Datenübertragungseinrichtung verfügen. Zu diesem Zweck werden spezielle Steuer- und Meldeleitungen verwendet, die von den beteiligten Geräten korrekt bedient werden müssen. Die somit recht anspruchsvollen Anforderungen an Schnittstellen zur Datenübertragung sind in internationalen Standards festgelegt. Tab. 2-9 nennt die wichtigsten Organisationen, die solche Standards national und international festlegen.

Die wichtigsten Schnittstellen-Standards wurden vom CCITT festgelegt. Das CCITT ist eine Unterorganisation der Vereinten Nationen, in der die Postverwaltungen aus aller Welt zusammengeschlossen sind. Die Deut-

CCITT	Comite Consultatif International Telegraphique et Telephonique
ISO	International Standards Organization
EIA	Electronic Industries Association
DIN	Deutsches Institut für Normgebung

Tab. 2-9: Normungsgremien für Schnittstellendefinitionen

sche Bundespost macht die von der CCITT herausgegebenen Empfehlungen zur Grundlage ihrer Zulassungsprüfung von Datenübertragungseinrichtungen. Auch die entsprechenden DIN-Normen im Datenübertragungsbereich stimmen mit den CCITT-Empfehlungen überein.

Die vom CCITT herausgegebenen Empfehlungen sind für Hersteller (ebenso wie die DIN-Normen) nicht bindend. Deswegen sind Geräte zur Datenübertragung im Handel, die nicht den CCITT-Empfehlungen entsprechen. Die Folge hiervon ist, daß mit diesen Geräten im Bereich der Deutschen Bundespost, aber auch im internationalen Verkehr nur eine sehr eingeschränkte (und in der Regel illegale) Datenfernkommunikation möglich ist.

Die folgende Beschreibung von standardisierten Schnittstellen in analogen und digitalen Datennetzen dient in erster Linie als Grundlage für Entwicklung und Fehlersuche. Für den Anwender erhöhen sie das technische Verständnis der Datenübertragung, doch ist ihre Kenntnis für die reguläre Teilnahme an der Datenfernkommunikation nicht erforderlich.

2.3.1 Schnittstellen für analoge Netze

Die vom CCITT unter dem Siegel V.24 herausgegebenen Empfehlungen bestehen aus einer Liste von Definitionen für Schnittstellenleitungen zwischen Datenübertragungseinrichtungen und Datenendeinrichtungen. Sie führen alle Schnittstellenleitungen auf, die überhaupt für den Informationsfluß zwischen DEE und DÜE sinnvoll sind. Die V.24-Empfehlungen machen keine konkreten Angaben darüber, welche dieser Leitungen im Einzelfall vorhanden sein müssen und welche physikalische Ausführung gewählt werden soll, so daß die Bezeichnung „V.24“ sich nicht auf die physikalische Ausformung einer Schnittstelle bezieht.

In den Empfehlungen der Reihe V.24 sind alle Leitungen zusammengefaßt, die für den Datenfluß zwischen Datenendeinrichtungen und Datenübertragungseinrichtungen für analoge Netze sinnvoll wären. Das bedeutet nicht, daß diese Leitungen zwingend vorgeschrieben sind. Die V.24-Empfehlungen machen auch keine Angaben über die physikalische Ausführung der Schnittstelle. Da in der Praxis oft eine gegenteilige Vorstellung herrscht, werden zuweilen Geräte mit Schnittstellen angeboten, für die mit der Bezeichnung „V.24-Schnittstelle“ geworben wird, die dann aber keineswegs mit anderen, ebenfalls als „V.24“ bezeichneten Schnittstellen zusammenpassen. Der Grund hierfür liegt nicht in falschen Angaben des Herstellers, sondern darin, daß die in der V.24 zusammengefaßten Leitungen nur abstrakt die generell möglichen Schnittstellenleitungen beschreiben. Um sicherzustellen, daß ein Gerät die erforderliche Schnittstelle besitzt, muß die Bezeichnung „V.24“ noch durch Zusätze spezifiziert werden (siehe unten).

Grundsätzlich sind bei einer Schnittstelle zwischen Datenendeinrichtung und Datenübertragungseinrichtung folgende Gruppen von Leitungen (bzw. logischen Schnittstellensignalen) zu unterscheiden:

- Datenleitungen
- Meldeleitungen
- Steuerleitungen
- Taktleitungen
- Erdleitungen

Zusätzlich werden in den V.24-Empfehlungen noch weitere Leitungen genannt, die jedoch für die Logik der Datenübertragung unwichtig (und auch nicht Gegenstand der Postzulassung) sind und deshalb in der folgenden Übersicht fehlen. Die ebenfalls in V.24 enthaltenen und früher verwendeten Hilfskanal-Leitungen entfallen, da moderne Modems den Hilfskanal auf die normalen Daten-, Steuer- und Meldeleitungen schalten.

Die V.24-Definitionen sind weitgehend deckungsgleich mit den in DIN 66020 festgelegten Schnittstellendefinitionen. In Tab. 2-10 werden beide Bezeichnungsweisen der Schnittstellenleitungen zusätzlich zu den amerikanischen EIA-Kürzeln nebeneinandergestellt.

Die Funktion dieser Leitungen wird im folgenden erläutert, wobei zu ihrer Kennzeichnung die leichter zu merkenden DIN-Bezeichnungen gewählt werden. Die technische Ausführung von V.24-Schnittstellen wird in Anhang A.4 beschrieben. Generell entspricht bei der seriellen Übertragung jeder logischen Leitung (bzw. jedem Signal) eine physikalische Leitung.

DIN	CCITT	EIA	Bedeutung	DEE ↔ DÜE	Gruppe
D1	103	TxD	Sendedaten	→	Datenleitungen
D2	104	RxD	Empfangsdaten	←	
M1	107	DSR	Betriebsbereitschaft	←	Meldeleitungen
M2	106	CTS	Sendebereitschaft	←	
M3	125	RI	Ankommender Ruf	←	
M4	112		Hohe Übertragungsgeschwindigkeit ein	←	
M5	109	DCD	Empfangssignalpegel	←	
S1.1	108/1		Übertragungsleitung ein	→	Steuerleitungen
S1.2	108/2	DTR	DEE betriebsbereit	→	
S2	105	RTS	Sendeteil anschalten	→	
S4	111	SEL	Hohe Übertragungsgeschwindigkeit ein	→	
T1	113	TCK	Sendeschrittakt DEE	→	Taktleitungen
T2	114	XCK	Sendeschrittakt DÜE	←	
T4	115	RCK	Empfangsschrittakt DÜE	←	
E1	101	GND	Schutzerde	↔	Erdleitungen
E2	102	GND	Betriebserde	↔	

Tab. 2-10: Die wichtigsten V.24-Schnittstellenleitungen

Bei den Steuer-, Melde- und Taktleitungen wird der Zustand „EIN" durch logisch „0", der Zustand „AUS" durch logisch „1" signalisiert.

Datenleitungen

Als Datenleitungen werden D1 und D2 benutzt. Über sie findet der eigentliche Austausch von Daten statt. Bei der seriellen Übertragung werden die Daten nach Umwandlung über ein Schieberegister in der DÜE bitseriell, bei der parallelen Übertragung durch jeweils eigene physikalische Leitungen übertragen. Die Leitung D1 transportiert die Sendedaten von der DEE zur DÜE. Liegen an der DEE keine Sendedaten an, so hält sie den Zustand der Leitung D1 auf logisch „1" (entsprechend dem Wert eines Stopbits bei asynchroner Übertragung, so daß ein weiteres Startbit mit dem Wert „0" den Beginn eines neuen Zeichens anzeigt). Die Leitung D2 transportiert die Empfangsdaten von der DÜE zur DEE. Auch sie wird auf logisch „1" gehalten, wenn bei der DÜE keine Empfangsdaten anliegen.

Die Benutzung der Leitung D1 sollte nur dann erfolgen, wenn die Leitungen S1, S2, M1 und M2 eingeschaltet sind. Dadurch ist (bei korrektem Schnittstellenverhalten) gewährleistet, daß die DÜE eingeschaltet und betriebsbereit ist und eine Verbindung besteht. Die Benutzung der Leitung D2 sollte nur dann erfolgen, wenn die Leitungen S1, M1 und M5 eingeschaltet sind, um zu gewährleisten, daß die DÜE eingeschaltet ist, eine Verbindung besteht und die Gegenstelle in der Sendephase ist (bei Duplex-Betrieb kontinuierlich).

Meldeleitungen

Anhand des Zustandes der Meldeleitungen kann die Datenendeinrichtung den Zustand des Modems und der Datenübertragungsleitung erkennen. So kann z.B. durch Abfrage der Meldeleitungen erkannt werden, ob eine Verbindung besteht. Die auf diesen Leitungen übertragenen Signale sind zweiwertig und können nur die Zustände „EIN“ (entsprechend logisch „0“) oder „AUS“ (entsprechend logisch „1“) annehmen. Alle Meldeleitungen werden von der Datenübertragungseinrichtung bedient, so daß der Informationsfluß stets von der DÜE zur DEE läuft. Voraussetzung für die korrekte Funktion der Meldesignale ist, daß die Datenübertragungseinrichtung zunächst vom Datenendgerät mit dem Steuersignal S1.2 eingeschaltet wurde. Ist die Steuerleitung S1.2 ausgeschaltet, bleiben alle Modem-Statussignale ebenfalls ausgeschaltet.

Die Leitung M1 zeigt an, daß eine Datenverbindung hergestellt wurde. Nach erfolgtem Verbindungsaufbau setzt die DÜE das Signal M1 auf „EIN“, nachdem der Antwortton für Datenleitungen erkannt wurde. Danach bleibt M1 solange eingeschaltet, bis das lokale Datenendgerät (durch Ausschalten der Leitung S1.2) die Verbindung unterbricht. Das Unterbrechen der Verbindung durch die Gegenstelle führt nicht zur Ausschaltung von M1.

Die Leitung M2 zeigt dem Datenendgerät die Sendebereitschaft der DÜE an. Sie steht in direkter Beziehung zum Steuersignal S2 (Sendeanforderung). Nach dem Anschalten von S2 muß die Datenendeinrichtung warten, bis die DÜE durch Einschalten des Signals M2 ihre Sendebereitschaft signalisiert (normalerweise nach wenigen Millisekunden). Die Bedienung und Kontrolle der Leitungen S2-M2 ist nur für den Halbduplex-Betrieb von Bedeutung, da nur in diesem Fall der Sender vor dem Senden eines Zeichens die Sendebereitschaft der Datenübertragungseinrichtung abfragen muß.

Die Leitung M3 zeigt einen ankommenden Ruf an (der Anschluß, an dem sich die Datenübertragungseinrichtung befindet, wurde angerufen). Sie ist daher nur von Bedeutung bei Geräten, die über die Möglichkeit zur automatischen Annahme eines ankommenden Rufes verfügen. Die Leitung M3 wird von der DÜE so lange eingeschaltet, wie der ankommende Ruf anliegt. Das Einschalten der Leitung M3 bedeutet noch nicht, daß es sich bei dem ankommenden Ruf um eine Datenleitung handelt. Deswegen muß die DEE nach Annahme des Rufs durch Prüfen der Leitungen M1 und M5 feststellen, ob es sich nicht um einen fehlgeleiteten vokalen Anruf handelt.

Die Leitung M4 wird nur bei Geschwindigkeitsklassen mit alternativ wählbaren Übertragungsgeschwindigkeiten (z.B. V.22bis) benutzt. Nach erfolgtem Verbindungsaufbau (Umschalten der Leitung M1 auf „EIN") signalisiert der „EIN"-Zustand von M4, daß die Verbindung mit der höheren Übertragungsgeschwindigkeit aufgebaut wurde (2.400 bit/s bei V.22bis). Bleibt M4 ausgeschaltet, so wurde die Verbindung mit der niedrigeren Übertragungsgeschwindigkeit hergestellt. Die Leitung M4 ermöglicht damit in Grenzen eine automatische Geschwindigkeitserkennung, wie sie ähnlich auch von amerikanischen Modems durchgeführt wird.

M5 zeigt das Vorhandensein eines Trägersignals an. Bei Erkennung eines Trägersignals (M5 ist eingeschaltet) kann davon ausgegangen werden, daß eine korrekte Datenleitung hergestellt ist und die Datenstation somit „online" ist. Wird nach erfolgtem Verbindungsaufbau die Leitung M1 eingeschaltet (Antwortton erkannt), die Leitung M5 dagegen nicht, so deutet dies auf eine abweichende Übertragungsgeschwindigkeit der Gegenstelle hin, da die Frequenz des Trägersignals von der Übertragungsgeschwindigkeit abhängig ist (Ausnahme: V.22bis). Im Halbduplex-Betrieb steht die Leitung M5 in direkter Beziehung zur Steuerleitung S2. M5 wird hier nur eingeschaltet, wenn die Gegenstelle durch Einschalten von S2 ihre Sendeanforderung signalisiert hat. Deshalb darf eine Datenstation im Halbduplex-Betrieb so lange nicht senden (und die Leitung S2 einschalten), wie eine eingeschaltete M5 erkannt wird.

Steuerleitungen

Die Steuerleitungen werden von der Datenendeinrichtung gesetzt, um die Datenübertragungseinrichtung zu bedienen. Der Informationsfluß findet daher stets von der DEE zur DÜE statt.

Die Leitungen S1.1 und S1.2 (zusammengefaßt: S1) stellen Alternativen dar, die dieselbe Pinbelegung benutzen. Welche der Leitungen benutzt wird (bzw. wie die zugeordnete physikalische Leitung bedient wird), hängt davon ab, ob die DÜE über die Möglichkeit zur automatischen Rufannahme verfügt oder nicht. Die Leitung S1.1 wird für Datenübertragungseinrichtungen ohne die Möglichkeit zur automatischen Rufannahme bedient. Sie schaltet die DÜE an, nachdem vorher manuell eine Verbindung hergestellt wurde. Wird S1.1 bei bestehender Verbindung ausgeschaltet, dann wird die Verbindung unterbrochen. Die Leitung S1.2 wird für Datenübertragungseinrichtungen mit automatischer Rufannahme verwendet. Ist S1.2 eingeschaltet, bedeutet dies, daß das Datenendgerät zur Datenübertragung bereit ist. Ankommende Rufe werden nun direkt angenommen und zur DEE durchgeschaltet. Wird S1.2 bei einer bestehenden Verbindung ausgeschaltet, wird die Verbindung unterbrochen. Bei ausgeschalteter S1 bleiben alle Meldeleitungen ausgeschaltet, so daß das Ablesen der Meldeleitungen nur bei eingeschalteter S1 erfolgen kann. Nach dem Ausschalten von S1 darf diese Leitung erst wieder eingeschaltet werden, nachdem die Meldeleitung M1 in den Zustand „AUS“ gewechselt ist.

Die Leitung S2 ist nur für den Halbduplex-Betrieb von Bedeutung. Durch Anschalten des Signals S2 zeigt die Datenendeinrichtung an, daß Daten gesendet werden sollen. Daraufhin wird das Trägersignal für die Gegenstelle angeschaltet, so daß die Gegenstelle einen Empfangssignalpegel (M5) empfängt. Außerdem bewirkt das Anschalten der Leitung S2, daß die DÜE ihre Sendebereitschaft mit dem Signal M2 anzeigt. Die Leitung S2 darf im Halbduplex-Betrieb nur angeschaltet werden, wenn sich die Leitung M5 im Zustand „AUS“ befindet.

Das Einschalten von S4 bewirkt bei alternativen Übertragungsgeschwindigkeiten (z.B. V.22bis) die Auswahl der hohen Übertragungsgeschwindigkeit. Die Bedienung der Leitung S4 ist meist nicht erforderlich, da moderne Modems unmittelbar nach Verbindungsaufbau automatisch feststellen, ob die Leitungsqualität die Benutzung der hohen Übertragungsgeschwindigkeit zuläßt oder nicht. Im letzteren Fall wird automatisch auf niedrige Übertragungsgeschwindigkeit umgeschaltet, was am Zustand der Meldeleitung M4 erkennbar ist.

Taktleitungen

Die Bedienung der Taktleitungen ist nur für synchrone Übertragung erforderlich. Die auf diesen Leitungen übertragenen Signale versorgen die DÜE oder die DEE mit Schrittakt-Informationen, anhand derer die Datensignale abgetastet werden können. Die auf den Taktleitungen übertragenen Signale wechseln kontinuierlich in gleichen Abständen von logisch „0“ nach logisch „1“. Der Wechsel vom Ein- in den Aus-Zustand erfolgt immer in der Mitte eines Schrittes auf den Datenleitungen.

Die Leitungen T1 und T2 geben den Takt für die Sendedaten (D1) an. T1 wird benutzt, wenn die Datenstation der Taktgeber ist; ansonsten erhält die Datenstation den Takt über die Leitung T2. Die Leitungen T3 und T4 geben den Takt für die Empfangsdaten (D2) an. Ist die Datenstation der Taktgeber, wird T4 benutzt; ansonsten erhält die Datenstation den Takt über die Leitung T3.

Erdleitungen

E1 stellt die Schutzerde zur Abschirmung dar. E2 wird von allen anderen Leitungen als gemeinsamer Rückleiter verwendet.

Funktionsverknüpfung

Die wichtigsten Abhängigkeitsbeziehungen zwischen den unterschiedlichen Schnittstellenleitungen der V.24-Empfehlungen sind in Abb. 2-19 dargestellt.

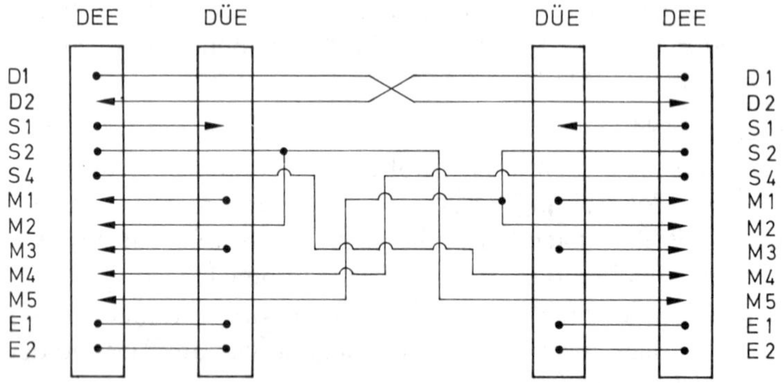

Abb. 2-19: Verschaltung der V.24-Schnittstellenleitungen

2.3.2 Schnittstellen in digitalen Netzen

Die modernen digitalen Datennetze sind von vornherein für Datenübertragung konzipiert worden. Dadurch sind die Anforderungen an Schnittstellen zwischen Datenendeinrichtung und Datenübertragungseinrichtung in digitalen Netzen einfacher und konsistenter als die teilweise recht umständlichen und aufwendigen Schnittstellenprozeduren im analog arbeitenden Telefonnetz. Die erforderlichen Schnittstellenleitungen und ihre Behandlung sind in den CCITT-Empfehlungen X.24 niedergelegt.

Die modernen Datennetze wie Datex-L und Datex-P, die bei ihrer Entwicklung nicht wie das Telefonnetz für Sprachübertragung, sondern von vornherein für Datenübertragung konzipiert wurden, verwenden ein digitales Übertragungsverfahren. Sie übertragen Daten in der Form, in der sie intern beim Computer vorliegen. Das macht die Übertragung effizienter und einfacher. Aus diesem Grund reichen für die Datenübertragung in digitalen Netzen gegenüber der Datenübertragung im Telefonnetz vereinfachte Schnittstellen mit wenigen, unkompliziert zu bedienenden Leitungen aus.

Schnittstellen zwischen DEE und DÜE in digitalen Netzen wurden vom CCITT in den Empfehlungen der X.-Serie spezifiziert. Sie bilden ein Äquivalent zu den Empfehlungen der V.-Serie, die ausschließlich Schnittstellen zur Verwendung im analogen Telefonnetz spezifiziert. Ähnlich wie die V.24-Empfehlungen legen die X.24-Empfehlungen allgemein die Leitungen fest, die zwischen DEE und DÜE sinnvoll sind (Tab. 2-11).

CCITT	Bedeutung	DEE ↔ DÜE	Gruppe
T	Sendedaten	→	Datenleitungen
R	Empfangsdaten	←	
I	Anzeigen/Melden	←	Meldeleitung
C	Steuern	→	Steuerleitung
S	Bittaktung	←	Taktleitungen
B	Bytetaktung	←	
G	Erdleitung	↔	Erdleitungen
Ga	DEE-Rückleiter	→	
Gb	DÜE-Rückleiter	←	

Tab. 2-11: Schnittstellenleitungen nach X.24

Auch X.24 macht keine Aussagen über die technische Ausführung dieser Schnittstellen, sondern verweist hierzu auf die Empfehlungen V.28, X.26 und X.27. Die X.24-Empfehlungen wurden vom Deutschen Institut für Normung übernommen (DIN 66020 Teil 2).

Datenleitungen

Die Leitung T (Transmit) überträgt die von der Datenendeinrichtung gesendeten Daten. Diese Daten werden – in Abhängigkeit vom Zustand der Steuerleitung C – zur Gegenstelle übertragen oder als Steuerinformationen für die Datenübertragungseinrichtung interpretiert.

Die Leitung R (Receive) überträgt die Empfangsdaten zur Datenendeinrichtung. Diese Daten werden – in Abhängigkeit vom Zustand der Meldeleitung I – als Sendedaten der Gegenstelle oder als Meldeinformationen der Datenübertragungseinrichtung interpretiert.

Melde- und Steuerleitungen

Dem einfacheren digitalen Übertragungsverfahren entsprechend verfügt die digitale Schnittstelle nur noch über zwei Status- und Steuerleitungen, die mit C bzw. I bezeichnet werden und jeweils die Zustände „EIN“ und „AUS“ einnehmen können.

Der Zustand der Steuerleitung C (Control) beeinflußt die Behandlung der Sendedaten (T) durch die Datenübertragungseinrichtung. Die Sendedaten werden in Abhängigkeit des Zustandes der Leitung C zur Gegenstelle gesendet (C ist eingeschaltet) oder als Steuerinformation z.B. zum Verbindungsaufbau für die Datenübertragungseinrichtung (C ist ausgeschaltet) interpretiert.

Der Zustand der Meldeleitung I (Indication) beeinflußt die Behandlung der Empfangsdaten (R) durch die Datenendeinrichtung. Die Empfangsdaten werden in Abhängigkeit des Zustandes der Leitung I als Sendedaten der Gegenstelle (I ist eingeschaltet) oder als Meldung der Datenübertragungseinrichtung (I ist ausgeschaltet) interpretiert.

Taktleitungen

Die Signale der Leitung S (Bittaktung) versorgen die Datenendeinrichtung mit Schrittakten pro Bit. Die Signale der Leitung B (Bytetaktung) versorgen die Datenendeinrichtung mit Takten für eine Dauer von acht Bits.

Erdleitungen

Die Leitung G stellt die Betriebserde dar und liefert das Bezugspotential für die Daten-, Status- und Steuer- sowie Taktleitungen. Die Leitung Ga (DEE-Rückleiter) wird in der DEE mit Erde verbunden; die Leitung Gb (DÜE-Rückleiter) wird in der DÜE mit Erde verbunden.

Technische Ausführung

Entsprechend den V.24-Empfehlungen werden die X.24-Empfehlungen für den einzelnen Anwendungsfall modifiziert. Hierzu gibt es eine Reihe weiterer CCITT-Empfehlungen der X.-Serie, die im Anhang widergegeben ist. Der Anschluß erfolgt über eine 15-polige Steckverbindung, deren Verdrahtung ebenfalls im Anhang beschrieben ist.

Von besonderer Bedeutung sind die Empfehlungen X.20bis und X.21bis, die zu den Empfehlungen der V.-Serie kompatibel sind. Dies deshalb, um die bislang noch häufiger eingesetzten, älteren Schnittstellen zur Übertragung im Analognetz für digitale Netze weiterbenutzen zu können.

2.4 Literatur

Deutsches Institut für Normung
Funktionelle Anforderungen an die Schnittstelle zwischen DEE und DÜE. DIN 66020. Berlin: Beuth 1981ff

Hamming, R.W.
Coding and information theory. Englewood Cliffs, NJ: Prentice-Hall 1980

Heise, W. & Quattrocchi, P.
Informations- und Codierungstheorie. Mathematische Grundlagen der Daten-Kompression und -Sicherung in diskreten Kommunikationssystemen. Berlin usw.: Springer 1983

Heyderhoff, P. & Hildebrand, T.
Informationsstrukturen. Eine Einführung in die Informatik. Mannheim, Wien, Zürich: Bibliographisches Institut 1973

Kaden, H.
Theoretische Grundlagen der Datenübertragung. München & Wien: Oldenbourg 1968

Langer, S.
Die Schnittstelle RS-232 – Beschreibung und Anwendung. MC, 9, 1982, 28-30

Martin, J.
Telecommunications and the computer. Englewood Cliffs, NJ: Prentice-Hall 1976 (2. Aufl.)
Peterson, W.W.
Error correcting codes. Cambridge, MA: M.I.T. Press 1961
Pippart, W. (Hg.)
CCITT-Empfehlungen der V-Serie und der X-Serie: Datenübertragung. Heidelberg & Hamburg: R.v.Decker's 1977
Roersch, P.
Normen beseitigen Schwierigkeiten. Universelle Datenschnittstellen von speicherprogrammierbaren Steuerungen. Markt & Technik, 4, 1982, 28-35
Tannenbaum, A.S.
Computer networks. Englewood Cliffs, NJ: Prentice-Hall 1981
Tannenbaum, A.S.
Network protocols. Computing Surveys, 13, 1981, 453-489
Weitzman, C.
Distributed micro/minicomputer systems. Englewood Cliffs, NJ: Prentice-Hall 1981
Wilhelm, C.
Datenübertragung. Berlin (Ost): Militärverlag 1976

3. Die Datenstation

Die Teilnahme an der Datenfernkommunikation erfordert ein Gerät zur Ein- und Ausgabe von Daten sowie ein Gerät zur Datenübertragung. Diese beiden Gerätekomponenten, die auch als „Datenendeinrichtung" (DEE) und „Datenübertragungseinrichtung" (DÜE) bezeichnet werden, bilden zusammen eine Datenstation (DST), über die der Benutzer Zugang zu einem oder zu mehreren Datennetzen erhält. Eine Datenstation ist also die funktionale Einheit von Datenendeinrichtung und Datenübertragungseinrichtung. Diese zwei Komponenten der Datenstation sowie ihre funktionale Einbindung als Mittler zwischen Benutzer und Datennetz veranschaulicht Abb. 3-1.

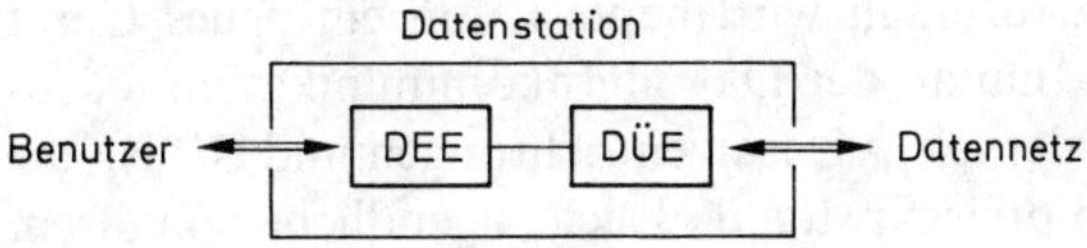

Abb. 3-1: Die Datenstation

Nachdem noch bis vor wenigen Jahren weitgehend Terminals (Datensichtgeräte) als Datenendeinrichtungen eingesetzt wurden, die keine anderen Funktionen als die Anzeige empfangener und die Aufnahme und Weiterleitung gesendeter Daten erfüllten, werden mit der Verbreitung leistungsfähiger und preiswerter Mikrocomputer immer weniger ausgesprochene Datenterminals als Datenendeinrichtung eingesetzt. In diesem Kapitel werden für die heute gebräuchlichen Typen von Datenendeinrichtungen die wichtigsten Charakteristika zur Verwendung in einer Datenstation beschrieben.

Die zur Verfügung stehenden Datenübertragungseinrichtungen unterscheiden sich in erster Linie hinsichtlich der mit ihnen erreichbaren Datennetze sowie hinsichtlich ihrer Leistungsmerkmale (in erster Linie die maximale Übertragungsgeschwindigkeit). In manchen Fällen kann die Leistungsfähigkeit der Datenstation durch den Einsatz zusätzlicher

Geräte erweitert werden. Diese sogenannten Datenzusatzeinrichtungen werden zwischen DEE und DÜE geschaltet und nehmen beispielsweise die Umwandlung von Protokollen oder Codes vor.

3.1 Datenendeinrichtungen

Datenendeinrichtungen sind Datenverarbeitungsanlagen (Computer) oder Datenein- und Ausgabegeräte (Terminals), die Daten produzieren oder empfangen, selbst aber keine Daten übertragen können. Eine Datenendeinrichtung stellt Daten her oder verarbeitet Daten. Nach dieser Definition sind alle Computer und Terminals Datenendgeräte. Die Zusammenschaltung eines solchen Datenendgeräts mit einer Datenübertragungseinrichtung führt zum Aufbau einer Datenstation für Datenfernkommunikation.

Die meisten der heute verwendeten Computer lassen sich zur Datenfernkommunikation nutzen. Eventuell kann ein zusätzlicher Einschub oder ein Kabel erforderlich werden, doch wird heute kaum ein neues Gerät angeschafft werden müssen, um an der Datenfernkommunikation teilzunehmen. Die eventuell erforderlichen Zusatzeinrichtungen und ebenso die Software sind inzwischen so preisgünstig, daß sich Jugendliche von ihrem Taschengeld ohne weiteres den Ausbau ihres Home-Computers zu einer Datenstation leisten können.

Nicht alle Computer und Terminals eignen sich in gleicher Weise zur Zusammenschaltung mit einer Datenübertragungseinrichtung. Im folgenden Kapitel werden die unterschiedlichen heute in Gebrauch befindlichen Typen von Datenendeinrichtungen auf ihre Eignungsvoraussetzungen zur Benutzung als Datenendeinrichtung betrachtet. Grundsätzlich sind drei Eignungsvoraussetzungen zu nennen:

1. Vorhandensein eines geeigneten Schnittstellenbausteins
2. Allgemeine oder spezielle Postzulassung der DEE (außer beim Betrieb mit einem Akustikkoppler)
3. Verfügbarkeit geeigneter Kommunikationssoftware (außer bei Terminals). Diese Software muß unter Umständen ebenfalls eine Postzulassung besitzen.

3.1.1 Personal Computer

Personal Computer werden immer häufiger zur Datenfernkommunikation eingesetzt, da sie preiswert sind und sich gut zur Emulation eines intelligenten Terminals eignen. Ist bereits ein Personal Computer vorhanden, kann er leicht zur Datenendeinrichtung für Datenfernkommunikation umfunktioniert werden, daneben aber auch andere Aufgaben (z.B. Textverarbeitung, Tabellenkalkulation) übernehmen. Es existiert bereits ein großes Angebot an Zusatzgeräten und Kommunikationssoftware für Personal Computer.

Als Personal Computer werden hier Geräte bezeichnet, die in der Grundausstattung über wenigstens eine Diskettenstation verfügen. Somit fallen in diese Kategorie sowohl die älteren CP/M-Systeme mit Z80-Prozessor als auch die MS-DOS/PC-DOS-Systeme mit Prozessoren der 8086er-Familie (IBM PC und Kompatible) und die unterschiedlichen Systeme mit 68000er Prozessoren. Zwar liegen zwischen diesen Rechnertypen eine ganze Reihe von technischen Unterschieden, die jedoch für den Einsatz zur Datenfernkommunikation eine untergeordnete Rolle spielen. Der für die Datenkommunikation gravierendste Unterschied besteht darin, daß Z80-Rechner den standard ASCII-Code verwenden, während die Systeme mit 16- und 32-Bit-Prozessoren das erweiterte ASCII benutzen. Dies kann zu einer falschen Darstellung der Umlaute führen, wenn diese unterschiedlichen Rechnertypen miteinander kommunizieren. Die gleichen Probleme können auftreten, wenn mit einem System mit erweitertem ASCII-Zeichensatz Datenbank- oder Mailboxabfragen durchgeführt werden, da die als Host verwendeten Großrechner ebenfalls mit dem standard ASCII-Zeichensatz arbeiten.

Personal Computer weisen eine Reihe von Vorteilen zum Einsatz bei der Datenfernkommunikation auf:

- Verarbeitungskapazität und Funktionsumfang reichen aus, um alle Funktionen eines intelligenten Terminals (z.B. protokollgesteuerter Dateitransfer) zu emulieren;
- die Neuanschaffung eines Personal Computers ist in der Regel günstiger als die eines speziellen Terminals, außerdem sind Personal Computer sehr verbreitet und daher in den meisten Fällen bereits vorhanden;
- Der PC kann – anders als ein ausgesprochenes Datenterminal – außer zur Datenfernkommunikation noch zu einer Vielzahl von weite-

ren Anwendungszwecken (z.B. Textverarbeitung oder Tabellenkalkulation) genutzt werden;
- mit entsprechender Software können mit einem Personal Computer Kommunikationsanwendungen realisiert werden, die auch mit einem „intelligenten" Terminal nicht möglich sind (z.B. operatorloser Betrieb und Überwachungsfunktionen).

Personal Computer, die zur Datenfernkommunikation benutzt werden, müssen über eine Postzulassung verfügen, es sei denn, daß ein Akustikkoppler verwendet wird. Die Postzulassung ist am Gerät (in der Regel auf der Geräterückseite) durch die sogenannte DBP-Zulassungsnummer (früher: FTZ-Nummer) vermerkt.

Nachrüsten des Schnittstellenbausteins

Bei einigen Personal Computern ist ein Adapter für eine serielle Schnittstelle (UART) nicht in der Grundausstattung enthalten und muß somit nachgerüstet werden. Häufig ist es auch sinnvoll, zur Datenfernkommunikation einen zusätzlichen Schnittstellenbaustein einzubauen, um lästiges Hin- und Herstöpseln zu vermeiden, wenn die standardmäßige Kommunikationsschnittstelle häufig für andere Zwecke (z.B. als Nullmodem) gebraucht wird.

Beim Kauf eines solchen Schnittstellenbausteins kann man sich nicht auf die Angabe des Herstellers verlassen, das Gerät entspreche dem V.24-Standard. Wie in Kap. 2.3.1 dargestellt, enthalten die V.24-Empfehlungen keinerlei Angaben über die mechanische und elektrische Ausführung der Schnittstelle. Die zusätzliche Spezifikation „RS-232-C" ist dagegen in der Regel ausreichend.

Der Schnittstellenbaustein sollte in einem Fachgeschäft gekauft werden, von dem beim Auftreten von Problemen eine entprechende Beratung und Fehlerkorrektur zu erwarten ist. Die Praxis zeigt, daß es für den technischen Laien nicht ohne weiteres möglich ist, eine zusätzliche Schnittstelle sachgerecht zu installieren. Sinnvoll ist es, die Installation von einer Fachfirma durchführen und prüfen zu lassen. Die am häufigsten auftretenden Fehler lassen sich auf falsch eingestellte Basisadressen und nicht durchgeschaltete Interrupt-Leitungen zurückführen. Im Anhang A.5 findet sich eine Tabelle, wie diese Einstellungen für den IBM PC gewählt werden müssen.

Software

Zur Kommunikation wird zusätzlich ein Terminal-Programm benötigt, das den Computer veranlaßt, sich wie wie ein Terminal zu verhalten. Die Grundfunktionen des Terminal-Programms bestehen darin, die auf der Tastatur eingegebenen Zeichen an der Schnittstelle auszugeben und auf der Schnittstelle empfangene Zeichen auf dem Bildschirm darzustellen. Eine Übersicht über weitere Funktionen eines Terminal-Programms wird in Kap. 4 gegeben.

Für asynchrone Datenübertragung sind für Personal Computer eine Vielzahl von Terminal-Programmen erhältlich. Einige dieser Programme sind über Mailboxen kostenlos zu beziehen, was allerdings voraussetzt, daß bereits eine Möglichkeit zum Verbindungsaufbau vorhanden ist. Das Angebot wird von amerikanischen Entwicklungen dominiert. Zur Programmierung des Modems (automatische Wahl, Umschalten der Übertragungsgeschwindigkeit usw.) verwenden diese Programme in der überwiegenden Mehrzahl die sog. AT-Kommandosyntax, wie sie dem in den USA zum de facto-Standard gewordenen Hayes Smartmodem entspricht. Da das Hayes Smartmodem ebenso wie seine zahlreichen asiatischen Nachbauten gravierende Abweichungen gegenüber den CCITT-Empfehlungen beinhalten, wurde die Postzulassung für diese Geräte hierzulande verweigert. Terminalprogramme mit AT-Kommandosyntax eignen sich daher nur zum Betrieb mit speziellen Datenzusatzgeräten (siehe Kap. 3.3.1) oder entsprechend erweiterten Modems, die über einen Kommandoumsetzer von Hayes nach CCITT verfügen. Da beim Betrieb mit einem Akustikkoppler ohnehin keine Programmierung der Datenübertragungseinrichtung erfolgt, ist die verwendete Kommandosyntax in diesem Fall ohne Bedeutung.

Die Leistungssteigerung im Bereich der Personal Computer machte es möglich, das inzwischen für diese Geräteklasse auch Software für den Betrieb als Mailbox oder sogar als Online-Datenbank angeboten wird (die meisten privat betriebenen Mailboxen laufen auf Personal Computern). Größere Datenbankprogramme enthalten teilweise bereits standardmäßig eine Funktionserweiterung zum Online-Betrieb. Interessant in diesem Zusammenhang ist das Aufkommen von Multi-Tasking-Betriebssystemen (z.B. OS/2) für Personal Computer, das vermutlich dazu führen wird, das über diese Geräte bald auch mehrere Anschlüsse gleichzeitig bedient werden können.

Laptops

Ein großer Vorteil der Datenfernkommunikation liegt in der Möglichkeit, Daten über weite Entfernungen auszutauschen und somit Nachrichten in EDV-Anlagen zu plazieren, ohne an deren Standort gebunden zu sein. Dieser Vorteil wird noch erweitert, wenn die Datenkommunikation von jedem beliebigen Ort aus möglich ist. Der große Vorteil der Datenfernkommunikation liegt gerade in der Unabhängigkeit vom Standort eines Host. Dessen Informationen können an einem viele hundert oder gar tausend Kilometer entfernten Ort genutzt werden. Aus diesem Grund werden für bestimmte Einsatzzwecke kleine tragbare Personal Computer (Laptops) immer beliebter, da über Datenfernkommunikation ihr wichtigstes Manko – das Abgeschnittensein von umfassenden, zentral gespeicherten Datenbeständen – leicht ausgeglichen werden kann. Der Einsatz von Laptops in Verbindung mit einer Datenübertragungseinrichtung ist z.B. dort sinnvoll, wo Außendienstmitarbeiter regelmäßig dringende Informationen an ihre Zentrale übergeben müssen.

Geeignete Kommunikationssoftware ist teilweise bereits in der Grundausstattung dieser Geräte enthalten. Die zusätzlich für die Einrichtung als Datenstation erforderliche Hardware – für den mobilen Einsatz sinnvollerweise ein Akustikkoppler – kann gesondert oder als Paket-Angebot erworben werden. Einige Paket-Angebote umfassen neben Computer und Akustikkoppler auch einen tragbaren Drucker und sind kompakt in einem Aktenkoffer untergebracht.

Anschluß zur Datenübertragungseinrichtung

Ist eine RS-232-C-Schnittstelle am Gerät vorhanden, so kann diese über ein geeignetes Verbindungskabel mit der V.24-Schnittstelle des Modems bzw. Akustikkopplers verbunden werden.

Häufige Anschlußprobleme resultieren aus falsch verdrahteten Verbindungskabeln. Anders als beim Nullmodem (direkte Verbindung PC – PC) dürfen die Datenleitungen für den Anschluß an die Datenübertragungseinrichtung nicht gekreuzt sein. Es ist also ein „1:1"-Kabel erforderlich, bei dem zusätzlich zu den Datenleitungen auch die Melde- und Steuerleitungen verdrahtet sind. Die Pinbelegung für die Stecker und Buchsen ist in Anhang A.4 beschrieben. Bei den seit 1988 erhältlichen postzugelassenen Steckkarten-Modems entfällt der Kabelanschluß zur DÜE; hier erfolgt lediglich der Kabelanschluß zum Datennetz.

3.1.2 Terminals

Terminals (auch: Datensichtgeräte) sind Ein/Ausgabe-Geräte, die im einfachsten Fall aus Bildschirm, Tastatur und Schnittstellenbaustein bestehen. Zusammen mit einer entsprechend ausgerüsteten Datenübertragungseinrichtung bzw. Datenzusatzeinrichtung können Terminals zur Datenfernkommunikation genutzt werden. Während früher die verbreitetste Lösung und im Bereich der mittleren Datentechnik praktisch überall vorhanden, werden Terminals heute immer mehr durch Personal Computer verdrängt.

Ein Terminal zeichnet sich dadurch aus, daß es nur als Ein- und Ausgabegerät zu verwenden ist, selbst aber keine Computerprogramme ausführen kann. Einfache Terminals verfügen nicht über die Möglichkeit zur Speicherung empfangener Daten oder zum Senden zuvor gespeicherter Daten. Durch den Preisverfall im Bereich der Personal Computer werden letztere immer häufiger als „Ersatz" eines Terminals eingesetzt. Dies besonders deshalb, da Personal Computer die Fähigkeit zur Datenspeicherung besitzen und somit die Funktionen von „intelligenten" Terminals nachbilden können, gleichzeitig aber die empfangenen und zu versendenden Daten verarbeiten können.

Datenterminals

Terminals lassen sich nicht direkt als Datenendstationen nutzen, da sie nur zur Datenein- und ausgabe dienen, jedoch nicht in der Lage sind, die für die Datenfernkommunikation erforderlichen Protokolle und anderen Datenverarbeitungsoperationen durchzuführen. Ein Terminal kann deshalb nur im Zusammenhang mit einer Datenendeinrichtung zur Datenfernkommunikation benutzt werden. Bei dieser Datenendeinrichtung kann es sich, muß es sich aber nicht um einen Computer handeln. Anstelle eines Computers kann auch eine Datenzusatzeinrichtung treten, die über ein als Datenendeinrichtung verwendbares Zusatzmodul verfügt (siehe Kap. 3.3.1). In diesem Fall fungiert die Datenzusatzeinrichtung zulassungsrechtlich als Datenendeinrichtung und ist dafür verantwortlich, Terminal und Datenübertragungseinrichtung korrekt zu bedienen. Solche Kombinationen erlauben eine preisgünstige Möglichkeit zur Datenfernkommunikation, wenn ungenutzte ältere Datenterminals vorhanden sind.

Ein Vorteil von Terminals besteht darin, daß kein Terminal-Emulationsprogramm mehr gebraucht wird (da es gerade die Aufgabe des Terminals ist, sich als Ein/Ausgabegerät zu verhalten). Dies macht sich besonders bei der Verwendung bestimmter Terminal-Protokolle (z.B. DEC VT-100) mit zahlreichen Funktionen zur Bildschirmsteuerung und Eingabeprüfung bemerkbar, die auf Personal Computern nicht alle ohne weiteres emuliert werden können.

Der größte Nachteil von Datenterminals besteht darin, daß sie oft nicht (oder nur gegen Aufpreis) die Möglichkeit bieten, Empfangsdaten zu speichern (Download). Damit entfällt eine der wichtigsten Nutzungsmöglichkeiten der Datenfernkommunikation. Die mit einem einfachen Terminal angezeigten Daten sind, sobald vom Bildschirm gelöscht, verloren. Damit eignen sich viele Terminals für zahlreiche Anwendungen im Bereich der Datenfernkommunikation – wie z.B. Datenbankabfrage – nur begrenzt, da die abgerufenen Resultate normalerweise weiterverarbeitet werden sollen.

Btx-Terminals

Btx-Terminals unterscheiden sich von einem gewöhnlichen Datenterminal hauptsächlich darin, daß zusätzlich zu den Ein/Ausgabegeräten ein Btx-Decoder eingebaut ist. Dieser Decoder wandelt den nach dem CEPT-Standard generierten Code in auf einem Farbbildschirm (oder schwarzweiß-Bildschirm mit unterschiedlichen Graustufen) darstellbare Zeichen um. Ein Btx-Terminal ist dann erforderlich, wenn Btx auch zur Weiterleitung von Nachrichten (persönliche Mitteilungen, Bestellungen, Buchungen usw.) genutzt werden soll. Da in diesem Fall die Eingabe von Buchstaben erforderlich ist, reicht die normale Fernbedienung des Fernsehers nicht aus. Die erforderliche Software ist speicherresident und lädt sich beim Einschalten immer wieder neu. Einige Btx-Terminals verfügen über Zusatzfunktionen wie Speichern und Ausdrucken von Seiten.

Als „Multitels“ werden Kombinationen von Btx-Terminals und Mehrzweck-Telefonen von der Bundespost und von privaten Herstellern angeboten. Diese Multitels bestehen außer einem Btx-Terminal aus einem Btx-Modem und aus einem oder mehreren Telefon-Hauptanschlüssen. Über das Multitel kann also auch normal telefoniert werden.

Eine preisgünstige Alternative zu speziellen Btx-Terminals kann durch die entsprechende Erweiterung eines Home-Computers realisiert werden. Für den Btx-Einsatz hat der Home-Computer gegenüber Personal Computern den Vorteil, daß als Ausgabemedium von vornherein ein Fernsehbildschirm mit einer Spaltenbreite von 40 Zeichen verwendet wird. Entsprechende Software- und Hardware-Zusätze sind in großer Zahl auf dem Markt.

3.1.3 Großrechner

Abgesehen vom Aufbau organisationsinterner Rechnernetze dienen Großrechner bei der Datenfernkommunikation als Host für Datenfernverarbeitung, Datenbankabfrage und Mailbox-Dienste. Die Einbindung in öffentliche Kommunikationsdienste wird dadurch erschwert, daß die Schnittstellenbausteine von Großrechnern überwiegend für synchrone Übertragung ausgelegt sind und die Anbindung an asynchrone Übertragungswege ggf. durch Zwischenschaltung eines Protokollkonverters erfolgen muß.

Als Großrechner werden hier Rechenanlagen bezeichnet, die standardmäßig über die Fähigkeit zum Mehrbenutzerbetrieb verfügen. Hierzu zählen auch die der mittleren und kleinen Datentechnik zuzurechnenden Minicomputer. Die Kopplung von entfernten Großrechnern zum Aufbau von Rechnernetzen wird überwiegend über schnelle synchrone Datenleitungen hergestellt. Als Datennetze kommen neben dem Direktrufnetz hauptsächlich die digitalen Netze Datex-L und Datex-P in Frage. Dies insbesondere deshalb, da diese Netze über spezielle Datendienste zur Abwicklung der unterschiedlichen Protokolle (z.B. Datex-P32: BSC-Protokoll) verfügen.

Im Rahmen von ausgesprochenen Kommunikationsanwendungen (Anwendungen also, bei denen es mehr auf den Austausch von Informationen als auf numerische Kalkulationen ankommt) werden Großrechner als Host von Online-Datenbanksystemen, Mailbox-Diensten oder schlicht als zentrale File-Server eingesetzt.

Schnittstellenbaustein

Für viele der hier erörterten Kommunikationsanwendungen müssen Großrechner über eine asynchrone Schnittstelle verfügen. In manchen Fällen ist hierzu der Einsatz eines Protokollkonverters erforderlich, der das vom Großrechner verwendete synchrone Übertragungsprotokoll in einen asynchronen Datenstrom umsetzt (siehe Kap. 3.3.3). Durch Zwischenschaltung eines Protokollkonverters kann eine gewöhnliche asynchrone Datenübertragungseinrichtung (z.B. Modem) angesteuert werden. Soll kein öffentlicher, sondern ein von wenigen ausgewählten entfernten

Stationen aus erreichbarer organisationseigener Kommunikationsdienst aufgebaut werden, kann es günstiger sein, die betreffenden Datenendeinrichtungen (z.B. Personal Computer) durch spezielle Einschubkarten zur Benutzung synchroner Übertragungsprotokolle und zum Anschluß an die digitalen Datennetze auszurüsten.

Software

Für Großrechner ist praktisch keine kommerzielle Standard-Kommunikationssoftware erhältlich. Kommerzielle Mailbox-Software kann nur in Verbindung mit entsprechender Hardware und beim Abschluß von Wartungsverträgen gemietet werden.

Als Basis von Eigenentwicklungen eignet sich das Betriebssystem UNIX für kommunikationsorientierte Anwendungen besonders gut, da eine speziell für Datenfernübertragung ausgelegte Kommunikationsschnittstelle bereits in das Betriebssystem-Konzept integriert ist. Da die meisten UNIX-Implementierungen ferner über ein eigenes elektronisches Mitteilungssystem (electronic mail) verfügen, eignet sich UNIX insbesondere zum schnellen Aufbau von Mailbox-Systemen. Das Kernsystem kann hierbei bereits über einfache Shell Scripts aufgebaut werden.

Eine speziell für Dateitransfer zwischen Großrechnern ausgelegte Standardsoftware stellt das an der New Yorker Columbia University entwikkelte Terminal-Programm KERMIT dar, das praktisch für alle auf dem Markt befindlichen Computertypen (Personal Computer inbegriffen) erhältlich ist. Damit wird eine Kommunikation auch zwischen unterschiedlichen Rechnertypen möglich. Der Dateitransfer erfolgt hierbei über ein spezielles fehlerkorrigierendes Protokoll (siehe Kap. 4.2.3). Das Programm KERMIT ist direkt bei der Columbia University oder bei der Lancaster University erhältlich. Die Weitergabe erfolgt kostenlos bzw. gegen eine Schutzgebühr für Datenträger und Kopieraufwand. Da KERMIT-Implementierungen im kompletten kommentierten Quellcode verfügbar sind, bietet dieses Programm einen Ausgangspunkt für Eigenentwicklungen, die an konfigurations- und situationsspezifische Anforderungen angepaßt werden müssen.

3.2 Datcnübertragungseinrichtungen

Eine Datenübertragungseinrichtung (DÜE) ist ein Gerät, das die Verbindung zwischen einer Datenendeinrichtung und einem Datennetz herstellt. Eine Datenübertragungseinrichtung ist selbst nicht in der Lage, Daten zu verarbeiten oder zu speichern. Datenübertragungsgeräte unterscheiden sich hauptsächlich anhand folgender Merkmale:

- erreichbares Datennetz
- Schnittstellentyp
- Leistungsmerkmale und Gütekriterien.

Zur Datenübertragung im öffentlichen Telefonnetz kommen Akustikkoppler und Modems zum Einsatz, für die digitalen Datennetze sogenannte Datenanschlußgeräte und Datenfernschaltgeräte.

Das Angebot der Datenübertragungseinrichtungen ist durch die Monopolstellung der Deutschen Bundespost bei Einrichtungen in Fernmeldenetzen eingeschränkt. Bis zum 1.12.1986 durften – Akustikkoppler ausgenommen – nur Datenübertragungsgeräte der Bundespost benutzt werden. Seither ist der Einsatz privater Datenübertragungseinrichtungen prinzipiell möglich, sofern diese von der Post zugelassen sind. Da die bei der Zulassungsprüfung anzuwendenden Richtlinien von der Post allerdings erst sehr viel später verabschiedet wurden, wurde der erste private Modem im Frühjahr 1988 zugelassen. Generell gilt, daß auch künftig alle in der Bundesrepublik verwendeten Datenübertragungseinrichtungen eine Zulassung der Bundespost haben müssen. Dieser Zustand ändert sich nicht mit der Liberalisierung des Postmonopols, da die Bundespost weiterhin alleiniger Netzbetreiber bleibt.

3.2.1 Modems

Die Bezeichnung Modem ist eine Abkürzung für Modulator-Demodulator. Modems wandeln die vom Computern und Terminals verwendeten digitalen Signale in analoge Schwingungen um, welche über normale Telefonleitungen übertragen werden können. Modems eignen sich damit als Datenübertragungseinrichtungen für den Anschluß an das öffentliche Telefonnetz, der über eine spezielle Anschlußdose der Bundespost erfolgt. Seit 1988 können in der Bundesrepublik auch (postzugelassene) Modems privater Anbieter verwendet werden.

Modems setzen die von der Datenendeinrichtung kommenden digitalen Signale in analoge Signale um und speisen diese als elektrische Schwingungen in das Telefonnetz ein. Bei der Gegenstelle werden die über das Telefonnetz ankommenden analogen Signale vom Modem wieder in digitale Signale rückverwandelt. So wird z.B. eine digitale „0“ (Zustand: kein Strom auf der Schnittstellenleitung) auf der Analogseite in eine Schwingung von 2.100 Hz umgewandelt; eine digitale „1“ (Zustand: Strom auf der Schnittstellenleitung) auf der Analogseite dagegen in eine Schwingung von 1.700 Hz umgewandelt. Modulation und Demodulation richtet sich nach einer geschwindigkeitsabhängigen Trägerfrequenz. Die Signale werden dadurch übertragen, daß diese Trägerfrequenz „moduliert“ wird.

Die gegenwärtig in der Bundesrepublik angebotenen Modems unterstützen Übertragungsgeschwindigkeiten von 300, 1.200, 1.200/75, 2.400 und 4.800 bit/s bei überwiegend asynchroner Übertragungsart. Aufgrund der aufwendigeren Modulationsverfahren tritt ab der Geschwindigkeit 1200 bit/s duplex ein merklicher Preissprung auf. Dabei herrscht bei den höheren Geschwindigkeiten noch die Betriebsart Halbduplex vor.

In der Bundesrepublik dürfen nur von der Deutschen Bundespost zugelassene Modems betrieben werden. Da beim Einsatz eines Modems die Datenendeinrichtung galvanisch (und nicht akustisch) mit dem Telefonnetz gekoppelt ist, schreibt die Bundespost in diesem Fall auch eine allgemeine Zulassung der Datenendeinrichtung vor, über die heute jedoch die meisten Computer verfügen.

Private Modems

Bis zum 1.12.1986 durften in der Bundesrepublik nur Modems von der Deutschen Bundespost gemietet werden. Seit diesem Datum läßt die Post auch den Betrieb privater Modems zu, sofern diese eine Zulassungsnummer haben. Außerdem können die von der Bundespost bislang vermieteten Modems nun auch bei der Post käuflich erworben werden. Diese durch Intervention der Europäischen Gemeinschaft erzwungene Liberalisierung des Postmonopols bedeutet keineswegs, daß künftig beliebige Datenübertragungseinrichtungen ohne weiteres an das Telefonnetz angeschlossen werden dürfen, da weiterhin die Postzulassung seitens des ZZF erforderlich ist.

Bedingt durch die hierzulande bereits verbreitete amerikanische Kommunikationssoftware und durch den generellen Trend, DV-Entwicklungen aus den USA zu übernehmen, richtet sich das Interesse von Anwendern hauptsächlich auf Modems mit der sogenannten AT-Kommandosyntax. Diese Modems entsprechen in ihrer ursprünglichen Form (Hayes Smartmodem und Kompatible) nicht den CCITT-Richtlinien und erfüllen somit nicht die Zulassungskriterien der Deutschen Bundespost. Ihr Anschluß ist somit in der Bundesrepublik illegal.

Die AT-Kommandosyntax beschreibt ein spezielles Protokoll zur Programmierung von Modem-Funktionen wie automatische Wahl, Einstellen der Übertragungsparameter usw. Ihren Namen verdankt sie der Tatsache, daß alle Kommandos durch die Zeichenfolge „AT" eingeleitet werden (vgl. Tab. 3-1). Alle Kommandos werden als ASCII-Zeichenfolgen über die Leitung D1 (Sendedaten) zum Modem gesendet, ohne daß hierbei spezielle Anforderungen an die Bedienung der Steuer- und Meldeleitungen gemacht werden. Insbesondere das (nicht mit V.25bis konformierende) freie Wählprotokoll und die generell fehlende Standardisierung des Modem-Verhaltens führte dazu, daß Modems mit der AT-Kommandosyntax in der Bundesrepublik bisher keine Chance hatten, eine Postzulassung zu erhalten.

Kommando	Bedeutung
ATA	Ankommenden Ruf annehmen
ATB	Übertragungsgeschwindigkeit ändern
ATD	Automatische Wahl
ATE	Lokales Echo
ATH	Verbindung trennen

Tab. 3-1: Die wichtigsten Befehle der AT-Kommandosyntax

Für Modems, die strikt nach den CCITT-Empfehlungen arbeiten, ist andererseits nicht annähernd ein vergleichbares Software-Angebot erhältlich. Dies ist nicht zuletzt in der Tatsache begründet, daß Kommunikationssoftware für intelligente Modems mit automatischer Wahl und softwaremäßig umschaltbarer Übertragungsgeschwindigkeit selbst (für jeden anzuschließenden Computertyp einzeln) postzugelassen sein muß, was sich entsprechend negativ in Entwicklungskosten und Verkaufspreis niederschlägt.

Diese Situation hat dazu geführt, daß sich in der Bundesrepublik auch an der digitalen Schnittstelle zur Datenendeinrichtung strikt nach CCITT arbeitende Modems vermutlich nicht (bzw. nur bei den Modem-Baugruppen) durchsetzen werden. Angesichts der Tatsache, daß nicht nur jugendliche Bastler, sondern auch Firmen ungeachtet der möglichen rechtlichen Konsequenzen in großer Zahl illegale „Export-Modems" installieren, konzentriert sich der Entwicklungsaufwand deutscher Modem-Anbieter vorwiegend auf Geräte, die an der digitalen Schnittstelle mit dem AT-Kommandosatz, an der analogen Schnittstelle dagegen nach CCITT arbeiten und somit die Möglichkeit haben, eine Postzulassung zu erhalten.

Die resultierenden Modems, die seit 1988 im Handel sind, werden als Tischgerät und als PC-Steckkarte angeboten. Durch die aufwendige Umsetzungsprozedur, die im Modem zusätzliche Hardware und Firmware erfordert, sind diese Geräte zwangsläufig wesentlich teurer als ihr „Vorbild". Zusätzlich werden von privaten Herstellern Modem-Baugruppen angeboten, die zum Teil als leistungsfähiger und preiswerter Ersatz von posteigenen Baugruppen in Datenzusatzeinrichtungen eingesetzt werden können. Der Einsatz von privaten Modems ist nicht nur durch die Unterstützung der AT-Kommandosyntax interessant, sondern auch durch Preis- und Leistungsmerkmale. Insbesondere durch die frühere Einführung von V.22bis-Modems erreichte die Industrie einen wichtigen Leistungsvorsprung vor der Bundespost.

Der Anschluß eines privaten Modems an das Telefonnetz muß bei der Bundespost beantragt werden. Die Bundespost installiert daraufhin eine Anschlußdose, über die der Modem postseitig mit dem Telefonnetz verbunden wird. Schließlich überprüft die Post, ob beim Teilnehmer tatsächlich die angemeldeten (und zugelassenen) Datenübertragungs- und Datenendeinrichtungen vorhanden sind. Erst nach dieser offiziellen „Abnahme" darf der Modem in Betrieb genommen werden.

Post-Modems für serielle Übertragung

Die von der Bundespost angebotenen Modems für serielle Datenübertragung verfügen über eine Schnittstelle nach DIN 66020. Das bedeutet, daß die logischen Schnittstellenleitungen nach der V.24-Empfehlung berücksichtigt wurden. Die mechanische Ausführung besteht aus einer 25-poligen Subminiaturbuchse nach ISO 2110. Damit lassen sich alle der im folgenden geschilderten Modems mit einer RS-232-C-Schnittstelle verbinden.

In Tab. 3-2 sind die von der Bundespost angeboten Modems für serielle Übertragung aufgelistet. Dabei handelt es sich bei den angegebenen Übertragungsgeschwindigkeiten um Maximalwerte; einige der Modems

Bezeichnung	CCITT-Empfehlung	Geschwindigkeit (bit/s)	Synchronisation		Betriebsart	
			synchron	asynchron	dx	hx
D300S	V.21	300		x	x	
D1200S	V.23	1.200	x	x		x
D1200S12	V.22	1.200	x	x	x	
D2400S	V.26bis	2.400	x			x
D4800S	V.27ter	4.800	x			x

Tab. 3-2: DBP-Modems für serielle Übertragung

können auch auf eine niedrigere Übertragungsgeschwindigkeit umgeschaltet werden.

Die Modems D1200S und D2400S werden gegen Aufpreis auch mit einem Hilfskanal geliefert, auf dem eine Übertragungsgeschwindigkeit von 75 bit/s realisiert werden kann. Die meisten dieser Modems verfügen nicht über die Möglichkeit zur automatischen Wahl. Die Bundespost bietet hierfür eine Zusatzeinrichtung (AWD) an, die parallel zum Modem betrieben wird. Allerdings erfolgt die Programmierung dieser kostspieligen Zusatzeinrichtung über einen speziellen 5-Bit-Code (V.25), den die wenigsten Geräte beherrschen.

Modem-Baugruppen

Seit Anfang 1986 werden von der Deutschen Bundespost sogenannte Modem-Baugruppen angeboten, die für den Einschub in ein Datenendgerät vorgesehen sind. Im Unterschied zu den oben geschilderten Tischgeräten verfügen diese Modem-Baugruppen nicht über eine Schnittstelle nach DIN 66020, sondern über eine 96-polige Anschlußleiste nach DIN 41612 (Teil 6). Sie lassen sich daher nicht direkt mit einer RS-232-C-Schnittstelle verbinden. Damit können Modem-Baugruppen nicht direkt an den Computer angeschlossen werden, sondern erfordern einen Schnittstellenkonverter.

Dennoch sind die Modem-Baugruppen besonders interessant, da sie über bessere Leistungsmerkmale als die von der DBP angebotenen Tischgeräte verfügen – bei gleichzeitig niedrigeren Gebühren. So ist z.B. eine besonders einfache automatische Wahl im ASCII-Code über die Datenleitung der Schnittstelle (V.25bis) ohne Zusatzgerät möglich. Diese Vorteile haben bewirkt, daß sich unter den 120.000 Postmodems bereits 40.000 Modem-

Baugruppen befinden. 1987 betrug der Anteil der Baugruppen an den von der Post installierten Modems bereits 90%.

Für den Einsatz solcher Modem-Baugruppen werden inzwischen eine Vielzahl von Datenzusatzeinrichtungen – sogenannten Modem-Boxen (siehe Kap. 3.3.1) – angeboten, die den Anschluß an einen Computer über eine RS-232-C-Schnittstelle erlauben. Da die Miete der Modem-Baugruppen verhältnismäßig günstig ist, kann sich die Anschaffung einer solchen Zusatzeinrichtung schnell bezahlt machen.

Die am häufigsten eingesetzten Baugruppen der DBP tragen die Typenbezeichnungen MDB 1200-03 und MDB 1200-04. Beide unterscheiden sich nur hinsichtlich ihres Formats (einfache bzw. doppelte Europakarte), nicht aber hinsichtlich ihrer Leistungsmerkmale. Alle Baugruppen zeichnen sich durch eine einfache Programmierung aus. Besonders vorteilhaft ist, daß sich die Übertragungsparameter nicht nur hardware-, sondern sehr einfach auch softwaremäßig umschalten lassen (sog. „Software-Download“).

Geschwindigkeit (bit/s)	dx	hx	async	sync
300	x		x	
1.200/75	x		x	
75/1.200	x		x	
1.200		x	x	x

Tab. 3-3: Charakteristika MDB 1200-03 und MDB 1200-04

Aufgrund der Popularität, die die Modem-Baugruppen der Post erreichten, wurde dieser Modemtyp auch als erster von privaten Herstellern angeboten. Der erste Privatmodem mit Postzulassung ist eine zum MDB 1200-03 kompatible Modem-Baugruppe. Auch bei den künftig auf den Markt kommenden Privatmodems wird es sich vermutlich zunächst überwiegend um Baugruppen handeln, die dann in unterschiedliche Datenzusatzeinrichtungen eingesetzt werden können. Anders als die bisher von der Post angebotenen Übertragungsgeschwindigkeiten werden von den Baugruppen privater Anbieter bereits 2400 bit/s im Duplex-Betrieb (Geschwindigkeitsklasse V.22bis) erreicht.

Verbindungsaufbau mit Modem

Der Verbindungsaufbau mit Modems ist davon abhängig, ob der Modem über eine automatische Wähleinrichtung verfügt und in der Lage ist, ankommende Rufe automatisch anzunehmen, oder ob er manuell bedient wird.

Post-Modems verfügen als Tischgeräte generell nicht über die Möglichkeit zum automatischen Verbindungsaufbau, so daß in diesem Fall nur eine zusätzliche AWD mit der umständlichen Wahl nach V.25 eingesetzt werden kann. Modem-Baugruppen mit der modernen Wahl nach V.25bis dürfen generell nur mit entsprechend zugelassener Kommunikationssoftware zur automatischen Wahl benutzt werden. Da es dem Käufer eines Modems in erster Linie auf die Möglichkeiten zur automatischen Wahl und zur automatischen Rufannahme ankommt, sind im Bereich der Privatmodems nur Geräte mit diesen Funktionen (nach V.25bis zusammen mit entsprechender Software oder nach der AT-Kommandosyntax) im Handel. Bei automatischer Wahl braucht der Telefonapparat nicht benutzt zuwerden, so daß selbst die Datentaste (die nach den Postvorschriften vorhanden sein muß) überflüssig ist. Benutzerfreundliche Kommunikationssoftware vermag eine Vielzahl von Telefonnummern in einem „elektronischen Telefonbuch“ zu speichern und Wahlen menügesteuert oder im operatorlosen Betrieb auszuführen.

Werden beide Datenstationen manuell bedient, verläuft der Verbindungsaufbau wie bei Telefongesprächen. Ist die Verbindung hergestellt und wurden ggf. betriebliche Einzelheiten zu den Übertragungsparametern vereinbart, wird bei beiden Stationen durch Druck auf die Datentaste auf Datenbetrieb umgeschaltet. Der Handapparat kann nun aufgelegt werden und die Datenübertragung kann beginnen. Wird die gerufene Station automatisch betrieben, hört der Anrufer einen Pfeifton als Zeichen dafür, daß auf Datenbetrieb geschaltet ist. Der Anrufer schaltet durch Druck der Datentaste auf Datenübertragung um. Ein ankommender Ruf wird durch Einschalten der Meldeleitung M3 (siehe Kap. 2.3.1) und ggf. durch Absetzen einer Meldung über die Datenleitung D2 angezeigt.

Btx-Anschlußbox

Eine Btx-Anschlußbox besteht technisch gesehen aus einem Modem mit der Übertragungsgeschwindigkeit 1.200/75 bit/s. Diesen Modem liefert die Bundespost bei Beantragung eines Btx-Hauptanschlusses. Voraussetzung hierfür ist, daß der Teilnehmer über eine Btx-fähige und für die Teilnahme an Bildschirmtext zugelassene Datenendstation (z.B. Fernseher mit Btx-Decoder) verfügt.

Postmodems für parallele Übertragung

Neben Modems für die serielle Datenübertragung bietet die Bundespost auch Modems für parallele Übertragung an. Die parallele Übertragung kommt hauptsächlich bei der Erfassung von dezentral anfallenden Daten, vor allem für Meßdaten im Umweltschutzbereich, bei der Fernsehzuschauerforschung und für Bestellungen (z.B. bei Apotheken) zum Einsatz. Nach Angaben der Deutschen Bundespost wurden bisher mehr als 20.000 parallel übertragende Modems installiert. Ein wesentliches Merkmal dieser Geräte ist, daß sie nur in der Zentrale mit einer EDV-Anlage verbunden werden. An der Außenstelle dient ein entsprechend ausgerüstetes Telefon als Datenstation.

Die Post stellt hierfür zwei Dienste zur Verfügung, die als D10P und D20P bezeichnet werden. Der Dienst D10P erfordert nur auf der Seite der Zentrale einen Modem; auf der Gegenseite kann die Dateneingabe über einen Telefonapparat erfolgen. Für die Teilnahme am Dienst D10P ist für die Außenstelle nur ein spezielles Telefon erforderlich, über dessen Tastatur die Daten (bis zu 16 verschiedene Zeichen) eingegeben werden. Die Weitergabe erfolgt mit einer Geschwindigkeit von 10 Zeichen/s zur Zentrale, die die Daten über den Modem D10P-Z an eine EDV-Anlage weiterleitet. Die Betriebsart von D10P ist simplex; die Daten werden immer nur in Richtung Außenstelle – Zentrale transportiert. Beim System D20P kann (je nach dem verwendeten Code) eine höhere Übertragungsgeschwindigkeit von 10, 15 oder 40 Zeichen/s genutzt werden. Dafür ist auf beiden Seiten ein Modem erforderlich. Die Außenstelle muß einen Modem D10P-A installieren, über den auch von einem speziellen Telefon aus Daten übertragen werden können. Die Zentrale muß einen Modem des Typs D20P-Z installieren, der an eine EDV-Anlage angeschlossen werden kann. Die Daten werden bitparallel zur Zentralstelle übertragen, dabei kann jedoch in der Gegenrichtung ein Hilfskanal mit 5 bit/s bis 75 bit/s für serielle Übertragung genutzt werden.

Gebühren

Die Gebühren für die Modem-Benutzung setzen sich aus folgenden Positionen zusammen:

- einmalige Anschlußgebühren und ggf. Kaufpreis des Modems;
- Verbindungsgebühren;

- monatliche Gebührenpauschale für „Allgemeinen Meß- und Prüfaufwand" der Bundespost;
- monatliche Gebühren für Modem-Miete bei gemietetem Modem.

Die Verbindungsgebühren sind identisch mit den normalen Telefongebühren, also entfernungs- und zeitabhängig.

Entscheidungskriterien

Die Auswahl aus unterschiedlichen Modem-Alternativen orientiert sich in erster Linie an der verfügbaren Kommunikationssoftware. Eine der größten Schwierigkeiten für den privaten Benutzer besteht darin, daß für die von der Bundespost angebotenen Tischgeräte (von wenigen Ausnahmen abgesehen) praktisch keine Standardsoftware auf dem Markt ist. Selbst für den professionellen Programmierer ist es jedoch nicht ohne weiteres möglich, eigene Software für die Ansteuerung der Postmodems zu entwickeln, da diese Software bei Benutzung der automatischen Wahl und der Geschwindigkeitsumschaltung eine eigene Zulassung vom ZZF benötigt.

Aus diesem Grund wurden die Modem-Boxen populär, weil sie entweder die Verwendung amerikanischer Standardsoftware ermöglichen oder weil der Hersteller postzugelassene Kommunikationssoftware gleich mitliefert. Nachdem die von der Post angebotenen Tischgeräte damit (außer für Spezialanwendungen mit der Geschwindigkeitsklasse V.27ter) praktisch außer Konkurrenz laufen, kann die Anmietung einer posteigenen Modem-Baugruppe MDB 1200-03 zum Einsatz in einer Modem-Box interessant sein, da die Mietgebühren vergleichsweise günstig sind. Durch die Miete bleibt weiterhin die Möglichkeit offen, die Baugruppe später durch ein leistungsfähigeres Modell ohne den Verlust des Anschaffungspreises auszutauschen.

Gegenwärtig zeichnet sich jedoch bereits der Trend zu den leistungsfähigen V.22bis-Modems ab, die von privaten Herstellern bereits günstiger als von der Bundespost angeboten werden. Es ist zu erwarten, daß mittelfristig im Modem-Bereich die Geschwindigkeitsklasse V22.bis zum Standard wird, wie es auch in den USA – ungeachtet der Tatsache, daß dort seit längerem auch höhere Übertragungsgeschwindigkeiten verfügbar sind – der Fall ist. Der Tendenz folgend, DV-Entwicklungen aus den USA (auch unkritisch) zu übernehmen, wird sich die AT-Kommandosyntax hierzulande vermutlich trotz des dadurch bei legalen Geräten zwangsläufig höheren Kaufpreises durchsetzen, so daß reine CCITT-Modems allein aufgrund des geringeren Software-Angebots mittelfristig vom Markt verdrängt werden.

3.2.2 Akustikkoppler

Akustikkoppler ermöglichen den Zugang zum Telefonnetz über ein gewöhnliches Telefon. Dabei wird die Verbindung nicht galvanisch, sondern akustisch gekoppelt, indem der Telefonhörer in den Akustikkoppler gepreßt wird. Da ein Akustikkoppler mit jedem gewöhnlichen Telefon betrieben werden kann, eignen sich diese Geräte besonders für mobile Datenstationen. Akustikkoppler stellen die preiswerteste und gleichzeitig die am meisten fehlerbelastete Möglichkeit der Datenfernkommunikation dar.

Akustikkoppler basieren auf dem Modem-Prinzip. Die digitalen Signale des Computers werden in analoge Signale umgewandelt, die dann aber nicht direkt in das Telefonnetz eingespeist werden, sondern über einen Lautsprecher, der mit der Sprechmuschel des Telefonhörers in Verbindung gebracht wird, in akustische Signale umgewandelt werden. In gleicher Weise werden die eingehenden akustischen Signale an der Hörmuschel von einem Mikrophon abgenommen und wieder in digitale Signale umgesetzt. Hierzu ist erforderlich, daß der Telefonhörer in zwei hierfür vorgesehene Gummimuscheln am Akustikkoppler gepreßt wird, damit die akustischen Signale möglichst unverfälscht weitergegeben werden.

Akustikkoppler ermöglichen den Zugang zum öffentlichen Telefonnetz mit den Geschwindigkeiten 300, 1.200, 1.200/75 und 2.400 bit/s von einer asynchronen Schnittstelle aus. Sie zeichnen sich in den unteren Geschwindigkeitsklassen durch einen vergleichsweise niedrigen Preis aus, sowie durch die Tatsache, daß ein Akustikkoppler nicht standortgebunden ist. Prinzipiell kann mit einem Akustikkoppler von jedem gewöhnlichen Telefon aus kommuniziert werden, bei Batteriebetrieb der Datenendeinrichtung auch von einer öffentlichen Telefonzelle aus. Diesen Vorteilen stehen jedoch gravierende Nachteile gegenüber. Die Übertragungsqualität ist bei Akustikkopplern aufgrund der umständlichen Technik besonders fehleranfällig. Dies um so mehr bei Bedienungsfehlern, die beim Laien leicht auftreten. Tatsächlich wenden viele Benutzer von Akustikkopplern für die umständliche Bedienung mehr Zeit auf, als daß noch von einem Kostenvorteil gegenüber Modems die Rede sein könnte. Automatische Wahl und automatische Rufannahme ist mit Akustikkopplern generell nicht möglich. Wenn Ortsunabhängigkeit erforderlich ist (z.B. bei Außendienstmitarbeitern, die während einer Geschäftsreise Daten zu ihrer Firma übermitteln wollen oder vor einem Besprechungstermin noch letzte Informationen abrufen wollen), wird der Akustikkoppler jedoch die einzig praktikable Lösung darstellen.

Verbindungsaufbau

Die Verwendung eines Akustikkopplers gestattet keine automatische Wahl und keine automatische Rufannahme. Die Verbindung muß daher in jedem Fall manuell hergestellt werden. Wird ein Koppler mit einstellbarer Übertragungsgeschwindigkeit verwendet, muß vor Verbindungsaufbau die erforderliche Geschwindigkeit eingestellt werden. Außerdem muß die Datenendeinrichtung (ggf. durch Laden der Kommunikationssoftware) bereit sein. Danach geht der Verbindungsaufbau wie in Tab. 3-4 beschrieben vor sich.

Anwählen einer Gegenstelle	Annahme eines ankommenden Rufs
1. Akustikkoppler auf „Originate" schalten	1. Akustikkoppler auf „Answer" schalten
2. Nummer des Anschlusses wählen	2. Bei ankommendem Ruf Hörer abnehmen und warten, bis der Antwortton der Gegenstelle zu hören ist
3. Sobald der Antwortton der Gegenstelle hörbar ist, den Telefonhörer fest in die Gummimuscheln des Akustikkopplers pressen	3. Telefonhörer fest in die Gummimuscheln des Akustikkopplers pressen
4. Akustikkoppler mit Telefonhörer seitlich lagern	4. Akustikkoppler mit Telefonhörer seitlich lagern
5. Beginn der Datenkommunikation	5. Beginn der Datenkommunikation

Tab. 3-4: Verbindungsaufbau mit Akustikkoppler

Die Verbindung kann zu einer Datenstation hergestellt werden, die ebenfalls mit einem Akustikkoppler arbeitet, oder zu einer Datenstation, die mit einem Modem arbeitet. Verfügt die Gegenstelle nicht über die Möglichkeit der automatischen Rufannahme, kann mit dem Operator vokal das Umschalten auf Datenübertragung vereinbart werden.

Entscheidungskriterien bei der Anschaffung

Akustikkoppler können über den Fachhandel bezogen werden, teilweise sind sie auch in Kaufhäusern erhältlich. Von der Deutschen Bundespost werden keine Akustikkoppler angeboten, doch müssen Akustikkoppler in der Bundesrepublik eine Postzulassung haben. Ein entsprechender Vermerk mit Zulassungsnummer (DBP-Nummer, früher: FTZ-Nummer) befindet sich auf dem Gehäuse des Gerätes. Die Postzulassung garantiert, daß das Gerät entsprechend den CCITT-Empfehlungen arbeitet und damit eine zuverlässige Datenkommunikation mit anderen Geräten ermöglicht, die ebenfalls nach den CCITT-Richtlinien arbeiten. Für die Datenendeinrichtung ist – im Unterschied zur Verwendung von Modems – keine Postzulassung erforderlich. Die Preise für Akustik-Koppler orientieren sich hauptsächlich an der Übertragungsgeschwindigkeit.

1. Hat das Gerät die Postzulassung?
2. Welche Übertragungsgeschwindigkeiten können benutzt werden? Ist ein Umschalten der Übertragungsgeschwindigkeit möglich?
3. Ist ein Umschalten von „Originate“ auf „Answer“ möglich?
4. Ist das Gerät auch unabhängig vom Stromnetz zu betreiben?
5. Ist im Preis bereits Zubehör enthalten (Kabel, Netzteil)?

Abb. 3-2: Entscheidungskriterien für Akustikkoppler

Die Übertragungsgeschwindigkeit sollte sich am beabsichtigten Verwendungszweck orientieren. Für die Datenbankabfrage über Datex-P ist dabei besonders der preiswerte 1.200/75 bit/s-Modus interessant, über den einige Akustikkoppler verfügen. In diesem Fall muß darauf geachtet werden, daß der Koppler eine Geschwindigkeitsanpassung durchführt oder daß entsprechende Software mitgeliefert wird, da die meisten Personal Computer keine unterschiedlichen Geschwindigkeiten von Sende- und Empfangskanal unterstützen. Sollen größere Datenmengen gesendet werden (z.B. Übermittlung von Zeitungsartikeln zur Redaktion), empfiehlt sich die Geschwindigkeit 1.200 oder 2.400 bit/s, wobei mit 2.400 bit/s gegenwärtig noch nicht Datex-P20 genutzt werden kann.

3.2.3 Übertragungsgeräte für digitale Netze

Der Zugang zu digitalen Datennetzen erfolgt ohne Modem, da keine Wandlung von digitalen in analoge Signale erforderlich ist. Stattdessen erfolgt der Anschluß über Datenanschlußgeräte und Datenfernschaltgeräte. Alle Datenübertragungseinrichtungen für den Betrieb an digitalen Datennetzen müssen bei der Bundespost gemietet werden und setzen die Einrichtung eines Hauptanschlusses am entsprechenden Datennetz voraus.

Übertragungsgeräte für digitale Netze sind erforderlich, wenn ein Hauptanschluß zu einem der folgenden Netze geschaffen werden soll:

- Telex
- Datex-L
- Datex-P
- Teletex
- Direktruf

In der Bundesrepublik dürfen an digitalen Datennetzen nur von der Deutschen Bundespost zugelassene und gemietete Übertragungsgeräte betrieben werden. Darüber hinaus muß auch die verwendete Datenendeinrichtung von der Post zugelassen sein. Im folgenden werden die von der Bundespost angebotenen Übertragungseinrichtungen im Überblick geschildert, die postseitig in „Datenanschlußgeräte“ und „Datenfernschaltgeräte“ unterteilt werden. Der Unterschied bezieht sich in erster Linie auf die Schnittstelle zur Datenendeinrichtung: an ältere V.-kompatible Schnittstellen schließt die Post vorwiegend Datenanschlußgeräte an, an die neueren (X.-kompatiblen) digitalen Schnittstellen Datenfernschaltgeräte.

Schnittstellen

Die Schnittstellen zu Übertragungseinrichtungen in digitalen Datennetzen werden durch CCITT-Richtlinien der Serie X abgedeckt (siehe Kap. 2.3.2). Die hier maßgeblichen Schnittstellenempfehlungen sind insbesondere X.20, X.21 sowie X.20bis und X.21bis.

Die letzten beiden Schnittstellendefinitionen beschreiben Schnittstellen, die mit den Empfehlungen der V-Serie (für Datenübertragung in analogen Netzen) kompatibel sind. Das bedeutet, daß die X.20bis und X.21bis-Schnittstellen in der Regel ohne größere Probleme mit den V.24-Schnittstellen bzw. RS-232-C-Schnittstellen zusammengeschaltet werden können. Sie verfügen auch über eine 25-polige Steckverbindung nach ISO 2110.

Die Schnittstellen X.20 und X.21 sind gegenüber der V.24 vereinfacht. Dies trägt dem Umstand rechnung, daß zur Einspeisung von Daten in ein digitales Netz eine wesentlich weniger aufwendige Technologie erforderlich ist, da die – beim Computer ja bereits digital anfallenden – Daten nicht erst in analoge Signale umgewandelt werden müssen. Entsprechend kommen diese Schnittstellen mit einer 15-poligen Steckverbindung (nach ISO 4903) aus. Dennoch sind bisher nur wenige Geräte mit diesen Schnittstellen ausgestattet, so daß Zusatzdefinitionen entwickelt wurden, die eine Kompatibilität zu den Schnittstellen der V-Serie herstellen.

Digitale Datenübertragungseinrichtungen der Bundespost

Tabelle 3-5 führt die wichtigsten digitalen Datenübertragungseinrichtungen der Deutschen Bundespost auf. Die Gebühren für die Miete dieser Datenübertragungseinrichtungen fallen zusammen mit dem zugehörigen Hauptanschluß (Datex-L, Datex-P oder HfD) an. Alle Datenübertragungsgeräte für die digitale Übertragung verwenden die Betriebsart duplex.

Bezeichnung	Schnittstelle	max. Geschwindigkeit	Gleichlauf synchron	asynchron
AGT300	X.20 X.20bis	300 bit/s		x
DAGT9600UE	X.21bis	9.600 bit/s	x	x
DFGT300	X.20bis	300 bit/s		x
DFGT2400	X.21bis	9.600 bit/s	x	
DFGT9600UE	X.21bis	9.600 bit/s	x	
NFGT64UE	X.21	64.000 bit/s	x	

Tab. 3-5: Datenanschluß- und Datenfernschaltgeräte der DBP

3.3 Datenzusatzeinrichtungen

Datenzusatzeinrichtungen (DZE) werden zwischen Datenendeinrichtung und Datenübertragungseinrichtung geschaltet (Abb. 3-3). Sie dienen dazu, den Funktionsumfang von Datenübertragungseinrichtungen oder Date-

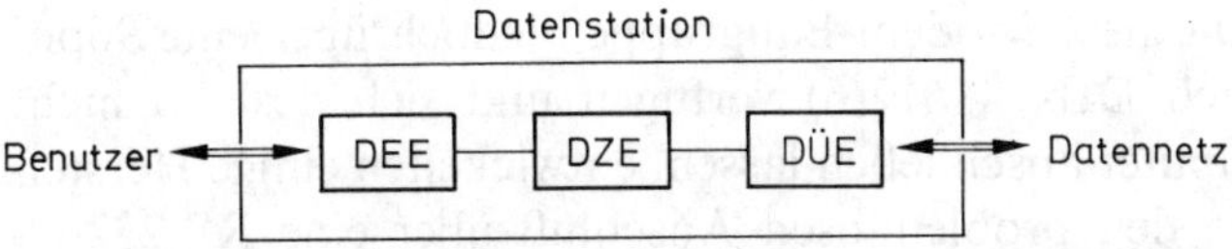

Abb. 3-3: Funktioneller Einsatzort der Datenzusatzeinrichtung

nendeinrichtungen dauerhaft zu erweitern oder werden temporär zu Testzwecken und zur Fehleranalyse eingesetzt.

Die am häufigsten verwendeten Datenzusatzeinrichtungen sind Modem-Boxen, die sich aufgrund der preisgünstigen und leistungsfähigen Modem-Baugruppen etabliert haben. Sie ermöglichen es, den Funktionsumfang einer Modem-Baugruppe (z.B. durch Unterstützung der AT-Kommandosyntax) zu erweitern und für gewöhnliche Mikrocomputer nutzbar zu machen. Zusätzlich finden in zunehmenden Maß Telex-Boxen Verwendung, die durch den Anschluß von Computern an das Telex-Netz die Vorbereitung und Versendung von Fernschreiben mit den Mitteln der modernen Textverarbeitung ermöglichen. Protokollkonverter, die synchrone Kommunikationsprotokolle in asynchrone Datenformate umsetzen können, sind für den Großrechnerbereich von Bedeutung. Mit Protokollanalysatoren, Break-Out-Boxen und Datenanalysatoren werden schließlich noch Testgeräte beschrieben, die für die Fehlersuche in Datennetzen unentbehrlich sind.

3.3.1 Modem-Boxen

Modem-Boxen sind Datenzusatzeinrichtungen, die eine Modem-Baugruppe über eine RS-232-C-Schnittstelle mit einer Datenendeinrichtung verbinden. Modem-Boxen zeichnen sich bei gleichzeitig oft geringeren Kosten durch einen höheren Leistungsumfang gegenüber Modem-Tischgeräten aus. In der Bundesrepublik wurden Modem-Boxen vor allem deshalb populär, weil sie die Software-Ansteuerung des Modems mit der AT-Kommandosyntax ermöglichen, gleichzeitig aber postzugelassen sind.

Modem-Boxen verdanken ihre Existenz der Tatsache, daß die Bundespost Modem-Baugruppen in ihr Angebot aufnahm, die bei weitem leistungsfähiger und preiswerter als die Modem-Tischgeräte sind. Die Vorteile der Modem-Baugruppen bestehen z.B. in einer softwaremäßigen Geschwindigkeitsumschaltung und in der automatischen Wahl nach dem modernen

V.25bis-Standard. Da diese Modem-Baugruppen jedoch über eine 96polige Schnittstelle nach DIN 41612(6) verfügen und sich deshalb nicht direkt an einen Computer anschließen lassen, entwickelten einige Hersteller Zusatzgeräte, die den problemlosen Anschluß über eine RS-232-C-Schnittstelle ermöglichen. Bis zum Aufkommen der ersten Privatmodems im Jahr 1988 stellten Modem-Boxen die einzige legale Möglichkeit dar, einen „intelligenten" Modem zu betreiben, der im Leistungsumfang in etwa den hierzulande illegalen Modems aus den USA entspricht.

Funktionsweise

Die Hauptfunktion einer Modem-Box besteht darin, die an der Modem-Baugruppe befindliche 96-polige Anschlußleiste der digitalen Schnittstelle mit einer 25-poligen Anschlußbuchse zu verbinden, die problemlos an einen Mikrocomputer mit V.24-Schnittstelle angeschlossen werden kann, und gleichzeitig die Baugruppe (über ein entsprechendes Netzteil) mit Strom zu versorgen. Hierzu wird die Baugruppe in die Modem-Box eingeschoben und fest verschraubt.

Da die Software zum Betrieb einer Modem-Baugruppe ebenfalls eine Postzulassung benötigt (damit sichergestellt ist, daß die Schnittstellenleitungen der Modem-Baugruppe richtig bedient werden und die automatische Wahl nach V.25bis erfolgt), wird entsprechende Kommunikationssoftware vom Hersteller entweder auf Diskette mitgeliefert oder befindet sich ROM-resident innerhalb der Modem-Box. Ist die Betriebssoftware in der Modem-Box ROM-resident, so erfordert dies weitere Bauteile. Aus diesem Grund sind Modem-Boxen mit residenter Software zwangsläufig teurer als solche Versionen, deren Software mit der Datenendeinrichtung (über ein entsprechend ausgestattetes Terminal-Programm) betrieben wird. Andererseits ermöglicht die Verlagerung der Modem-Steuerung nach CCITT in die Firmware ein freies Kommandoprotokoll zur Datenendeinrichtung, so daß z.B. auch die AT-Kommandosyntax unterstützt werden kann.

Verfügt die Modem-Box über einen eigenen Empfangspuffer (RAM), so kann dieser sicherstellen, daß auch in Situationen, in denen die Datenendeinrichtung vorübergehend nicht empfangsbereit ist (z.B. während physikalischer Schreibvorgänge auf Disketten), keine eingehenden Zeichen verloren gehen. Außerdem vermag ein solcher Empfangspuffer die Anpassung unterschiedlicher Übertragungsgeschwindigkeiten zwischen Datennetz und Datenendeinrichtung vorzunehmen (z.B. in der Geschwindigkeitsklasse V.23). Dieses Merkmal ist insbesondere dann praxisbedeutsam, wenn der Sende- und Empfangskanal der Datenendeinrichtung nicht auf unterschiedliche Übertragungsgeschwindigkeiten (sog. Split-Speed) zu programmieren ist.

Leistungsmerkmale

Als Datenzusatzgeräte unterliegen Modem-Boxen keiner speziellen Norm, so daß der Leistungsumfang variiert. Praktisch alle Modem-Boxen sind für den Betrieb mit der Modem-Baugruppe MDB 1200-03 oder hierzu kompatiblen Baugruppen privater Hersteller ausgerüstet. Für die Mehrzahl der Modem-Boxen gelten folgende Charakteristika:

- per Software umschaltbar auf verschiedene Übertragungsgeschwindigkeiten und automatische Wahl
- Übertragungspuffer, der verhindert, das Empfangsdaten verloren gehen
- Zusatzfunktionen wie eingebaute Uhr, Paßwort-Abfrage usw.

Ein wichtiger Unterschied zwischen den einzelnen Angebotsalternativen besteht in der Fähigkeit, die AT-Kommandosyntax zu verarbeiten. Hierdurch wird der Einsatz amerikanischer Standardsoftware ermöglicht. Modem-Boxen, die sich auch an der digitalen Schnittstelle strikt nach den CCITT-Richtlinien verhalten, sind nur mit spezieller Kommunikationssoftware (die in der Regel mitgeliefert wird) zu betreiben, dafür allerdings auch wegen der weniger aufwendigen Hardware deutlich preisgünstiger, was sich insbesondere beim Einsatz größerer Stückzahlen positiv auswirkt.

3.3.2 Telex-Boxen

Telex-Boxen sind Datenzusatzeinrichtungen, mit denen ein Computer als Telex-Endstation betrieben werden kann. Auf diese Weise wird es mit einer Telex-Box möglich, teure konventionelle Fernschreiber zu ersetzen und außerdem die Möglichkeiten der modernen Textverarbeitung auch im Bereich der Fernschreiben zu benutzen.

Der zunehmende Einsatz von Computern zu Kommunikationszwecken im Gefolge der modernen Textverarbeitung erzeugte bei vielen Anwendern den Wunsch, auch Fernschreiben per Computer abzuwicken. So können z.B. Bestellvorgänge, die über Telex routinemäßig abgewickelt werden, wesentlich dadurch vereinfacht werden, daß die Bestelltexte zuvor mit einem Text-Editor erstellt werden. Aus diesem Grund haben einige Hersteller Datenzusatzeinrichtungen entwickelt, die den Anschluß von Computern an das Telex-Netz ermöglichen. Solche Telex-Boxen (die Bezeichnung wurde in Anlehnung an die populären Modem-Boxen gewält) können – bei bereits vorhandenem elektronischem Fernschreiber – direkt an die Telex-Zusatzdose angeschlossen werden.

Die Postzulassung ist auch bei den Telex-Boxen erforderlich. Dabei sind sehr viel strengere Auflagen und Sicherheitsbestimmungen zu beachten als in anderen Netzen. Dies rührt daher, daß im Telexverkehr stets der Empfang einer Nachricht oder die Absetzmöglichkeit einer Nachricht sichergestellt sein muß. Der Grund hierfür leitet sich aus der garantierten Rechtsverbindlichkeit von Fernschreiben her. Da die Post rechtlich gesehen die Gewähr dafür übernimmt, daß ein abgesendeter Telex tatsächlich beim Empfänger angekommen ist, werden sehr viel strengere technische Vorschriften hinsichtlich der Betriebsbereitschaft des Telex-Anschlusses gemacht.

Aus diesem Grund muß häufig noch ein konventioneller elektronischer Fernschreiber angeschlossen sein, der die Ausgabe eingegangener Fernschreiben sicherstellt. Insbesondere auswechselbare oder flüchtige Speichermedien (Floppy Disk bzw. RAM) werden allein nicht als Ausgabemedium zugelassen. Soll nur ein Computer angeschlossen werden, so muß dieser mindestens über zwei Ein- und Ausgabemedien verfügen (also zwei Bildschirme und zwei Tastaturen), damit stets die Funktionsfähigkeit sichergestellt ist. Wird als zweite Ein/Ausgabestation ein einfaches Terminal genutzt, kann dennoch eine preiswerte Lösung realisiert werden.

Die Telex-Box übernimmt einerseits die Aufgabe, die ein- und ausgehenden Zeichen vom Telex-Format (Internationales Telegraphenalphabet Nr. 2, siehe Kap. 2.1.2) in ASCII-Format umzuwandeln. Darüber hinaus kommen ihr besondere Aufgaben der Datensicherung zu. Es muß sichergestellt werden, daß auch bei Netzausfall oder anderen unvorhergesehenen Ereignissen, die normalerweise den Betrieb einer Datenstation beeinträchtigen können, keine Zeichen verloren gehen. Da außerdem der Empfang eingehender Fernschreiben sichergestellt sein muß, ist die Installation eines Druckers vorgeschrieben, der die stattfindende Kommunikation wie die älteren Fernschreiber auf Papier mitprotokolliert. Ob in Zukunft auch moderne Massenspeicher wie z.B. batteriegepufferte CMOS-RAMs für diese Zwecke zugelassen werden, ist noch fraglich.

3.3.3 Protokollkonverter und Testgeräte

Protokollkonverter formen synchrone Kommunikationsprotokolle in asynchrones Format um und umgekehrt. Sie sind damit beim Anschluß von überwiegend mit synchronen Übertragungsprotokollen arbeitenden Großrechern an asynchrone Übertragungsstrecken von Bedeutung. Protokoll-Analysatoren, Datenanalysatoren und Break-Out-Boxen sind Testgeräte, die der Konfiguration von Schnittstellen und der Fehlersuche in Datennetzen dienen.

Protokollkonverter

Protokollkonverter ermöglichen durch Zwischenschaltung zwischen Datenendeinrichtung und Datenübertragungseinrichtung die Ansteuerung einer asynchron arbeitenden Datenübertragungseinrichtung (z.B. Modem) von einem synchron arbeitenden Schnittstellenbaustein. Über einen Protokollkonverter kann ein mit synchronem Protokoll (z.B. BSC, SNA, X.25) arbeitender Großrechner beispielsweise einen asynchronen Modem bedienen und wird dadurch selbst über asynchron arbeitende Datenend- und Datenübertragungseinrichtungen erreichbar. Andererseits kann ein Protokollkonverter dazu verwendet werden, um einer asynchron arbeitenden Datenendeinrichtung (z.B. Personal Computer) die einfache Ansteuerung einer synchronen Datenübertragungseinrichtung zu ermöglichen, ohne daß der Schnittstellenbaustein ausgewechselt zu werden braucht und andere (in der Regel aufwendigere) Software verwendet werden muß.

Protokollkonverter sind sowohl als programmierbare Geräte als auch als einfache Adapterkabel erhältlich. Programmierbare Protokollkonverter stellen dem Anwender intern die von den Protokolldaten befreiten Nutzdaten zur Verfügung, die beliebig umcodiert (z.B. String-Konvertierung) und dann am zweiten Port mit einem anderen Protokoll übergeben werden können. Demgegenüber führen die preiswerteren Adapterkabel eine 1:1-Weiterleitung der Daten mit einer einfachen synchron/asynchron-Umsetzung durch und eignen sich somit beispielsweise zur Ansteuerung synchroner Datenübertragungseinrichtungen durch asynchron arbeitende Datenendeinrichtungen.

Protokoll- und Datenanalysatoren

Protokollanalysatoren prüfen die Einhaltung synchroner Übertragungsprotokolle (z.B. BSC, HDLC) durch Datenend- oder Datenübertragungsgeräte. In Sonderfällen – so etwa bei der Zulassungsprüfung von Datenendeinrichtungen durch die Deutsche Bundespost – werden Protokollanalysatoren auch zur Überprüfung höherer asynchroner Protokolle (wie z. B. das Wählprotokoll V.25bis) eingesetzt.

Datenanalysatoren überwachen den Datenfluß auf einer Schnittstelle. Durch Anzeigen bzw. Speichern aller über eine Schnittstelle übertragenen Sende- und Empfangsdaten kann kontrolliert werden, ob erwartete Zeichen tatsächlich übertragen wurden oder welches Übertragungsformat verwendet wird. Datenanalysatoren sind häufig programmierbar und gestatten so den Simulationsbetrieb einer Datenendeinrichtung oder Datenübertragungseinrichtung. Für die Benutzung auf gewöhnlichen Personal Computern gibt es reine Software-Lösungen zur Überwachung des Datenflusses, die preislich weit unterhalb den Hardware-Datenanalysatoren liegen, dabei insbesondere für die Konfiguration und Diagnose asynchroner RS-232-C-Schnittstellen häufig ausreichen.

Break-Out-Boxen

Break-Out-Boxen erlauben die Kontrolle und Umleitung von Schnittstellenleitungen. Sie werden hauptsächlich an V.24-Schnittstellen eingesetzt, um die korrekte Bedienung der Steuer- und Meldeleitung zu überprüfen. Die Break-Out-Box verfügt über Leuchtdioden, anhand derer der Zustand der Schnittstellenleitungen („EIN“ oder „AUS“) abgelesen werden kann. Durch DIP-Schalter kann darüber hinaus ein „EIN“- oder „AUS“-Zustand auf einer bestimmten Schnittstellenleitung erzwungen werden. Schließlich ermöglichen spezielle Buchsen und Kabel die testweise Umlegung bestimmter Schnittstellenleitungen auf andere Pins.

Da Break-Out-Boxen nicht die übertragenen Daten aufzeichnen, eignen sie sich vorzugsweise zur Überprüfung von Pinbelegungen und der korrekten Bedienung der Steuer- und Meldesignale. Insbesondere bei der Entwicklung und beim Testen von Software für CCITT-kompatible Modems sind diese Diagnostiken jedoch von entscheidender Bedeutung.

3.4 Literatur

Eckardt, G.
Modems für die Datenübertragung: Sicher durch CCITT- Standards. Markt & Technik, 47, 1987, 100-104
Feichtinger, H.
Datenübertragung mit Modems. MC, 9, 1982, 31-33
Fernmeldetechnisches Zentralamt (Hg.)
Datel-Handbuch. Loseblattsammlung Darmstadt: FTZ 1985ff
Harrington, J.L.
A Unix BBS using shell scripts. Dr. Dobb's Journal, 6, 1987, 54-62
Jonas, C.
Datenfernübertragung mit Personal Computern. Würzburg: Vogel 1986
Kauffels, F.-J.
Einführung in die Datenkommunikation. Pulheim: Datacom 1986
Langner, K.
Tagung des FTZ zu privaten Modems. Datacom, 3, 1987, 14-17

4. Kommunikationssoftware und Hilfsprogramme

Während noch vor wenigen Jahren überwiegend Terminals zur Datenfernkommunikation benutzt wurden, treten heute immer mehr Mikrocomputer an ihre Stelle. Die Gründe hierfür liegen einerseits in der weiten Verbreitung von Personal Computern. Andererseits können selbst wenig leistungsfähige Mikrocomputer durch geeignete Software zu „intelligenten" Terminals gemacht werden, die den herkömmlichen Terminals in Preis und Leistung überlegen sind. Als „intelligent" gilt ein Terminal, das neben den unmittelbaren Ein- und Ausgabefunktionen über Zusatzfunktionen zur Weiterverarbeitung von Daten (wie z.B. das Abspeichern von Empfangsdaten und das Senden gespeicherter Daten) verfügt. Dagegen werden als „dumme" Terminals solche Datenendeinrichtungen bezeichnet, die lediglich über Tastatur und Bildschirm als Ein- und Ausgabemedien verfügen. Bei solchen „dummen" Terminals sind eingehende Daten nach dem Löschen des Bildschirms für den Benutzer verloren.

Da die technischen Grundlagen der Datenfernkommunikation von gewöhnlichen Mikrocomputern recht einfach zu realisieren sind und eine zunehmende Nachfrage besteht, gibt es inzwischen ein reichhaltiges Angebot an entsprechender Software, die aus einem Mikrocomputer ein „intelligentes" Terminal macht. Solche Software wird als „Terminal-Emulationsprogramm", abgekürzt als „Terminal-Programm" bezeichnet, weil sie ein Terminal auf dem Computer softwaremäßig emuliert (nachbildet). Dieses Kapitel beschreibt die Eigenschaften der erforderlichen Software, die notwendig ist, um aus einem normalen Computer ein „intelligentes" Terminal zur Teilnahme an Datenfernkommunikation zu machen. Zusätzlich werden einige Protokolle beschrieben, die speziell für den Dateitransfer von Bedeutung sind. Sie dienen dazu, eine fehlerfreie Übertragung gespeicherter Datenbestände zu gewährleisten.

Da nicht alle Endgeräte die gleiche „Sprache" sprechen, sind in einigen Fällen zusätzliche softwareseitig durchzuführende Prozeduren erforderlich, um Datenformate einander anzupassen. Hierzu gehört z.B. die Umformatierung der Bytelänge, wenn diese aus technischen Gründen nicht in der ursprünglichen Form übertragen werden kann. Schließlich sind für die Praxis der Datenübertragung noch Prozeduren und Hilfsprogramme von Bedeutung, die die in einer Datei enthaltene Information auf engerem Raum darzustellen gestatten, woraus eine schnellere (und damit häufig billigere) Übertragung resultiert.

4.1 Terminal-Programme

Terminal-Programme (auch: Terminal-Emulationsprogramme) veranlassen einen Computer, sich so zu verhalten wie ein Terminal, also ein Gerät zur Datenein- und -ausgabe. Ein Terminal-Programm sendet die auf der Computertastatur eingegebenen Zeichen an die Gegenstelle und zeigt empfangene Zeichen auf dem Bildschirm an. „Intelligente" Terminal-Programme vermögen darüber hinaus, empfangene Daten mitzuspeichern und auszudrucken sowie gespeicherte Datenbestände direkt vom Massenspeicher zu senden.

Terminal-Programme sind Computerprogramme, die in erster Linie die Umleitung der Ein- und Ausgabe über die Kommunikationsschnittstelle veranlassen. Es ist dann Aufgabe der Datenübertragungseinrichtung, diese Daten an die Gegenstelle zu senden. Ein Terminal-Programm weist den Computer dazu an, eingegebene Daten nicht (numerisch) zu verarbeiten, sondern ohne zusätzliche Verarbeitungsschritte weiterzugeben. Hierdurch wird also die Haupteigenschaft des Computers als „Rechner" praktisch umgangen.

Im Terminal-Betrieb wird der Datenfluß eines Computers wie folgt umgeleitet (vgl. Abb. 4-1):

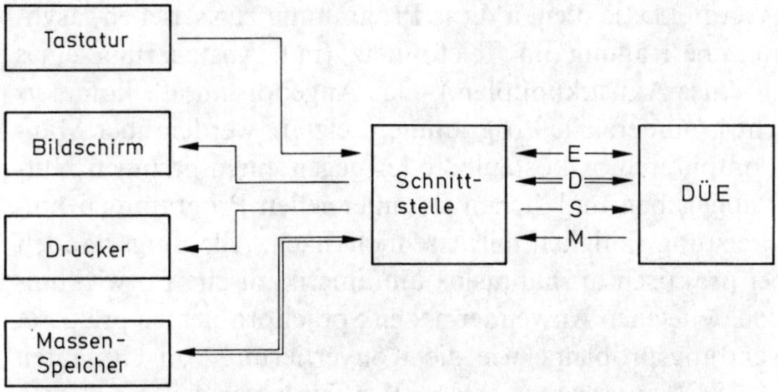

Abb. 4-1: Informationsfluß bei einem „intelligenten" Terminal

- Die Tastatur dient als primäres Eingabemedium. Besteht eine Verbindung, werden die auf der Tastatur eingegebenen Zeichen direkt zur Schnittstelle und von der angeschlossenen Datenübertragungseinrichtung zur Gegenstelle weitergeleitet. Besteht keine Verbindung, werden Tastatureingaben als Kommandos für das Terminalprogramm oder für die Datenübertragungseinrichtung interpretiert.
- Der Bildschirm dient als primäres Ausgabemedium. Die über die Kommunikationsschnittstelle empfangenen Zeichen werden – sofern es sich um darstellbare Zeichen handelt – auf dem Bildschirm angezeigt.
- Optional kann der Drucker als zusätzliches Ausgabemedium zugeschaltet werden, auf dem die empfangenen Zeichen zusätzlich zur Bildschirmausgabe mitprotokolliert werden.
- Externe Massenspeicher (Diskette, Festplatte, RAM) dienen als zuschaltbare Ein- und Ausgabemedien. Der empfangene Datenstrom kann „mitgespeichert" werden oder gespeicherte Informationen können direkt zur Kommunikationsschnittstelle geleitet werden.

Aufgabe eines Terminal-Programms ist es ferner, den Schnittstellenbaustein der Kommunikationsschnittstelle so zu programmieren, daß die Daten mit der erforderlichen Geschwindigkeit und mit dem korrekten Übertragungsformat zur Datenübertragungseinrichtung gesendet und außerdem die Melde- und Steuerleitungen richtig bedient werden.

4.1.1 Das Angebot an Terminal-Programmen

Für Mikrocomputer sind mittlerweile eine Vielzahl von Terminal-Programmen erhältlich. Entsprechend der hardwaremäßigen Ausrüstung dieser Geräteklasse dienen diese Programme zur seriellen, asynchronen Datenübertragung im Telefonnetz (mit Ansteuerung eines Modems oder eines Akustikkopplers). Das Angebot umfaßt kommerzielle und nicht-kommerzielle Programme. Letztere werden über Mailboxen und Computerclubs kostenlos oder gegen einen geringen Nutzungsbeitrag abgegeben und stehen kommerziellen Programmen hinsichtlich der Leistungsfähigkeit teilweise nicht nach. Allerdings handelt es sich hierbei praktisch ausnahmslos um amerikanische Entwicklungen, die für den deutschen Anwender neben Sprachproblemen praxisrelevante Anwendungsprobleme wie die Konvertierung von Umlauten von standard ASCII in erweitertes ASCII offen lassen.

Einige Hersteller von Modems und Modem-Boxen bieten gleichzeitig zur entsprechenden Hardware Terminal-Programme an. Handelt es sich um einen ausgefallenen Modem-Typ, kann das Gerät von anderen Terminal-Programmen nicht korrekt angesteuert werden. Je nach Hersteller sind Terminal-Programme im Kaufpreis der Datenübertragungseinrichtung bereits inbegriffen oder kosten teilweise mehr als das Gerät selbst, weshalb dieser Punkt beim Kauf einer Datenübertragungseinrichtung von besonderer Bedeutung ist.

Einige integrierte Programmpakete zur Tabellenkalkulation, Datenbankverwaltung und Textverarbeitung verfügen zusätzlich auch über Terminal-Funktionen, die die Nutzung für Datenfernkommunikation ermöglichen.

Public Domain-Kommunikationsprogramme

Da Leute, die sich intensiv mit Datenfernkommunikation befassen, oft auch Interesse am Austausch von Programmen haben, entstanden im Umkreis von Mailbox-Diensten und entsprechend eingerichteten Computer-Clubs eine ganze Reihe von Terminal-Programmen, die von ihren Autoren umsonst zur Verfügung gestellt werden und deren Weiterverbreitung daher kostenlos ist oder gegen eine freiwillige Nutzungsgebühr erfolgt. Diese Programme werden unter den Begriffen „Public Domain Software" oder „Freeware" zusammengefaßt. Eine weitere, als „Shareware" bezeichete Kategorie von Programmen wird ebenfalls kostenlos weitergegeben, doch ist für diese Programme bei regelmäßiger Benutzung eine (in der Regel sehr geringe) Nutzungsgebühr zu entrichten.

Alle diese in erster Linie aus den USA stammenden Programme sind auch in der Bundesrepublik über zahlreiche Mailbox-Dienste (siehe Kap. 7) per Dateitransfer zu erhalten. Da dies allerdings voraussetzt, daß man bereits über einen Computer mit Terminal-Programm verfügt, gibt es noch die Möglichkeit, sie sich von einem Bekannten zu kopieren oder beim jeweiligen Autor (gegen eine geringe Gebühr für Kopieraufwand und Versand) zu bestellen. Die verbreitetsten nicht-kommerziellen Terminal-Programme sind in Tab. 4-1 aufgeführt.

Das Programm MODEM7 von Ward Christensen ist eines der ersten Terminal-Programme für Mikrocomputer, das zudem das vom gleichen Autor entwickelte leistungsfähige Xmodem-Protokoll (siehe Kapitel 4.2.2) unterstützt. Mit der Verbilligung und Verbreitung von Personal Computern mit 16-Bit-Prozessoren, die mit den Betriebssystemen MS-DOS oder PC-DOS arbeiten, hat sich das Terminal-Programm QMODEM weithin

Name	Betriebssystem	Autor
MODEM7	CP/M	Ward Christensen
QMODEM	MS-DOS, PC-DOS	The Forbin Project
PROCOMM	MS-DOS, PC-DOS	Datastorm Technologies
KERMIT	praktisch alle	Columbia University

Tab. 4-1: Nicht-kommerzielle Terminal-Programme

durchgesetzt, das sich durch eine komplexe menügesteuerte Benutzeroberfläche auszeichnet. Für fehlerfreien Dateitransfer werden mehrere Übertragungsprotokolle unterstützt, darunter auch das Xmodem-Protokoll. Einen noch größeren Leistungsumfang weist das Programm PROCOMM von Datastorm Technologies auf. Nachdem PROCOMM lange Zeit „Public Domain" war und in der Bundesrepublik bereits eine sehr weite Verbreitung gefunden hat, wird es seit 1988 nur noch als „Shareware" angeboten.

KERMIT wurde an der New Yorker Columbia University mit dem Ziel entwickelt, Dateitransfer zwischen unterschiedlichen Computertypen und Betriebssystemen zu ermöglichen. Seither wurden zahlreiche Versionen von KERMIT für die unterschiedlichsten Rechnertypen geschrieben, die nun über die Columbia University oder in Europa über die Lancaster University (England) erhältlich sind. Das Terminal-Programm KERMIT war ursprünglich nur zur Durchführung von Dateitransfers und weniger zur Terminal-Emulation gedacht. Inzwischen sind jedoch erweiterte Versionen verfügbar, die sich ebenso gut zur direkten dialogischen Kommunikation nutzen lassen. Der größte Vorteil von KERMIT liegt darin, daß praktisch für jedes Betriebssystem und für jeden Rechnertyp Versionen vorliegen, die alle auch im Quellcode erhältlich sind und damit vom Benutzer für bestimmte Sonderwünsche angepaßt werden können.

Unterscheidungsmerkmale

Besonders durch das inzwischen reichhaltige Angebot an „Public Domain"-Software bedingt, verhalten sich Kosten und Leistungsumfang von Kommunikationssoftware keineswegs proportional zueinander. Bedingt durch die zahlreichen praktisch kostenlosen Angebote mußten Marktpioniere wie das amerikanische Software-Haus Microstuf, das das ursprünglich auf dem PC-Markt dominierende Programm CROSSTALK entwickelte, Umsatzeinbußen und Preisnachlässe hinnehmen.

Kommunikationssoftware muß nicht nur zum Computer, sondern ebenso auch zur verwendeten Datenübertragungseinrichtung passen. Wird ein „intelligenter“ Modem verwendet, der automatisch wählen kann, muß das Terminal-Programm die entsprechenden Befehle im richtigen Format absetzen. Die meisten Terminal-Programme stammen aus den USA und unterstützen nur die AT-Kommandosyntax. Bislang gibt es kein amerikanisches Programm, das automatisch einen CCITT-Modem ansteuert und die erforderliche Postzulassung besitzt (da es in den Vereinigten Staaten eine solche Zulassung ebensowenig gibt wie eine staatliche Postbehörde). Bei der Verwendung von Akustikkopplern entfallen diese Probleme.

Das Leistungsspektrum der angebotenen Programme variiert in erster Linie bei den zahlreichen Zusatzfunktionen, die bei gewöhnlicher Benutzung eher selten gebraucht werden. Praktisch alle auf dem Markt erhältlichen Programme beherrschen die wichtigsten Grundfunktionen wie Auto-Linefeed, lokales Echo und Dateitransfer (siehe Kap. 4.1.2). Bei den erweiterten Zusatzfunktionen unterscheiden sich Programme z.B. dadurch, wie komplex Kommandoabläufe für den operatorlosen Betrieb aufgebaut werden können.

Eines der wichtigsten und bisher am meisten vernachlässigsten Unterscheidungsmerkmale betrifft die Benutzerfreundlichkeit und Dokumentation. Englischsprachige Programme und Handbücher (mit entsprechenden fremdsprachigen Fachwörtern) bedeuten für manche Benutzer eine mehrwöchige und dementsprechend kostenintensive Einarbeitungszeit. Darüber hinaus sind Handbücher und Erklärungstexte einiger Programme kryptisch und in erster Linie für „Bastler“ geschrieben, die ohnehin ohne Dokumentation auskommen. Nur wenige Programme sind so gut dokumentiert und so einfach (z.B. durch übersichtliche Menüs) zu bedienen, daß sie auch von Laien benutzt werden können.

4.1.2 Bedienung

Terminal-Programme unterscheiden generell drei Bedienungszustände, und zwar einen Dialogmodus, einen Kommandomodus und einen Modem-Steuermodus. Im Dialogmodus werden (bei bestehender Verbindung) alle Tastatureingaben zur Gegenstelle gesendet. Im Kommandomodus werden Benutzereingaben als Steuerinformationen für das Terminal-Programm interpretiert. Im Modem-Steuermodus dienen Tastatureingaben oder automatisch abgesetzte Steuerdaten dazu, den Zustand des angeschlossenen Modems zu verändern.

Ein Terminal-Programm ist technisch gesehen ein gewöhnliches Computerprogramm, das auf einem externen Massenspeicher (Diskette, Festplatte) gespeichert ist und zur Ausführung zunächst in den Hauptspeicher des Computers geladen werden muß. Hierzu ist ein Programmaufruf erforderlich, der das Terminal-Programm vom externen Speicher liest, in den Hauptspeicher lädt und dann die Steuerung an das geladene Programm übergibt. Einige Terminal-Programme installieren sich nach dem Programmaufruf resident im Hauptspeicher und geben anschließend die Kontrolle wieder an das Betriebssystem zurück. Die Aktivierung des residenten Programms erfolgt dann z.B. durch Betätigen spezieller Tastenkombinationen.

Vor dem Aufruf eines Terminal-Programms sollte die Datenübertragungseinrichtung (Modem bzw. Akustikkoppler) eingeschaltet werden, da in manchen Fällen das Terminal-Programm unmittelbar nach seinem Aufruf Steuerinformationen zur Initialisierung an die Übertragungseinrichtung sendet, die diese nur in eingeschaltetem Zustand empfangen kann. Da die meisten Modems nach dem Einschalten einen Selbsttest durchführen, sollte das Terminal-Programm erst 20-30 Sekunden nach Einschalten der Übertragungseinrichtung aufgerufen werden.

Alle Terminal-Programme unterscheiden drei Bedienungsebenen:

- einem Dialogmodus (auch: Online-Modus), bei dem bei bestehender Verbindung die eingegebenen Zeichen direkt zur Datenübertragungseinrichtung gesendet werden;
- einem Kommandomodus (auch: Offline-Modus), bei dem die eingegebenen Zeichen als Steuerinformationen für das Terminal-Programm interpretiert werden;
- einen Modem-Steuermodus, bei dem Tastatureingaben (bei nicht bestehender Verbindung) als Steuerdaten für den Modem interpretiert werden.

Während einer bestehenden Verbindung sollen im Idealfall alle auf der Tastatur eingegebenen Zeichen direkt zur Gegenstelle gesendet werden (Dialogmodus). Soll das Terminal-Programm jedoch während der Online-Sitzung zu bestimmten Aktionen veranlaßt werden, wie z.B. zum Senden oder zum Empfang einer Datei, sind hierfür ebenfalls Tastatureingaben erforderlich, die jedoch nicht als Sendedaten, sondern als Kommando für das Terminal-Programm behandelt werden sollen.

Um vom Dialogmodus in den Kommandomodus zu wechseln, verwenden Terminal-Programme bestimmte Sondertasten, die im Amerikanischen auch als „Attention-Keys" bezeichnet werden. Der Aufruf einer solchen Funktionsanforderung signalisiert dem Terminal-Programm, daß der Benutzer nun ein Kommando eingeben will, das nicht als Zeichen an die Gegenstelle gesendet werden soll. Für diese Funktionsanforderung wird bei Personal Computern gewöhnlich eine Sondertaste verwendet, die nicht im ASCII-Alphabet enthalten ist (z.B. „Home") und daher nicht für die Kommunikation benötigt wird. Nach der Funktionsanforderung kann dann entweder durch ein Menü die gewünschte Funktion ausgewählt werden, oder aber sie wird direkt zusammen mit der Funktionsanforderung angegeben. Hierfür verwenden einige Terminal-Programme „Alternate-Keys", bei denen ähnlich wie bei Control-Codes zusammen mit der Eingabe eines Buchstabens die Alternate- („Alt-") Taste betätigt wird. Zur Abhebung der rückgemeldeten Statusinformationen des Terminalprogramms von Empfangsdaten verwenden neuere Programme Pop-Up-Windows.

Batch-Betrieb

Leistungsfähige Terminal-Programme verfügen über die Möglichkeit, häufig verwendete Kommandofolgen in einer gewöhnlichen Textdatei zu speichern und dann automatisch abzuarbeiten. Mit einem Textverarbeitungsprogramm kann der Benutzer dann z.B. häufig benutzte Übertragungsparameter speichern und bei Bedarf von Diskette bzw. Festplatte laden, ohne die hierfür erforderlichen Einzelkommandos stets erneut von der Tastatur aus eingeben zu müssen. Da zu solchen Kommandofolgen auch der automatische Verbindungsaufbau sowie das Senden und Empfangen von Zeichenfolgen und Dateien gehört, ergeben sich eine ganze Palette von Anwendungsmöglichkeiten. Für professionelle Anwender bedeutet es z.B. eine große Erleichterung, wenn beim Verbindungsaufbau zu einem Host über Datex-P nicht immer Telefonnummer, NUI, Paßwort, NUA sowie nochmals Benutzerkennung und Paßwort manuell eingegeben werden müssen, sondern durch den Aufruf einer Kommandodatei der gesamte Logon-Prozeß automatisiert abläuft („Auto-Logon"). Ein Beispiel für eine solche Kommandodatei, die automatisch eine Verbindung über Datex-P zur Deutschen Mailbox aufbaut, ist für das Kommunikationsprogramm SMARTBOX vom Aachener Hersteller ELSA in Abb. 4-2 dargestellt. Kommentare in der Kommandodatei sind dabei durch einen am Zeilenbeginn vorangestellten Punkt kenntlich gemacht.

Zusätzlich zu den geschilderten Möglichkeiten ergeben sich durch die Benutzung solcher Kommandodateien besonders für innerbetriebliche

```
.*** Auto-Logon bei der Deutschen Mailbox ***

.Umschalten auf COM2:
Schnittstelle COM2

.DM arbeitet mit standard-ASCII-Umlauten
Umlaute standard

.1200/75 bit/s einstellen
Geschwindigkeit 1275

.Verbindungsaufbau zu Datex-P:
.angewählt wird der Berliner 1200/75-PAD
Verbindung 240061

.Dienstanforderungssignal senden
Senden String .^M

.drei Sekunden warten
Unterbrechung 3

.NUA von DM senden
Senden String R 45400091110^M

.User-ID-Prompt von DM abwarten
Empfangen String ?

.User-ID senden
Senden String USERID^M

.Paßwort-Prompt von DM abwarten
Empfangen String ?

.Paßwort senden
Senden String PASSWORT^M

.Logon erfolgt -- Ende der Kommandodatei
```

Abb. 4-2: Auto-Logon bei der Deutschen Mailbox

Kommunikation interessante Anwendungsmöglichkeiten des operatorlosen Betriebs wie etwa das automatische Versenden von Dateien außerhalb der Dienstzeiten.

4.1.3 Emulierter Terminal-Typ

Einige Terminal-Typen verfügen über die Möglichkeit, Empfangsdaten auf dem Bildschirm formatiert darzustellen. So können z.B. durch die Positionierung des Cursors bestimmte Bildschirmbereiche als Ein- und Ausgabefelder angesprochen werden. Um dem Terminal (bzw. dem Terminal-Emulationsprogramm) mitzuteilen, wie Daten formatiert werden sollen, sind spezielle, teilweise gerätespezifische Steuerzeichen erforderlich, die in den Strom der Empfangsdaten eingefügt werden. Am häufigsten verwendet wird die kontinuierliche, bis auf den Zeilenumbruch praktisch nicht formatierte Darstellung von Daten ähnlich wie beim Fernschreiber, weshalb diese Darstellungsart auch als „Teletype“ bezeichnet wird.

Teletype (TTY)

In der Emulationsart „Teletype" wird jedes empfangene Zeichen fortlaufend auf dem Bildschirm ausgegeben und der Cursor eine Spalte weiter rechts positioniert. Erreicht der Cursor das Zeilenende, findet ein automatischer Zeilenvorschub statt, bei dem der Cursor am Anfang der nächsten Zeile positioniert wird. Wenn es sich um die unterste Bildschirmzeile handelt, werden außerdem die oberen Bildschirmzeilen um eins nach oben verschoben (Scrolling), wobei die oberste Zeile gelöscht wird.

Der Teletype-Modus unterstützt lediglich vier Steuerzeichen, die in Tab. 4-2 aufgeführt werden. Diese Steuerzeichen bilden gleichzeitig eine Untermenge jeder anderen Terminal-Emulation, so daß sie auch von anderen, „intelligenteren" Terminal-Typen korrekt dargestellt werden. Andererseits ist es einem einfachen Teletype-Terminal nicht möglich, die Steuerzeichen „höherer" Terminal-Emulationen zu verarbeiten. Alle vier Steuerzeichen werden exakt mit der nach ASCII festgelegten Bedeutung (vgl. Kap. 2.1.1) verwendet.

Zeichen	Funktion
⟨CR⟩	Cursor zum Zeilenbeginn
⟨LF⟩	Cursor eine Zeile tiefer
⟨BS⟩	Cursor eine Spalte nach links und evtl. vorhandenes Zeichen löschen
⟨BEL⟩	akustisches Signal geben

Tab. 4-2: Steuerzeichen im TTY-Modus

Das Steuerzeichen ⟨CR⟩ bewirkt die Positionierung des Cursors am linken Rand der aktuellen Zeile. ⟨LF⟩ bewirkt die Positionierung des Cursors in der nächst tieferen Zeile in derselben Spaltenposition, wobei die oberen Zeilen hochgeschoben werden, wenn es sich um die letzte Bildschirmzeile handelt. ⟨BS⟩ bewegt den Cursor um eine Position nach links, wobei ein eventuell in dieser Position vorhandenes Zeichen gelöscht wird (Überschreiben mit ⟨SP⟩). Ist das linke Zeilenende erreicht, bewirkt ⟨BS⟩ nicht die Positionierung am Zeilenende der vorigen Spalte, so daß im Teletype-Modus generell kein Rücksprung in eine höhere Bildschirmzeile möglich ist. Das Zeichen ⟨BEL⟩ bewirkt die Ausgabe eines akustischen Signals.

ANSI Escape-Sequenzen

ANSI ist eine Abkürzung für „American National Standards Institute", einem amerikanischen Normungsgremium vergleichbar dem Deutschen Institut für Normung. Das American National Standards Institute veröffentlichte einen Kommandosatz zur Bildschirmsteuerung von Terminals, der in vielen Geräten implementiert ist und eine Grundlage zur Realisierung von „höheren" Terminalfunktionen bildet.

Die ANSI-Definitionen zur Bildschirmsteuerung bestehen aus einer Reihe von „Escape-Sequenzen", die ihren Namen dem Umstand verdanken, daß jedes Kommando durch das Steuerzeichen ⟨ESC⟩ (ASCII 27) eingeleitet wird. Anhand dieses Steuerzeichens, dem kein sichtbares Zeichen entspricht, kann ein Terminal bzw. ein Terminal-Emulationsprogramm erkennen, daß die folgenden Zeichen als Kommando zur Bildschirmsteuerung zu interpretieren sind. Die ANSI Escape-Sequenzen zur Bildschirmsteuerung umfassen die wichtigsten Kommandos zur Cursorsteuerung, zum Löschen des Bildschirms u.ä. Die Escape-Sequenzen zur Cursorsteuerung sind in Tab. 4-3 aufgeführt.

Escape-Sequenz	Funktion
⟨ESC⟩ [n A	Cursor n Zeilen hoch
⟨ESC⟩ [n B	Cursor n Zeilen tief
⟨ESC⟩ [n C	Cursor n Zeilen rechts
⟨ESC⟩ [n D	Cursor n Zeilen links
⟨ESC⟩ [y ; x H	Cursor auf Position x, y setzen
⟨ESC⟩ [y ; x f	Cursor auf Position x, y setzen
⟨ESC⟩ [H	Cursor in Home-Position setzen
⟨ESC⟩ [f	Cursor in Home-Position setzen
⟨ESC⟩ [D	Cursor eine Zeile tief (Linefeed)
⟨ESC⟩ [M	Cursor eine Zeile hoch
⟨ESC⟩ [E	Neue Zeile (Return + Linefeed)
⟨ESC⟩ [7	Cursorposition sichern
⟨ESC⟩ [s	Cursorposition sichern
⟨ESC⟩ [8	Cursorposition wiederherstellen
⟨ESC⟩ [u	Cursorposition wiederherstellen

Tab. 4-3: ANSI Escape-Sequenzen zur Cursorpositionierung

Die ANSI Escape-Sequenzen sind international standardisiert und werden bereits von einer Vielzahl von Bildschirmtreibern unterstützt. Obwohl ihre Benutzung eine wesentlich anspruchsvollere Terminalbedienung ermöglicht als der einfache Teletype-Modus, setzt sich die Benutzung dieser

Norm bei Host-Rechnern erst zögerlich durch. Weitere Verbreitung fanden die ANSI Escape-Sequenzen erst durch die VT-100 Terminal-Spezifikation (siehe unten), die zur Bildschirmsteuerung ANSI-kompatible Kommandos verwendet.

VT-100

VT-100 ist ein verbreiteter Terminal-Typ des Computerherstellers Digital Equipment Corp. (DEC) für den Einsatz an Computern der Serien VAX und PDP-11. Die VT-100-Spezifikation beinhaltet außer Kommandofolgen zur Bildschirmsteuerung auch solche zur Auswahl bestimmter Zeichensätze, zum Setzen von Farbattributen, Definieren von Fenstern, Setzen/Löschen von Tabulatoren, Drucken, Einfügen/Löschen, Editieren, Löschen von Zeichen und Zeilen usw. Die zur Bildschirmsteuerung verwendeten Kommandos entsprechen den ANSI Escape-Sequenzen (siehe oben).

Nicht alle in der VT-100-Spezifikation enthaltenen Funktionen können auf einem Personal Computer nachgebildet werden. So verfügt ein VT-100-Terminal z.B. über vier schaltbare Leuchtdioden. Die überwiegende Mehrzahl läßt sich jedoch durch geeignete Software emulieren, wobei sich die meisten Emulationen allerdings mit einer eher kleinen Untermenge der VT-100-Spezifikation begnügen.

Zusätzlich zu den empfangenen Escape-Sequenzen umfaßt die VT-100-Spezifikation weitere Escape-Sequenzen, die das Terminal an den Host zurücksendet, um die Betätigung bestimmter Sondertasten zu signalisieren. Das VT-100-Terminal umfaßt eine Reihe von Sondertasten zur Cursorsteuerung und speziellen Programmfunktionen. Während bei einem Teletype-Terminal solche Sondertasten, falls hardwaremäßig vorhanden, keine Wirkung erzeugen (außer ggf. im Kommandomodus des Terminal-Programms), kann bei der VT-100-Spezifikation der Host die Betätigung dieser Tasten erkennen und entsprechende Aktionen am Terminal veranlassen. So kann z.B. auf das Betätigen einer Taste zur Cursorsteuerung eine entsprechende Escape-Sequenz zum Terminal zurückgesendet werden, die die gewünschte Positionierung des Cursors bewirkt.

Mailbox-Benutzeroberflächen

Mailbox-Benutzeroberflächen sind Erweiterungen von Terminal-Programmen zur komfortableren Benutzung von Mailbox-Diensten. Zusätzlich zu den normalen Funktionen eines Terminal-Programms (Senden und Empfangen von Zeichen, Modem-Ansteuerung usw.) verfügen diese Programme über Zusatzfunktionen, die auf die Bedienung bestimmter Mailbox-Dienste abgestimmt sind. Diese Zusatzfunktionen verlagern einen Teil der Bedieneroberfläche eines Mailbox-Dienstes in das Terminal-Programm, so daß Hilfstexte, Menüs usw. nicht stets wieder neu übertragen werden müssen, sondern lokal im Terminal-Programm abgerufen werden können. Außerdem ermöglichen Mailbox-Benutzeroberflächen durch geeignete Tastenbelegungen das Absetzen von Kommandos und Kommandofolgen über einfachen Tastendruck anstelle der Tastatureingabe des Kommandos im Wortlaut.

Der Vorteil von Mailbox-Benutzeroberflächen liegt in einer einfacheren und schnelleren Bedienbarkeit. So bedeutet es z.B. eine erhebliche Ersparnis von Zeit und Geld, wenn Auswahlmenüs nicht immer wieder neu vom Host übertragen werden müssen, sondern bereits im Terminal-Programm gespeichert sind und durch Betätigen einer Sondertaste (z.B. in einem Pop-Up-Menü) angezeigt werden. Ebenso benutzerfreundlich ist es, wenn dann Befehle nicht mehr im Klartext auf der Tastatur eingegeben werden müssen, sondern menügesteuert oder durch Funktionstasten abgesetzt werden können. Zusätzlich zu diesen Funktionen verfügen einige Mailbox-Benutzeroberflächen über einen integrierten Editor, so daß Mitteilungen lokal vorbereitet werden und dann als fertiger Text zur Mailbox gesendet werden können.

Anders als spezielle Terminal-Emulationen, die die Bildschirmdarstellung empfangener Zeichen über Steuerzeichen regeln, ermöglichen Mailbox-Benutzeroberflächen nur das Senden von aufbereiteten Zeichenfolgen und die Anzeige gespeicherter Daten auf der Basis des Teletype-Prinzips. Mailbox-Benutzeroberflächen sind teilweise fest einprogrammiert und dann nur für bestimmte Mailbox-Dienste nutzbar (z.B. GeoNet-Mailboxen, siehe Kap. 7.2.2). Andere Mailbox-Benutzeroberflächen sind auf dem Weg über Kommandodateien (siehe oben) vom Benutzer flexibel programmierbar und während einer Sitzung ladbar.

4.1.4 Grundfunktionen von Terminal-Programmen

Zusätzlich zur Datenein- und -ausgabe verfügen Terminal-Programme über weitere Funktionen, die für den normalen Terminalbetrieb unerläßlich sind. Diese Grundfunktionen, die vom Benutzer aufgerufen werden können, umfassen das Einstellen der Übertragungsparameter, lokales Echo, Auto-Linefeed, Mitdrucken und Dateitransfer. Sie erlauben die Anpassung des Terminal-Programms an die besonderen Gegebenheiten einer Übertragungsstrecke und eröffnen erweiterte Möglichkeiten der Aufbereitung von Sende- und Empfangsdaten.

Die Fähigkeit eines Programms, Empfangsdaten von der Kommunikationsschnittstelle auf dem Bildschirm anzuzeigen, Tastatureingaben über die Kommunikationsschnittstelle auszugeben und spezielle Kommandos zur Ansteuerung eines Modems abzusetzen, ist Voraussetzung dafür, ein solches Programm als Terminal-Emulationsprogramm bezeichnen zu können. Für die Eignung zur Datenfernkommunikation sind diese Grundeigenschaften noch nicht ausreichend. Zur Teilnahme an einer „offenen" Kommunikation mit verschiedenartig konfigurierten Datenstationen sind darüber hinaus Grundfunktionen erforderlich, die das Terminal-Programm flexibel machen und eine Aufbereitung von Sende- und Empfangsdaten gestatten. Die wichtigsten dieser Grundfunktionen, die vom Benutzer den jeweiligen Gegebenheiten entsprechend aufgerufen werden müssen, werden im folgenden beschrieben.

Übertragungsparameter einstellen

Bevor eine Verbindung aufgebaut wird, müssen mit dem Terminal-Programm am lokalen Schnittstellenbaustein und ggf. auch am Modem die Übertragungparameter eingestellt werden, also

- Übertragungsgeschwindigkeit
- Bytelänge
- Parität
- Anzahl Stopbits.

Wie wichtig die korrekte Einstellung dieser Parameter ist, wird daran deutlich, daß sich die ganz überwiegende Mehrzahl von Übertragungsfehlern, die nach einem erfolgreichen Verbindungsaufbau auftreten, auf falsch eingestellte Übertragungsparameter zurückführen läßt (siehe Kap. 2.2). Wann immer während einer bestehenden Verbindung nicht identifizierbare Zeichenfolgen empfangen werden, ist eine fehlerhafte Einstellung der Übertragungsparameter hierfür die wahrscheinlichste Ursache.

Die Einstellung der Übertragungsparameter erfolgt einerseits an der Schnittstelle zur Datenübertragungseinrichtung. Diese muß auf die richtigen Parameter programmiert sein, da sonst die ausgegebenen Zeichen von der Übertragungseinrichtung falsch interpretiert werden. Wird ein „intelligenter“ Modem verwendet, der auf unterschiedliche Übertragungsparameter programmiert werden kann, dann wird gleichzeitig mit dieser Funktion durch Absetzen eines entsprechenden Kommandos auch der Modem programmiert – vorausgesetzt, das Terminal-Programm paßt zum verwendeten Modem. Bei Verwendung von Hayes-kompatiblen Modems entfällt eine explizite Einstellung der Übertragungsparameter, da der Modem hier die vom Terminal-Programm verwendeten Parameter automatisch aus dem Kommando-Präfix „AT“ erkennt.

Bei der Verwendung von gepufferten Datenzusatzeinrichtung (z.B. Modem-Boxen) müssen die Schnittstellenparameter nicht mit den Parametern im Datennetz übereinstimmen, da die ein- und ausgehenden Daten in der Zusatzeinrichtung zwischengespeichert werden und daher eine Geschwindigkeitsanpassung vorgenommen werden kann. So ist es üblich, daß bei gepufferten Datenzusatzeinrichtungen die Übertragung zwischen DZE und DEE mit 9.600 bit/s erfolgt, während die Übertragung zur Gegenstelle mit 300 oder 1.200 bit/s erfolgt.

Wird ein Akustikkoppler oder ein „unintelligenter“ Modem verwendet, muß die Einstellung der Übertragungsparameter an der Übertragungseinrichtung ggf. manuell vorgenommen werden.

Echo

Jedes Terminal-Programm verfügt über ein schaltbares lokales Echo. Diese Funktion wird oft – irreführend – als „Duplex“ bezeichnet, ihre einzelnen Optionen als „Duplex an/aus“ oder „vollduplex/halbduplex“. Bei eingeschaltetem Echo („halbduplex“) werden alle von der Tastatur aus eingegebenen Zeichen sowohl zur Gegenstelle gesendet als auch auf dem Bildschirm angezeigt. Bei ausgeschaltetem Echo („vollduplex“) dagegen werden die eingegebenen Zeichen nur zur Gegenstelle gesendet, nicht aber auf dem Bildschirm angezeigt. Es ist dann Aufgabe der Gegenstelle, dem Sender ein Echo zurückzusenden.

Die Benutzung des lokalen Echos hat sich daran zu orientieren, ob die Gegenstelle die von ihr empfangenen Zeichen automatisch wieder zurücksendet oder nicht. Dabei gilt:

- Sendet die Gegenstelle die empfangenen Zeichen nicht zurück, muß auf „duplex aus" oder „halbduplex" (Echo ein) geschaltet werden. Dann gibt das Terminal-Programm die Zeichen, die auf der Tastatur eingegeben werden, automatisch auch auf dem Bildschirm aus.
- Sendet die Gegenstelle die empfangenen Zeichen zurück (Echo), muß „duplex ein" oder „vollduplex" (Echo aus) geschaltet werden, damit die auf der Tastatur eingegebenen Zeichen nicht noch zusätzlich auf dem Bildschirm angezeigt werden.

Damit ist die Bezeichnung „duplex" eigentlich irreführend, weil die gemeinte Funktion nicht unmittelbar mit der Leitungscharakteristik (Betriebsart) zusammenhängt. Bei der Betriebsart duplex (siehe Kap. 2.2.4) ist noch nicht gesagt, daß die Gegenstelle automatisch ein Echo zurücksendet. Tut sie dies nicht – was dann die Regel ist, wenn die Gegenstelle ebenfalls mit einem gewöhnlichen Terminal-Programm betrieben wird – muß der Benutzer auf „Echo an" („halbduplex") schalten, obwohl es sich um eine Duplex-Verbindung handelt. Beim Halbduplex-Betrieb ist die Entscheidung einfacher, da hier das Echo immer eingeschaltet sein muß (Einstellung „halbduplex"), weil in dieser Situation die Gegenstelle die von ihr empfangenen Zeichen nicht unmittelbar zurücksenden kann.

In der Praxis läßt sich sofort sehr einfach entscheiden, ob das lokale Echo korrekt eingestellt ist. Tab. 4-4 enthält die beiden möglichen Fehlerarten, die auftreten, wenn die Einstellung dieser Funktion nicht korrekt erfolgte.

Fehlerart	Abhilfe
Alle auf der Tastatur eingegebenen Zeichen erscheinen doppelt (z.B.: „hhaalloo")	Umschalten auf „Echo aus" („vollduplex")
Keines der auf der Tastatur eingegebenen Zeichen erscheint auf dem Bildschirm	Umschalten auf „Echo ein" („halbduplex")

Tab. 4-4: Ermittlung der Einstellung "Echo ein/aus"

Kommen also die eingegebenen Zeichen auf dem Bildschirm richtig an, stimmt die Einstellung dieser Funktion; erscheinen dagegen alle Zeichen doppelt oder überhaupt nicht, muß sie geändert werden. Voraussetzung für die richtige Beurteilung korrekt dargestellter Zeichen bei eingeschaltetem Echo ist allerdings, daß (z.B. durch Abfrage der entsprechenden Meldeleitungen) von einem erfolgreichen Verbindungsaufbau ausgegangen werden kann.

Auto-Linefeed

Die Funktion Auto-Linefeed bewirkt, daß das Terminal-Programm nach jedem empfangenen und gesendeten ⟨CR⟩ automatisch noch ein ⟨LF⟩ einfügt. Das ist deswegen besonders sinnvoll, da bei der direkten Kommunikation über eine Datenleitung die Eingabe von ⟨CR⟩ auf der Tastatur wirklich nur die Positionierung des Cursors am Zeilenanfang bewirkt, nicht jedoch auch einen Zeilenvorschub. Die Folge davon ist, daß beim Weiterschreiben die letzte Zeile überschrieben wird und daraus ein schwer zu entziffernder Dialog resultiert.

Die Funktion Auto-Linefeed darf jeweils nur von einem der Teilnehmer angeschaltet sein, da sonst nach nach jedem ⟨CR⟩ zwei Linefeeds eingefügt werden. Auf dem Bildschirm wird dann zwischen jeder Zeile eine Leerzeile eingefügt, was sich ebenfalls störend auswirkt. Die richtige Bedienung dieser Funktion geht aus Tab. 4-5 hervor.

Fehlerart	Abhilfe
Nach Eingabe von ⟨CR⟩ geht der Cursor zum Zeilenanfang, ohne daß ein Zeilenvorschub erfolgt	Umschalten auf „Auto-Linefeed EIN“
Nach Eingabe von ⟨CR⟩ wird die Ausgabe zwei Zeilen tiefer fortgesetzt	Umschalten auf „Auto-Linefeed AUS“

Tab. 4-5: Ermittlung der Einstellung „Auto-Linefeed“

Setzt die Kommunikation nach Eingabe eines ⟨CR⟩ richtig in der nächsten Zeile fort, so ist die Funktion „Auto-Linefeed“ richtig eingestellt.

Verfügt ein Terminal-Programm nicht über die Funktion Auto-Linefeed, kann man sich dadurch behelfen, daß die Gegenstelle zum Einschalten dieser Funktion veranlaßt wird. Verfügt auch sie nicht über Auto-Linefeed, muß vor oder nach jedem ⟨CR⟩ manuell ein Linefeed (Control-J) gesendet werden. Benutzer von Datex-P20 können auch den PAD durch Setzen des Parameters 126 zum Auto-Linefeed veranlassen (siehe Kap. 5.2.1).

Drucker ein/aus

Die meisten Terminal-Programme verfügen über die Möglichkeit, die von der Gegenstelle empfangenen Zeichen nicht nur auf dem Bildschirm, sondern gleichzeitig auf einem Drucker darzustellen. Diese Funktion wird zuweilen auch als „Hardcopy" bezeichnet. Zusammen mit der Möglichkeit des Dateitransfers macht sie einen Computer zu einem „intelligenten" Terminal, das eine spätere Weiterverarbeitung der empfangenen Information gestattet. Das „Mitdrucken" der Kommunikation ist sinnvoll bei kleineren Dokumenten oder bei Datenbankabfragen.

Probleme beim Mitdrucken entstehen dort, wo der verwendete Drucker langsamer druckt als die Übertragungsgeschwindigkeit beträgt. Dies passiert z.B. bei einer Übertragungsgeschwindigkeit von 1.200 bit/s, wenn der angeschlossene Drucker weniger als 120 Zeichen pro Sekunde druckt. Da der Druckerpuffer immer nach einem ⟨CR⟩ geleert wird, sehen viele Hosts die Möglichkeit vor, nach jedem ⟨CR⟩ einige Leerzeichen (⟨NUL⟩, ASCII 0) zu senden, um dem Drucker genügend Zeit zum Druck einer Zeile geben. Besteht diese Möglichkeit nicht, kann es bei langsamen Druckern zum Pufferüberlauf kommen. Der dann entstehende Ausdruck ist unvollständig. Weiterhin kann es zu Problemen führen, wenn die einkommenden Zeichen nicht dem standard ASCII entsprechen. Andere Codes – die z.B. durch Übertragungsfehler entstehen – können zum Umschalten des Druckers auf spezielle Grafikzeichen o.ä. führen. Wird beim Drucken eine Zeile ständig überschrieben, muß die Datenstation oder die Gegenstelle ihre Auto-Linefeed-Funktion einschalten.

Aufgrund der genannten Fehlermöglichkeiten, der beschränkten Möglichkeiten der Weiterverarbeitung und nicht zuletzt aufgrund unvermeidlicher Papierverschwendung ist es in den meisten Situationen sinnvoller, Empfangsdaten anstelle der direkten Druckausgabe auf Diskette bzw. Festplatte mitzuspeichern (siehe unten). Nach Abschluß der Terminal-Sitzung kann die so empfangene Datei dann noch einmal durchgesehen und ggf. editiert werden (allein um Übertragungsfehler zu beseitigen), so daß am Ende nur noch wirklich gebrauchte Informationen im richtigen Format ausgedruckt werden.

Dateitransfer

Dateitransfer ist eine der wichtigsten Funktionen eines Terminal-Programms, da er einen Hauptnutzen der Datenfernkommunikation darstellt.

Ein Terminal-Programm ohne die Möglichkeit zum Dateitransfer ist daher nur von sehr begrenztem Nutzen. Der Transfer von Dateien eröffnet gleich mehrere Vorteile:

- Er erlaubt dem Benutzer eines Informations- und Kommunikationsdienstes, die empfangenen Informationen in maschinenlesbarer Form zu speichern und anschließend mit seiner Daten- oder Textverarbeitung weiterzuverarbeiten;
- Texte, Daten und ausführbare Computerprogramme, die ohnehin bereits auf Massenspeichern vorhanden sind, können direkt übertragen werden, ohne mühselige Tastatureingaben wiederholen zu müssen;
- Durch die Aufbereitung der zu sendenden Informationen als Datei kann die erforderliche (oft teure) Übertragungszeit verkürzt werden. Außerdem brauchen abgespeicherte Empfangsdaten nicht simultan mitgelesen zu werden, so daß eine höhere Übertragungsgeschwindigkeit gewählt werden kann.
- Dateien können vor der Übertragung komprimiert werden, wodurch eine weitere Verkürzung der Übertragungsdauer möglich wird (siehe Kap. 4.3.2). Die zusätzlich anzuwendenden Verfahren zur Chiffrierung gestatten eine höhere Datensicherheit.
- Durch die Verwendung entsprechender fehlerkorrigierender Übertragungsprotokolle kann eine fehlerfreie Übertragung von Dateien sichergestellt werden (siehe Kap. 4.2).

Je nach der Richtung des Dateitransfers haben sich aus dem Englischen folgende einprägsame Bezeichnungen durchgesetzt, die auf den Vorgang des Ladens in den oder aus dem lokalen Massenspeicher (Diskette, Festplatte, RAM) bezug nehmen:

Datei empfangen = Download
Datei senden = Upload

Die zu übertragenden Dateien können ohne Probleme übertragen werden, wenn sie im 7-Bit-Format sind und die in ihnen enthaltenen Informationen grafisch darstellbare (sichtbare) ASCII-Zeichen sind. Für andere Formate ist eine „codetransparente" Übertragung erforderlich, bei der die Bildschirmausgabe unterdrückt wird. Da einige Terminal-Programme bzw. Datennetze nicht über die Möglichkeit eines 8-Bit-Dateitransfers verfügen, gibt es verschiedene Wege, eine 8-Bit-Datei in eine 7-Bit-Datei umzuwandeln und umgekehrt. Diese Möglichkeiten setzen einige Zwischenschritte und Hilfsprogramme voraus, die in Kap. 4.3 erläutert werden.

Die mitgespeicherten Daten müssen beim Sender nicht bereits als abgeschlossene Datei existieren. In gleicher Weise kann auch die Interaktion mit einem Mailbox-Dienst oder der direkte Dialog mit einem anderen Benutzer mitgespeichert werden.

4.2 Übertragungsprotokolle für Dateitransfer

Übertragungsprotokolle für Dateitransfer haben die Aufgabe, die fehlerfreie Übertragung größerer Informationsmengen sicherzustellen. Die hierbei verwendeten Prozeduren sind unabhängig von der korrekten Schnittstellenbedienung und ggf. durchgeführten Netzprotokollen; sie befinden sich auf einer höheren, hardware-unabhängigen Ebene.

Insbesondere bei der Datenfernkommunikation über das Telefonnetz sind Störungen der Übertragungsleitung alltäglich. Kleinere Störungen entstehen durch Rauschen und Knacken, das als Datensignal interpretiert wird, oder einfach dadurch, daß Signale „verschluckt" werden. Solche Störungen führen dazu, daß einzelne Zeichen fehlerhaft oder gar nicht übertragen werden. Übertragungsfehler können jedoch im Einzelfall (z.B. bei ausführbaren Programmdateien) bewirken, daß die übertragene Datei wertlos ist oder sogar Schäden am Computer anrichtet. Übertragungsprotokolle für Dateitransfer dienen dazu, die Übertragung von Dateien gegen solche und andere Fehler zu sichern.

Das Prinzip der Fehlerkorrektur beim Dateitransfer beruht darauf, daß der empfangende und der sendende Computer die übermittelte Information mit komprimierten Redundanzinformationen vergleichen. Auf einer niedrigeren Ebene findet eine ähnliche Überprüfung beispielsweise bei der Paritätsprüfung statt. Ein exaktes und doch ganz einfaches Übertragungsprotokoll würde darin bestehen, daß der empfangende Computer jeweils ein Zeichen einer Datei empfängt und dieses daraufhin dem sendenden Computer zurückschickt. Dieser vergleicht es nun mit dem gesendeten Zeichen, und stimmen beide überein, wurde das Zeichen richtig übertragen. Stimmen sie nicht überein, wird das Zeichen erneut übertragen. Dieses als Echoplex bezeichnete Verfahren kommt praktisch immer bei der dialogischen Kommunikation zwischen Benutzer und Host zur Anwendung: ist das als Echo vom Host zurückerhaltene Zeichen mit dem gesendeten (oder bei Tippfehlern: mit dem intendierten) Zeichen nicht identisch, wird die letzte Eingabe rückgängig gemacht und wiederholt.

Was bei geringen Datenmengen im Dialogbetrieb praktikabel ist, eignet sich indessen nicht zur Übertragung von Dateien. Der Nachteil dieses sehr einfachen und praktisch hundertprozentig sicheren Übertragungsprotokolls besteht darin, daß es die Übertragungsdauer verdoppelt. Die im folgenden dargestellten Übertragungsprotokolle gewährleisten dagegen eine praktisch gleich große Fehlersicherheit, ohne die Übertragungsdauer ähnlich zu beeinträchtigen.

4.2.1 XON/XOFF-Protokoll

Das XON/XOFF-Protokoll ist ein Protokoll zur Vermeidung von Überlauf-Fehlern, die entstehen, wenn eine Datenstation temporär nicht zum Empfang bereit ist und die Gegenstelle dennoch weitere Daten sendet. Beim XON/XOFF-Protokoll teilt der Empfänger dem Sender durch ein Steuerzeichen (XOFF) mit, daß er vorübergehend nicht zum Empfang bereit ist. Der Sender hält die Übertragung daraufhin so lange an, bis der Empfänger seine Bereitschaft zum Empfang durch Senden eines weiteren Steuerzeichens (XON) mitteilt. Die Übertragung wird dann an der Stelle fortgesetzt, an der sie unterbrochen wurde.

Das XON/XOFF-Protokoll ist eine der einfachsten Formen der Steuerung eines Dateitransfers. Es beinhaltet keine Fehlerprüfung, sondern verhindert lediglich, daß Zeichen durch einen Pufferüberlauf verloren gehen. Das XON/XOFF-Protokoll dient dazu, der Gegenstelle mitzuteilen, wann eine Datenstation empfangsbereit ist und wann nicht. Die Datenstation ist beispielsweise nicht empfangsbereit, wenn der Empfangspuffer einen bestimmten Füllungsgrad überschritten hat oder wenn ein physikalischer Schreibvorgang auf einen Massenspeicher ausgeführt wird. Wenn die Gegenstelle in diesen Situationen weiterhin sendet, können Zeichen verloren gehen.

In einer Situation, in der die Datenstation nicht zum Empfang bereit ist und ein weiteres Senden im Verlust von Daten resultieren würde, sendet sie beim XON/XOFF-Protokoll das Steuerzeichen ⟨DC3⟩ zur Gegenstelle. Verfügt die dortige Datenstation ebenfalls über das XON/XOFF-Protokoll, hält sie nun den Datenstrom an, bis ein ⟨DC1⟩ empfangen wird. Bei Empfang des ⟨DC1⟩ wird der Sendevorgang dort fortgesetzt, wo er beim Empfang des ⟨DC3⟩ unterbrochen wurde. Das XON/XOFF-Protokoll kommt also mit zwei Steuerzeichen aus:

XON = ⟨DC3⟩ = Control-S = ASCII 19
XOFF = ⟨DC1⟩ = Control-Q = ASCII 17

Ist das XON/XOFF-Protokoll beim Terminal-Programm eingeschaltet, sollte das Terminal-Programm automatisch ein XOFF senden, wenn es nicht zum Empfang bereit ist. Gleichfalls sollte das Senden von Daten nach Empfang eines XOFF bis zum weiteren Empfang eines XON (bzw. bis zum Ablauf eines bestimmten Timeouts) unterbrochen werden.

Manuelles XON/XOFF

Über das automatisch vom Terminal-Programm abgewickelte XON/XOFF-Protokoll hinaus gibt es die Möglichkeit, manuell ein XOFF (Control-S) zu senden, um den empfangenen Datenstrom anzuhalten. In vielen Situationen ist dies sinnvoll, so etwa beim Anschauen eines Listings, das von einer Datenbank oder Mailbox produziert wurde. Eine besonders wichtige Stelle kann auf diese Weise inspiziert werden, bevor das Listing fortgesetzt wird. Auch kann auf diese Weise verhindert werden, daß nachfolgende Zeilen den noch nicht gelesenen Text über den Bildschirmrand hinausschieben. Der Benutzer muß dann wieder ein XON (Control-Q) senden, um das Listing fortzusetzen. Viele Hosts akzeptieren als XON nicht nur ein Control-Q, sondern setzen nach jedem beliebigen Zeichen die mit einem XOFF gestoppte Ausgabe fort.

Diese manuelle Variante des XON/XOFF-Protokolls ist häufig sinnvoller als die automatisch vom Terminal-Programm durchgeführte. Da heutige Terminal-Programme bzw. Datenzusatzeinrichtungen über einen interruptgesteuerten Empfangspuffer verfügen, in dem die einkommenden Zeichen zwischengespeichert werden, wird das automatische XON/XOFF-Protokoll nur noch in Ausnahmefällen verwendet.

XON/XOFF mit Datex-P20

Die für Datex-P20 anwählbaren PADs verfügen über die Möglichkeit, mit der Datenendstation ein XON/XOFF-Protokoll durchzuführen. Dieses Protokoll betrifft nur den Teil der Verbindung zwischen Datenendstation und PAD. Da der PAD aber die von der Gegenstelle empfangenen Daten zwischenspeichert, entsteht der Eindruck eines „durchgängigen" XON/

XOFF-Protokolls, von dem die Gegenstelle jedoch nicht betroffen ist. Zum Einschalten des XON/XOFF-Protokolls muß der Datex-P-Parameter 5 umgesetzt werden (siehe Kap. 5.2.1).

4.2.2 Xmodem und verwandte Protokolle

Das Xmodem-Protokoll ermöglicht die Übertragung von Dateien im 8-Bit-Format mit automatischer Fehlererkennung und -korrektur. Die Daten werden in Blöcken mit fester Länge übertragen, und nach jedem Block wird eine Fehlerprüfung durchgeführt. Beim Erkennen eines Fehlers wird der fehlerhafte Block erneut übertragen. Das Xmodem-Protokoll ermöglicht somit eine praktisch fehlerfreie Übertragung und ist heute eines der am weitesten verbreiteten Protokolle zur Kontrolle von Dateitransfers. Wegen seiner geringen Anzahl von Steuerinformationen zeichnet sich dieses Protokoll durch eine besonders hohe effektive Transfergeschwindigkeit aus.

Das Xmodem-Protokoll wurde 1977 von Ward Christensen für die Kommunikation zwischen Mikrocomputern entwickelt. Während das von Christensen erstellte Kommunikationsprogramm MODEM7, das das Xmodem-Protokoll verwirklichte, zunächst den Mitgliedern eines Chicagoer Computerclubs zum Programmtausch per Datenfernkommunikation diente, wurde das Xmodem-Protokoll aufgrund seiner Leistungsfähigkeit sehr rasch zu einem internationalen Standard, der heute praktisch von allen kommerziellen und nicht-kommerziellen Terminal-Programmen beherrscht wird.

Voraussetzung für einen Dateitransfer mit dem Xmodem-Protokoll ist eine Übertragung mit den Parametern 8 Bit, keine Parität, ein Stopbit. Die meisten Terminal-Programme schalten die Übertragungsparameter vor Beginn eines Dateitransfers mit Xmodem-Protokoll automatisch auf dieses Format um. Es können trotzdem auch Dateien im 7 Bit-Format mit Xmodem-Protokoll übertragen werden, was insbesondere zur Übertragung von Texten wichtig ist.

Aufbau eines Datenblocks beim Xmodem-Protokoll

Die Übertragung beim Xmodem-Protokoll erfolgt blockweise. Jeder Block besteht aus 128 Bytes mit Nutzdaten sowie zusätzlichen Steuerinformationen. Als Steuerinformationen werden verwendet:

1. ⟨SOH⟩ (Start of Heading) als Zeichen für den Blockanfang
2. Die Nummer des Blocks (beginnend bei eins)
3. Das „Einser-Komplement" der Blocknummer (alle Bits der Blocknummer werden invertiert; auch als 255 minus Blocknummer zu berechnen)
4. Die Quersumme der Nutzdaten.

Mit diesen Steuerinformationen werden die Nutzdaten umrahmt wie in Abb. 4-3 veranschaulicht.

⟨SOH⟩
Blocknummer
Einser-Komplement der Blocknummer

Sendedaten
:
:
: } 128 Byte Nutzdaten
:
:

Quersumme

Abb. 4-3: Aufbau eines Blocks beim Xmodem-Protokoll

Anhand der Quersumme kann der empfangende Computer feststellen, ob die Daten korrekt übertragen wurden oder nicht. Die Quersumme wird durch Aufaddieren der ASCII-Codes der gesendeten Nutzdaten errechnet. Wird die Quersumme größer als 255, so beginnt die Addition wieder bei Null, wodurch bewirkt wird, daß ein Byte zur Darstellung der Quersumme ausreicht.

Die Rückmeldung nach Überprüfung der Quersumme erfolgt durch ein Quittungssignal. Als Quittungssignale werden

⟨ACK⟩ = ASCII 6 = Acknowledge = Block intakt
⟨NAK⟩ = ASCII 21 = Negative Acknowledge = Block fehlerhaft

verwendet. Je nach dem, welches Quittungssignal zurückgesendet wird, schickt der sendende Computer den nächsten Block oder wiederholt den letzten Block.

Logischer und zeitlicher Ablauf beim Xmodem-Protokoll

Ein wichtiger Bestandteil eines Dateitransfers mit Xmodem-Protokoll ist ein exaktes Timing zwischen Sender und Empfänger. Gehen durch Übertragungsfehler Elemente des Datenblocks oder der Quittungssignale verloren, so muß der Empfänger bzw. der Sender zu einem bestimmten Zeitpunkt entscheiden, daß ein Übertragungsfehler vorliegt, um nicht in eine Endlosschleife zu geraten.

Aus dem gleichen Grund muß ein Dateitransfer mit Xmodem-Protokoll von Sender und Empfänger zur gleichen Zeit gestartet werden. Da die Gleichzeitigkeit manuell nie exakt hergestellt werden kann, beginnt der empfangende Computer den Transfer mit einem „Timeout“. Das bedeutet daß der empfangende Computer nach 10 Sekunden ein ⟨NAK⟩ sendet. Für den sendenden Computer ist das das Zeichen, um mit der Übertragung zu beginnen. Ein Dateitransfer mit dem Xmodem-Protokoll wird also stets vom Empfänger eingeleitet.

Nach dem ersten ⟨NAK⟩ beginnt der sendende Computer die Übertragung des ersten Blocks. Nach der Übertragung des Blocks samt Quersumme wartet der sendende Computer darauf, daß der empfangende Computer den fehlerfreien Empfang durch das Zeichen ⟨ACK⟩ bestätigt. Ist dies der Fall, sendet der sendende Computer den nächsten Block. Empfing der empfangende Computer den Block nicht fehlerfrei, sendet er ein ⟨NAK⟩ an den sendenden Computer, der daraufhin die Übertragung des letzten Blocks wiederholt. Sobald ⟨SOH⟩ als Zeichen für den Anfang eines Blocks empfangen wurde, wartet der empfangende Computer eine Sekunde auf jedes Zeichen. Sobald der empfangende Computer einen Fehler erkannt hat, sendet er ein ⟨NAK⟩ an den sendenden Computer. Daraufhin wiederholt dieser die Übertragung des letzten Blocks. Gewöhnlich wird nach zehn aufeinanderfolgenden Fehlern in einem Block die Übertragung abgebrochen. Gelangt der sendende Computer zum Dateiende, sendet er ein ⟨EOT⟩ (End of Transmission, ASCII 4). Sobald der empfangende Computer das ⟨EOT⟩ erkennt, sendet er wieder ein ⟨ACK⟩ an den Sender, und die Übertragung ist beendet.

Der Ablauf eines beispielhaften Xmodem-Transfers ist schematisch in Abb. 4-4 dargestellt.

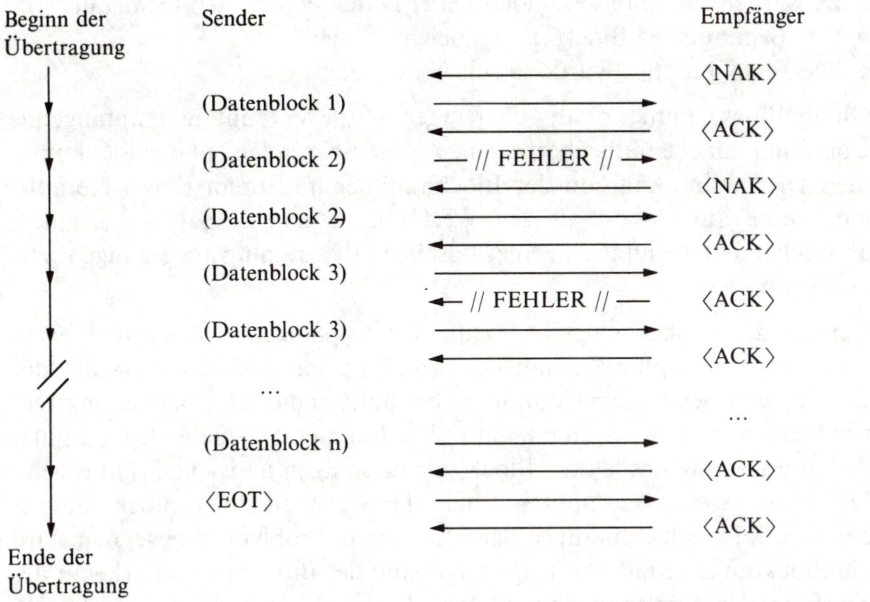

Abb. 4-4: Ablauf eines Dateitransfers mit Xmodem-Protokoll

Soll ein Xmodem-Transfer abgebrochen werden, kann dies durch wiederholtes Senden der negativen Bestätigung ⟨NAK⟩ (Control-U) geschehen. Bei manchen Implementierungen ist auch ein sofortiger Abbruch durch Senden des Steuerzeichens ⟨CAN⟩ (Control-X) möglich.

Fehlerprüfung und Fehlerbehandlung

Der empfangende Computer kontrolliert anhand der mitübertragenen Quersumme, ob die Übertragung erfolgreich war oder nicht. Hierzu berechnet seinerseits die Prüfsumme und vergleicht sie mit dem Original. Stimmen die beiden Prüfsummen überein, veranlaßt der empfangende Computer den sendenden Computer durch Übertragung eines ⟨ACK⟩ (Acknowledge) zum Senden des nächsten Blocks. Stimmen die beiden Prüfsummen nicht überein, veranlaßt der empfangende Computer den sendenden Computer durch ein ⟨NAK⟩ (Negative Acknowledge) zur Wiederholung des letzten Blocks.

Ebenfalls als Fehler interpretiert und behandelt der empfangende Computer folgende Situationen:

- Es werden für zehn Sekunden keine Daten empfangen (Timeout)
- Der Beginn eines Blocks ist ungleich ⟨SOH⟩
- Die Blocknummer wurde falsch übertragen.

Ob die Blocknummer richtig übertragen wurde, erkennt der empfangende Computer am ebenfalls übertragenen Einser-Komplement der Blocknummer. Die binäre Addition der Blocknummer mit ihrem Einser-Komplement muß auf jeden Fall den Wert Null ergeben, so daß bei einem abweichenden Resultat von einer falschen Übertragung ausgegangen werden kann.

Ein Sonderproblem entsteht, wenn der empfangende Computer einen Block richtig empfangen hat, den Empfang mit ⟨ACK⟩ bestätigt, das ⟨ACK⟩ vom sendenden Computer aber aufgrund eines Übertragungsfehlers nicht erkannt wird. In diesem Fall betrachtet der sendende Computer die Übertragung des letzten Blocks als mißlungen und sendet ihn erneut. Der empfangende Computer erhält dann erneut einen Block, den er bereits erfolgreich empfangen hat. Um diesem Problem zu begegnen, wird die Blocknummer mit übertragen. Anhand der Blocknummer erkennt der empfangende Computer, ob er den aktuellen Block bereits erfolgreich empfangen hat oder nicht. In ersterem Fall ignoriert der Empfänger den wiederholten Block und sendet einfach ein ⟨ACK⟩ zurück, woraufhin der Sender den nächsten Block übertragen sollte.

Wurde ein Block nicht fehlerfrei übertragen, erhält der sendende Computer als Quittungsmeldung ein ⟨NAK⟩. Eine weitere Fehlermöglichkeit besteht darin, daß der sendende Computer weder ein ⟨ACK⟩ noch ein ⟨NAK⟩ empfängt, weil das übertragene ⟨ACK⟩ oder ⟨NAK⟩ falsch übertragen wurde oder gar nicht gesendet wurde (z.B. weil die Verbindung zwischenzeitlich unterbrochen wurde. In diesem Fall wartet der sendende Computer zehn Sekunden und betrachtet dann die Übertragung des letzten Blocks als mißlungen, d.h. er wiederholt die Übertragung. Zur Vermeidung von Endlosschleifen läßt das Xmodem-Protokoll zehn aufeinanderfolgende Fehler in einem Block zu und bricht die Übertragung automatisch ab, wenn diese Zahl überschritten ist.

CRC-Option

Für viele Anwendungen gewährleistet das Xmodem-Protokoll in der oben beschriebenen Form eine ausreichende Fehlersicherheit. Wenn jedoch auf eine noch größere Fehlersicherheit Wert gelegt wird, kann von einer Variante des Xmodem-Protokolls gebrauch gemacht werden, die als

„CRC-Option" bezeichnet wird und über die viele Terminal-Programme bereits verfügen.

Die CRC-Option unterscheidet sich vom Xmodem-Protokoll in der oben beschriebenen Form hinsichtlich der mit jedem Block übertragenen Prüfsumme. In der Originalversion ist diese Prüfsumme in einem Byte gespeichert (kann also Werte zwischen Null und 255 annehmen). Diese Art der Prüfsummenberechnung kann bestimmte Fehlerarten nicht erkennen (insbesondere: Fehler in den höherwertigen Bits), so daß eine korrekt ermittelte Prüfsumme nicht immer eine fehlerfreie Übertragung garantiert. Bei einer Übertragung mit der CRC-Option wird anstelle der einfachen Prüfsumme eine „zyklische Redundanzprüfung" („cyclic redundancy check", abgekürzt CRC) durchgeführt, wie sie in der CCITT-Empfehlung V.41 beschrieben ist. Das Ergebnis der zyklischen Redundanzprüfung wird in zwei Bytes gespeichert und stellt eine sehr viel genauere Fehlerkontrolle dar als die nur ein Byte lange Quersumme.

Durch die unterschiedliche Länge des Prüffeldes sind das Quersummenverfahren und das CRC-Verfahren „inkompatibel". Implementierungen des Xmodem-Protokolls mit CRC-Option sind in der Regel dennoch in der Lage, auch die einfache Prüfsumme zugrunde zu legen, wenn die Gegenstelle nicht über die CRC-Option verfügt. Das Terminal-Programm beginnt die Übertragung mit der CRC-Option und schaltet nach mehreren fehlerhaften Transfers von Block 1 auf das Quersummen-Verfahren um:

- Anstelle des ⟨NAK⟩ zu Beginn einer Übertragung sendet der empfangende Computer zur Einleitung eines Xmodem-Dateitransfers mit der CRC-Option den Buchstaben „C" (ASCII 67).
- Verfügt auch der sendende Computer über die CRC-Option, benutzt er daraufhin nicht die Prüfsumme, sondern führt die zyklische Redundanzprüfung durch, und der Transfer beginnt.
- Verfügt der sendende Computer nicht über die CRC-Option, ignoriert er das „C". Der empfangende Computer sollte daraufhin noch ein weiteres „C" senden, und wenn dieses ebenfalls ignoriert wird, auf Prüfsummen-Modus umschalten.

Ymodem-Protokoll

Eine weitere Variante des Xmodem-Protokolls wird als Ymodem-Protokoll bezeichnet. Beim Ymodem-Protokoll wird die Blockgröße gegenüber dem Xmodem-Protokoll von 128 auf 1024 Byte Nutzdaten erhöht. Da hierdurch achtmal weniger Steuerinformationen und Quittungsmeldungen übertragen werden müssen, ist insbesondere bei Leitungen und Endgeräten mit relativ langen Antwortzeiten (z.B. von Großcomputern im Time-Sharing-Betrieb) ein bedeutender Geschwindigkeitsvorteil zu erreichen.

Zur Anforderung des Ymodem-Protokolls verwendet der Sender zur Kennzeichnung des Blockanfangs nicht das Steuerzeichen ⟨SOH⟩, sondern das Zeichen ⟨STX⟩ (Start of Text). Verfügt der Empfänger ebenfalls über das Ymodem-Protokoll, wartet er mit der Quittung (⟨ACK⟩ oder ⟨NAK⟩) nun erst 1024 Bytes ab. Ansonsten ist der Verlauf so wie beim Xmodem-Protokoll.

Gelangt der Sender zum Dateiende und bleiben nur noch weniger als 1024 Byte Sendedaten übrig, schaltet er automatisch auf Xmodem-Protokoll um. Der Empfänger erkennt dies daran, daß den Blöcken nun wieder ein ⟨SOH⟩ vorangestellt ist. Das Ymodem-Protokoll kann ebenfalls mit CRC-Option betrieben werden.

Probleme bei der Verwendung des Ymodem-Protokolls entstehen bei stark gestörten Leitungen, da hier die Wahrscheinlichkeit eines fehlerhaften Blocks gegenüber dem Xmodem-Protokoll um den Faktor Acht erhöht wird. Da der zu wiederholende Block achtmal so lang ist und seine Übertragung dementsprechend länger dauert, kann das Ymodem-Protkoll in dieser Situation sehr viel länger dauern als das gewöhnliche Xmodem-Protokoll. Die Verwendung des Ymodem-Protokolls bringt daher nur bei Übertragungsgeschwindigkeiten ab 1.200 bit/s auf vergleichsweise ungestörten Leitungen Vorteile.

WXmodem (Windowed Xmodem)

Ebenfalls zur Erhöhung der Übertragungsgeschwindigkeit wurde eine weitere Variante des Xmodem-Protokolls mit der Bezeichnung „Windowed Xmodem", abgekürzt „WXmodem" entwickelt. Diese Variante geht von der Tatsache aus, daß das Xmodem-Protokoll in seiner ursprünglichen Form nur ein Halbduplex-Protokoll ist, da Sender und Empfänger immer nur abwechselnd, nie aber zur gleichen Zeit senden. Wie beim Halbduplex-Betrieb entstehen dadurch Verzögerungen beim „Turnaround" der Senderichtung. Das Windowed Xmodem-Protokoll versucht dagegen, eine Duplex-Implementierung des Xmodem-Protokolls zu realisieren.

Zu diesem Zweck wird mit wenigstens zwei Empfangspuffern gearbeitet, die das jeweils aktive „Window" definieren. Nachdem ein Empfangspuffer durch einen Datenblock gefüllt ist, kann der Sender sofort den nächsten Datenblock senden, ohne auf die Quittungsmeldung zu warten. Der empfangende Computer führt die Fehlerprüfung erst in der Zwischenzeit durch und kann dem sendenden Computer die entsprechende Quittungsmeldung senden, während bereits der nächste Block übertragen wird. Wurde der vorige Block fehlerhaft übertragen, brauchen nun nicht alle konsekutiven Blocks neu übertragen werden, da sich korrekt übertragene Datenblöcke noch im Empfangspuffer des Empfängers befinden.

Eingeleitet wird das WXmodem-Protokoll dadurch, daß der Empfänger zu Beginn des Transfers anstelle des ⟨NAK⟩ (bzw. „C“ bei CRC-Option) ein „W“ sendet. Leider ist diese leistungsfähige Variante des Xmodem-Protokolls, die bei einer Übertragungsgeschwindigkeit von 1.200 bit/s eine durchschnittliche Reduzierung der Übertragungsdauer von etwa 50% ermöglicht, in Europa noch nicht verbreitet.

4.2.3 Kermit-Protokoll

Das Kermit-Protokoll ist ein Protokoll für Dateitransfer mit automatischer Fehlerkorrektur. Es ist insbesondere aufgrund seiner Eignung für unterschiedlichste Gerätetypen, speziell für die Kommunikation zwischen Mikrocomputern und Großrechnern von Bedeutung. Implementierungen des Kermit-Protokolls sind kostenlos für praktisch jeden Rechnertyp erhältlich. Als weitere Besonderheit ermöglicht das Kermit-Protokoll die Übertragung von binären Dateien über 7-Bit-Leitungen (wie z.B. Datex-P).

1981 wurde von Frank da Cruz und Bill Catchings an der New Yorker Columbia University eine Arbeitsgruppe mit dem Ziel gegründet, ein Protokoll zum Dateitransfer speziell für die Kommunikation zwischen Microcomputern und Großrechnern zu entwickeln. Außerdem sollte dieses Protokoll keine besonderen Voraussetzungen an das verwendete Datennetz stellen, also z.B. auch einen Dateitransfer über eine 7-Bit-Leitung ermöglichen. Das aus dieser Arbeit resultierende Kermit-Protokoll (benannt nach dem Frosch aus der Fernsehserie „The Muppet Show“) verwirklicht diese Leistungsmerkmale und stellt heute neben dem Xmodem-Protokoll das verbreitetste Protokoll für Dateitransfer überhaupt dar. Hierzu hat nicht zuletzt der Umstand beigetragen, daß Implementierungen des Kermit-Protokolls für praktisch alle auf dem Markt befindlichen Rechnertypen vom einfachen Home-Computer bis zum Supercomputer kostenlos erhältlich sind. Die Columbia University und für den europäischen Bereich die Lancaster University (England) haben sich zu „Sammelstellen" entwickelt, über die Kermit-Implementierungen in allen gängigen Programmiersprachen erhältlich sind.

Ähnlich wie das Xmodem-Protokoll stellt auch das Kermit-Protokoll ein Verfahren zur automatischen Fehlerkorrektur zur Verfügung, das auf einer blockweisen Übertragung mit zusätzlichen Redundanzinformationen beruht. Eine besondere Bedeutung kommt dem Kermit-Protokoll als 7-Bit-Protokoll zu. Während das Xmodem-Protokoll auf 7-Bit-Leitungen wie Datex-P prinzipiell nicht benutzt werden kann (Ausnahmen siehe Kapitel 5.2.1), kann auf diesen Leitungen mittels Kermit ein protokollgesteuerter Dateitransfer selbst für binäre Dateien durchgeführt werden.

Textdateien und binäre Dateien

Kermit trifft eine explizite Unterscheidung zwischen Textdateien und binären Dateien. Als Textdateien gelten alle Dateien, die ausschließlich den standard ASCII-Zeichensatz mit einer Bytelänge von 7 Bit verwenden (so daß Dateien mit dem erweiterten Zeichensatz des IBM PC hierunter nicht fallen). Grundsätzlich verwendet das Kermit-Protokoll nur ein einziges Steuerzeichen zur Anzeige des Paketbeginns (gewöhnlich ⟨SOH⟩) und sonst nur darstellbare ASCII-Zeichen mit Codes zwischen 32 und 126, so daß praktisch alle Typen von Datenleitungen verwendet werden können. Steuerzeichen werden in ein darstellbares Äquivalent umgewandelt (z.B. „U" anstelle von Control-U) und durch ein spezielles Präfix kenntlich gemacht. Als Präfix wird gewöhnlich das Zeichen „#" verwendet, so daß die Zeichenfolge ⟨CR⟩⟨LF⟩ in die vier Zeichen „#M#J" umgewandelt wird. Der Empfänger nimmt dann wieder eine Umwandlung in die entsprechenden Steuerzeichen vor, bevor die empfangene Datei gespeichert wird.

Zeichen mit Codes oberhalb 127, also mit gesetztem Bit 7, müssen ebenfalls durch ein Präfix kenntlich gemacht werden. Bei der gewöhnlichen Übertragung, bei der eine Bytelänge von 8 Datenbits verwendet werden kann, folgt das Zeichen „wörtlich" auf das Präfix, also mit gesetztem Bit 7. In diesem Fall ist das Präfix lediglich für die Berechnung der Prüfsumme von Bedeutung, da Kermit normalerweise nur die ersten sieben Bits in die Prüfsumme mit einbezieht. Stehen nur 7 Datenbits zur Verfügung, dann verwendet Kermit einen weiteren Präfix (gewöhnlich „&") zur Anzeige, daß das nächste, dem Präfix folgende Zeichen einen Wert größer 127 mit rückgesetztem Bit 7 repräsentiert und vom Empfänger dadurch umgewandelt werden muß, daß Bit 7 wieder auf logisch „1" gesetzt wird. Sender und Empfänger können dies durch einfache Bit-Masken erreichen, deren Verwendung in Kapitel 4.3.1 beschrieben wird.

Paketaufbau

Alle Informationen, die beim Kermit-Protokoll übertragen werden, also auch die Quittungsmeldungen, werden als „Pakete" verschickt. Diese Pakete haben einen Aufbau wie in Abb. 4-5 veranschaulicht.

MARK	Beginn des Pakets, gewöhnlich ⟨SOH⟩
LÄNGE	Paketlänge minus 2
SEQUENZ	Sequenznummer des Pakets
PAKETTYP	Pakettyp
DATEN	Daten
PRÜFFELD	Blockprüfzeichen

Abb. 4-5: Aufbau eines Datenpakets beim Kermit-Protokoll

Der Paketvorspann beginnt mit dem frei definierbaren Zeichen MARK, für das als Voreinstellung der Wert ⟨SOH⟩ verwendet wird. Da Pakete eine variable Länge haben können, folgt nun ein Feld, das die Paketlänge angibt. Weil die Paketlänge in ein darstellbares ASCII-Zeichen umgewandelt wird, kann sie nur einen Wert zwischen Null und 94 einnehmen. Da dieser Wert die Anzahl der Zeichen angibt, die nach diesem Feld folgen, beträgt die maximale Gesamtlänge eines Pakets 96 Zeichen (94 + MARK + LÄNGE). Jedes Paket hat eine Sequenznummer, die bei Null für das erste Paket einer Transaktion beginnt und während der Transaktion fortlaufend hochgezählt wird. Die Sequenznummer liegt im Bereich zwischen Null und 63, so daß nach Erreichen der Sequenznummer 63 die Zählung wieder bei Null beginnt. Quittungspakete tragen dieselbe Sequenznummer wie das Paket, auf das sie sich beziehen. Das Feld zur

Angabe des Pakettyps enthält einen Buchstaben, der den Typ des Pakets (siehe unten) in codierter Form angibt (z.B. „D“ für Datenpaket, „Y“ für positives Bestätigungspaket). Bei dem nun folgenden Datenfeld handelt es sich um ein Feld variabler Länge, dessen Länge sich aus dem Längenfeld berechnen läßt. Der Inhalt des Datenfeldes wird je nach vorliegendem Pakettyp interpretiert. Das abschließende Prüffeld enthält eine einfache Quersumme, die über Paketlänge, Sequenznummer, Pakettyp und Daten berechnet wird.

Pakettypen

Das Kermit-Protokoll unterscheidet – anders als das Xmodem-Protokoll – mehrere Pakettypen. Der Pakettyp wird zu Beginn des Pakets im dafür vorgesehenen Feld durch eine entsprechende Codierung kenntlich gemacht.

Das Initialisierungspaket wird vom Sender zu Beginn einer Transaktion gesendet. In seinem Datenfeld enthält das Initialisierungspaket Informationen über die Konfiguration des Senders und seine spezifischen „Fähigkeiten“ im Zusammenhang mit dem Kermit-Protokoll. Diese Angaben umfassen in festgelegter Reihenfolge die maximale Paketlänge, die Länge der Timeouts in Sekunden, die verwendeten Präfixe für Steuerzeichen und Zeichen mit gesetztem Bit 7 und andere mehr. Das darauf vom Empfänger gesendete Bestätigungspaket enthält im Datenfeld die entsprechende Konfiguration des Empängers. Von beiden Konfigurationen werden in der folgenden Transaktion die jeweils „einfacheren“ Fähigkeiten verwendet.

Das Dateibeginn-Paket enthält den Namen der zu übertragenden Datei. Datenpakete enthalten in ihrem Datenfeld den Inhalt der zu sendenden Datei. Da die maximale Länge eines Pakets 96 Zeichen beträgt, müssen Dateien gewöhnlich in zahlreiche Datenpakete aufgeteilt werden.

Bestätigungspakete dienen dazu, den fehlerfreien Empfang jedes Pakets innerhalb einer Transaktion zu bestätigen. Ein Bestätigungspaket kann auch ein Datenfeld enthalten, um z.B. nach einem Initialisierungspaket die Konfiguration des Empfängers zu übermitteln. Negative Bestätigungspakete teilen dem Sender mit, daß das letzte Paket fehlerhaft empfangen wurde und erneut übertragen werden muß. Sie haben stets ein leeres Datenfeld. Im Unterschied zu negativen Bestätigungspaketen signalisiert ein Fehlerpaket das Auftreten eines „fatalen“ Fehlers wie z.B. einen vollen Massenspeicher, worauf hin die Transaktion abgebrochen wird. Die Fehlerart ist im Datenfeld des Fehlerpakets codiert.

Nach der Übertragung einer Datei sendet der Sender ein Dateiende-Paket. Wenn keine weiteren Dateien mehr folgen, wird schließlich ein weiteres Paket gesendet, das das Ende der Transaktion anzeigt.

Ablauf einer Transaktion

Das Kermit-Protokoll arbeitet in „Transaktionen". Innerhalb einer Transaktion werden eine oder mehrere Dateien versendet. Außerhalb einer Transaktion können andere Daten wie z.B. Nachrichten im Dialog zwischen Terminal und Host übertragen werden. Eine Transaktion wird vom Sender eingeleitet und ebenfalls vom Sender wieder beendet. Zu Beginn einer Transaktion werden die zu verwendenden Parameter vereinbart, so daß für jede Transaktion neue Parameter gewählt werden können. Jede Transaktion beginnt mit der Sequenznummer Null. Innerhalb einer Transaktion werden die Sequenznummern kontinuierlich bis 63 hochgezählt und beginnen dann wieder bei Null.

Grundsätzlich wird jedes Paket innerhalb einer Transaktion vom Empfänger (positiv oder negativ) quittiert. Die Fehlerbehandlung (negative Quittungsmeldung oder Zeitüberlauf) erfolgt ähnlich wie beim Xmodem-Protokoll: fehlerhafte Pakete werden erneut übertragen. Nach einer Zahl von gewöhnlich fünf erfolglosen Übertragungsversuchen wird der Dateitransfer, nicht aber die gesamte Transaktion abgebrochen. Sollen noch weitere Dateien übertragen werden, so setzt die Transaktion nun bei der nächsten zu übertragenden Datei fort.

Zur Einleitung einer Transaktion sendet der Sender ein Initialisierungspaket. Wird dieses Paket vom Empfänger bestätigt, sendet der Sender ein

---

(1) INITIALISIERUNG
    Wiederholgruppe:
    (2) DATEIBEGINN
        Wiederholgruppe:
        (3) DATEN
            Weitere Daten: gehe nach (3)
            Keine weiteren Daten: gehe nach (4)
    (4) DATEIENDE
        Weitere Dateien: gehe nach (2)
        Keine weiteren Dateien: gehe nach (5)
(5) ENDE DER TRANSAKTION

Abb. 4-6: Ablauf einer Transaktion mit dem Kermit-Protokoll

Dateibeginn-Paket, das den Namen der zu sendenden Datei enthält. Anschließend folgt der Inhalt der Datei in einzelnen Datenpaketen. Ist die gesamte Datei übertragen, zeigt der Sender dies durch ein Dateiende-Paket an. Die Transaktion wird nun durch ein Transaktionsende-Paket abgeschlossen oder es wird eine weitere Datei übertragen. Der Ablauf einer Transaktion ist schematisch in Abb. 4-6 dargestellt.

Erweiterungen des Kermit-Protokolls

Wie das Xmodem-Protokoll kennt auch das Kermit-Protokoll einige Erweiterungen, die insbesondere zur Erhöhung der effektiven Transfergeschwindigkeit dienen. Beim Kermit-Protokoll sind diese Erweiterungen besonders wünschenswert, da durch die Verwendung relativ kleiner Pakete, durch die Beschränkung auf darstellbare ASCII-Zeichen und durch die Benutzung von Paketen für Quittungsmeldungen anstelle einzelner Zeichen die effektive Transfergeschwindigkeit unzumutbar niedrig werden kann. Ein Durchsatz von weniger als 50% der Übertragungsgeschwindigkeit ist keine Seltenheit. Die zur Leistungssteigerung verfügbaren Erweiterungen sind

- Verwendung längerer Pakete
- automatische Datenkompression
- Verwendung von „Sliding Windows“.

Ein besonderer Vorteil bei allen diesen Erweiterungen besteht in der „Aufwärtskompatibilität“ zu einfacheren Versionen des Kermit-Protokolls. Zu Beginn einer Transaktion stellen Sender und Empfänger durch die Daten des Initialisierungs-Pakets fest, welche der erweiterten Möglichkeiten von beiden Stationen beherrscht werden. In der folgenden Transaktion werden dann nur Erweiterungen verwendet, die sowohl der Sender als auch der Empfänger beherrscht. Ist eine bestimmte Erweiterung beim Sender, nicht aber beim Empfänger (oder umgekehrt) implementiert, wird sie nicht benutzt. Inkompatibilitäten, wie sie zwischen den verschiedenen Erweiterungen des Xmodem-Protokolls bestehen (so führt z.B. der Versuch, eine Datei mit Ymodem-Protokoll zu einer Gegenstelle zu senden, die nur über das „reine“ Xmodem-Protokoll verfügt, zum Scheitern der Übertragung), werden dadurch vermieden.

Die Paketlänge läßt sich bei der Verwendung der Option „lange Pakete“ bis auf 9024 Byte erweitern. Zur Codierung der Paketlänge wird ein erweiterter Steuersatz zu Beginn des Pakets verwendet, in dem die Paketlänge in mehrere Bytes aufgeteilt dargestellt wird. Der erweiterte Steuersatz wird durch ein eigenes Prüffeld mit dem Quersummen-Verfahren gesichert. Wie bei den 1 KB-Paketen des Ymodem-Protokolls ist die Verwendung dieser Option nur sinnvoll, wenn die benutzte Datenleitung relativ störungsfrei und die für Quittungsmeldungen erforderliche Turnaround-Zeit relativ groß ist. Dies gilt proportional zur Paketlänge, so daß aus praktischen Gesichtspunkten gewöhnlich Pakete von maximal 1 KB Länge verwendet werden. Größere Paketlängen bewirken nur noch einen Geschwindigkeitsvorteil von weniger als ein Prozent, wogegen die durch Übertragungsfehler erzwungene Wiederholung eines Pakets unangemessen lange dauert.

Die automatische Datenkompression beim Kermit-Protokoll beruht auf der Zusammenfassung von wiederholten Zeichen. Statt der Zeichenfolge „AAAAAAAAAA“ wird also beispielsweise – in entsprechend codierter Form – die sehr viel kürzere Steuerinformation „10 x A“ übertragen und beim Empfänger wieder in die ursprünglichen zehn Zeichen umgesetzt. Die Codierung erfolgt ähnlich wie bei den Steuerzeichen und 8-Bit-Zeichen. Durch ein spezielles Präfix wird kenntlich gemacht, daß das nächstfolgende Zeichen eine Wiederholrate und das darauf folgende Zeichen der zu wiederholende Wert ist. Besonders effektiv vermag diese Form der Dateikompression mit formatierten Textdateien zu arbeiten, für die Kermit ursprünglich gedacht war, da hier in der Regel viele Wiederholungen (z.B. führende Leerzeichen zu Beginn jeder Zeile) vorkommen.

Die Option zur Verwendung von „Sliding Windows“ arbeitet ähnlich wie die bereits geschilderte Variante des Xmodem-Protokolls WXmodem (Windowed Xmodem), ist jedoch leistungsfähiger, da das „Fenster“ bei Kermit nicht nur aus zwei, sondern aus bis zu 31 (gewöhnlich: acht) Datenpaketen bestehen kann. Da Kermit durch die Verwendung von Sequenznummern kenntlich machen kann, auf welches Datenpaket sich ein Bestätigungspaket bezieht, ergibt sich außerdem eine effizientere Fehlerbehandlung. Kermit sendet bei Verwendung dieser Option praktisch kontinuierlich Daten, ohne auf die zugehörigen Quittungsmeldungen zu warten. Trifft für ein bestimmtes Paket eine negative Quittungsmeldung ein, so wird dieses Paket wiederholt. Durch Verwendung dieser Option läßt sich eine bedeutende Leistungssteigerung erzielen, jedoch wird die korrekte Bedienung von Duplex-Leitungen vorausgesetzt (der Sender muß jederzeit in der Lage sein, Quittungsmeldungen zu akzeptieren und kann die Empfangsleitung während des Sendens eines Pakets nicht „abschalten“). Die Option zur Verwendung von „Sliding Windows“ ist relativ neu und noch nicht sehr weit verbreitet. Die größten Leistungsverbesserungen sind dort zu erwarten, wo die Turnaround-Zeiten relativ hoch sind (z.B. bei der Kommunikation mit Hosts, die im Time-Sharing-Betrieb arbeiten).

4.3 Umformatierung von Dateien

In vielen Fällen kann oder soll eine Datei nicht in dem Format übertragen werden, in dem sie im Computer gespeichert ist. Die wichtigsten Gründe hierfür sind

- Restriktionen der Code-Transparenz
- Verkürzung der Übertragungsdauer
- Erhöhung der Datensicherheit.

Restriktionen der Code-Transparenz liegen am häufigsten dort vor, wo ein Datennetz oder eine Datenstation nur einen 7-Bit-Code unterstützt, die zu übertragenden Dateien jedoch 8-Bit-Format haben. Vor der Übertragung müssen solche Dateien durch geeignete Hilfsprogramme in ein 7-Bit-Format umcodiert werden.

Zur Verkürzung der Übertragungsdauer können Dateien in ein dichteres Packungsformat konvertiert werden, das die in der Datei enthaltene Information auf weniger Raum speichert. Da hieraus eine kürzere Datei resultiert, kann diese nun auch schneller übertragen werden als das Original. Zur Dateikompression stehen mehrere Verfahren zur Verfügung, mit denen Kompressionsraten und entsprechende Verkürzungen der Übertragungsdauer von bis zu 80% erreicht werden können.

Zur Erhöhung der Datensicherheit von vertraulichen oder personenbezogenen Daten, die über öffentlich zugängliche Kommunikationsdienste übertragen werden, dienen diverse Chiffriertechniken. Durch entsprechende Hilfsprogramme kann eine chiffrierte Kopie einer Datei erzeugt werden, die dann (unter Benutzung des gleichen Chiffrieralgorithmus' und Paßworts) erst wieder dechiffriert werden muß, um lesbar zu sein. Die heute bereits auf gewöhnlichen Personal Computern verfügbaren Chiffriertechniken aus dem militärischen Sicherheitsbereich bieten, richtig angewandt, einen hinreichenden Schutz gegen unbefugtes Ausspähen von sicherheitsempfindlichen Daten.

4.3.1 Umformatierung der Bytelänge

In der Mehrzahl der Fälle wird heute zur Datenübertragung eine Bytelänge von acht Bit verwendet. In manchen Situationen können jedoch nur sieben Bit pro Zeichen genutzt werden. So z.B., wenn eine Datenstation lediglich den standard ASCII-Code verwendet oder wenn das benutzte Datennetz – wie z.B. Datex-P – eine Übertragung mit acht Bit pro Zeichen nicht zuläßt. Durch entsprechende Konvertierungsprozeduren können Dateien im 8-Bit-Format in ein reines 7-Bit-Format umgewandelt werden. Spezielle Konvertierungsverfahren für ausführbare Computerprogramme ermöglichen dem Empfänger die Rückübersetzung in das ursprüngliche 8-Bit-Format.

Code-Transparenz

In allen Fällen, in denen eine Übertragungsstrecke Anforderungen an die zu übertragenden Nutzdaten macht – d.h. nicht alle Bit-Kombinationen zur Übertragung zuläßt –, spricht man von einer „code-gebundenen" Übertragung, da die Übertragung die Verwendung eines bestimmten Codes (in der Regel standard ASCII) vorschreibt. Von einer „code-transparenten" Übertragung ist hingegen die Rede, wenn beliebige Bitfolgen unabhängig von einem bestimmten Code übertragen werden können. Die meisten Datenstationen und Datennetze unterstützen heute eine code-transparente Übertragung, doch bestätigt die Ausnahme die Regel: immer wieder passiert es, daß aufgrund spezieller Erfordernisse eines Hosts oder eines Datennetzes nur der standard ASCII-Code verwendet werden kann. Da viele Dateien (auch Textdateien) sich jedoch nicht an diesen Code halten, muß vor der Übertragung eine Umformatierung vorgenommen werden.

Textdateien

Textdateien sollten mit dem standard ASCII-Code auskommen und somit ohne Probleme per Datenfernkommunikation zu übertragen sein. Dies ist jedoch eher die Ausnahme als die Regel. So verwenden die meisten Text-Editoren Bit 7 jedes Zeichens, um spezielle Formatierungsinformationen zu speichern. Die mit diesen Editoren erzeugten Dateien haben somit durchgängig ein 8-Bit-Format und erfordern eine code-transparente Übertragung oder die Konvertierung in ein 7-Bit-Format.

Ob eine Textdatei über eine code-gebundene Übertragungsstrecke transferiert werden kann, läßt sich durch einen einfachen Test feststellen. Der Inhalt der Datei braucht nur mit einem gewöhnlichen LIST-Kommando (z.B. TYPE bei MS-DOS-Systemen) auf dem Bildschirm ausgegeben zu werden. Erscheinen dann viele Sonderzeichen, muß die Datei vor der Übertragung umformatiert werden. Wird der Inhalt der Datei korrekt und ohne zusätzliche Sonderzeichen angezeigt, bedeutet dies allerdings immer noch nicht, daß sie – zumindest beim erweiterten ASCII – ohne weiteres übertragen werden kann. Bei Verwendung des erweiterten ASCII ist eine codetransparente Übertragung oder eine Konvertierung erforderlich, wenn die Datei nationale Sonderzeichen enthält, da diese mit Werten oberhalb von 127 codiert sind und daher ein 8-Bit-Format aufweisen. Wird auf Umlaute verzichtet oder werden die Umlaute vor der Übertragung in standard ASCII-Format umgewandelt, können auch mit dem erweiterten ASCII erstellte Textdateien problemlos übertragen werden. Der Empfänger muß – sofern er ebenfalls das erweiterte ASCII verwendet – eventuell eine Rückformatierung durchführen, bevor er die Datei verwenden kann.

Zur Umwandlung von Textdateien in 7-Bit-Format kann ein einfaches Hilfsprogramm verwendet werden, das bei allen Zeichen Bit 7 auf logisch „0" setzt. Ein solcher Filter basiert darauf, daß zum jeweiligen ASCII-Code der Wert 127 binär hinzuaddiert wird. Da sich der Wert 127 im Binär-Code als 01111111 darstellt, bewirkt dies, daß die Inhalte der Bits 0 bis 6 unverändert bleiben, während Bit 7 auf „0" gesetzt wird. Abb. 4-7 veranschaulicht dieses Prinzip anhand des ASCII-Codes 183, der bei Rücksetzung von Bit 7 in den Wert 55 überführt wird.

	dezimal	binär							
	183	1	0	1	1	0	1	1	1
	127	0	1	1	1	1	1	1	1
binäres UND	——								
	55	0	0	1	1	0	1	1	1

Abb. 4-7: Filterung von Bit 7 durch binäre Addition

Auf diese Weise kann nicht nur sichergestellt werden, daß die Ausgabe eines Terminal-Programms auf jeden Fall 7-Bit-Codes liefert. Mit diesem Verfahren kann auch eine mit einem Text-Editor erstellte Datei zur 7-Bit-Übertragung vorbereitet werden.

Das Betriebssystem CP/M enthält in seinem Hilfsprogramm PIP (Peripheral Interchange Program) bereits eine spezielle Zusatzoption zur Durchführung dieser Umformatierung. Eine Datei wird mit PIP durch Aufruf mit der Option „Z“ in 7-Bit-Format umgewandelt. Hat die zu konvertierende Datei z.B. den Namen „TEST.TXT“, dann kann mit dem folgenden Kommando eine Datei namens „TEST.CON“ erzeugt werden, die den Inhalt von „TEST.TXT“ im 7-Bit-Format enthält:

PIP TEST.CON = TEST.TXT [Z]

Für andere Betriebssysteme gibt es leider keine ähnlich einfache Möglichkeit, Bit 7 zurückzusetzen. Für die erforderliche Konvertierungsprozedur läßt sich jedoch mit wenigen Zeilen ein kleines Hilfsprogramm schreiben, das im Anhang als Programmierbeispiel enthalten ist. Vor der Umwandlung einer Textdatei ist jedoch darauf zu achten, daß die Umlaute zunächst in standard ASCII-Format umcodiert werden müssen.

Die auf diese Weise vorgenommene Konvertierung einer Datei ist eine Art Einbahnstraße. Nach der Konvertierung kann das ursprüngliche 8-Bit-Format nicht wiederhergestellt werden. Wenn keine Weiterverarbeitung der betreffenden Datei beabsichtigt ist, ist dies ohne Bedeutung. Soll die Datei dagegen vom Empfänger mit einem Text-Editor weiterverarbeitet werden, müssen die entsprechenden Formatierungsinformationen erhalten bleiben, was nur bei einer code-transparenten Übertragung mit einer Bytelänge von acht Bit oder bei der Verwendung des Kermit-Protokolls mit der entsprechenden Zusatzoption (siehe Kap. 4.2.3) möglich ist.

Programmdateien

Sollen binär codierte Programmdateien übertragen werden, kann das oben für Textdateien beschriebene Verfahren nicht angewendet werden, da es die einzelnen Prozessorinstruktionen verfälschen würde. Steht zur Übertragung von binären Programmdateien keine code-transparente Übertragung zur Verfügung, hat eine Umwandlung in ein 7-Bit-Format nur dann Sinn, wenn das ursprüngliche Format nach der Übertragung wiederhergestellt werden kann. Für diese Zwecke wurde ein spezielles standardisiertes 7-Bit-Format entwickelt, das die anschließende Wiederherstellung des 8-Bit-Formats beim Empfänger gestattet. Das hierzu benutzte Format wird auch als Intel-Hex-Format bezeichnet.

Das Grundprinzip des Intel-Hex-Formats beruht darauf, daß ein Byte nicht binär durch seine einzelnen Bits repräsentiert wird, sondern durch seinen hexadezimalen Wert (siehe Kap. 2.1.2), der als Zeichenfolge mit zwei gewöhnlichen, mit einer Bytelänge von sieben Bit darstellbaren ASCII-Zeichen codiert wird. So hat das oben abgebildete Byte mit dem dezimalen Wert 183 in hexadezimaler Notation den Wert B7H. Die Übertragung kann nun durch Senden der standard ASCII-Codes für „B" und „7" erfolgen:

1 0 1 1 0 1 1 1 (B7H = 183)

wird übertragen als:

1 0 0 0 0 1 0 („B") 0 1 1 0 1 1 1 („7")

Das hat zur Folge, daß ein wesentlich längerer Code resultiert, doch stellt dieses Verfahren oft die einzige Möglichkeit dar, einen Dateitransfer von Programmdateien über code-gebundene Übertragungsstrecken durchzuführen. Zusätzlich spezifiziert das Intel-Hex-Format noch bestimmte Regeln zur Fehlererkennung.

Zur Umwandlung von Dateien in Intel-Hex-Format und umgekehrt werden Zusatzprogramme benötigt, die über viele Mailbox-Dienste kostenlos erhältlich sind. Diese Programme haben meist die Namen „LOAD" (zur Umwandlung einer Intel-Hex-Datei in eine 8-Bit-Datei) und „UNLOAD" (zur Erzeugung einer Intel-Hex-Datei). Vor der Übertragung wandelt der Sender die zu übertragende Datei in Intel-Hex-Format um, indem er das Programm UNLOAD aufruft. Dieses Programm fertigt eine Kopie des ursprünglichen Programms an, die mit der Erweiterung „.HEX" versehen wird. Der Sender überträgt nun die konvertierte Datei. Bevor der Empfänger mit dieser Datei arbeiten kann, muß er das Programm LOAD aufrufen, das eine Kopie der Datei in ihrer ursprünglichen Form erzeugt. Dabei wird gleichzeitig auch eine Fehlerprüfung durchgeführt.

Eine Datei in Intel-Hex-Format besteht aus mehreren Zeilen oder „Records". Jeder dieser Records besteht aus maximal 60 Spalten und beginnt mit einem Doppelpunkt. Abb. 4-8 enthält ein Beispiel für den Anfang einer Datei im Intel-Hex-Format.

```
:180000001A084144562E444F430003000004BE6C0400004F0C7D06DBF9
:180018003E800700000C418858710145CA131069E6800803A2E01326A5
:180030004F8E808023E7CD193961DA80A083260C1D846DE0B029D3A662
:180048008C1B3A0AC3B80111D04A112754AA482902E24CC6322E4024AD
:180060003103A281823C6FEA80E868A70C084803DCBCF998A7CC4791D0
:18007800619A9259B8320C99A227EBC829D3824E1E38466D960431F2ED
```

Abb. 4-8: Anfang einer Datei im Intel-Hex-Format

Position	Bedeutung	
1	Startzeichen: immer „:“	
2	oberes Halbbyte	Länge des Recordinhalts
3	unteres Halbbyte	
4	höchstes Halbbyte	Adresse des ersten Bytes des Recordinhalts
5	zweithöchstes Halbbyte	
6	dritthöchstes Halbbyte	
7	vierthöchstes Halbbyte	
8	0	Trennzeichen (immer „0“)
9	0	
10		Daten
:		
:		
:		
n		
n+1	oberes Halbbyte	Zweierkomplement der Prüfsumme
n+2	unteres Halbbyte	

Abb. 4-9: Aufbau eines Records im Intel-Hex-Format

Bereits am äußeren Erscheinungsbild einer Datei ist somit ersichtlich, ob eine Umcodierung in Intel-Hex erfolgte. Jeder Record hat ein festes Format, das in Abb. 4-9 beschrieben ist.

Da jedes Byte durch zwei Zeichen repräsentiert wird, entspricht ein Zeichen einem „Halbbyte“. Die Prüfsumme berechnet sich aus der Summe aller übertragenen Bytes (einschließlich Länge und Adresse, aber ausgenommen des Startzeichens „:“) modulo 256.

4.3.2 Dateikompression

Methoden zur Dateikompression verdichten den Inhalt einer Datei in ein kompaktes Packungsformat, das teilweise nur noch 20% der Größe des Originals beansprucht. Die Übertragung komprimierter Dateien ermöglicht eine drastische Verkürzung der Übertragungsdauer. Kompression und Dekompression werden durch entsprechende Hilfsprogramme durchgeführt.

Bei den gegenwärtig zur Verfügung stehenden Übertragungsgeschwindigkeiten (und -kosten) ist die Übertragung größerer Datenmengen kosten- und zeitaufwendig. So verursacht der Transfer einer Datei mit einer Größe von 100 KB bei der heute noch verwendeten Übertragungsgeschwindigkeit 300 bit/s (Übertragungsdauer: ca. eine Stunde) über das öffentliche Fernsprechnetz ins nicht-europäische Ausland Kosten von mehreren hundert DM. Auch Datex-P ist bei größeren Datenmengen kostenintensiv. Außerdem stellen Benutzer von Datenfernkommunikationsanwendungen schnell fest, daß es nur wenig Beschäftigungen gibt, die langweiliger als das Beobachten eines langwierigen Dateitransfers sind. Die Werbung eines amerikanischen Software-Hauses bringt es passend auf den Begriff: „What's the longest time in the world? – Waiting to finish a file transfer." Dateikompression ist die wirksamste Möglichkeit, bei der Datenübertragung Zeit und Geld zu sparen.

Dateikompression beruht auf der Umcodierung einer Datei, bei der redundante Information eliminiert wird. Die Codierung erfolgt so, daß die ursprüngliche Form der Datei in einem zweiten Schritt wiederhergestellt werden kann. Die dabei verwendeten Kompressionsalgorithmen sind von unterschiedlicher Komplexität. Einfache Kompressionsalgorithmen codieren z.B. Folgen identischer Zeichen durch Wiederholkommandos. An einem einfachen Beispiel verdeutlicht: enthält ein Text viele Leerzeichen (was bei Blocksatz unvermeidlich ist), kann die Dateigröße dadurch reduziert werden, daß Gruppen von Leerzeichen als einzelnes Zeichen zusammen mit einem Wiederholfaktor dargestellt werden (diese Technik wird auch vom Kermit-Protokoll verwendet und ist in Kap. 4.2.3 dargestellt).

Die erzielbare Kompressionsrate der hier geschilderten Techniken ist Linie davon abhängig, ob Textdateien oder ausführbare Computerprogramme komprimiert werden. Die Größe von Textdateien läßt sich im Durchschnitt auf 30-40% reduzieren, die von Computerprogrammen auf durchschnittlich 70-80%. Das bedeutet, daß ein Dateitransfer gewöhnlich in der Hälfte der Zeit und mit der Hälfte der Kosten möglich ist – was sich auf lange Sicht beträchtlich rentiert.

Zur Nutzung der Dateikompression muß der Sender zunächst die zu sendende Datei mit einem entsprechenden Hilfsprogramm komprimieren. Gesendet wird dann nicht das Original, sondern die komprimierte Kopie. Der Empfänger muß sich mit einem weiteren Hilfsprogramm aus der empfangenen Datei eine Version des dekomprimierten Originals erzeugen. Um eine möglichst effiziente Komprimierung zu erreichen, arbeiten alle Kompressionsverfahren mit binärer codierten Daten. Daraus folgt, daß eine komprimierte Datei stets eine Bytelänge von acht Bit aufweist und somit eine code-transparente Übertragung erfordert.

Squeezing

Als „Squeezing“ wird ein von D. Huffman entwickeltes Verfahren zur Dateikompression bezeichnet, das einen Code mit variabler Länge verwendet. Das bedeutet, daß jedes Zeichen nicht mehr – wie z.B. beim ASCII-Code – mit einer festen Anzahl von Bits codiert wird, so daß einige Zeichen kürzer sind als andere. Wenn nun die Auftrittshäufigkeit unterschiedlicher Zeichen bzw. Bitmuster in einer Datei stark variiert, kann eine beträchtliche Kompressionsrate dadurch erzielt werden, daß die häufig auftretenden Zeichen mit platzsparenden Codes codiert werden. Ein ähnliches Prinzip findet bereits beim Morse-Code Anwendung (vgl. Kap. 2.1.2). Auch der Morse-Code ist ein Code variabler Länge, da die Anzahl der benötigten Codeelemente pro Zeichen zwischen eins und vier schwankt. Dabei werden häufig vorkommende Zeichen wie z.B. „E“ und „T“ als kurze Signale („·“ bzw. „–“) codiert, seltene Zeichen wie „X“ und „Y“ dagegen als lange Signale („– · · –“ bzw. „– · – –“). Diese Technik wird auch als „häufigkeitsabhängige Codierung“ bezeichnet. Beim Squeezing werden in einem ersten Durchgang die einzelnen Auftrittshäufigkeiten aller in einer Datei vorkommenden Bitmuster ermittelt. Anschließend wird eine Codetabelle (genauer gesagt: ein Codierungsbaum) aufgebaut, um in einem zweiten Durchgang die ursprünglichen Zeichen durch die so ermittelten Codes mit variabler Länge zu ersetzen.

Zum Squeezing werden zwei Hilfsprogramme benötigt, die gewöhnlich die Namen „SQUEEZE“ und „UNSQUEEZE“ oder deren Abkürzungen „SQ“, „SQZ“ bzw. „USQ“, „USQZ“ tragen. Um eine Datei zu komprimieren, ruft der Benutzer zunächst das Programm SQUEEZE auf, das ihn nach einem Dateinamen fragt. Anschließend wird eine komprimierte Kopie der Datei erzeugt, die dadurch von ihrem Original zu unterscheiden ist, daß in der Dateierweiterung an zweiter Stelle ein „Q“ steht. Wird also eine Datei namens „ENTWURF.TXT“ komprimiert, so ergibt dies nach Abschluß der Kompression eine Datei mit dem Namen „ENTWURF.TQT“. Nachdem die Kompression abgeschlossen ist, kann der Benutzer sein Kommunikationsprogramm aufrufen und die komprimierte Datei – im obigen Beispiel: „ENTWURF.TQT“ – im 8-Bit-Format übertragen. Der Empfänger kann die Datei in der komprimierten Form nicht direkt benutzen. Nach Abbruch der Verbindung und des Terminal-Programms ruft er zunächst das Programm UNSQUEEZE auf. Nach der Eingabe des Dateinamens wird die Datei wieder in ihr ursprüngliches Format konvertiert, wobei auch der Dateiname wieder in seine ursprüngliche Form umgewandelt wird.

Die Leistungsfähigkeit von Kompressionsprogrammen zum „Squeezen" von Dateien unterscheidet sich nicht in der erzielbaren Kompressionsrate, wohl aber entscheidend in der für die Kompression benötigte Zeit. Da die Kompression erst bei größeren Dateien Sinn macht, ist es von großer praktischer Relevanz, daß die recht aufwendigen Algorithmen zum Squeezing effizient implementiert sind. Einige Implementierungen benötigen zur Kompression von Dateien ab 100 KB Größe eine halbe Stunde und länger, so daß der mit dem Squeezing beabsichtigte Zeitgewinn wieder verloren geht. Effiziente Implementierungen in optimiertem Assembler benötigen dagegen zur Kompression kaum länger als für einen gewöhnlichen Kopiervorgang. Die Dekompression benötigt allerdings aufgrund der unterschiedlichen Symbollängen stets mehr Zeit, da über das Durchlaufen eines Suchbaums für jedes Zeichen ermittelt werden muß, wo das Zeichen zu Ende ist.

Crunching

Ein grundlegender Mangel des Squeezing besteht in der Tatsache, daß für jeden Kompressionslauf zwei Durchgänge durch eine Datei erforderlich sind (im ersten Durchlauf wird zunächst eine Häufigkeitstabelle erstellt). Naturgemäß wirkt sich das negativ auf die Geschwindigkeit des Kompressionsvorgangs aus. Dieser Nachteil wird bei einer von Lempel und Ziv entwickelten Kompressionsmethode vermieden, die als „Crunching" oder „adaptive Kompression" bezeichnet wird und mit einem einzigen Durchgang durch die zu komprimierende Datei auskommt.

Beim Crunching wird kein Code variabler Länge verwendet. Stattdessen werden variabel lange Zeichenfolgen (also nicht nur einzelne Zeichen) in Codes mit fester Länge umgewandelt. Die Zeichenfolgen werden so ausgewählt, daß sie alle in etwa die gleiche Auftrittshäufigkeit haben. Dadurch werden Zeichenfolgen mit häufig auftretenden Symbolen zwangsläufig länger als Zeichenfolgen bzw. einzelne Zeichen, die selten auftreten – wodurch der gewünschte Kompressionseffekt erreicht wird. Die Symboltabelle kann während des Kompressionsdurchlaufs adaptiv aufgebaut werden und verfügt in der Regel über 4096 Einträge, die in einen 12-Bit-Code umgesetzt werden.

Um eine Datei zu „crunchen", ruft der Benutzer zunächst ein entsprechendes Kompressionsprogramm (oft mit dem Namen CRUNCH) auf. Anschließend wird von der angegebenen Datei eine komprimierte Kopie erzeugt. Diese Datei ist dadurch von ihrem Original zu unterscheiden, daß in der Dateierweiterung an zweiter Stelle ein „Z“ steht. Wird also z.B. eine Datei namens „ENTWURF.TXT“ komprimiert, befindet sich nach Abschluß der Kompression zusätzlich zu dieser Originaldatei eine Datei mit dem Namen „ENTWURF.TZT“ auf dem Speichermedium. Nach Abschluß der Kompression kann die Kommunikationssoftware aufgerufen und die komprimierte Datei – im obigen Beispiel: „ENTWURF.TZT“ – im 8-Bit-Format übertragen werden. Der Empfänger kann die Datei in der komprimierten Form nicht direkt benutzen, sondern erzeugt sich durch ein entsprechendes Dekompressionsprogramm (UNCR) eine dekomprimierte Kopie, die dann auch wieder den ursprünglichen Namen erhält.

Archivierung

Aus dem Bereich des Betriebssystems CP/M stammen Hilfsprogramme zur Archivierung von Dateien (z.B. LU = Library Utility von Gary Novosielski). Diese Hilfsprogramme erzeugen aus mehreren einzelnen Dateien eine zusammenhängende Datei, die dann übersichtlicher verwaltet werden kann und aus der die Einzeldateien jederzeit extrahiert werden können. Im Rahmen der Datenübertragung sind solche Archive besonders sinnvoll, da hier nicht notwendig die einheitliche Zuordnung von zusammengehörigen Dateien über Unterverzeichnisse oder Disketten gegeben ist.

Für die Datenfernkommunikation mit Personal Computern wurde de facto ein neuer weltweiter Standard eingeführt, als das amerikanische Software-Haus System Enhancement Associates (New Jersey) 1985 für die Betiebssysteme MS-DOS und PC-DOS ein nicht-kommerzielles Archivierungsprogramm veröffentlichte, das zusätzlich zur Archivierung eine automatische Dateikompression mittels Squeezing oder Crunching durchführt. ARC ist ein „Public Domain“-Programm und kann gebührenfrei kopiert und benutzt werden. Die Hauptfunktionen dieses Programms beinhalten neben der Archivierung von Dateien die Dateikompression nach unterschiedlichen Verfahren, wobei automatisch dasjenige Verfahren ausgewählt wird, mit dem für die betreffende Datei die höchste Kompressionsrate zu erzielen ist. Außerdem enthält das Programm eine optionale Chiffrierung mit Paßwort-Schutz.

Ein aus mehreren Dateien bestehendes Archiv ist an der Dateierweiterung „.ARC“ erkennbar. Vor der Datenübertragung erstellt der Sender zunächst ein Archiv, indem er das Programm ARC aufruft. Anschließend werden nicht die Einzeldateien, sondern die Archiv-Datei übertragen. Der

Empfänger kann durch die Benutzung des Hilfsprogramms ARC die Einzeldateien wieder aus dem Archiv extrahieren.

Eine praxisbedeutsame Leistungssteigerung erzielt das 1986 von Phil Katz in optimiertem Assembler entwickelte, ebenfalls nicht-kommerzielle Archivierungsprogramm PKARC. PKARC ist im wesentlichen kompatibel zu ARC, arbeitet jedoch etwa um den Faktor Zehn schneller als sein Vorbild. Damit wird es möglich, Dateien mit einer Geschwindigkeit zu komprimieren und zu archivieren, die fast einem gewöhnlichen Kopiervorgang gleichkommt.

4.3.3 Chiffrierung

Je mehr vertrauliche und persönliche Daten in öffentlich erreichbaren Hosts gespeichert sind, desto wichtiger wird die Sicherung von Daten gegen unbefugte Einsichtnahme. Deshalb spielen bei Anwendungen im Bereich der Datenfernkommunikation Chiffriertechniken eine immer größere Rolle. Eine chiffrierte Datei kann von Unbefugten zwar empfangen, nicht aber genutzt werden. Die Chiffrierung von Dateien erfolgt über Hilfsprogramme, die bereits in großer Zahl angeboten werden.

Mit der Zunahme des Vernetzungsgrades und der Anschließung von immer mehr Rechenanlagen an öffentliche Datennetze wächst das Bewußtsein für Datensicherheit. Bisher unbegründet ist die Furcht, daß Unbefugte durch „Anzapfen" einer Datenleitung (ähnlich dem illegalen Abhören von Telefongesprächen) vertrauliche Daten ausspähen könnten. Dieser bereits ohne besondere Anwendung des Datenschutzgesetzes bzw. des Gesetzes zur Bekämpfung der Wirtschaftskriminalität strafbare Tatbestand setzt einen unrealistisch hohen apparativen Aufwand seitens des Täters voraus, der allenfalls im militärischen Bereich zu vermuten ist.

Die größere Gefahr droht schutzbedürftigen Daten durch die Tatsache, daß der Zugang zu DV-Anlagen und den dort gespeicherten Daten prinzipiell auch Unbefugten möglich ist, so lange nicht wirksame Schutzmaßnahmen zur Zugangslimitierung ergriffen werden. Eine Zugangslimitierung ist jedoch bei öffentlich erreichbaren Hosts prinzipiell nicht anzuwenden. Soll auch in diesen Systemen schutzwürdige Information gespeichert werden, ist die Chiffrierung hierzu die einzig sichere Möglichkeit. Da hinreichend sichere Chiffriertechniken inzwischen in großer Zahl in preiswerten Hilfsprogrammen zur Verfügung stehen, läßt sich das

Sicherheitsproblem durch die umsichtige Benutzung dieser Sicherheitsmaßnahmen praktikabel in den Griff bekommen. Leider haben bis jetzt aber noch zu wenig Benutzer von diesen einfach und schnell anzuwendenden Methoden Kenntnis genommen.

Gerade auf digitalen Computern (im Unterschied zu den früheren Chiffriermaschinen) sind Chiffriertechniken durch die hier möglichen Bit-Manipulation besonders einfach zu implementieren. Die meisten dieser Techniken basieren auf der logischen Operation des Ausschließlichen Oder (XOR). Hierbei werden bestimmte Bits eines Zeichens invertiert, wobei bei Wiederholung der Operation automatisch das ursprüngliche Zeichen resultiert. Abb. 4-10 veranschaulicht diese Technik am Beispiel des Zeichens „A" (ASCII 65), das mit dem Code 85 verschlüsselt wird.

	„A" = 65 =	1 0 0 0 0 0 1	Chiffrierung
	85 =	1 0 1 0 1 0 1	
XOR		–––––––––––––	
	^T = 20 =	0 0 1 0 1 0 0	Dechiffrierung
	85 =	1 0 1 0 1 0 1	
XOR		–––––––––––––	
	„A" = 65 =	1 0 0 0 0 0 1	

Abb. 4-10: Verschlüsselung über XOR

Statt eines ein Byte langen Schlüssels werden in der Praxis Paßwörter zur Chiffrierung verwendet. Ein Beispiel für ein Chiffrierverfahren auf der Basis der Verschlüsselung mit XOR durch Paßwörter findet sich als Programmierbeispiel in Anhang B.5.

Alle Chiffriertechniken basieren auf der Erzeugung einer chiffrierten Kopie der ursprünglichen Datei mit einem Chiffrierprogramm, bei dem für den Chiffriervorgang ein Paßwort eingegeben wird. Die chiffrierte Datei kann dann vom Empfänger durch Bearbeitung mit dem gleichen Chiffrierprogramm wieder dechiffriert werden – vorausgesetzt, daß der Empfänger das Paßwort benutzt, mit dem die Chiffrierung erfolgte.

Aufwendige Chiffrierprogramme verwenden den „Data Encryption Standard (DES)", ein vom National Bureau of Standards am amerikanischen Handelsministerium veröffentlichtes Chiffrierverfahren. Nach diesem Verfahren chiffrierte Dateien gelten als mehrere Jahre auch gegen ernsthafte Dechiffrierungsversuche sicher. Eine Erhöhung der Datensicherheit kann durch mehrmaliges Chiffrieren einer Datei mit unterschiedlichen Paßwörtern erreicht werden. Implementierungen des Data Encryption Standard gibt es bereits für Personal Computer.

Nahezu alle Chiffrierprogramme erzeugen Dateien im 8-Bit-Format. Wenn die Benutzung von Datennetzen oder Hosts erforderlich ist, die nur eine 7-Bit-Übertragung unterstützen, kann die Chiffrierung nur mit hierfür geeigneten Spezialprogrammen vorgenommen werden, die ein reines 7-Bit-Format erzeugen. Eine weitere Möglichkeit besteht darin, die erzeugten 8-Bit-Dateien mit dem Kermit-Protokoll zu übertragen, falls dies von der Gegenstelle unterstützt wird.

4.4 Literatur

Bosworth, B.
Codes, ciphers, and computers. Rochelle Park, NJ: Hayden 1982

Christensen, W.
Xmodem protocol overview. Als Datei elektronisch veröffentlicht bei: CBBS Chicago 1982

Compbell, J.
C programmer's guide to serial communications. O.O.: Howard W. Sams & Co. 1987

Da Cruz, F.
Kermit. A file transfer protocol. Bedford, MA: Digital 1986

Da Cruz, F.
Kermit protocol manual. Als Datei elektronisch veröffentlicht bei: Lancaster University 1986 (6. Aufl.)

Da Cruz, F. & Gianone, C.
Shopping for software that lets PCs chat with mainframes. Data Communications, 12, 1987, 155-170

Davisson, L.D. & Gray, R.M. (Hg.)
Data compression. Stroudsburg, PA: Dowden, Hutchinson & Ross 1976

Hamming, R.W.
Coding and information theory. Englewood Cliffs, NJ: Prentice Hall 1980

Huffman, D.
A method for the construction of minimum redundancy codes. Proc. IRE, 40, 1952, 1098-1101

Meyer, C.H. & Matyas, S.M.
Cryptography. New York, NY: Wiley 1982

National Bureau of Standards (Hg.)
Data Encryption Standard. Federal Information Processing Standards Publication, 46, 1977

Ryska, N. & Herda, S.
Kryptographische Verfahren in der Datenverarbeitung. Berlin, Heidelberg, New York: Springer 1980
Welch, T.A.
A technique for high performance data compression. IEEE Computer, Vol 17, 6, 1984, 8-19
Zimniewicz, T.A.
An extended IBM PC COM port driver. Dr. Dobb's Journal, 6, 1987, 42-49
Ziv, J. & Lempel, A.
A universal algorithm for sequential data compression. IEEE Transactions on Information Theory, IT-23, 1977, 337-343

5. Datennetze

Datennetze sind Leitungssysteme, die den Transport von Information in maschinenlesbarer Form ermöglichen. Da die heutzutage für Datennetze verwendeten Medien (elektrische Leitungen, Glasfaserkabel, Funk) praktisch mit Lichtgeschwindigkeit arbeiten, ermöglichen sie eine „direkte" Verbindung mit räumlich entfernten Gegenstellen, ohne daß die räumliche Distanz ins Gewicht fällt. In diesem Kapitel werden die zur Datenfernkommunikation verwendbaren öffentlichen Datennetze vorgestellt.

Alleiniger Betreiber dieser Datennetze ist in der Bundesrepublik die Deutsche Bundespost. Die Bundespost verwendet den Begriff „Datennetze" nur für digitale Netze, während für das analoge Telefonnetz vom „Fernsprechnetz" die Rede ist. Da über das Telefonnetz jedoch ein Großteil der Datenfernkommunikation abgewickelt wird, wird es in diesem Zusammenhang ebenfalls als Datennetz erörtert. Als Kriterium wird dabei verwendet, ob eine EDV- oder Textverarbeitungsanlage an das betreffende Netz angeschlossen werden kann. Deshalb wird z.B. Telefax bei der Schilderung der in der Bundesrepublik verfügbaren Datennetze nicht mit einbezogen.

Nicht allen hier beschriebenen Datennetzen entsprechen physikalisch unterschiedliche Leitungssysteme. So verfügen z.B. Teletex und Bildschirmtext nicht über eigenständigen Leitungssysteme, sondern werden als spezielle Datendienste in anderen Netzen (Datex-L bzw. Telefonnetz) realisiert. Diese Unterscheidung bleibt dem Anwender jedoch verborgen, da zu den anderen Diensten des jeweiligen Netzes keine „Durchschaltmöglichkeit" besteht. So stellt sich dem Benutzer z.B. Bildschirmtext weniger als Sonderdienst der Datenübertragung im Telefonnetz sondern vielmehr als eigenständiges Netz dar. Tatsächlich müssen aber auch die digitalen Netze nicht physikalisch unterschiedlich sein. Im Gegenteil strebt die Post von der physikalischen Seite her eine Vereinfachung an, die alle digitalen Netze einheitlich im „Integrierten Text- und Datennetz (IDN)" zusammenfaßt.

Für kommunikationsbezogene Anwendungen lauten die wichtigsten Unterscheidungs- und Bewertungsmerkmale von Datennetzen:

- Maximale Übertragungsgeschwindigkeit
- Durchschnittliche Fehlerrate
- Teilnehmerzahl
- Gebührenstruktur
- Zugangsmöglichkeit zu anderen Netzen
- Internationalität

Tabelle 5-1 gibt einen Überblick über die wichtigsten Leistungsmerkmale (Teilnehmerzahl und maximale Übertragungsgeschwindigketi) der einzelnen Netze. Die Teilnehmerzahl des Direktrufnetzes ist eingeklammert, da sie wesentlich größer ist als die Zahl der erreichbaren Adressaten.

Netz	Teilnehmer	max. Geschwindigkeit
Telefon	120.000	4.800 bit/s
Datex-L	17.000	64.000 bit/s
Datex-P	16.000	48.000 bit/s
Telex	156.000	50 bit/s
Teletex	13.000	2.400 bit/s
Direktruf	(150.000)	1920.000 bit/s
Btx	100.000	1.200 bit/s

Tab. 5-1: Leistungsmerkmale der nationalen Datennetze

Die Auswahl eines Datennetzes oder -dienstes ist häufig der erste Schritt einer Telekommunikationsplanung. Dabei ist die maximal erreichbare Übertragungsgeschwindigkeit nur eines von mehreren Planungskriterien. Weitere praxisbezogene Kriterien, die sich unmittelbar am beabsichtigten Nutzungszweck der Datenfernkommunikation orientieren, lauten:

- jederzeitige Verfügbarkeit der Gegenstelle
- Aufbau von privaten Netzwerken
- Erreichbarkeit vieler privater Teilnehmer
- internationale Verbindungsmöglichkeiten.

Die verfügbaren Netze unterscheiden sich darin, ob sie sich eher zur offenen oder geschlossenen Kommunikation eignen und ob eher hohe Übertragungsgeschwindigkeiten oder eher niedrige Übertragungsgeschwindigkeiten realisiert werden. Abb. 5-1 veranschaulicht die unterschiedlichen Positionen der einzelnen Datennetze bezüglich der Achsen hohe/niedrige Übertragungsgeschwindigkeit und hohe/niedrige Adressatenzahl.

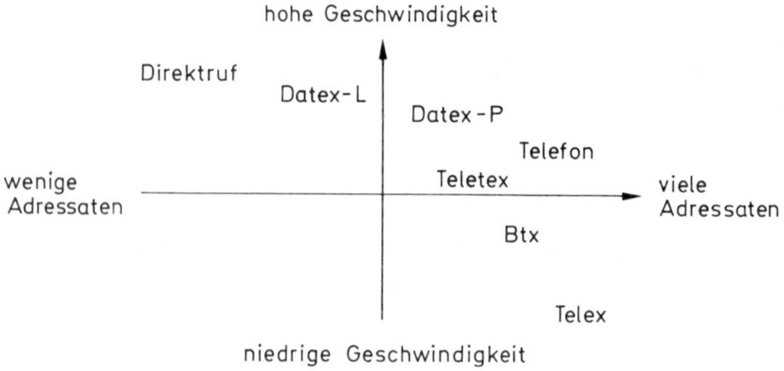

Abb. 5-1: Datennetze im Vergleich

Hinsichtlich der Adressatenzahl lassen sich unterschiedliche Grade von „Offenheit" verzeichnen. Während diese auf der einen Seite des Kontinuums beim Direktrufnetz gleich Null ist, ist sie auf der anderen Seite des Kontinuums beim Telexnetz am größten.

Direktrufnetz und Datex-L werden praktisch ausschließlich für den organisationsinternen Datentransfer benutzt, da sie hohe Übertragungsgeschwindigkeiten und hohe Übertragungssicherheit gewährleisten. Auf eine große Adressatenzahl wird bei diesen Netzen kein Wert gelegt. Telex und Teletex sind Netze zur geschäftlichen Textkommunikation. Sie sind weniger schnell, dafür aber weit verbreitet und stellen den Transport von Dokumenten zu einer großen Zahl von Adressaten sicher. Telefonnetz, Btx und Datex-P sind Netze für heterogene Kommunikations- und Informationsbedürfnisse. Sie dienen einerseits zur innerbetrieblichen Kommunikation, stellen andererseits aber auch Kommunikationskanäle zu einer Vielzahl von Rechenzentren und zu den großen Informationsvermittlungs- und -beschaffungsstellen her.

5.1 Das öffentliche Telefonnetz

Das öffentliche Telefonnetz ist ein nach dem analogen Übertragungsverfahren arbeitendes Netz, das ursprünglich für die Übertragung gesprochener Sprache konzipiert wurde. Datenübertragung im Telefonnetz ist durch Verwendung von Modems oder Akustikkopplern möglich. Die Nutzung des Telefonnetzes stellt gegenwärtig die einfachste und preiswerteste Form der Datenfernkommunikation dar, die sich insbesondere für kommunikationsbezogene Anwendungen (Austausch von Mitteilungen mit einer Vielzahl von Teilnehmern) eignet.

Seit 1971 ermöglicht die Bundespost die Datenübertragung im öffentlichen Telefonnetz. Da das Telefonnetz mit analoger Übertragung arbeitet, müssen die Daten von einem Modem oder Akustikkoppler in analoge Signale umgewandelt werden. Dadurch ist die Datenübertragung im Telefonnetz technisch zwar vergleichsweise aufwendig, doch haben sich die entsprechenden Geräte durch die hohe Teilnehmerzahl inzwischen so weit verbilligt, daß das Telefonnetz eine der preiswertesten Alternativen der Datenfernkommunikation darstellt. Dies nicht zuletzt aufgrund der Tatsache, daß praktisch jeder Haushalt über ein Telefonanschluß verfügt und die Gebühren für Datenübertragung mit den normalen Telefongebühren identisch (und somit auf kurzen Entfernungen vergleichsweise preisgünstig) sind.

Das Telefonnetz war ursprünglich ausschließlich zur Sprachübertragung konzipiert und arbeitet deshalb nicht digital, sondern analog. Außerdem wurde der Bereich der übertragenen Schallfrequenzen bewußt auf das „Sprachband" zwischen 500 und 3000 Hz eingegrenzt. Hieraus resultieren diverse Probleme für die Datenübertragung im Telefonnetz, die haupt-

Netzart	analog
Betriebsarten	duplex und halbduplex
Codetransparenz	asynchron ja
Übertragungsart	seriell und parallel
Synchronisation	asynchron und synchron
max. Geschwindigkeit	4.800 bit/s
Teilnehmer	120.000
Fehlerrate	10^{-4}
Netzübergänge	zu Datex-P

Tab. 5-2: Kennwerte Telefonnetz

sächlich darin zum Ausdruck kommen, daß nur relativ langsame Übertragungsgeschwindigkeiten zu realisieren sind. Mit der analogen Übertragung ist eine relativ geringe Fehlersicherheit verbunden, die insbesondere auf großen Entfernungen stark zu Buche schlägt. Diesen technisch bedingten Problemen stehen jedoch gewichtige Vorteile gegenüber, die dem Telefonnetz auch in Zukunft einen ersten Platz bei der Datenfernkommunikation sichern werden (Tab. 5-3).

Vorteile	Nachteile
Ortsunabhängigkeit	Hohe Fehlerrate
Relativ geringer Aufwand	Weite Entfernungen teuer
Viele Teilnehmer	Niedrige Geschwindigkeit

Tab. 5-3: Vorteile und Nachteile des Telefonnetzes

Ein großer Vorteil des Telefonnetzes ist die mögliche Ortsunabhängigkeit bei Benutzung eines Akustikkopplers. Das Telefonnetz ist das einzige Netz, das eine solche Ortsungebundenheit zuläßt und wird daher stets für solche Anwendungen wichtig sein, bei denen Ortsunabhängigkeit eine Rolle spielt. Der geringe Aufwand schlägt sich darin nieder, daß der Anschluß einer entsprechenden Datenübertragungseinrichtung auch vom Laien schnell und einfach zu realisieren ist und die erforderlichen Schnittstellen (V.-kompatibel) sehr verbreitet sind.

Erreichbare Netze

Über das Telefon kann zu Datex-P durchgeschaltet werden, wenn der Teilnehmer über eine Teilnehmerkennung des Dienstes Datex-P20 verfügt (siehe Kap. 5.2.1). In diesem Fall wird über das Telefon ein Netzknoten der Bundespost angewählt, der das Protokoll in der erforderlichen Weise nach X.25 umwandelt. Nach der Anwahl des PAD kann jeder Hauptanschluß im Datex-P-Netz erreicht werden.Aufgrund der Durchschaltmöglichkeit zu Datex-P können mit einer telefongestützten Datenstation praktisch alle Datenbanken und Kommunikationsdienste auf der ganzen Welt erreicht werden. Auf der anderen Seite ist es nicht möglich, von einem anderen Netz als dem Telefonnetz per Modem Anrufe entgegenzunehmen.

Übertragungsgeräte und Schnittstellen

Um im Telefonnetz Daten zu übertragen, ist entweder ein Akustikkoppler oder ein Modem erforderlich. Für asynchrone Übertragung stehen gegenwärtig die Geschwindigkeiten 300, 1.200 und 2.400 bit/s zur Verfügung, für synchrone Übertragung 1.200, 2.400 und 4.800 bit/s. Schnellere Übertragungseinrichtungen mit 9.600 und 19.200 bit/s befinden sich in der Erprobung, haben bisher aber noch nicht die erforderliche Postzulassung. Alle Schnittstellen entsprechen den CCITT-Empfehlungen der V.-Serie (siehe Kapitel 2.3.1).

Auslandsverkehr

Auslandsverbindungen können im Telefonnetz weltweit aufgebaut werden, sofern an der Gegenstelle ein nach den CCITT-Empfehlungen arbeitender Modem verwendet wird. Probleme entstehen mit Anschlüssen in den Vereinigten Staaten und in England, die nicht nach den CCITT-Empfehlungen, sondern nach dem amerikanischen Bell-Standard arbeiten. Mit diesen Anschlüssen kann außer in der Geschwindigkeitsklasse V.22bis keine Verbindung hergestellt werden, da die Bell-Modems andere Trägerfrequenzen verwenden.

Darüber hinaus wird der Auslandsverkehr durch Störungen der Leitungen beeinträchtigt, die sich als falsch oder gar nicht übertragene Daten bemerkbar machen. Die Verwendung eines fehlerkorrigierenden Protokolls zum Dateitransfer kann in einigen Fällen auch keine Abhilfe schaffen, da es zuweilen unmöglich ist, einen Block mit weniger als zehn Wiederholungen fehlerfrei zu übertragen. Zwar kann das Telefonnetz prinzipiell zur weltweiten Datenübertragung genutzt werden, doch scheitern Übertragungen über größere Entfernungen (z.B. nach Übersee) oft an der hohen Fehlerrate.

In den meisten Fällen wird der Auslandsverkehr besser über das Datex-P-Netz abgewickelt, zu dem vom Telefonnetz her ein Übergang hergestellt werden kann (siehe Kap. 5.2.1). Datex-P weist eine sehr viel bessere Übertragungssicherheit und gleichzeitig für Auslandsverkehr eine günstigere Gebührenstruktur auf.

Gebühren

Die Gebühren für die Datenübertragung im Telefonnetz sind vergleichsweise transparent. Sie setzen sich zusammen aus Kosten für das Übertragungsgerät und Verbindungskosten. Die Kosten für das Übertragungsgerät entstehen entweder einmalig bei Kauf oder regelmäßig bei Miete. Die Verbindungskosten sind identisch mit den normalen Telefongebühren.

Grundgebühren:	
	fest
X	geschwindigkeitsabhängig
Verbindungsgebühren abhängig von:	
X	Verbindungsdauer
	Verbindungsanzahl
X	Entfernung
X	Tageszeit
X	Wochentag
	Datenvolumen
	Geschwindigkeit
	mtl. Minimum

Tab. 5-4: Gebührenstruktur Telefonnetz

Das bedeutet, daß aufgrund der Entfernungs- und Zeitabhängigkeit der Telefongebühren weite Entfernungen und große Datenmengen (lange Verbindungszeiten) entsprechend hohe Gebühren verursachen.

Monatliche Grundgebühren fallen an, wenn eine Datenübertragungseinrichtung von der Post gemietet wird. Dies kann dadurch umgangen werden, daß eine Datenübertragungseinrichtung bei der Post oder bei einem privaten Hersteller gekauft wird. In jedem Fall außer bei der Verwendung eines Akustikkopplers ist an die Post eine monatliche Pauschale für „Allgemeinen Meß- und Prüfaufwand" zu entrichten.

Datenübertragung im Telefonnetz führt zu einer ungünstigen Gebührenentwicklung, wenn geringe Datenmengen über weite Strecken übertragen werden, dennoch die Verbindungszeiten recht lang sind. Dies ist z.B. dann der Fall, wenn Datenbank- oder Mailboxdienste im Ausland genutzt werden: da die Bedienung einer Datenbank oder Mailbox in der Regel mehr „Pausen" (in denen der Benutzer die empfangenen Texte liest) aufweist als Übertragungszeiten, kann bei großen Entfernungen die Benutzung eines anderen Netzes, dessen Gebühren volumenbezogen ermittelt werden, sehr viel günstiger sein.

5.2 Datex-P

Das Datex-P-Netz der Deutschen Bundespost ist ein digitales Netz mit Paketvermittlung. Datex-P zeichnet sich durch eine hohe Fehlersicherheit und eine interessante Gebührenstruktur aus, weshalb ein zunehmend größerer Teil der professionellen Datenfernkommunikation über Datex-P abgewickelt wird. Ein weiterer Vorteil von Datex-P ist die leichte Zugangsmöglichkeit zu zahlreichen internationalen Paketnetzen. Datex-P ist ein digitales Datennetz mit Paketvermittlung. Da es – im Unterschied zum Telefonnetz – ausschließlich digital arbeitet, sind wesentlich höhere Übertragungsgeschwindigkeiten bei gleichzeitig niedrigeren Fehlerraten möglich. 1980 wurde Datex-P mit einem einjährigen, gebührenfreien Teilnehmerprobebetrieb in der Bundesrepublik eingeführt.

Netzart	digital
Betriebsarten	duplex
Codetransparenz	eingeschränkt
Übertragungsart	seriell
Synchronisation	asynchron und synchron
max. Geschwindigkeit	48.000 bit/s
Teilnehmer	16.000
Fehlerrate	10^{-9}
Netzübergänge	von Telefon und Datex-L

Tab. 5-5: Kennwerte Datex-P

Für die Abfrage von Online-Datenbanken ist die Benutzung von Datex-P unverzichtbar, da fast alle Datenbanken über dieses Netz zu erreichen sind. Da viele Datenbanken und praktisch alle kommerziellen Mailboxen ausschließlich über Datex-P erreichbar sind, ist eine Zugangsmöglichkeit zu Datex-P oft die Voraussetzung für die Benutzung solcher Dienste.

Ein großer Vorteil von Datex-P liegt in der Anpassung unterschiedlicher Übertragungsgeschwindigkeiten. Das bedeutet, daß Datenstationen, die mit unterschiedlichen Übertragungsgeschwindigkeiten arbeiten, dennoch miteinander kommunizieren können. Dies ist z.B. die Voraussetzung dafür, daß große Kommunikationsdienste wie Datenbanken vom Telefonnetz aus über Datex-P auch mit Personal Computern erreicht werden können.

Vorteile	Nachteile
Geschwindigkeitsanpassung	Keine Codetransparenz
Geringe Fehlerrate	Komplizierte Gebührenstruktur
Auslandsverkehr	

Tab. 5-6: Leistungsprofil Datex-P

Da zahlreiche internationale Paketnetze über Datex-P erreicht werden können, lassen sich auf diesem Weg fehlerarme Auslandsbeziehungen herstellen. Dabei wirkt sich besonders günstig aus, daß die Gebühren in erster Linie volumenabhängig berechnet werden, so daß die Entfernung weit weniger zu Buche schlägt als in anderen Netzen.

Ein Nachteil von Datex-P liegt demgegenüber in der Tatsache, daß prinzipiell nur eine 7-Bit-Übertragung möglich ist. Damit eignet sich Datex-P nur zum Transport von Texten und Daten im Klartext (standard ASCII). Sollen Chiffrier- oder Kompressionsverfahren angewandt werden, die in der Regel einen binären Code erzeugen, gibt es Probleme.

Weiterhin wirkt sich bei der Planung die komplexe Gebührenstruktur nachteilig aus. Der Planer hat eine Vielzahl von Gebührenpositionen zu berücksichtigen. Als Richtlinie gilt dabei, daß die Gebühren volumenabhängig und weniger entfernungs- und zeitabhängig berechnet werden.

Übertragungstechnik bei der Paketvermittlung

Die Abspeicherung in Datenpakete verwendet Datex-P zur Realisierung der sogenannten Teilstreckenvermittlungstechnik. Da jedes Paket außer den Nutzdaten eine Netzadresse enthält, können die einzelnen Pakete unabhängig voneinander gesendet werden. In der Praxis sieht das so aus, daß die Vermittlungsstelle das Paket so lange zwischenspeichert, bis sie auf der Leitung zum nächsten in der Richtung des Adressaten gelegenen Knotenrechner eine Lücke entdeckt. In diese Lücke wird das Paket eingefügt. Auf der Leitung liegt es nun zwischen anderen Paketen eines anderen Senders, die an einen anderen Empfänger adressiert sind. Der nächste Netzknoten speichert die empfangenen Pakete erneut zwischen und prüft anhand der Netzadressen, zu welchen Anschlüssen oder ggf. zu welchem weiteren Netzknoten das jeweilige Paket weitergeleitet werden muß. Im Unterschied zu Datex-L besteht zwischen den über Datex-P kommunizierenden Datenendstationen eine logische oder „virtuelle" Verbindung. Da auch die Datenendstation die von ihr gesendeten Datenpakete mit unterschiedlichen Adressen versehen darf, ist sie sogar in der Lage, über einen einzigen Hauptanschluß mehrere Verbindungen gleichzeitig zu bedienen.

Zwischen den Netzknotenrechnern werden Datenpakete generell mit 64.000 bit/s übertragen. Die hohe Übertragungsgeschwindigkeit und das Zwischenspeichern der Daten bei den Netzknoten ermöglicht eine Geschwindigkeitsanpassung zwischen den sendenden und empfangenden

Datenstationen, die in der Regel mit sehr viel langsameren Übertragu geschwindigkeiten arbeiten.

Datenformat (X.25)

Der Aufbau der Datenpakete orientiert sich an der CCITT-Empfehlung X.25, die die Schnittstelle zu Paketnetzen sowie das Format der über Paketnetze übertragenen Daten definiert. Diese Spezifikationen sind für den Anwender im Prinzip unwichtig, da die Formatierung der Daten in Pakete hardwareseitig vorgenommen wird – entweder durch einen über das Telefonnetz angewählten PAD oder durch ein Datenanschlußgerät.

Jedes Paket enthält 128 Bytes mit je acht Bit (insgesamt also 1024 Bit) Nutzdaten. Die Fehlersicherung erfolgt mit dem HDLC-Protokoll (siehe Kap. 2.2.2), wobei die Daten sich hier wiederum aus dem eigentlichen Paket und zusätzlichen Steuerinformationen zusammensetzen.

Die von Datex-P eingesetzten Übertragungssteuerungsverfahren führen zu einer sehr günstigen Bitfehlerwahrscheinlichkeit von 10^{-9} (entsprechend ein falsches Bit auf alle 1.000.000.000 Bit).

HDLC-Ebene	Paket-Ebene	DEE
Blockbegrenzung Adressfeld Steuerfeld		
Datenfeld : : :	Paketvorspann: (Zieladresse, Quelladresse, Paket-Nr. usw.)	
: : : : : : : :	Daten: Bit 1 Bit 2 Bit 3 : : : Bit 1024	Daten: Bit 1 Bit 2 Bit 4 : : : Bit 1024
Blockprüfungsfeld		

Abb. 5-2: Ebenen der Paketübertragung bei X.25

Dienste

Datex-P umfaßt eine Vielzahl von Diensten, die einerseits durch unterschiedliche Übertragungsgeschwindigkeiten, andererseits durch verschiedenartige Schnittstellen und Protokolle gekennzeichnet sind. Der Basisdienst Datex-P10 ist für Geräte konzipiert, die selbst das X.25-Protokoll realisieren. Der Dienst Datex-P20 ist für asynchron arbeitende Endgeräte mit V.-kompatibler Schnittstelle gedacht. Die Dienste Datex-P32 und Datex-P42 wurden für Endgeräte geschaffen, die mit dem BSC-Protokoll arbeiten.

Zusätzlich werden für Datex-P eine ganze Reihe von Sonderdiensten angeboten. Wegen der hohen Übertragungsgeschwindigkeit im Netz kann ein Datex-P-Hauptanschluß mehrere logische Kanäle bedienen. Dies ist wichtig für Teilnehmer, die mehrere Zugänge betreiben wollen: sie benötigen nur einen physikalischen Anschluß. Da die zusätzlichen logischen Kanäle nur sehr geringe Gebühren verursachen, macht diese Möglichkeit Datex-P besonders für Anwendungen interessant, bei denen eine Datenstation mehrere Leitungen gleichzeitig zu versorgen hat. Die zusätzlichen Dienste „Feste virtuelle Verbindung" und „Direktruf" ermöglichen die Simulation eines Hauptanschlusses für Direktruf (siehe Kap. 5.5). Vorteile dieses Dienstes liegen darin, daß über Datex-P weiterhin andere Teilnehmer angewählt werden können und sich eine andere Gebührenbelastung ergibt. Darüber hinaus ist das Führen von Teilnehmerbetriebsklassen möglich, die bewirken, daß ein Hauptanschluß nicht öffentlich angewählt werden kann, sondern nur von anderen Mitgliedern der vom Benutzer festgelegten Teilnehmerbetriebsklasse. Hierdurch wird – ähnlich wie beim Direktrufnetz – der Aufbau privater Datennetze ermöglicht.

Übertragungsgeräte

Für Hauptanschlüsse stellt die Post ein Übertragungsgerät zur Verfügung, das der gewählten Übertragungsgeschwindigkeit und der vorhandenen Schnittstelle entspricht. Für Nebenanschlüsse muß der Benutzer den Zugang zu Datex-P aus einem anderen Datennetz aufbauen. Hierzu müssen die erforderlichen Einrichtungen zur Datenübertragung im Telefonnetz oder zur Teilnahme an Datex-L300 vorhanden sein.

Gebühren

Die monatliche Grundgebühr schließt bei einem Hauptanschluß die Miete für die Datenübertragungseinrichtung mit ein. Sie ist in erster Linie vonder Übertragungsgeschwindigkeit und vom Volumen der übertragenen Daten (berechnet als Anzahl übermittelter Pakete) abhängig.

Grundgebühren:	
	fest
X	geschwindigkeitsabhängig
Verbindungsgebühren abhängig von:	
	Verbindungsdauer
X	Verbindungsanzahl
	Entfernung
X	Tageszeit
X	Wochentag
X	Datenvolumen
	Geschwindigkeit
	mtl. Minimum

Tab. 5-7: Gebührenstruktur Datex-P

5.2.1 Datex-P20

Datex-P20 ist ein Datendienst für asynchron arbeitende Datenendeinrichtungen mit Zugangsmöglichkeiten aus dem Telefonnetz und dem Datex-L-Netz. Da es sich hier um eine besonders kostengünstige Nutzungsvariante von Datex-P handelt, wird dieser Dienst, der zusätzlich noch den Vorteil der Ortsunabhängigkeit mit sich bringt, sehr häufig genutzt.

Datex-P20 beruht auf einer Anpassung unterschiedlicher Datenendgeräte an die innerhalb des Datex-P-Netzes verwendete Übertragung mit dem X.25-Protokoll. Innerhalb von Datex-P20 werden drei verschiedene Dienste angeboten:

- Datex-P20H Hauptanschluß
- Datex-P20F Zugang aus dem Telefonnetz
- Datex-P20L Zugang von Datex-L

Alle Dienste beinhalten die Zwischenschaltung einer Paketiereinrichtung (PAD), die das erforderliche X.25-Protokoll erzeugt. Die Datenstation selbst braucht daher das X.25-Protokoll nicht zu beherrschen und kann z.B. eine gewöhnliche asynchrone V.24-Schnittstelle besitzen. Der Zugang zum PAD kann entweder direkt (beim Hauptanschluß) oder indirekt über ein anderes Netz (Telefon oder Datex-L) erfolgen. Die Benutzung bzw. Miete dieses PAD ist in Datex-P20 enthalten. Verbindungsgebühren für die Verbindung bis zum PAD kommen hinzu, wenn es sich nicht um einen Hauptanschluß handelt.

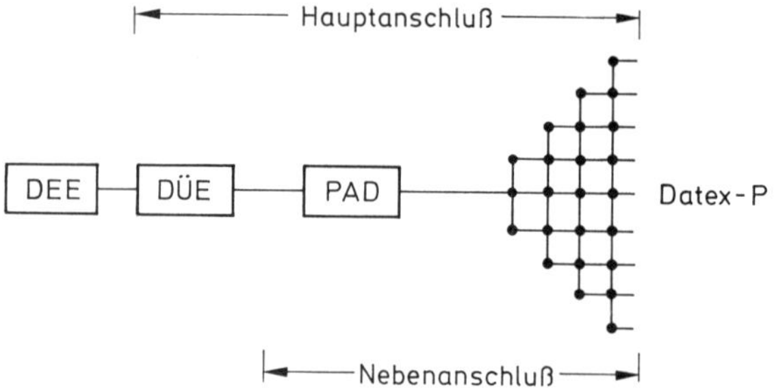

Abb. 5-3: Funktionsumfang von Datex-P20

Datex-P20 verwendet generell die asynchrone Übertragungstechnik, so daß der Einsatz technisch wenig aufwendiger und preisgünstiger Datenstationen möglich wird. Um die Einteilung des Datenstroms in Blöcke ähnlich wie bei der synchronen Übertragung zu simulieren, werden die zu sendenden Zeichen in einem Puffer zwischengespeichert und nach jeweils 128 Zeichen oder nach ⟨CR⟩ abgeschickt.

Datex-P20 Hauptanschluß

Ein Datex-P20 Hauptanschluß ist dann erforderlich, wenn die lokale Datenstation selbst über Datex-P20 Anrufe entgegennehmen soll. Ein Datex-P20 Hauptanschluß beinhaltet ein von der Post zur Verfügung gestelltes Datenübertragungsgerät, mit welchem die Übertragung bis zum nächsten PAD erfolgt. Die Miete für dieses Übertragungsgerät wird nicht gesondert berechnet; sie ist Teil der Gebühren des Hauptanschlusses. Anders als ein Nebenanschluß erhält ein Hauptanschluß eine eigene Network User Adress (NUA), unter der er von anderen Datex-P-Benutzern angewählt werden kann. Der Hauptanschluß kann mehrere logische Kanäle gleichzeitig bedienen.

Von einem Hauptanschluß aus können auch abgehende Verbindungen hergestellt werden. In diesem Fall braucht nicht erst ein PAD angewählt zu werden. Die Gebühren für den Verbindungsaufbau und die Verbindung zum PAD, wie sie beim Zugang zu Datex-P aus anderen Netzen entstehen, entfallen.

Datex-P20 Nebenanschluß für Telefonzugang

Eine preisgünstige Alternative zu einem Hauptanschluß ist der Zugang zu Datex-P über das Telefonnetz. Dieser Dienst, der als Datex-P20F bezeichnet wird, kann gegenwärtig mit Übertragungsgeschwindigkeiten bis zu 1.200 bit/s genutzt werden. Das Hauptunterscheidungsmerkmal zum Datex-P20 Hauptanschluß besteht darin, daß der Teilnehmer selbst nicht über Datex-P angewählt werden kann.

Voraussetzung zur Nutzung von Datex-P20F ist eine Datenstation für Übertragung im Telefonnetz. Damit ist auch gesagt, daß man bei Nutzung eines Akustikkopplers mit diesem Dienst einen ortsunabhängigen Zugang zu Datex-P hat.

Zum Verbindungsaufbau wird zunächst ein öffentlicher PAD der Bundespost angewählt. PADs befinden sich bei den 17 Netzknoten, deren Rufnummern in Anhang A.6 verzeichnet sind. Der Teilnehmer wählt den PAD an, der seinem Standort am nächsten gelegen ist. Dabei ist zu berücksichtigen, daß für die unterschiedlichen Übertragungsgeschwindigkeiten verschiedene Rufnummern gelten.

Die Verbindungsgebühren von der Datenstation zum PAD fallen als zusätzliche Gebühren an. Aufgrund der entfernungsabhängigen Telefongebühren wirkt es sich günstig aus, wenn der Anruf von einem Ort aus stattfindet, in dessen Nähe sich ein Netzknoten befindet.

Datex-P20 Nebenanschluß für Zugang von Datex-L

Teilnehmer, die über einen Datex-L-Hauptanschluß mit einer Übertragungsgeschwindigkeit von 300 bit/s verfügen, können mit diesem als Datex-P20L bezeichneten Dienst Zugang zu Datex-P erhalten. Der PAD wird über die Rufnummer 140 erreicht. Bedienung und Verbindungsaufbau geschieht dann wie bei den anderen Datex-P20-Diensten (siehe unten).

Teilnehmerkennung

Bei der Beantragung der Teilnahme an Datex-P20 erhält der Benutzer eine Teilnehmerkennung (NUI = Network User Identification). Diese Teilnehmerkennung, die den Benutzer identifiziert, dient in erster Linie zur Rechnungslegung. Alle mit dieser Teilnehmerkennung verursachten Kosten im Datex-P-Netz werden dem Inhaber der Teilnehmerkennung in Rechnung gestellt.

Die Teilnehmerkennung besteht aus zwei Teilen. Den ersten Teil der Teilnehmerkennung („Teil A“) wählt der Benutzer frei. Er kann aus fünf bis sieben Buchstaben oder Ziffern bestehen. Zwischen Groß- und Kleinschreibung wird dabei nicht unterschieden. Vor jede Teilnehmerkennung wird von der Post noch der Buchstabe „D“ gestellt. Der zweite Teil („Teil B“, „Paßwort“) der Teilnehmerkennung wird dem Benutzer von der Post zugeteilt.

Verbindungsaufbau über Datex-P20

Bevor eine Verbindung hergestellt ist und alle eingegebenen Zeichen zur Gegenstelle übertragen werden, muß ein Dialog mit dem PAD stattfinden. Damit der Benutzer unterscheiden kann, welche Meldungen vom PAD und welche von der Gegenstelle kommen, stellt der PAD seinen Meldungen immer den Vorspann „DATEX-P:“ voran.

Nachdem die Verbindung zum PAD aufgebaut ist, muß der Teilnehmer zunächst ein „Dienstanforderungssignal“ zum PAD senden, aus dem dieser automatisch das verwendete Übertragungsformat (Bytelänge, Parität, Stopbits) ermittelt. Das Dienstanforderungssignal besteht aus einem Punkt („.“) gefolgt von ⟨CR⟩. Anschließend weist sich der Teilnehmer

```
.
DATEX-P: 44 XXXX XXXXX
NUI DXXXXXX
DATEX-P: Passwort
XXXXXX
DATEX-P: Teilnehmerkennung DXXXXXX aktiv
YYYYYYYYYYY
DATEX-P: Verbindung hergestellt mit YY...

(( --- Kommunikation mit der Gegenstelle --- ))

<Ctrl-P>CLEAR
DATEX-P: Ausloesung - lokale Veranlassung
NUI OFF
DATEX-P: Teilnehmerkennung nicht aktiv
```

Abb. 5-4: Dialog zwischen Benutzer und PAD

durch seine Benutzerkennung und sein Paßwort als berechtigter Teilnehmer von Datex-P aus. Durch die Eingabe der entsprechenden Network User Adress wird dann eine Verbindung zum gewünschten Datex-P-Hauptanschluß aufgebaut.

Abb. 5-4 veranschaulicht die Kommunikation mit dem PAD. Alle Eingaben für den PAD – auch das Dienstanforderungssignal – müssen mit ⟨CR⟩ abgeschlossen werden. Dabei sind Benutzereingaben unterstrichen. Vorangestellte Zeilennummern dienen nur zur Erläuterung und werden im realen Dialog nicht gesendet.

Bei dem in Abb. 5-4 dargestellten Beispiel werden folgende Aktionen durchgeführt:

Zeile 1: Dienstanforderungssignal für Datex-P; vor Eingabe dieses Dienstanforderungssignals tut sich auch bei korrekt hergestellter Verbindung nichts auf dem Bildschirm

Zeile 2: Datex-P bestätigt das Dienstanforderungssignal

Zeile 3: Der Benutzer gibt seine Benutzerkennung (NUI) ein

Zeile 4: Datex-P fragt nach dem Paßwort

Zeile 5: Der Benutzer gibt sein Paßwort (Benutzerkennung Teil B) ein

Zeile 6: Datex-P aktiviert bei korrekt eingegebenem Paßwort die Benutzerkennung und stellt dem hierdurch ausgewiesenen Benutzer die folgenden Aktionen in Rechnung

Zeile 7: Der Benutzer gibt die Netzkennzahl (NUA) des Hauptanschlusses ein, den er erreichen will. Diese Eingabe entspricht dem Wählen der Telefonnummer beim Telefonieren

Zeile 8: Praktisch unmittelbar nach der Eingabe der NUA hat Datex-P die Verbindung aufgebaut und meldet dies dem Benutzer

Zeile 9-11: Nun findet die Kommunikation mit der Gegenstelle statt

Zeile 12: Der Benutzer bricht die Verbindung durch Eingabe von ⟨Ctrl-P⟩CLEAR ab. Normalerweise ist das nicht erforderlich, da der Host die Verbindung nach einem entsprechenden LOGOFF-Kommando automatisch auslöst

Zeile 13: Datex-P bestätigt die Verbindungsauslösung

Zeile 14: Der Benutzer inaktiviert seine Benutzerkennung

Zeile 15: Datex-P bestätigt die Inaktivierung der Benutzerkennung

Datex-P Parameter

Zur besseren Anpassung der Datenendeinrichtung an das Datennetz können beim PAD eine Reihe von Übertragungsparametern verändert werden. Zur Anzeige und Veränderung von Benutzerparametern stellt der PAD die Kommandos PAR und SET zur Verfügung. Die Bedeutung der Parameter und ihrer jeweiligen Werte ist der in Anhang A.7 wiedergegebenen Tabelle zu entnehmen. Bei Eingabe von „PAR⟨CR⟩“ wird eine Parameterliste mit den aktuell eingestellten Werten ausgegeben wie in Abb. 5-5.

```
par
DATEX-P: par 001:001, 002:001, 003:002, 004:000, 005:000, 006:001
             007:021, 008:000, 009:002, 010:000, 011:002, 012:000
             118:000, 119:000, 120:000, 121:000, 122:000, 123:001
             125:000, 126:004
```

Abb. 5-5: Anzeige von Datex-P Parametern

Zum Setzen von Parametern dient das Kommando SET. Es wird von der Nummer des zu verändernden Parameters und – abgetrennt durch einen Doppelpunkt – dem neuen Wert gefolgt, hat also die Form

SET ⟨ParNr⟩:⟨Wert⟩⟨CR⟩

Mit einem Aufruf von SET können auch mehrere Parameter auf einmal verändert werden. Hierfür werden die Parameter und Werte durch Kommata voneinander abgetrennt:

SET ⟨ParNr⟩:⟨Wert⟩,⟨ParNr⟩:⟨Wert⟩, ... ⟨CR⟩

Die Änderung von Parametern muß vor dem Verbindungsaufbau erfolgen.

Codetransparente Übertragung mit Datex-P

Datex-P benutzt gewöhnlich die Übertragungsparameter sieben Datenbits, gerade Parität, ein Stopbit. Während einer bestehenden Verbindung dient das Steuerzeichen ⟨DLE⟩ (Control-P) dazu, in den Kommandomodus zu wechseln, von dem aus Kommandos an den PAD gegeben werden können, die nicht zur Gegenstelle gesendet werden (z.B. zur Unterbrechung einer Verbindung). Da Datex-P ausserdem nach jedem ⟨CR⟩ zwei Füllzeichen (⟨NUL⟩) einfügt, ist eine codetransparente Übertragung mit Datex-P nicht ohne weiteres möglich.

Über das Umschalten einiger Parameter läßt sich dies ändern. So bewirkt die Einstellung des Parameters 9 auf den Wert 0 mit dem Kommando „SET 9:0“ die Unterdrückung der zusätzlichen Füllzeichen nach einem ⟨CR⟩. Durch das Kommando „SET 1:0“ wird ein ⟨DLE⟩ nicht mehr als Aktivierungszeichen für Kommandoeingabe interpretiert, sondern direkt an die Gegenstelle weitergereicht (allerdings ist dann ein Übergang in den Zustand Kommandoeingabe nicht mehr möglich).

Die wichtigste Änderung besteht in der Umschaltung auf eine Bytelänge von acht Datenbits. Datex-P verfügt hierfür über kein spezielles Kommando, da das Netz prinzipiell für die Verwendung von 7-Bit-Codes ausgelegt ist. Auf einem Umweg kann hierfür Abhilfe geschaffen werden, indem das von Datex-P benutzte Paritätsbit als Datenbit mitverwendet wird. Hierzu wird die Paritätsprüfung beim PAD mit dem Kommando „SET 123:0“ abgeschaltet. Wenn nun sendender und empfangender Computer auf das Datenformat 8N1 (Bytelänge acht Datenbits, keine Parität, ein Stopbit) umschalten, können acht Datenbits über Datex-P übertragen werden. Alle drei oben beschriebenen Einstellungen können auch mit einer Kommandozeile in der Form

SET 1:0,9:0,123:0

ausgeführt werden.

5.2.2 Weitere Datex-P-Dienste

Neben Datex-P20 werden weitere Dienste innerhalb von Datex-P angeboten, die in erster Linie auf die Kommunikation zwischen Großrechnern zugeschnitten sind. Diesen Diensten kommt eine geringere Bedeutung für Anwendungen aus dem engeren Bereich der Datenfernkommunikation zu; sie dienen vielmehr zum Aufbau organisationsinterner Rechnernetze und für den Datenverkehr zwischen Unternehmen und Service-Rechenzentrum.

Datex-P10

Datex-P10 ist der Datex-P-Basisdienst. Er ist für Datenendeinrichtungen konzipiert, die mit dem X.25-Protokoll arbeiten. Als Übertragungsgeschwindigkeiten stehen 2.400, 4.800, 9.600 und 48.000 bit/s bei ausschließlich synchronem Gleichlaufverfahren zur Verfügung.

Unter Umständen können auch andere Geräte (z.B. Mikrocomputer) den Datex-P10-Dienst nutzen, wenn sie mit einem entsprechenden Protokollkonverter ausgerüstet werden. Dieser Protokollkonverter setzt das vom jeweiligen Datenendgerät produzierte Protokoll (z.B. ASCII V.24) in das von Datex-P10 geforderte X.25-Protokoll um (siehe Kap. 3.3.3).

Datex-P32

Datex-P32 ist ein zusätzlicher Dienst für Datenendgeräte, die mit dem BSC3-Protokoll arbeiten (Dialogverkehr). Damit kommen für diesen Dienst nur folgende Gerätetypen in Frage:

IBM 3271	
IBM 3274	(oder kompatible Geräte
IBM 3275	anderer Hersteller)
IBM 3276	

Als Übertragungsgeschwindigkeiten stehen 2.400, 4.800 und 9.600 bit/s bei synchronem Gleichlaufverfahren zur Verfügung. Ein Verbindungsaufbau durch den Zentralrechner ist nicht möglich; die Verbindung wird immer von der entfernten Datenstation her aufgebaut.

Datex-P42

Datex-P42 ist ein zusätzlicher Dienst für Datenendgeräte, die mit dem BSC2-Protokoll arbeiten (Stapelverkehr). Damit ist dieser Dienst auf folgende Gerätetypen beschränkt:

IBM 2770	
IBM 2780	(oder kompatible Geräte
IBM 3770	anderer Hersteller)
IBM 3780	

Als Übertragungsgeschwindigkeiten stellt Datex-P42 1.200, 2.400, 4.800 und 9.600 bit/s bei synchronem Gleichlaufverfahren zur Verfügung.

5.2.3 Internationale Paketnetze

Die leistungsfähige Paketvermittlungstechnik hat sich inzwischen weltweit durchgesetzt. Über Datex-P kann zu anderen paketvermittelten Netzen durchgeschaltet werden. Gegenwärtig sind mehr als 100 paketvermittelte Netze in der ganzen Welt über Datex-P erreichbar. Besondere Bedeutung kommt dabei den dichten Paketnetzen in den USA zu, die auf diesem Weg problemlos von der Bundesrepublik aus erreicht werden können.

Die Bundesrepublik ist in Bezug auf Online-Datenbanken und Kommunikationsdienste noch Entwicklungsland. In vielen Fällen ist es wünschenswert, Datenfernkommunikation mit dem Ausland (sprich: den Vereinigten

Staaten) zu betreiben, um das dortige reichhaltigere Angebot zu nutzen. Die Paketnetze sind im Vergleich zur Datenübertragung per Telefonnetz besonders kostengünstig, da hier entfernungs- und zeitabhängige Gebühren in wesentlich geringerem Maße anfallen. Außerdem sind auch im Ausland praktisch alle Datenbanken und Kommunikationsdienste über Paketnetze erreichbar. Schließlich ist eine internationale Verbindung per Telefonnetz nicht immer möglich, da z.B. die Datenübertragungseinrichtungen in den Vereinigten Staaten teilweise nicht den CCITT-Empfehlungen entsprechen. Bei Paketnetzen entfallen diese Probleme.

Verbindungsaufbau

Jedes Netz ist mit einer eigenen Netzkennzahl ausgestattet. Um einen Anschluß in einem ausländischen Netz anzuwählen, muß als Rufnummer zunächst eine „0“ eingegeben werden (wie beim Telefonieren für Ferngespräche). Diese wird gefolgt von der Netzkennzahl und dann von der eigentlichen NUA. Manche ausländischen Datenbank- und Mailboxanbieter geben bei der Nennung ihrer NUA die Netzkennzahl bereits mit an. In diesem Fall braucht der NUA nur noch die „0“ vorangestellt werden.

Eine Liste der Netzkennzahlen von Paketnetzen im europäischen Ausland sowie in den Vereinigten Staaten und Kanada ist in Anhang A.8 enthalten.

Gebühren

Zu den Grundgebühren und normalen Verbindungsgebühren treten zusätzliche Verbindungsgebühren hinzu. Diese zusätzlichen Verbindungsgebühren umfassen eine zeitabhängige Gebühr (pro Minute Verbindungszeit) sowie eine erhöhte Volumengebühr. Trotz dieser erhöhten Gebühren im internationalen Bereich wird eine Benutzung von Paketnetzen für Auslandsverbindungen praktisch immer billiger sein als eine Telefonverbindung.

5.3 Datex-L

Datex-L ist ein digitales Datennetz der Deutschen Bundespost, das als Übertragungstechnik die Leitungsvermittlung verwendet. Datex-L dient überwiegend zur Kommunikation zwischen Großrechnern in allen Situationen, in denen eine Direktrufleitung entfallen kann.

Datex-L wurde von der Bundespost bereits im Jahr 1967 eingeführt.Es stellte damit neben dem Telexnetz das zweite digitale Netz zur Datenübertragung dar, das jedoch von Anfang an wesentlich leistungsfähiger als Telex war. Datex-L ist ein rein digitales Netz, das nur zur Datenübertragung dient und deswegen sehr viel höhere Übertragungsgeschwindigkeiten bei gleichzeitig niedrigerer Fehlerrate erlaubt als das Telefonnetz. Seit 1979 werden Übertragungsgeschwindigkeiten bis 9.600 bit/s unterstützt. Als bisher letzte Ausbaustufe wurde eine Geschwindigkeitsklasse mit 64.000 bit/s eingeführt.

Netzart	digital
Betriebsarten	duplex
Codetransparenz	ja
Übertragungsart	seriell
Synchronisation	asynchron und synchron
max. Geschwindigkeit	64.000 bit/s
Teilnehmer	17.000
Fehlerrate	10^{-5}
Netzübergänge	zu Datex-P

Tab. 5-8: Kennwerte Datex-L

Anders als bei Datex-P sind bei Datex-L nur Verbindungen zwischen Anschlüssen gleicher Übertragungsgeschwindigkeit möglich.

Die Hauptanwendungsbereiche von Datex-L liegen in der professionellen Datenübertragung wie z.B. Datenfernverarbeitung. Datex-L ist gegenüber Datex-P bei größeren Datenmengen kostengünstiger. Auch gegenüber dem Direktrufnetz stellt Datex-L häufig die günstigere Alternative dar: einerseits können Leitungen mit hoher Dienstgüte zur Verfügung gestellt werden, andererseits ist die Anwahl unterschiedlicher Gegenstellen möglich.

Dienste

Die von der Bundespost innerhalb von Datex-L angebotenen Dienste sind in Tab. 5-9 aufgeführt.

Die erreichbaren Anschlüsse können zu Sicherungszwecken auf bestimmte, vom Teilnehmer genannte Gegenstellen beschränkt werden. Dadurch wird auch der Aufbau eines privaten Datennetzes ähnlich wie beim Direktrufnetz möglich.

Dienst	Übertragungsgeschwindigkeit	Synchronisation
DATEX-L300	300 bit/s	asynchron
DATEX-L2400	2.400 bit/s	synchron
DATEX-L4800	4.800 bit/s	synchron
DATEX-L9600	9.600 bit/s	synchron
DATEX-L64000	64.000 bit/s	synchron

Tab. 5-9: Dienste im Datex-L-Netz

Übertragungsgeräte und Schnittstellen

Bei Beantragung eines Datex-L-Hauptanschlusses stellt die Post ein Übertragungsgerät zur Verfügung. Die Miete ist in der Grundgebühr des Hauptanschlusses enthalten.

Als Schnittstellen kommen X.20, X.21, X.20bis und X.21bis zum Einsatz. Für die Geschwindigkeit 300 bit/s wird dem Teilnehmer wahlweise ein AGT300 oder ein DFGT300 zur Verfügung gestellt.Damit kann wahlweise eine X.20 oder eine X.20bis-Schnittstelle angesteuert werden. Für höhere Geschwindigkeiten kommt ein DFGT9600UE oder ein NFGT64UE zum Einsatz. Damit werden Schnittstellen der Gruppe X.21 und X.21bis bedient.

Gebühren

Für einen Datex-L-Hauptanschluss fallen einmalige Anschlußgebühren an. Zusätzlich fallen für die Ausrüstung des Übertragungsgeräts mit einer

Grundgebühren:	
	fest
X	geschwindigkeitsabhängig
Verbindungsgebühren abhängig von:	
X	Verbindungsdauer
X	Verbindungsanzahl
X	Entfernung
X	Tageszeit
X	Wochentag
	Datenvolumen
X	Geschwindigkeit
X	mtl. Minimum

Tab. 5-10: Gebührenstruktur Datex-L

speziellen Schnittstelle (.bis-Schnittstelle) weitere monatliche Grundgebühren an.

Da es bei Datex-L nur drei Entfernungszonen gibt (bis 50 km/über 50 km/Berlinverkehr), eignet sich dieses Netz besonders für die Übertragung über größere Entfernungen.

Weil sich die Gebühren für Datex-L an der Verbindungszeit und nicht an der Menge der übertragenen Daten orientieren, kann Datex-L unverhältnismäßig kostenintensiv werden, wenn nur wenig Zeichen in einem langen Zeitraum übermittelt werden (wie bei Dialogverkehr üblich). Für diesen Fall empfiehlt sich der Einsatz eines Timecutters. Der Timecutter ist ein Gerät, daß die Datenübertragung überwacht und die Verbindung automatisch auslöst, wenn keine Daten übertragen werden. Liegen erneut Sendedaten an, wird die Verbindung automatisch wieder aufgebaut. Da der Verbindungsaufbau bei Datex-L nur wenige Millisekunden beträgt, stört die Arbeit des Timecutters den Dialog kaum.

Auslandsverkehr

Ähnlich wie Datex-P gestattet auch Datex-L das Durchschalten zu entsprechenden ausländischen Netzen. Angewählt werden können Hauptanschlüsse in digitalen Netzen mit Leitungsvermittlung. Anders als bei Datex-P ist hierbei jedoch nur die Kommunikation mit einer Gegenstelle möglich, die mit der gleichen Übertragungsgeschwindigkeit arbeitet. Tab. 5-11 zeigt, welche Netzanschlüsse zu ausländischen Netzen bestehen und welche Netzkennzahlen angewählt werden müssen.

Land	bit/s			
	300	2.400	4.800	9.600
Dänemark		2381	2381	2381
Finnland		2441	2441	2441
Kanada		3029	3029	3029
Norwegen		2421	2421	2421
Österreich	2321	2324	2325	2326
Schweden		2401	2401	2401
USA		3129	3129	3129

Tab. 5-11: Ausländische leitungsvermittelte Datennetze

5.4 Netze für Textkommunikation

Bildschirmtext, Telex und Teletex sind Datennetze bzw. -dienste der Bundespost, die in erster Linie zur Übertragung von Texten und Dokumenten dienen. Die Übertragung erfolgt zeilen- oder seitenweise mit einem festgelegten Format und ist codegebunden. Die Eignung dieser Netze zur Datenübertragung im engeren Sinne ist daher nicht gegeben.

Sowohl die Teilnahme an Bildschirmtext als auch an Telex und Teletex erfordert speziell eingerichtete Endgeräte bzw. Datenzusatzeinrichtungen (siehe Kap. 3.3). Die Nutzung eines Computers als Datenendeinrichtung ist nicht ohne weiteres möglich.

Besondere Bedingungen an die technische Ausführung der Endgeräte bestehen bei Telex und Teletex, da hier eine durchgehende Erreichbarkeit des Teilnehmers (also auch bei bedienerlosem Betrieb außerhalb der Dienstzeiten) vorgeschrieben ist. Die Unabhängigkeit von Dienstzeiten ist zwar auch ein Kennzeichen von Btx, wird dort aber nicht durch die ständige Betriebsbereitschaft des Endgeräts erreicht, sondern durch die Zwischenspeicherung von Mitteilungen in der Btx-Zentrale.

5.4.1 Bildschirmtext

Bildschirmtext ist ein Datensystem, das das Telefonnetz zur Nutzung von Dienstleistungsangeboten zur Verfügung stellt. Mit der Verwendung des Fernsehapparats als Ein- und Ausgabemedium und der Ausrichtung auf Unterhaltungs- und nicht-informationelle Dienstleistungsangebote (z.B. Zahlungsverkehr, Bestellungen, Buchungen) wendet sich Bildschirmtext eher an den privaten Endverbraucher als an den professionellen Nutzer von Datenfernkommunikation.

Bildschirmtext wurde in der Bundesrepublik 1980 in zwei Feldversuchen eingeführt und 1984 öffentlich zugänglich. Im August 1986 zählte die Bundespost den 50.000. Anschluß; Anfang 1988 waren es 100.000 Teilnehmer. Von der Bundespost als Informationssystem für den privaten Verbraucher favorisiert, bestimmte Btx lange Zeit die Diskussion um die (Schädlichkeit der) „neuen Medien“ und führte zu einem eigenen Btx-Recht (siehe unten). Insbesondere aber durch die weite Verbreitung von Mikrocomputern auch in privaten Haushalten erreichte Btx in der Bundesrepublik bisher nicht im entferntesten die Verbreitung und die Wirkungen, die sowohl von Befürwortern als auch von Kritikern vorhergesagt

Netzart	analog
Betriebsarten	duplex
Codetransparenz	nein
Übertragungsart	seriell
Synchronisation	asynchron
max. Geschwindigkeit	1.200 bit/s
Teilnehmer	100.000
Fehlerrate	unbekannt
Netzübergänge	keine

Tab. 5-12: Kennwerte Bildschirmtext

wurden. So rechnete die Bundespost bereits für 1986 mit einer Million Teilnehmern. Trotz unverhältnismäßig günstiger Grundgebühren und einem immensen Werbeaufwand konnte diese Zahl nicht entfernt erreicht werden.

Übertragungstechnik und Netzstruktur

Bildschirmtext basiert auf der Datenübertragung im öffentlichen Telefonnetz mit 1200/75 bit/s (Geschwindigkeitsklasse V.23). Die bei der Beantragung der Teilnahme an Btx von der Post zur Verfügung gestellte Btx-Anschlußbox besteht technisch aus einem Modem mit der Übertragungsgeschwindigkeit 1200 bit/s Empfangen und 75 bit/s Senden. Dieser Modem wird jedoch nicht an eine Datenverarbeitungsanlage, sondern an ein Fernsehgerät angeschlossen, das mit einem entsprechenden Zusatzgerät (Decoder) ausgestattet wird. Der Decoder ist erforderlich, um den bei Btx verwendeten speziellen Code in Bildpunkte für den Fernsehbildschirm umzusetzen.

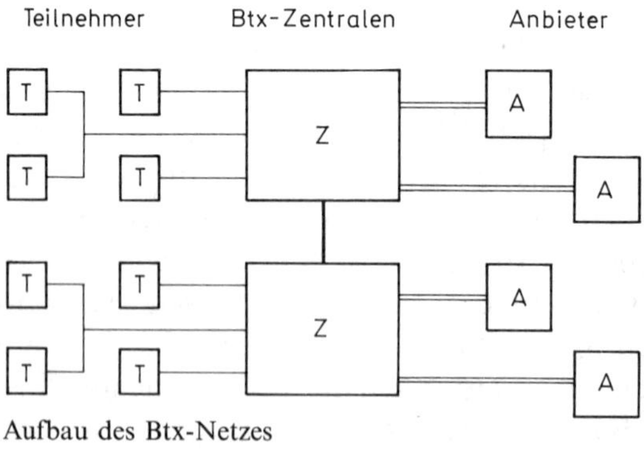

Abb. 5-6: Aufbau des Btx-Netzes

Dem mit 75 bit/s langsamen Rückkanal entspricht eine organisatorische Trennung zwischen „Teilnehmern“ und „Anbietern“.„Anbieter“ sind die Informationsproduzenten, die den schnellen Sendekanal benutzen. Die „Teilnehmer“ nutzen dagegen den langsamen Rückkanal, um dem Anbieter Kommandos zu erteilen (z.B.zur Abgabe von Bestellungen).

Die Btx-Zentralen der Deutschen Bundespost sind untereinander über Standleitungen verbunden. An die Btx-Zentralen sind über Datex-P die externen Rechner der Anbieter angeschlossen. Die Teilnehmer schließlich werden mit den Btx-Zentralen über das öffentliche Telefonnetz verbunden (Abb. 5-6).

Codes und Bildschirmaufbau

Btx wurde für den Betrieb mit Farbfernsehgeräten konzipiert und orientiert sich beim Bildaufbau an deren Gegebenheiten. Der verwendete Code unterstützt 4096 Farben und spezielle Grafik-Sonderzeichen. Das Bildschirmformat beträgt 24 Zeilen mit je 40 Spalten. Die Übertragung erfolgt jeweils seitenweise. Die von Btx verwendeten Codes entsprechen nicht dem ASCII-Standard und sind deshalb nicht unmittelbar mit einem Computer zu empfangen und zu speichern.

Übertragungs-, Zusatz- und Endgeräte

Bei der Beantragung der Teilnahme an Btx erhält man von der Post eine Btx-Anschlußbox. Den Kern dieser Anschlußbox bildet ein Modem mit der Übertragungsgeschwindigkeit 1200/75 bit/s. Die vom Btx-Modem gelieferten Signale können nicht direkt auf dem Bildschirm dargestellt werden. Zur Umwandlung in ein darstellbares Format ist zusätzlich ein Decoder erforderlich. Dieser Decoder muß von einem privaten Hersteller gekauft werden. Als Endgeräte kommen Fernseher in Frage, die mit einem Decoder versehen werden können, oder auch spezielle Btx-Terminals. Von der Post und von einigen privaten Herstellern werden auch Multifunktions-Telefone angeboten, die bereits über einen integrierten Decoder verfügen (siehe Kap. 3.1.2).

Besonders die Verbreitung billiger Home-Computer führte dazu, Btx auch für den Computer nutzbar zu machen, der mit seiner alphanumerischen Tastatur bereits über eine bessere Eingabemöglichkeit als eine Fernseh-Fernbedienung verfügt. Hier wirkte sich der Umstand günstig aus, daß die meisten Home-Computer ohnehin einen gewöhnlichen Fernseher als

Monitor verwenden, so daß eine spezielle Anpassung des Bildschirmsignals entfällt.

Zur Nutzung von Btx mit einem Personal Computer ist ein spezieller Decoder erforderlich, der z.B. als Einsteckkarte in den PC integriert werden kann. Die angebotene Software ist in der Regel in der Lage, Btx-Seiten zu speichern, auszudrucken und gespeicherte Seiten wieder anzuzeigen. Da Btx nicht mit dem ASCII-Code arbeitet, können Btx-Seiten nicht zusammen mit anderen Texten verarbeitet werden. So können z.B. die Resultate einer per Btx durchgeführten Datenbankrecherche nicht mit einem Text-Editor umformatiert werden und in andere Texte eingefügt werden.

Aufbau des Informationsangebots

Das über Btx erreichbare Informationsangebot hat eine relativ starre Struktur, die sich aus der Möglichkeit einer Abfrage über die Fernbedienung eines Fernsehers ableiten läßt. Die Abfragekommandos wurden daraufhin konzipiert, daß der Teilnehmer alle Funktionen des Anbieters durch Eingabe einer Zahl zwischen Null und Neun ausführen können muß. Das gesamte über Btx erreichbare Informationsangebot ist in „Seiten" eingeteilt, die selbst wiederum aus bis zu 26 „Blättern" bestehen können. Ein „Blatt" entspricht einer Bildschirmseite. Demzufolge ist das Informationsangebot in einem hierarchischen Suchbaum gegliedert, in dem der Teilnehmer von Blatt zu Blatt blättert. Nach Anwahl einer bestimmten Seite erscheint deren erstes Blatt auf dem Bildschirm. Die weiteren Blätter können nun durch „Weiterblättern" mit Eingabe eines Doppelkreuzes („#") erreicht werden.

Zweig	Inhalt
0	Aus Zeitungen, Zeitschriften, Büchern, Hörfunk, Fernsehen
1	Wirtschaft, Geldverkehr, Versorgungsunternehmen
2	Waren- und Dienstleistungsangebote
3	Rat, Hilfe, Verbraucherinformation
4	Anschriften, Verzeichnisse
5	Staat, Gemeinden, Behörden, Parteien, Kirchen, Organisationen
6	Verkehr, Reisen, Wetter
7	Wissen, Bildung, Kultur, Freizeit
8	Veranstaltungen

Tab. 5-13: Zweige des Btx-Suchbaumes

Der Suchbaum baut sich aus neun „Ästen“ auf. Die im jeweiligen Ast enthaltenen Seiten haben eine gemeinsame inhaltliche Bedeutung. Tabelle 5-13 enthält die Zuteilung der Sachgebiete zu den einzelnen Ästen.

Die Zweige haben wiederum Unterzweige, die jeweils von Null bis Neun durchnummeriert sind. Am Ende eines Zweiges befinden sich die Seiten der Anbieter.

Um zu einer Seite zu gelangen, kann man sich entweder durch den Suchbaum hindurcharbeiten oder eine gesuchte Seite direkt anwählen. Hierzu muß die Nummer der Seite aber bereits bekannt sein. Durch Aufruf von * XXX # z.B. würde eine Seite mit der Nummer XXX aufgerufen. Der Aufruf * 0 # führt stets zur Leitseite der Bundespost.

Eine Abfrage von Informationen nach Schlüsselbegriffen ist (außer bei Benutzung eines Btx-Terminals mit alphanumerischer Tastatur) nicht möglich, da die Eingabe stets in Form von Ziffern zwischen Null und Neun erfolgen muß. Um dem abzuhelfen, gibt es ein Schlagwörterverzeichnis, in dem über zweistellige Zahlen Schlagwörter ausgewählt werden können, die dann zu den jeweiligen Anbietern führen. Die Schlagwörter sind jedoch kaum nach logischen Gesichtspunkten strukturiert, sondern werden vom Anbieter selbst frei gewählt. Da die meisten Anbieter sehr viele Schlagwörter wählen, ist die Suche über Schlagwörter nicht mit der in einer Datenbank zu vergleichen, deren Struktur von IuD-Fachleuten erstellt wird.

Zu unterscheiden ist weiterhin zwischen öffentlich zugänglichen und nicht öffentlich zugänglichen Informationen. Nicht öffentliche Informationen konstituieren eine sog. geschlossene Benutzergruppe. Werden z.B. Bankinformationen oder ein Bestellservice eines Unternehmens über Btx abgewickelt, so können diese Informationen nicht von jedem Btx-Teilnehmer gelesen werden.

Gebühren und Entgelte

Die Teilnahme an Btx erzeugt einmalige Festkosten für die Anschaffung des Decoders, der zusätzlich zum Übertragungsgerät (Btx-Anschlußbox) erforderlich ist. Regelmäßige Gebühren entstehen einerseits als monatliche Grundgebühren, in denen die Miete der Btx-Anschlußbox enthalten sind, zeitabhängigen Verbindungsgebühren und eventuellen Entgelten an Anbieter.

Grundgebühren:	
X	fest
	geschwindigkeitsabhängig
Verbindungsgebühren abhängig von:	
X	Verbindungsdauer
	Verbindungsanzahl
	Entfernung
X	Tageszeit
X	Wochentag
	Datenvolumen
	Geschwindigkeit
	mtl. Minimum

Tab. 5-14: Gebührenstruktur Bildschirmtext

Btx-Anbieter können für den Abruf einer Seite ein Entgelt zwischen 1 und 99 Pfennig erheben. Dieses Entgelt wird dem Teilnehmer von der Deutschen Bundespost in Rechnung gestellt. Auf die Entgeltpflicht von Seiten wird vor deren Abruf hingewiesen.

Btx-Recht

Für die inhaltliche Gestaltung und Organisation der Bildschirmtext-Angebote wurde eine ganze Reihe von Gesetzen erlassen, die vornehmlich in dem Anspruch von Btx als ein dem Fernsehen ähnliches Massenmedium begründet sind. Da Rundfunk und Fernsehen in der Bundesrepublik jedoch staatlich kontrolliert werden, wurde diese Kontrolle auch auf Btx ausgedehnt. Die rechtlichen Bestimmungen zu Bildschirmtext leiten sich aus dem Verständnis von Btx als „neuem Medium" her, das in die Nähe zum (seinerzeit hierzulande noch nicht genehmigten) Privatfernsehen gerückt wurde. Gewerkschaften fürchteten den Abbau von Arbeitsplätzen (Btx als „Job-Killer"); Zeitungs- und Zeitschriftenverleger rückläufige Werbeeinnahmen, Rundfunkanstalten eine Einschränkung der Meinungsvielfalt und Verbraucherorganisationen mangelnden Datenschutz.

Rechtsgrundlage für den Betrieb von Bildschirmtext ist der Btx-Staatsvertrag, der die Rahmenbedingungen des Betriebs von Btx regelt. Der Staatsvertrag schreibt unter anderem die Kennzeichnung der Entgelte vor. Auf jeder Seite hat der Anbieter das geforderte Entgelt für den Abruf der Seite zu vermerken. Dies gilt auch für unentgeltliche Seiten. Bei entgeltpflichtigen Seiten muß vor deren Aufruf auf das Entgelt hingewiesen werden. Unmittelbar abrufbare Seiten müssen unentgeltlich sein. Jede Seite muß den Namen des Anbieters enthalten. Die Anschrift des Anbieters muß unentgeltlich abgerufen werden können (Impressumspflicht).

Der Anbieter hat ferner dafür Sorge zu tragen, daß der Inhalt der von ihm angebotenen Seiten wahrheitsgetreu und sachlich ist. Er ist verpflichtet, Gegendarstellungen unverzüglich und kostenlos sowie für andere Teilnehmer unentgeltlich in sein Programm aufzunehmen. Meinungsumfragen zu Themen, die durch Bundes- oder Landesgesetz oder durch Gemeinden oder andere kommunale Gebietskörperschaften geregelt werden, sind generell unzulässig. Ergebnisse von Meinungsumfragen zu Wahlen oder Abstimmungen dürfen nur bis zu sechs Wochen vor der Wahl oder Abstimmung veröffentlicht werden.

Personenbezogene Daten dürfen vom Anbieter nur insoweit abgefragt und gespeichert werden, soweit dies für die Nutzung des Angebots erforderlich ist. Über die Vorschriften des Datenschutzgesetzes hinaus ist sicherzustellen, daß die Verbindungsdaten unmittelbar nach dem Ende der Verbindung gelöscht werden und daß der Teilnehmer personenbezogene Daten nur durch eine eindeutige und bewußte Handlung übermitteln kann. Bei Meinungsumfragen per Btx dürfen personenbezogene Daten nur in anonymisierter Form verarbeitet werden.

Der Staatsvertrag schreibt schließlich vor, daß Wirtschaftswerbung in Btx ausdrücklich als solche zu kennzeichnen ist. Die Kennzeichnung von Werbung muß durch Hinzufügung des Buchstabens „W" auf der betreffenden Seite und auf deren Nennung in der Inhaltsübersicht erfolgen. Enthält eine Seite sowohl rein informierende als auch werbliche Textteile, so sind letztere eindeutig von ersteren abzuheben und ebenfalls durch den Buchstaben „W" zu kennzeichnen.

Inzwischen hat sich gezeigt, daß das von Btx (und generell von privaten Medien) ausgehende Gefährdungspotential wesentlich geringer ist als seinerzeit angenommen. Dabei wurde auch deutlich, daß bei der Diskussion um die Gefahren von Bildschirmtext in erster Linie die vordergründige Tatsache eine Rolle spielte, daß dieser Dienst das Fernsehgerät als Ausgabemedium verwendet (wenngleich ansonsten technisch und inhaltlich keine Gemeinsamkeiten mit dem Fernsehen bestehen). Bei der Einrichtung des Telebox-Dienstes (siehe Kap. 7.2.4), der inhaltlich starke Parallelen zu Btx aufweist, aber über gewöhnliche Datenterminals bzw. Computer abgerufen wird, wurde von vornherein nicht über ähnliche Gefährdungsmöglichkeiten und Schutzmaßnahmen nachgedacht.

5.4.2 Telex

Das Telexnetz ist das erste digitale Datennetz der Bundespost. Wenngleich technisch veraltet, ist Telex nach wie vor ein unverzichtbares Kommunikationsmedium, da es internationale Kommunikationsbeziehungen mit einer großen Zahl von Teilnehmern ermöglicht. Neben dem Telefonnetz ist das Telexnetz dasjenige Netz, über das national und international die meisten Teilnehmer erreicht werden können. Eine weitere Rolle für die ungebrochene Bedeutung von Telex spielt die Tatsache, daß per Telex übersandte Dokumente juristisch gesehen rechtsverbindlich sind.

Das Telexnetz ist – neben dem Telefonnetz – das weltweit dichteste Netz für Datenkommunikation. Die Absendung von Nachrichten kann in alle Welt erfolgen. Das weltweit benutzte Internationale Telegrafenalphabet Nr. 2 (siehe Kap. 2.1.3) ermöglicht die Zusammenarbeit aller Fernschreibstationen untereinander. Für den Einsatz von Computern als Datenendeinrichtungen ist dieser Code aber nicht unmittelbar einsetzbar, da es sich um einen 5-Bit-Code handelt. Außerdem ist das Telex-Netz verglichen mit den heutigen Möglichkeiten der Datenfernkommunikation wenig leistungsfähig, da es nur die sehr langsame Übertragungsgeschwindigkeit 50 bit/s zuläßt. Dennoch bietet Telex eine ganze Reihe von Vorteilen, die dazu geführt haben, daß dieses Netz nach wie vor in Gebrauch ist.

Vorteile des Telexnetzes sind unter anderem die hohe Teilnehmerzahl und die hohe (weltweite) Reichweite. Da Telex-Endgeräte außerdem 24 Stunden täglich durchgehend empfangsbereit sind, können Fernschreiben unabhängig von den Dienstzeiten des Empfängers versandt werden.

Netzart	digital
Betriebsarten	halbduplex
Codetransparenz	nein
Übertragungsart	seriell
Synchronisation	asynchron
max. Geschwindigkeit	50 bit/s
Teilnehmer	160.000
Fehlerrate	10^{-6}
Netzübergänge	von Teletex

Tab. 5-15: Kennwerte Telexnetz

Per Telex übermittelte Nachrichten haben Dokumentencharakter, da die Bundespost die Gewähr dafür übernimmt, daß der Empfänger das Fernschreiben erhalten hat. Zusammen mit dem Inhalt des Fernschreibens werden automatisch die Teilnehmerkennung des Senders sowie Datum und Uhrzeit übertragen. Dadurch ist eine genaue Identifikation des Senders möglich. Außerdem wird dem Sender der ordnungsgemäße Empfang eines Fernschreibens bestätigt. Deswegen können über Telex – anders als über alle anderen Datennetze – auch juristische Dokumente wie Verträge u.ä. übermittelt werden.

Dies hat zur Folge, daß das Telexnetz trotz der wenig anspruchsvollen und veralteten Technologie auch weiterhin im geschäftlichen Bereich genutzt werden wird. Aus diesem Grund ist der Einbezug von Telex in die Datenfernkommunikation für viele Unternehmen interessant.

Telex und Computer

Die Anbindung des Computers an das Telexnetz bringt hauptsächlich den Vorteil, daß die abgehenden Nachrichten mit einem normalen Text-Editor erstellt und bearbeitet werden können. Dies erlaubt bei serienmäßig oder routinemäßig versandten Telexen (wie z.B. Direktwerbung oder Bestellungen) eine nicht unbeträchtliche Einsparung von Arbeitszeit. Auch müssen Daten, die ohnehin in der EDV-Anlage gespeichert sind, nicht neu am Fernschreiber eingetippt werden.

Ankommende Daten können ebenfalls der Speicherung zugeführt werden. Dabei schreibt die Bundespost jedoch bislang vor, daß keine flüchtigen oder auswechselbaren Speicher (wie z.B. RAMs oder Disketten) verwendet werden dürfen, da die Annahme eines Telexes auf jeden Fall sichergestellt sein muß. Deswegen wird am Telex-Anschluß ein Drucker installiert, der die gesamte Kommunikation laufend mitprotokolliert. Darüber hinaus können Daten auch im Computer weitergeleitet werden, doch ist dies für ankommende Dokumente weniger interessant, da diese in der Regel nicht per Textverarbeitung weiterverarbeitet werden. Zu beachten ist schließlich, daß im Telex-Netz nur der begrenzte 5-Bit-Codevorrat zur Verfügung steht (also z.B. keine Unterscheidung zwischen Groß- und Kleinschreibung). Die erforderlichen Datenzusatzeinrichtungen sind in Kap. 3.3.2 beschrieben.

Gebühren

Telex-Endgeräte können von privaten Herstellern gekauft oder gemietet werden. Darüber hinaus fallen feste monatliche Grundgebühren und zeit- und entfernungsabhängige Verbindungsgebühren an.

Grundgebühren:	
X	fest
	geschwindigkeitsabhängig
Verbindungsgebühren abhängig von:	
X	Verbindungsdauer
	Verbindungsanzahl
X	Entfernung
X	Tageszeit
	Wochentag
	Datenvolumen
	Geschwindigkeit
	mtl. Minimum

Tab. 5-16: Gebührenstruktur Telex

5.4.3 Teletex

Teletex dient zur Textkommunikation mit einer höheren Übertragungsgeschwindigkeit als sie im technisch veralteten Telexnetz möglich ist. Verwendet wird eine seitenweise Übertragung, wobei das Papierformat A4 zugrunde gelegt wird. Zur Teilnahme an Teletex ist ein spezielles Teletex-Endgerät erforderlich, das einer Speicherschreibmaschine ähnelt.

Teletex ist technisch gesehen kein eigenständiges Datennetz, sondern ein spezieller Dienst im Datex-L-Netz. Da ein spezielles Übertragungsprotokoll mit seitenweiser Übertragung verwendet wird, ist dieser Dienst ist jedoch nicht von beliebigen Datex-L-Hauptanschlüssen anzuwählen, sondern erfordert einen speziellen Teletex-Hauptanschluss mit Teletex-Endgerät. Vorteile gegenüber Telex bestehen vor allem in der höheren Übertragungsgeschwindigkeit und dem umfangreicheren Alphabet, das nicht mehr auf den 5-Bit-Code beschränkt ist. Der nationale und internationale Ausbau des Teletex-Dienstes läßt gegenwärtig noch zu wünschen übrig. Positiv wirkt sich aus, daß über Teletex ein Zugang zum Telexnetz möglich

Netzart	digital
Betriebsarten	duplex
Codetransparenz	nein
Übertragungsart	seriell
Synchronisation	synchron
max. Geschwindigkeit	2.400 bit/s
Teilnehmer	13.000
Fehlerrate	10^{-6}
Netzübergänge	zu Telex

Tab. 5-17: Kennwerte Teletex

ist (wo dann allerdings mit der dort üblichen niedrigen Übertragungsgeschwindigkeit gearbeitet werden muß).

Die empfangende Station sichert und quittiert alle einkommenden Nachrichten. Zusätzlich zum übertragenen Text wird eine Kommunikationsdatenzeile mit den Kennungen des sendenden und des empfangenden Teilnehmers sowie mit Datum und Uhrzeit bereitgestellt. Dennoch hat Teletex nicht den gleichen rechtsverbindlichen Dokumentencharakter wie Telex.

Übertragungsgeräte und Endgeräte

Da Teletex technisch über das Datex-L-Netz abgewickelt wird, dient als Übertragungsgerät ein Datenfernschaltgerät der Bundespost. Dieses wird dem Teletex-Anschluß zur Verfügung gestellt. Die Miete ist in den Gebühren für den Anschluß enthalten.

Teletex-Endgeräte werden vom Fachhandel angeboten und müssen privat bezogen werden. Das Teletex-Endgerät besteht aus einer Speicherschreibmaschine mit Bildschirm. Es muß sichergestellt sein, daß ankommende Texte auch bei unbesetzter Station empfangen werden. Darüber hinaus können eingehende Nachrichten auch während der Erstellung von Texten empfangen werden.

Durchschaltmöglichkeit zu Telex

Über eine Umsetzungseinrichtung der Post – „Teletex/Telex-Umsetzer (TTU)“ – ist es möglich, unter Teletex Nachrichten in das Telexnetz einzuleiten. Dabei ist auf die langsamere Übertragungsgeschwindigkeit im Telexnetz und auf den eingeschränkten Zeichenvorrat Rücksicht zu nehmen. Der Umsetzer der Post verfügt über einen Puffer, der die Zwischenspeicherung von bis zu 12.000 Zeichen erlaubt. Somit können etwa sechs A4-Seiten auf einmal in Richtung Telexnetz abgesandt werden. In der Gegenrichtung kann eine Teletex-Endstation keine Nachrichten empfangen, die von einem Telex-Anschluß gesendet wurden.

Auslandsverkehr

Teletex ist an das internationale Teletex-Netz angebunden. Über dieses Netz sind gegenwärtig Anschlüsse in Dänemark, Finnland, Frankreich, Italien, Kanada, Luxemburg, Niederlande, Norwegen, Österreich, Schweden, Schweiz, Südafrika und den USA zu erreichen. Bisher wird Teletex jedoch auch international nicht entfernt im gleichen Umfang genutzt wie Telex. Deshalb dürfte es in vielen Fällen bei Auslandsbeziehungen noch unumgänglich sein, eine Verbindung über den Umweg des Telexnetzes herzustellen.

Gebühren

Es entstehen einmalige Gebühren für das spezielle Teletex-Endgerät, da keine konventionelle Datenverarbeitungsanlage benutzt werden kann. Zusätzlich ist eine einmalige Anschlußgebühr zu entrichten sowie monatliche Grundgebühren und Verbindungsgebühren.

Weitere Gebühren entstehen bei der Benutzung des Teletex/Telex-Umsetzers oder anderer Zusatzdienste.

Grundgebühren:	
X	fest
	geschwindigkeitsabhängig
Verbindungsgebühren abhängig von:	
	Verbindungsdauer
	Verbindungsanzahl
X	Entfernung
X	Tageszeit
	Wochentag
	Datenvolumen
	Geschwindigkeit
X	mtl. Minimum

Tab. 5-18: Gebührenstruktur Teletex

5.5 Das öffentliche Direktrufnetz

Im Direktrufnetz wird eine Datenübertragung durch von der Post bereitgestellte fest geschaltete Leitungen („Standleitungen") hergestellt. Datenübertragung im Direktrufnetz ist daher ausschließlich für die Datenfernkommunikation innerhalb einer Organisation interessant, wenn es auf die ständige Erreichbarkeit der Gegenstelle, auf hohe Übertragungsgeschwindigkeit und hohe Datensicherheit ankommt.

Das Direktrufnetz ist ein digitales Netz. Es wurde als Bestandteil des „Integrierten Text- und Datennetzes" ausgebaut und heißt offiziell „Öffentliches Direktrufnetz für die Übertragung digitaler Nachrichten". Beim Direktrufnetz gibt es nur Hauptanschlüsse, die von der Post als „Hauptanschluß für Direktruf (HfD)" bezeichnet werden. Hauptanschlüsse für Direktruf werden dauerhaft miteinander verbunden, weshalb Direktrufverbindungen auch als „Standleitungen" bezeichnet werden.

Das Direktrufnetz ist nur insofern öffentlich, als jeder einen Hauptanschluß für Direktruf beantragen kann. Mit diesem Hauptanschluß sind jedoch nur die ebenfalls vom Teilnehmer im Direktrufnetz betriebenen Anschlüsse erreichbar: ein „Anwählen" von anderen Teilnehmern ist prinzipiell nicht möglich. Ebenso kann ein Hauptanschluß für Direktruf nicht von einem anderen Netz aus angewählt werden. Da diese Anwendungen in Industrie und Verwaltung sehr häufig vorkommen, sind gegenwärtig über das Direktrufnetz mehr Datenendstationen miteinander verbunden als über das Telefonnetz. Da eine offene Kommunikation im Direktrufnetz nicht möglich ist, kann die Teilnehmerzahl hier nicht als Adressatenzahl angesehen werden. Dabei ist allerdings zu bedenken, daß eine Organisation fast immer über mehrere (eventuell mehrere hundert)

Netzart	digital
Betriebsarten	duplex
Codetransparenz	ja
Übertragungsart	seriell
Synchronisation	vorw. synchron
max. Geschwindigkeit	1920.000 bit/s
Teilnehmer	100.000
Fehlerrate	10^{-6}
Netzübergänge	keine

Tab. 5-19: Kennwerte Direktrufnetz

Vorteile	Nachteile
Hohe Geschwindigkeit	Nur organisationsinterne Kommunikation
Hohe Dienstgüte	
Beliebiger Code	Hohe Gebühren

Tab. 5-20: Nutzungsprofil Direktrufnetz

Anschlüsse verfügt, so daß die Zahl der das Direktrufnetz nutzenden Organisationen nur einen Bruchteil der Teilnehmerzahl ausmacht.

Das Direktrufnetz findet überall dort Anwendung, wo regelmäßig große Datenmengen mit hoher Zuverlässigkeit innerhalb einer Organisation transportiert werden müssen. So wird z.B. der Großteil der Flugzeugbuchungen und des Bankverkehrs über das Direktrufnetz abgewickelt.

Die Vorteile des Direktrufnetzes liegen in der großen Zuverlässigkeit dieses Netzes und seiner hohen Dienstgüte. Nachteile entstehen dort, wo zusätzlich Datenverbindungen zu organisationsexternen Adressaten aufgebaut werden müssen. Im Direktrufnetz kann nicht „gewählt" werden (außer innerhalb eines privaten Datennetzes). Da außerdem die Gebühren nur bei sehr großen Datenmengen günstig sind, gehen manche Benutzer des Direktrufnetzes zur Nutzung der Datex-Dienste über, die ähnliche Leistungsmerkmale aufweisen, jedoch die Anwahl externer Anschlüsse erlauben.

Dienste

Die Bundespost bietet mehrere Hauptanschlüsse für Direktruf an, die sich in erster Linie hinsichtlich der Übertragungsgeschwindigkeit unterscheiden. Tab. 5-21 umfaßt das Angebot der verfügbaren Übertragungsgeschwindigkeiten.

HfD50	50 bit/s
HfD300	300 bit/s
HfD1200	1.200 bit/s
HfD2400	2.400 bit/s
HfD4800	4.800 bit/s
HfD9600	9.600 bit/s
HfD64k	64.000 bit/s
HfD1920k	1.920.000 bit/s

Tab. 5-21: Datendienste im Direktrufnetz

Bis zur Geschwindigkeit von 1.200 bit/s sind asynchrone Anschlüsse erhältlich, ab 1.200 bit/s synchrone Anschlüsse. Alle Dienste verwenden die Übertragungsart duplex. Da aufgrund der speziellen Schaltung im Direktrufnetz keine anderen Teilnehmer durch die Datenübertragung gestört werden können, sind extrem hohe Übertragungsgeschwindigkeiten möglich. Alle Dienste im Direktrufnetz arbeiten codetransparent. Auch bezüglich des verwendeten Protokolls bestehen keine Einschränkungen.

Übertragungsgeräte und Schnittstellen

Im Direktrufnetz dürfen nur Übertragungsgeräte der Bundespost verwendet werden. Diese werden von der Post automatisch zur Verfügung gestellt, wenn ein Hauptanschluß für Direktruf beantragt wird. Zum Einsatz kommen Datenanschlußgeräte und Datenfernschaltgeräte. Die Übertragungsgeräte für das Direktrufnetz sind mit Schnittstellen der Standards X.20, X.21, X.20bis und X.21bis ausgestattet.

Private Netze (Mehrpunktverbindungen)

Die Teilnahme am Direktrufnetz lohnt sich meist nicht für nur zwei Anschlüsse. Am häufigsten werden mehrere Anschlüsse zu einer „Mehrpunktverbindung" zusammengeschaltet, die dann ein privates Datennetz darstellt. Mehrpunktverbindungen werden überall dort realisiert, wo die Daten von verschiedenen Filialen einer Organisation (z.B. Bank, Versicherung, Reisebüro) oft zu einer zentralen Stelle (Rechenzentrum) übertragen werden. Als besonderer Service können zum Aufbau privater Netze bei der Post Knoteneinrichtungen gemietet werden, die mehrere zusammenlaufende Direktrufleitungen kontrollieren. Dabei kann auch eine Umsetzung von verschiedenen Übertragungsgeschwindigkeiten vorgenommen werden. Beispiele für die auf solche Weise realisierten privaten Datennetze sind das Deutsche Forschungsnetz (DFN) oder das European Academic Research Network (EARN).

Internationalität

Die Bundespost stellt zur Datenübertragung auch internationale Standleitungen zur Verfügung. Diese werden unter die Dienste „Internationale Mietleitungen" und „Internationale Festverbindungen" subsummiert. Hierbei kann zwischen Telefonleitungen, Telegraphenleitungen, digitalen Leitungen und Satellitenschaltungen (bis zu 2 Mbit/s) gewählt werden.

Die Ausführung wird auf die im Einzelfall vorliegenden Bedingungen abgestimmt.

Gebühren

Für die Einrichtung des Anschlusses ist eine einmalige Anschlußgebühr zu entrichten, deren Höhe sich nach dem gewünschten Dienst (Übertragungsgeschwindigkeit) richtet.

Grundgebühren:	
	fest
X	geschwindigkeitsabhängig
Verbindungsgebühren abhängig von:	
X	Verbindungsdauer
	Verbindungsanzahl
X	Entfernung
	Tageszeit
	Wochentag
	Datenvolumen
X	Geschwindigkeit
	mtl. Minimum

Tab. 5-22: Gebührenstruktur Direktrufnetz

Die Kosten für die Bereitstellung der Datenübertragungseinrichtung sind in der Grundgebühr enthalten. Die Verbindungsgebühr ist abhängig von der Übertragungsgeschwindigkeit und von der Entfernung der miteinander verbundenen Hauptanschlüsse. Liegen die Anschlüsse in einem Ortsnetz, wird als Verkehrsgebühr je nach Dienst eine Pauschale erhoben. Liegen die Anschlüsse in unterschiedlichen Ortsnetzen, wird die Verkehrsgebühr in Abhängigkeit von der Nutzungszeit berechnet. Zusatzeinrichtungen wie Knoteneinrichtungen und Asynchron-Synchron-Umsetzer werden gesondert berechnet.

5.6 ISDN

ISDN steht für „Integrated Services Digital Network“ (Diensteintegriertes Digitales Netzwerk) und markiert die Zukunft der Telekommunikation. Die Bundespost ist als erstes Land Europas dabei, ISDN zu verwirklichen. Hauptkennzeichen von ISDN ist die gemeinsame und hochleistungsfähige Übertragung von Nachrichten aller Art, also die Übertragung von Sprache, Bildern, Daten und Texten über ein und dasselbe Netzwerk mit bisher nicht (zusammen) erreichter Fehlersicherheit, Geschwindigkeit und Benutzerfreundlichkeit.

1986 startete die Bundespost ein zweijähriges ISDN-Pilotprojekt in Mannheim und Stuttgart mit jeweils 400 Teilnehmern. Der vollständige Ausbau des Telefonnetzes mit digitaler Vermittlungstechnik wird für das Jahr 2020 erwartet.

Anders als die bisherigen digitalen Datennetze soll ISDN auch für Sprachkommunikation genutzt werden und das bisherige analoge Telefonnetz ersetzen. Das bedeutet, daß bei der flächendeckenden Einführung von ISDN dieses Netz in jedes Haus einzug halten wird. Wenngleich ISDN sogar hauptsächlich zur Sprachübertragung dienen soll, werden sich für die Datenfernübertragung durch höhere Gütekriterien und eine andere Gebührenstruktur neue Möglichkeiten eröffnen.

Grundgedanke von ISDN ist die Abwicklung aller Telekommunikationsdienste über ein und dasselbe Netz. Die Zusammenfassung der unterschiedlichen Telekommunikationsdienste, die gegenwärtig noch über unterschiedliche Leitungssysteme betrieben werden, ist in Abb. 5-7 dargestellt.

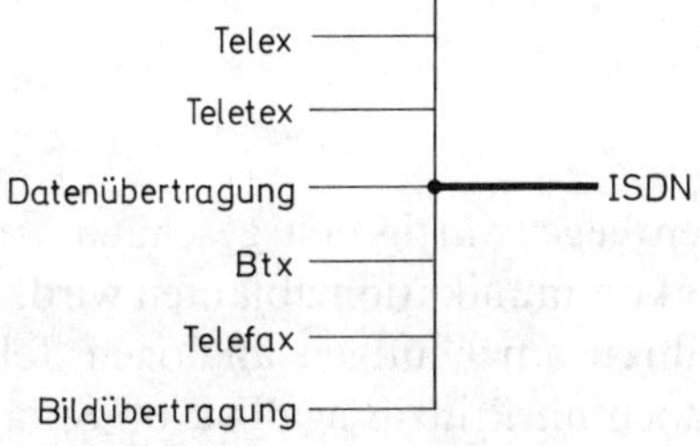

Abb. 5-7: Diensteintegration bei ISDN

Für den Anwender ist die Diensteintegration deshalb interessant, da dann (wie heute bei einem größeren Kommunikationsvolumen unvermeidlich) nicht mehr viele unterschiedliche Datennetze benutzt werden müssen, sondern die gesamte Text- und Datenkommunikation über ein einziges Netz abgewickelt werden kann. Hierdurch werden die Gebühren transparenter, außerdem entfallen technische Probleme bei der Anpassung an unterschiedliche Schnittstellen weitgehend.

Neben der Zusammenfassung unterschiedlicher Kommunikationsdienste ist die Leistungsfähigkeit von ISDN der wichtigste Gesichtspunkt.ISDN arbeitet standardmäßig mit 64.000 bit/s. Diese Geschwindigkeit ist gegenwärtig in Datennetzen der Ausnahmefall und sehr teuer. Doch auch andere Dienste wie z.B. Bildschirmtext oder Telefax werden von der hohen Übertragungsgeschwindigkeit profitieren, da hier erstmals eine Schnelligkeit der Übertragung erzielt werden kann, die gegenwärtig noch an den technischen Charakteristika der benutzten Netze bzw. an den Kosten scheitert.

Mischkommunikation

Der Benutzer profitiert von der Diensteintegration durch die Möglichkeit der sogenannten Mischkommunikation. Durch die Integration unterschiedlicher Dienste in ein und dasselbe Netz ist nicht mehr – wie heute üblich – der Zugang zu unterschiedlichen Netzen, also z.B. Zugang zu Datex-P für Datenübertragung, Zugang zum Telefonnetz für Sprachübertragung und Zugang zum Telefax-Netz für Fernkopieren erforderlich, sondern nur noch einen einzigen Zugang zu ISDN. Dieser Zugang erfolgt über eine einheitliche „Kommunikations-Steckdose". Dementsprechend erhält der Teilnehmer auch nur noch eine einheitliche Rufnummer, über die alle Kommunikationsleistungen abgewickelt werden können. Dabei können mehrere Kommunikationsdienste gleichzeitig betrieben werden, ohne daß der Anschluß „besetzt" ist.

Gebühren

Die Gebühren für ISDN können gegenwärtig erst geschätzt werden.Da über ISDN auch normale Sprachkommunikation ablaufen wird, ist damit zu rechnen, daß sich die Gebühren am heutigen analogen Telefonnetz orientieren. Da es bei ISDN jedoch im Prinzip egal ist, ob Sprache oder ob Daten übertragen werden, können sich die Kosten für Datenübertra-

Grundgebühren:	
X	fest
	geschwindigkeitsabhängig
Verbindungsgebühren abhängig von:	
X	Verbindungsdauer
X	Verbindungsanzahl
X	Entfernung
X	Tageszeit
X	Wochentag
	Datenvolumen
	Geschwindigkeit
	mtl. Minimum

Tab. 5-23: Gebührenstruktur ISDN

gung nicht von denen für Sprachübertragung unterscheiden. Somit wird hochwertige Datenübertragung zu einem Preis möglich, der dem einfachen Telefonieren entspricht. Das bedeutet, daß sich die Datenübertragung gegenüber den heutigen Netzen langfristig etwa um den Faktor 100 verbilligen wird.

5.7 Literatur

Bartl, H.
Handbuch Btx-Recht. Heidelberg: R.v.Decker's 1984

Bornstaedt, F. von
Bibliographie Bildschirmtext. Heidelberg: R.v.Decker's 1984

Brocker, P.
ISDN. Das diensteintegrierende digitale Nachrichtennetz. Konzepte, Verfahren, Systeme. Berlin usw.: Springer 1987, 2. Aufl.

Eder, T. & Schlegel, J.
Bildschirmtext als betriebliches Informations- und Kommunikationssystem. Einsatzmöglichkeiten und Wirtschaftlichkeit. Heidelberg: R.v.Decker's 1984 (2. Aufl.)

Fernmeldetechnisches Zentralamt (Hg.)
Datel-Handbuch. Loseblattsammlung. Darmstadt: FTZ 1985ff

Hammon, K.R.
Wissensvermittlung und berufliche Weiterbildung mit Bildschirmtext. Heidelberg: R.v.Decker's 1986

Krallmann, H. (Hg.)
Lokale und öffentliche Netze. Interdependenzen, Erfahrungsberichte, Wirtschaftlichkeit und Entwicklungstendenzen. Berlin usw.: Springer 1984

Langen, B.; Gartner, H.A.; Rüschenbaum, F.
Datenübertragungskosten in Wählnetzen der Deutschen Bundespost. Ergebnisse einer anwendungsbezogenen Fallstudie. Heidelberg: R.v.Decker's 1986

Otremba, G. & Winand, U.
Telekommunikation in Hessen. Nachrichten für Dokumentation, 37, 6, 1986, 272-277

Perry, Y. (Hg.)
Data communications in the ISDN era. Amsterdam: North Holland 1985

Underwood, S.
ISDN on trial. Datamation, 1, 52-56, 1987

6. Online-Datenbanken

Datenbanken sind elektronische Informationssysteme, die den Abruf von gespeicherter Information nach vom Benutzer zu bestimmenden Kriterien ermöglichen. Eine Datenbank beruht auf dem Prinzip, daß in einem Speicher eine Großzahl von Informationen bereit gehalten wird, die nach beliebigen Kriterien abgerufen werden können. Dadurch wird eine Kombination von Informationen möglich, die vorher (z.B. bei der Erstellung der Datenbank) nicht vorgeplant wurde; es kann eine gezielte Informationssuche nach jeweils erforderlichen Kriterien erfolgen. Die spätere Verwendung einer Datenbank ist bei ihrem Aufbau noch offen.

Je besser eine Datenbank Auskunft geben soll, desto größer muß die in ihr gespeicherte Informationsmenge sein. Daraus folgt zwangsläufig, daß stets auch eine Vielzahl von Informationen gespeichert wird, die für viele Anwendungen irrelevant ist. Aus diesem Grund kann der Aufbau einer Datenbank für ein einzelnes Unternehmen sehr kostspielig werden. Da andererseits bei bestimmten Institutionen (z.B. Verlagen) ohnehin große Informationsmengen in maschinenlesbarer Form anfallen, haben sich Datenbankhersteller zu Dienstleistungsunternehmen entwickelt, die Dritten per Datenfernkommunikation den Zugang zu ihren Informationen ermöglichen. Damit werden auch privaten Anwendern (z.B. Kleinbetrieben) Informationsquellen erschlossen, die von diesen Nutzern selbst nie aufbereitet und gewartet werden könnten.

Ein entscheidender Vorteil der Datenbankabfrage liegt darin, daß Suchbegriffe miteinander verknüpft werden können. Gedruckte Indizes bieten diese Möglichkeit nicht. Aus diesem Grund eignen sich Datenbanken besonders für detaillierte Recherchen zu Spezialthemen besser als gedruckte Indizes. Ein weiterer Vorteil gegenüber Druckwerken besteht darin, daß elektronische Online-Datenbanken in der Regel schneller aktualisiert werden als die zumeist periodisch erscheinenden Indizes in Buchform. Die Online-Recherche eröffnet dem Benutzer schließlich die Möglichkeit, Abfrageprofile sofort zu modifizieren, wenn sich herausstellt, daß das zuerst gewählte Abfrageprofil untauglich war. Aus diesen Gründen eignen sich Online-Datenbanken insbesondere für schwierig zu recherchierende Informationen.

6.1 Zugang zu Online-Datenbanken

Online-Datenbanken werden gewöhnlich nicht von derjenigen Organisation angeboten, die für die Erstellung und Pflege der in der Datenbank enthaltenen Information verantwortlich ist (z.B. einem wissenschaftlichen Institut), sondern von großen Rechenzentren. Aus diesem Grund wird zwischen „Datenbankhersteller" und „Datenbankanbieter" unterschieden. Während der Datenbankhersteller oft nur eine einzige Datenbank pflegt, haben Datenbankanbieter mehrere, teilweise einige hundert unterschiedliche Datenbanken in ihrem Angebot, die alle auf einem Host-Rechner abgerufen werden können. Für den Benutzer ist dies besonders günstig, da in einer Online-Sitzung in mehreren Datenbanken recherchiert werden kann und sich eine einfachere Rechnungslegung ergibt, als wenn die Dienste mehrerer Datenbankanbieter in Anspruch genommen werden.

Die technischen Voraussetzungen für die Recherche in Online-Datenbanken unterscheiden sich nicht von denen, die generell für die Teilnahme an der Datenfernkommunikation erforderlich sind. Im einfachsten Fall reicht ein Datenterminal oder Personal Computer mit Akustikkoppler. Eine Zugangsmöglichkeit zu Datex-P (siehe Kap. 5.2) sollte ebenfalls vorhanden sein, da praktisch alle Datenbankdienste nur über dieses Netz zu erreichen sind. Bevor ein Verbindungsaufbau zum Computersystem des Datenbankanbieters (Host) erfolgen kann, muß ein schriftlicher Benutzervertrag abgeschlossen werden, der Lizenzbestimmungen und Abrechnungsformalitäten regelt und dem Benutzer eine individuelle Benutzerkennung mit Paßwort zuweist.

6.1.1 Organisation von Online-Datenbanken

Eine Online-Datenbank ist technisch gesehen ein Computersystem, bei dem eine spezielle Software auf dem Host-Rechner die Abfrage einzelner Datenbanken ermöglicht. Kern dieser Software ist ein Retrievalsystem, das die Eingaben des Benutzers nach den vorgegebenen Regeln einer bestimmten Abfragesprache bearbeitet. Das Retrievalsystem führt den Dialog mit dem Benutzer, bearbeitet die im Dialog gegebenen Suchaufträge und zeigt die Ergebnisse der Recherche an. Der Benutzer benötigt dafür keine speziellen Programmier- oder Systemkenntnisse.

Eine Datenbank ist eine strukturierte Sammlung von Informationseinheiten in maschinenlesbarer Form. Auf die einzelnen Informationseinheiten kann mit bestimmten Suchbegriffen zugegriffen werden, wobei der Benutzer keine Kenntnisse darüber besitzen muß, wie die Informationen physisch gespeichert sind. Der Zugriff auf die Informationseinheiten erfolgt unter anderem über Indizes, die dem Katalog einer gewöhnlichen Bibliothek vergleichbar sind und die alphabetisch nach Autorennamen und Schlagwörtern geordnet sind.

Die Informationssuche in einer Bibliothek erfordert das Nachschlagen im Katalog und anschließend das Aufsuchen des angegebenen Standorts. Jede ernsthafte Literatursuche in einer Bibliothek erfordert daher mehrere Stunden. Ein großer Vorteil kommt zustande, wenn dieselbe Recherche gleich vom Schreibtisch aus in einem Bruchteil der Zeit ausgeführt werden kann. Wenn außerdem Suchbegriffe miteinander kombiniert werden können und andere Kriterien als Autor und Schlagwort einbezogen werden können, liegt der Vorteil einer solchen elektronischen Recherche, wie sie Online-Datenbanken bieten, auf der Hand.

Online-Datenbanken sind eher dem Programm eines bestimmten Buch- oder Zeitschriftenverlags vergleichbar als einer öffentlichen Bibliothek, da sie inhaltlich in der Regel auf eine oder einige wenige Quellen (z.B. eine bestimmte Zeitschrift) beschränkt sind. Dieser Nachteil wird dadurch ausgeglichen, daß Datenbankanbieter auf ihren Rechenanlagen mehrere Datenbanken anbieten, in denen während einer Online-Sitzung abwechselnd recherchiert werden kann. Manchmal ist sogar die Suche über mehrere Datenbanken hinweg mit einem einzigen Suchauftrag möglich („Crossfile-Searching"). Der Host-Rechner des Datenbankanbieters ist mit einem öffentlichen Datennetz (in der Regel Datex-P oder ein ähnliches Paketnetz im Ausland) verbunden und so auf einfache Weise ohne hohen Geräteaufwand zu erreichen. Da auch der Dialog während der Recherche mit einfachen Textein- und -ausgaben auskommt (Ausnahme: numerische Datenbanken), reicht eine rudimentär ausgerüstete Datenstation zur Recherche in Online-Datenbanken aus.

Auf dem Host-Rechner des Datenbankanbieters läuft ein Dialogprogramm, das die Benutzereingaben bearbeitet und dabei insbesondere auf die unterschiedlichen zur Verfügung stehenden Datenbanken zugreift. Kern dieser Software ist ein Retrievalsystem, das die Einzelkomponenten des Online-Datenbanksystems miteinander verbindet (Abb. 6-1).

Die Kommunikationseinheit einer Online-Datenbank bedient mehrere Anschlüsse zu unterschiedlichen Datennetzen. Kommerzielle Hosts bedienen mehrere Telefonanschlüsse, einen Datex-P-Hauptanschluß mit mehre-

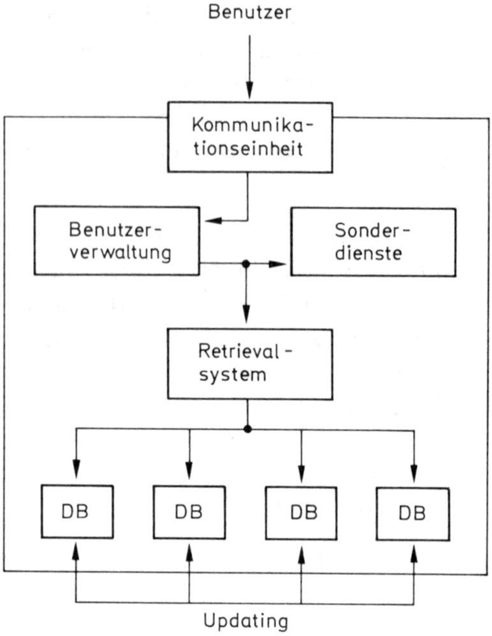

Abb. 6-1: Aufbau einer Online-Datenbank

ren logischen Kanälen und einige Datex-L-Hauptanschlüsse. Zusätzlich realisiert die Kommunikationseinheit die Steuerung der Ein- und Ausgabe nach dem Teletype-Prinzip (siehe Kap. 4.1.3), so daß z.B. Editierfunktionen wie ⟨BS⟩ zum Löschen von Zeichen korrekt bearbeitet werden. Häufig wird auch das XON/XOFF-Protokoll unterstützt (siehe Kap. 4.2.1).

Die Benutzerverwaltung hat die Funktion eines „Türhüters“ und „Buchhalters“. Sie überprüft beim Logon-Prozeß, ob es sich beim Teilnehmer um einen berechtigten Benutzer handelt (ausgewiesen durch eine im System gespeicherte Benutzerkennung und ein gültiges Paßwort). Erst nach erfolgreicher Prüfung wird der Zugang zum Retrievalsystem eröffnet; bei ungültigem Paßwort wird die Verbindung automatisch vom Host unterbrochen. Darüber hinaus protokolliert die Benutzerverwaltung die Aktionen des Benutzers zur Rechnungslegung. Bei Verbindungsabbau werden diese Daten in Form einer Statistik ausgegeben.

Das Retrievalsystem bewerkstelligt die Abfrage einer bestimmten Datenbank, führt also den Zugriff auf die gespeicherten Daten entsprechend dem vom Benutzer eingegebenen Suchprofil durch. Es stellt auch die

Benutzeroberfläche zur Verfügung, mittels der der Benutzer ein Suchprofil für die Abfrage formuliert. Ein Host bietet in der Regel nicht nur eine, sondern mehrere Datenbanken an. Die einzelnen Datenbanken werden zentral von dem Retrievalsystem verwaltet. Der Datenbankhersteller ist dafür zuständig, die Datenbestände regelmäßig zu ergänzen (Updating).

Die meisten Hosts bieten schließlich Sonderdienste wie Offline-Drucken, Daueraufträge, Mailbox-Funktionen u.ä. an. Auf diese Sonderdienste kann der Benutzer zusätzlich zur Datenbankabfrage zugreifen.

6.1.2 Verbindungsaufbau und Dialog

Bevor eine Verbindung zu einer Online-Datenbank aufgebaut werden kann, muß ein Nutzungsvertrag mit einem geeigneten Datenbankanbieter abgeschlossen werden. Mit einer entsprechenden Datenstation und einer gültigen Zugangsberechtigung kann dann eine Verbindung zum Host-Rechner des Datenbankanbieters aufgebaut werden. Der anschließende Dialog mit dem Retrievalsystem erfordert zwar keine speziellen Computerkenntnisse, ist jedoch vergleichsweise benutzerunfreundlich und gewöhnungsbedürftig.

Anmeldung beim Datenbankanbieter

Um zu einer Datenbank Zugang zu erhalten, muß man sich zunächst beim Datenbankanbieter (Host) als Nutzer anmelden. Dies geschieht mit der Unterzeichnung eines Benutzervertrages, der neben lizenzrechtlichen Regelungen Angaben zur Rechnungslegung umfaßt. Nach der Unterzeichnung des Benutzervertrages teilt der Datenbankanbieter dem Benutzer eine Benutzerkennung und ein Paßwort zu. Zusammen mit dem Paßwort erhält der Benutzer einen Satz Handbücher zur Benutzung der Datenbank, aus denen auch die Netzzugänge hervorgehen. Nun kann der Host online erreicht werden und die Datenbankrecherche beginnen.

Verbindungsaufbau und Logon-Prozedur

Wenn eine persönliche Benutzerkennung für einen Datenbankdienst vorhanden ist und die technischen Voraussetzungen zur Datenfernkommunikation (siehe Kap. 3) geschaffen sind, kann der Host von der lokalen Datenstation aus angewählt werden. Der Verbindungsaufbau erfolgt in der Regel über Datex-P, so daß bei der Nutzung von Datex-P20 zunächst der nächstgelegene PAD angerufen werden muß (siehe Kapitel 5.2.1). Nach der Eingabe von Dienstanforderungssignal, Benutzerkennung und Paßwort kann durch die Eingabe der entsprechenden Network User Adress (NUA) die Verbindung zum Host aufgebaut werden.

Der Host identifiziert sich anschließend mit einer kurzen Begrüßung und fordert den Benutzer zum Logon auf. Daraufhin müssen Benutzerkennung und Paßwort in einer von Host zu Host unterschiedlichen Form eingegeben werden, die im Benutzerhandbuch erklärt ist. Nach erfolgreichem Logon-Prozess (Akzeptierung der Benutzerkennung durch den Host) erscheinen Kurzmitteilungen und aktuelle Neuigkeiten (z.B. über neu verfügbare Datenbanken). Durch ein spezielles Aufforderungszeichen („Prompt") teilt der Host dem Benutzer dann mit, daß er zur Entgegennahme von Befehlen bereit ist. Daraufhin kann die eigentliche Datenbankabfrage beginnen.

Der Verbindungsaufbau zu einem Host über Datex-P und das anschließende Logon umfaßt insgesamt fünf Schritte:

1. Einstellen der Übertragungsparameter (z.B. 1200/75 bit/s, 7E1)
2. Anwahl des nächstgelegenen Datex-P PAD (Rufnummern siehe Anhang A.6)

```
.
DATEX-P: 44 3000 49234
nui dxxxxx
DATEX-P: Passwort
passwt
DATEX-P: Teilnehmerkennung dxxxx aktiv
0270448112

DATEX-P: Verbindung hergestellt mit 0 2704 48112
        (471C) (i, n, Tlnkg dxxxx zahlt, Paket- Laenge: 128)

%C E222 PLEASE LOGON AT V219H00
/xyzabcde
SSSSSSSSSSSSSSSSSSSSSSSSSSSSSSSSSSSSSSSSSSSSSSSSSSSSSSSSSSSSS
#############################################################
%  E223 LOGON ACCEPTED FROM LINE V219H00 /AX29001 AT 2202
ON 88-03-03. TSN 7386
ASSIGNED
%(MSG) %  %  E229 DE913 LOGGED ON LINE V219H00 /AX29001
%***   WELCOME TO ECHO   ***
%  P500 GRIPS-R/387/88-02-12 LOADED
%(MSG) %  %  E560 $GRIPSN.P.GRIPS-R.387
*************************************
FOR LATEST INFORMATION:TYPE INFO ECHO
*************************************
CUSTOMER-NUMBER IS 2807
CUSTOMER-NAME IS LANGNER
YOU ARE NOW ACCEPTED BY GRIPS VERSION 4.00
ENTER BASE COMMAND
?
```

Abb. 6-2: Verbindungsaufbau zu ECHO

3. Dienstanforderung und Anmeldung bei Datex-P
4. Verbindungsaufbau zum Host durch Eingabe der NUA
5. Logon beim Host

Abb. 6-2 verdeutlicht den für eine Logon-Prozedur erforderlichen Dialog am Beispiel eines mitgespeicherten Logon beim Host ECHO (Luxemburg). Benutzereingaben sind dabei unterstrichen. Die Zeilennummern am Anfang jeder Zeile erscheinen während der Terminalsitzung nicht und sind hier nur der Deutlichkeit halber eingefügt, um anschließend die einzelnen Schritte der Logon-Prozedur kommentieren zu können.

In diesem Beispiel werden die folgenden Prozeduren durchgeführt:

Zeile 1: Dienstanforderungssignal für Datex-P, wird nicht angezeigt
Zeile 2: Datex-P bestätigt das Dienstanforderungssignal
Zeile 3: Eingabe der Network User Identification
Zeile 4: Datex-P fordert zur Eingabe des Paßworts auf
Zeile 5: Eingabe des Paßworts, wird nicht angezeigt
Zeile 6: Datex-P bestätigt die Eingabe des Paßworts
Zeile 7: Eingabe der NUA für ECHO (Luxemburg)
Zeile 8-11: Datex-P baut die Verbindung auf
Zeile 12: ECHO fordert zum Logon auf
Zeile 13: Eingabe der Benutzerkennung für ECHO, wird nicht angezeigt
Zeile 14-29: Bestätigung des Logon durch ECHO
Zeile 30: Aufforderungszeichen zur Kommandoeingabe

Aufgrund der zahlreichen immer gleichen Zeichenfolgen, die für Verbindungsaufbau und Logon-Prozedur erforderlich sind, ist die Verwendung von Terminal-Programmen mit „Auto-Logon" über Kommandodateien (siehe Kap. 4.1.2) sehr hilfreich. In diesem Fall wird nach der Aktivierung der entsprechenden Kommandodatei – im Idealfall gleich zusammen mit dem Aufruf des Terminal-Programms – automatisch die Verbindung aufgebaut (erst zu Datex-P, dann zum Host) und die Eingabe der Benutzerkennungen und Paßwörter erfolgt ebenfalls automatisch, so daß der Benutzer sich gleich auf der Kommandoebene des Host befindet und die Recherche beginnen kann.

Ein/Ausgabe

Durch ein Aufforderungszeichen zeigt das Retrievalsystem dem Benutzer an, daß es zur Entgegennahme von Befehlen bereit ist. Häufig wird als Aufforderungszeichen ein Fragezeichen („?") verwendet. Welches System-

Prompt von einem Host verwendet wird, geht aus den Benutzerhandbüchern hervor.

Benutzereingaben werden generell erst bearbeitet, nachdem sie mit der Return-Taste (⟨CR⟩) abgeschlossen wurden. Vor dem Abschluß eines Befehls mit ⟨CR⟩ kann dieser mit ⟨BS⟩ (Control-H) – z.B.zur Korrektur von Eingabefehlern – editiert werden. Groß- und Kleinschreibung sind gleichermaßen möglich (auch für Suchbegriffe) und werden gleich behandelt. Umlaute sowie das „ß" müssen immer ausgeschrieben werden (also z.B. „ae" anstatt „ä"). Hierdurch wird das Problem der unterschiedlichen Repräsentation der Umlaute im standard und erweiterten ASCII (siehe Kap. 2.1.1) umgangen.

Ablauf einer Terminalsitzung

Der Ablauf von Datenbankrecherchen ist weitgehend gleichbleibend. Er läßt sich grob in drei Schritte einteilen (Abb. 6-3).

Schritt 1:	• Verbindungsaufbau • Host bestätigt die Verbindung • Logon-Prozedur • System Bulletin
Schritt 2:	• Auswahl einer Datenbank • Recherche in der Datenbank
	• Auswahl einer weiteren Datenbank • Recherche in der Datenbank
	(wird wiederholt)
	• Auswahl einer weiteren Datenbank • Recherche in der Datenbank
Schritt 3:	• Abmeldung beim Host • Unterbrechen der Verbindung

Abb. 6-3: Ablauf einer Terminal-Sitzung

Gebühren

Die Gebühren für die Recherche in Online-Datenbanken sind sehr unterschiedlich. Dabei ist die prospektive Abschätzung der tatsächlich entstehenden Kosten einer Recherche nicht immer leicht, da mehrere Gebührenpositionen zu berücksichtigen sind. Im folgenden wird ein Überblick gegeben, welche Kostenarten (ohne die reinen Verbindungsgebühren für die Datenfernkommunikation) anfallen.

Hostgebühren

- Einmalige Anmeldungsgebühr
- Pauschale Gebühr für Verbindungszeit, teilweise mit einem bestimmten monatlichen Minimum
- Gebühren für zusätzliche Dienste (z.B. Ausdruck von Dokumenten, SDI usw.) je nach Nutzung

Lizenzgebühren (werden an den Datenbankhersteller abgeführt)

- Gebühr für Verbindungszeit oder Echtzeit
- Anzahl der „Treffer“ bei einem Suchauftrag
- Anzahl der angezeigten Dokumente

6.2 Unterscheidungsmerkmale von Datenbanken

Die mehreren Tausend gegenwärtig weltweit verfügbaren Online-Datenbanken lassen sich in wenige Kategorien einordnen und hinsichtlich der Brauchbarkeit für ein bestimmtes Rechercheziel bewerten. Die wichtigsten Unterscheidungsmerkmale lauten:

- Sachgebiet
- Datenbanktyp
- geographische und zeitliche Reichweite
- durchschnittlicher Informationszuwachs.

Je nach der Art der gesuchten Information (Themenbereich, Zeitraum usw.) kann anhand dieser Unterscheidungsmerkmale eine Auswahl getroffen werden, bei der in der Regel drei bis fünf Datenbanken übrig bleiben. In der Praxis reicht eine Datenbank selten zur Abdeckung des Informationsbedarfs aus.

Aufgrund der Fülle der verfügbaren Datenbanken stellt das Finden der „richtigen“ Datenbank, die vermutlich die gesuchten Informationen enthält, bereits selbst ein typisches Problem für eine Datenbankrecherche dar. Aus diesem Grund gibt es mittlerweile Datenbanken über Datenbanken, die die gezielte Suche einer bestimmten Datenbank nach unterschiedlichen Kriterien unterstützen. Ein Beispiel hierfür sind die Datenbanken DIANEGUIDE und DUNDIS beim Host ECHO. Abb. 6-4 enthält das Protokoll einer Recherche in dieser DIANEGUIDE, in der nach Datenbanken zum Sachgebiet CIM (Computer Integrated Manufacturing) gesucht wird. Die dabei verwendeten Abfragekommandos werden in Kap. 6.3.2 erläutert; Benutzereingaben sind unterstrichen.

```
base dianeguide

BASE COMMAND ACCEPTED FOR DG85;DIANEGUIDE;ED=01.01.81 TO
31.05.88;TL=ENGL
FOR LATEST INFORMATION PLEASE USE: INFO DBNEW
?
find cim

1.00  NUMBER OF HITS IS  3
?
show

1.00/000001  : -DIANEGUIDE /COPYRIGHT ECHO
DATABASE    : (CIM) INTERCIM
HOST        : (QUESTEL) TELESYSTEMES-QUESTEL
DBNAME      : CIM
ONLINESPAN  : 1969
DBUPDATE    : 1M
SDI         : NO
MORE

1.00/000002  : -DIANEGUIDE /COPYRIGHT ECHO
DATABASE    : (ISER) ISIS ENGINEERING REPORT
LA          : GERM
CT          : RECHNER
DBPRODUCER  : NOMINA GESELLSCHAFT FUER WIRTSCHAFT- UND
              VERWALTUNGSREGISTER MBH
RECORDS     : 500
UPDATED     : 6M
MORE

1.00/000003  : -DIANEGUIDE /COPYRIGHT ECHO
DATABASE    : (CIM) INTERCIM
DBTYPE      : BIBLIOGRAPHIC
LA          : FREN; ENGL; GERM
CT          : ANGEWANDTE WISSENSCHAFT; WISSENSCHAFT DER MATERIALIEN
DBPRODUCER  : (CERILH) CENTRE D'ETUDES ET DE RECHERCHES DE
              L'INDUSTRIE DES LIANTS HYDRAULIQUES
DBSTART     : 1969
RECORDS     : 24000(OCT)
UPDATED     : 1M
INDEX       : NOMENCLATURE
***END OF SHOW***
```

Abb. 6-4: Datenbanksuche über DIANEGUIDE

Sind die geeigneten Datenbanken identifiziert, betrifft die nächste Entscheidung die Auswahl eines Datenbankanbieters. Die meisten „großen“ Datenbanken werden von mehreren Hosts angeboten, weshalb ein Preis- und Leistungsvergleich lohnt. Ein wichtiges Kriterium hierbei besteht darin, ob ein bestimmter Host alle erforderlichen Datenbanken anbietet, da dann ein umständliches Benutzen mehrerer Hosts (mit eigener Rechnungslegung und eigenem Retrievalsystem) entfallen kann. Für seltene Datenbankrecherchen empfiehlt sich die Benutzung einer kommerziellen Mailbox mit Datenbank-Gateway (siehe Kap. 7), da auf diese Weise die teilweise nicht unbeträchtlichen regelmäßigen Festkosten vermieden werden können.

6.2.1 Sachgebiet

Datenbanken unterscheiden sich in erster Linie hinsichtlich der abgedeckten Themenbereiche. Viele Datenbanken sind spezifisch auf ein mehr oder weniger eng umgrenztes Sachgebiet zugeschnitten. Nur wenige Datenbanken haben eine breite, allgemeine Orientierung, die eine entsprechend größere Anzahl von Informationseinheiten und ausgewerteten Quellen einschließt.

Die Benutzung einer Datenbank erfolgt meist mit dem Ziel, spezifische Fachinformation zu einem eng definierten Themenbereich zu finden, die auf anderem Weg (konventionelle Recherche über gedruckte Indizes)

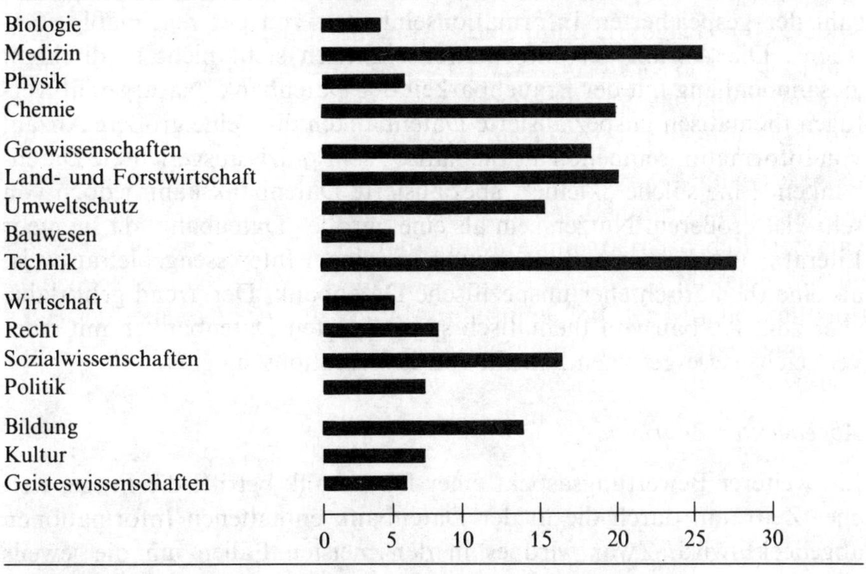

Abb. 6-5: Datenbanken deutscher Anbieter nach Themenbereichen

nicht oder nur mit sehr viel größerem Aufwand zu beschaffen wäre. Deshalb ist die Thematik der Recherche in der Regel bereits gut definiert.

Vor Beginn der Recherche in einer Online-Datenbank und sogar vor der Auswahl eines Hosts muß festgestellt werden, ob es zu einem bestimmten Themenbereich eine spezielle Datenbank gibt, oder ob es sich um einen Bereich handelt, der gegenwärtig noch nicht befriedigend mit einer Datenbankrecherche eingegrenzt werden kann. Abb. 6-5 zeigt die Anzahl der bei deutschen Datenbankanbietern verfügbaren Datenbanken in den am häufigsten vertretenen Themenbereichen auf (Stand: 1987).

Wichtig ist jedoch nicht allein die Anzahl der verfügbaren Datenbanken, sondern auch deren thematische Spezialisierung innerhalb eines Sachgebiets. Ein Beispiel aus der Medizin: Sucht man Informationen zu einem Thema aus der Onkologie, stehen bei deutschen Datenbankanbietern gleich drei auf dieses Sachgebiet spezialisierte Datenbanken zur Verfügung. Zu den Gebieten Kardiologie oder AIDS wird dagegen von deutschen Hosts (noch) keine spezialisierte Datenbank angeboten, so daß hier die Recherche in einer allgemeinen medizinischen Datenbank oder bei einem ausländischen Datenbankanbieter erfolgen müßte.

Anzahl und Zuwachs von Informationseinheiten

Wichtig zur Beurteilung des Datenbankangebots sind schließlich die Anzahl der gespeicherten Informationseinheiten und der regelmäßige Zuwachs. Die Anzahl der Informationseinheiten steht nicht in direktem Zusammenhang mit der Brauchbarkeit der Datenbank. Naturgemäß verfügen thematisch unspezialisierte Datenbanken über eine größere Anzahl von Informationseinheiten als thematisch sehr präzis ausgerichtete Datenbanken. Eine solche „kleine", spezialisierte Datenbank kann jedoch von sehr viel größerem Nutzen sein als eine „große" Datenbank, da sie mehr Literatur mit präziserer Indexierung zu seinem Interessengebiet aufweist als eine thematisch eher unspezifische Datenbank. Der Trend geht dabei eher zum Aufbau von thematisch spezialisierten Datenbanken mit einer vergleichsweise geringen Anzahl von Informationseinheiten.

Abgedeckter Zeitraum

Ein weiterer Bewertungsaspekt einer Datenbank betrifft die Frage, welcher Zeitraum durch die in der Datenbank enthaltenen Informationen abgedeckt wird. Zwar wird es in den meisten Fällen um die jeweils aktuellste und neueste Information gehen (in diesem Fall ist die Updating-

Frequenz wichtig); in manchen Fällen soll jedoch Information aus der Vergangenheit recherchiert werden. In der kurzen Geschichte der Datenbanken ist die Vergangenheit jedoch in vielen Fällen nicht älter als zehn Jahre, als mit dem Aufbau (und kontinuierlichem Updating) von Datenbanken überhaupt begonnen wurde.

Negativ wirkt sich aus, daß einige Datenbanken chronologisch in unterschiedliche Dateien aufgespalten sind. Neurere Informationen zu einem Thema können hier nicht gleichzeitig mit älteren Informationen abgerufen werden. Es gibt auch Datenbanken, die jeweils nur die neueste Literatur eines Jahres umfassen und mit dem Updating nicht „wachsen", sondern für die neu aufgenommene Information eines Jahrgangs die Informationen des jeweils ältesten Jahrgangs löschen (bzw. in eine andere Datenbank überführen).

6.2.2 Datenbanktypen

Die Vielzahl der unterschiedlichen Datenbanken läßt sich nach dem Typ der angebotenen Information in wenige Kategorien aufteilen. Diese Unterscheidung bezieht sich darauf, ob in der Datenbank bibliographische Hinweise, Originaltexte, statistische Daten, Adressen oder andere „faktische" Informationen gespeichert sind. Dementsprechend spricht man von Textdatenbanken und von Faktendatenbanken, wobei beide Kategorien über mehrere Untergruppen verfügen.

Datenbanken lassen sich vom Informationstyp her generell in Textdatenbanken und Faktendatenbanken einteilen. Während Textdatenbanken Originaltexte (z.B. Artikel aus Fachzeitschriften) oder bibliographische Angaben enthalten, sind in Faktendatenbanken nicht nur beschreibende und hinweisende Angaben gespeichert, sondern die faktische Information selbst (z.B. in Gestalt statistischer Daten). Beide Datenbanktypen lassen sich in weitere Untergruppen einteilen:

- Textdatenbanken:
  - Bibliographische Datenbanken
  - Volltext-Datenbanken
- Faktendatenbanken:
  - Statistische Datenbanken
  - Adressdatenbanken
  - Terminologische Datenbanken

Bibliographische Datenbanken

Bibliographische Datenbanken sind der bei weitem am häufigsten anzutreffende Datenbanktyp. Sie enthalten bibliographische Angaben zu Druckwerken (Büchern, Artikeln, Forschungsberichten, Dissertationen, Konferenzberichten usw.). Aufgrund dieser bibliographischen Angaben wird es dem Benutzer ermöglicht, das zugrunde liegende Werk dann in einem zweiten Schritt – unabhängig von der Datenbank oder durch einen Online-Bestellservice – selbst zu beschaffen.

Zusätzlich zu den wichtigsten bibliographischen Angaben (Autor, Titel, Erscheinungsort und -jahr) enthalten die meisten bibliographischen Datenbanken auch eine kurze Zusammenfassung des betreffenden Werks. Dadurch erhält der Benutzer eine bessere Entscheidungsgrundlage dafür, ob das betreffende Werk tatsächlich die gesuchten Informationen enthält.

Volltextdatenbanken

Volltextdatenbanken sind Textdatenbanken, die außer den gewöhnlichen bibliographischen Angaben (Autor, Erscheinungsort und -jahr usw.) den vollständigen Text einer Publikation enthalten. Volltextdatenbanken werden aus Kapazitätsgründen bislang kaum für Bücher angeboten, sondern in erster Linie für Forschungsberichte und Zeitungsartikel. Einige Zeitungen (z.B.Wirtschaftszeitungen) sind bereits vollständig online abrufbar. Bei Volltextdatenbanken entfällt die Beschaffung des Druckwerks nach der Datenbankabfrage, da sein kompletter Inhalt als Ergebnis der Recherche auf dem Bildschirm oder auf einem Offline-Drucker ausgegeben wird.

Statistische Datenbanken

Im Unterschied zu Textdatenbanken enthalten statistische Datenbanken Daten über Sachverhalte, deren Auftretenshäufigkeit nach Merkmalsausprägungen abzufragen ist (z.B. die demographischen Daten des Statistischen Bundesamts, die in gedruckter Form in den statistischen Jahrbüchern veröffentlicht werden). Das Ergebnis einer Recherche in einer statistischen Datenbank ist in dieser – anders als bei Textdatenbanken – nicht bereits in gespeicherter Form enthalten, sondern wird aus den gespeicherten Daten erst neu berechnet. Anders als in Textdatenbanken wird die Information also nicht gesucht, sondern berechnet. Deswegen sind Faktendatenbanken in der Regel teurer als andere Datenbanken, weil sie einen größeren Bedarf an Rechenzeit beanspruchen. Der Output von statistischen Datenbanken besteht in Häufigkeitstabellen, die als Zeitreihen ausgegeben werden. Manche Hosts bieten darüber hinaus Prozeduren zur Weiterverarbeitung und Aufbereitung (z.B. graphische Präsentation) an. Hierfür sind jedoch spezielle grafikfähige Terminals oder eine spezielle Terminal-Emulationssoftware die Voraussetzung.

Adressdatenbanken

Adressdatenbanken beinhalten im wirtschaftlichen Bereich Angaben über Anschrift, Umsatz, Rechtsform usw. von Unternehmen. Im wissenschaftlichen Bereich gibt es eine Reihe von Adressdatenbanken zu Forschungsprojekten, die neben Titel und Zielsetzung des Projekts auch die verantwortliche Institution und eine Kontaktadresse beinhalten. Beispiel für eine Datenbank zu Forschungsprojekten ist die über ECHO erreichbare Datenbank ENREP, die über Forschungsprojekte im Bereich des Umweltschutzes informiert.

Terminologische Datenbanken

Terminologische Datenbanken sind mehrsprachigen elektronischen Lexika vergleichbar. Der Benutzer kann hier die Erklärung und/oder Übersetzung eines bestimmten Fachterminus anfordern. Terminologische Datenbanken eignen sich hauptsächlich bei der Übersetzung fachspezifischer Texte in eine andere Sprache. Ein Beispiel für eine terminologische Datenbank ist die über ECHO angebotene Datenbank EURODICAUTOM mit über 300.000 wissenschaftlichen und technischen Begriffen in neun verschiedenen Sprachen.

6.2.3 Dienstleistungen

Datenbankanbieter sind große Service-Rechenzentren, die rund um die Datenbankabfrage eine ganze Palette von Dienstleistungen anbieten. Zum Angebot gehören neben der zentralen Leistung der Online-Abfrage die Unterstützung des Benutzers durch Beratung und Schulung, die Bearbeitung von Daueraufträgen, das Offline-Ausdrucken von Dokumenten sowie das Weiterleiten von Literaturbestellungen. Umfang und Gebühren dieser zusätzlichen Dienste sind ein wichtiges Bewertungskriterium bei der Auswahl eines Datenbankanbieters.

Help desk

Datenbanken werden zunehmend von Personen benutzt, die keine einschlägige Ausbildung im Bereich Information und Dokumentation haben. Da andererseits nur wenige Handbücher so ausführlich und verständlich sind, daß keine Fragen mehr offen bleiben, und auch die online abrufbaren Hilfstexte nicht auf alle Fragen eine Antwort geben, bieten die meisten Hosts einen Help desk an, an dem ein Mitarbeiter per Telefon Fragen des Benutzers beantwortet. Ein wichtiges Leistungsmerkmal besteht in den Dienstzeiten des Help Desks und (bei ausländischen Hosts) darin, welche Sprachen der betreffende Mitarbeiter beherrscht.

Dauerauftrag (SDI)

Wer regelmäßig über die neuesten Informationen zu einem bestimmten Suchprofil auf dem laufenden gehalten werden will, kann dem Datenbankanbieter einen Dauerauftrag erteilen. Daueraufträge werden auch als „Selected Dissemination of Information", kurz SDI bezeichnet. Zur Erfüllung eines Dauerauftrages veranlaßt der Datenbankanbieter Mitarbeiter bei jedem Update zur regelmäßigen Recherche gemäß dem vom Benutzer angegebenen Suchprofil. Der Benutzer erhält die Ergebnisse dieser Suche ausgedruckt regelmäßig auf dem Postweg zugeschickt. Ein Dauerauftrag kann online oder offline erteilt werden.

Druckauftrag

Bei den meisten Hosts können die Ergebnisse der Datenbankabfrage offline ausgedruckt und dem Benutzer per Briefpost zugestellt werden. Dies führt zwar dazu, daß die Rechercheergebnisse erst einige Tage später eintreffen, ist aber in der Regel bedeutend preiswerter als die Online-Anzeige der Suchergebnisse. Wenn daher kein akuter Zeitdruck besteht, wird der Benutzer sich online nur die Anzahl der „Hits" und vielleicht die Titel der gefundenen Dokumente ansehen, größere Auflistungen (z.B. Abstracts) dagegen offline drucken lassen.

Literaturbestellung

Bibliographische Datenbanken dienen zur Literatursuche. Handelt es sich nicht um eine Volltextdatenbank, muß nach erfolgreicher Datenbankabfrage der gesuchte Text erst noch beschafft werden. Da dies in der Regel unter Zeitdruck geschieht, haben sich einige Datenbankanbieter mit Buch-

und Zeitschriftenverlagen zusammengeschlossen, die über die Datenbank direkt Bestellungen entgegennehmen. Hierdurch entfällt eine gesonderte Bestellung auf dem Postweg.

Broschüren und Newsletter

Auch Online-Datenbanken produzieren eine Menge Papier. Dies reicht von der Hausnachricht, die über neu erworbene Datenbanken und Benutzerfragen informiert, bis hin zu themengebundenen Bibliographien in Buchform, die dann auch Nicht-Benutzer des Datenbankdienstes erwerben können.

Kurse

Größere Datenbankanbieter halten in unregelmäßigen Abständen Kurse zur Benutzung des Retrievalsystems ab. Diese Kurse finden – je nach Host – an unterschiedlichen Orten statt. Gegen entsprechende Honorierung bieten manche Hosts auch die Durchführung von Kursen im Unternehmen an.

6.3 Aufbau und Benutzung einer Datenbank

Online-Datenbanken ermöglichen auch DV-Laien mit relativ einfachen Mitteln den Zugang zu komplexen Informations- und Dokumentationssystemen. Aus dieser Situation ergeben sich besondere Vorteile. Der Experte eines bestimmten Fachgebiets als Initiator und Nutznießer einer Datenbankrecherche hat hierdurch die Möglichkeit des direkten Informationszugriffs ohne Zwischenschaltung eines Informationsvermittlers, der nie das gleiche Verständnis der „eigentlich" gesuchten Information wie der Experte selbst haben kann.

Voraussetzung für eine erfolgreiche Datenbankrecherche sind aber zumindest Grundkenntnisse aus dem IuD-Bereich. Solche Grundkenntnisse, die für die praktische Arbeit mit der Datenbankabfrage von Bedeutung sind, betreffen unter anderem die logische Organisation der Information in einer Datenbank, die sich im Aufbau der einzelnen Informationseinheiten widerspiegelt. Ferner sind zur effizienten Benutzung einer Datenbank einige praktische Regeln bei der Formulierung des Suchprofils von Bedeutung. Sie werden in diesem Unterkapitel geschildert.

6.3.1 Aufbau und Abruf einer Informationseinheit

Die in Datenbanken gespeicherte Information ist in Informationseinheiten organisiert. Eine Informationseinheit enthält mehrere Einzelaspekte eines bestimmten Sachverhalts – z.B. Autor, Titel, Erscheinungsort und -jahr einer Publikation. Diese Einzelaspekte oder „Felder" können bei der Informationssuche gezielt als Suchkriterien angesprochen werden. Die Kenntnis der jeweiligen Felder der Informationseinheiten einer Datenbank bildet daher eine Voraussetzung für die gezielte Datenbankrecherche.

Die in einer Datenbank gespeicherten Informationseinheiten („Records") sind in mehrere Felder unterteilt, die unterschiedliche Typen von Information enthalten. Eine Informationseinheit einer bibliographischen Datenbank, die für eine bestimmte Veröffentlichung steht, enthält z.B. den Namen des Autors, den Titel, Erscheinungsort und Jahr sowie einige Stichworte, unter denen der Titel einzuordnen ist. Beispielhaft ist der Aufbau einer solchen Informationseinheit in Abb. 6-6 dargestellt.

Lfd. Nr.	175268825
Autor	Elias D
Titel	Telekommunikation in der Bundesrepublik Deutschland
Jahr	1982
Erschienen	Heidelberg: R.v.Decker's
Stichworte	Telekommunikation; Datenübertragung; Datenbanken; Datennetze

Abb. 6-6: Informationseinheit einer bibliographischen Datenbank

Da die unterschiedlichen Informationstypen in jeweils verschiedenen Feldern gespeichert sind, lassen sie sich gezielt ansprechen. Die Kenntnis dieser Felder, deren Aufbau und Bezeichnung von Datenbank zu Datenbank unterschiedlich ist, ist eine Grundvoraussetzung für die Abfrage und die Anzeige der Ergebnisse. Die gezielte Abfrage erfolgt dadurch, daß ein Feld isoliert und mit einer bestimmten Maske (Suchbegriff) belegt wird. Sollen z.B. alle Veröffentlichungen eines bestimmten Autors gesucht werden, kann gezielt das Feld „Autor" im Suchbefehl angegeben werden. Die Verknüpfung unterschiedlicher Felder bei der Erstellung des Suchprofils ermöglicht dann eine sehr genaue Eingrenzung einer Abfrage.

Die Kenntnis der Felder einer Informationseinheit in einer bestimmten Datenbank ist ferner für die Anzeige der Suchergebnisse von Bedeutung. In vielen Fällen ist es nicht nötig, sich den vollständigen Inhalt einer

Informationseinheit als Suchergebnis anzeigen zu lassen. Da die meisten Datenbanken mehr Informationen abspeichern als im obigen Beispiel angezeigt ist (z.B. eine kurze Zusammenfassung der betreffenden Publikation), ist die vollständige Ausgabe zeit- und kostenintensiv. Oft reicht es aber, nur bestimmte Informationen anzuzeigen (wie z.B. Titel, Ort und Erscheinungsjahr). Die Ausgabe kann in diesem Fall in gleicher Weise durch Angabe der betreffenden Felder gesteuert werden wie die Abfrage.

Kennzeichnung der Felder

Über welche Felder sich die Informationseinheiten einer Datenbank zusammensetzen, ist von Datenbank zu Datenbank verschieden. Alle bibliographischen Datenbanken enthalten jedoch Felder zum Autor, zum Titel und zum Erscheinungsjahr. Welche Felder benutzt werden, ist im Benutzerhandbuch einer Datenbank ausgewiesen.

Die Kennzeichnung der Felder erfolgt durch Kürzel von zwei oder drei Buchstaben. So wird das Feld für den Autor mit „AU“ abgekürzt. Diese Kürzel müssen bei der Formulierung des Suchprofils und bei der Steuerung der Ausgabe mit angegeben werden. Bei der Anzeige der Suchergebnisse werden die Feldkennzeichnungen ebenfalls ausgegeben, wie in Abb. 6-7 veranschaulicht.

```
AU: Kolner SJ
TI: Improving the MEDLARS search interview: a checklist approach.
SO: Bull Med Libr Assoc, 69 (1) 26-33 /1981 Jan/ED=1981.07
LA: English
CY: UNITED STATES
SS: 0025-7338
CO: BOW
CS: Library of the Health Sciences, Rockford Shool of Medicine,
    University of Illinois, Rockford.
CT: MEDLARS-MEDLINE INFORMATION SYSTEM/*
AB: An analogy is drawn between searching a computer data base
    and conducting laboratory research: the crucial process in
    both is phrasing the question to the system to obtain
    meaningful and useful results. The searcher must act as an
    intermediary for the library user in questioning the data
    base; for this reason every effort must be made to maximize
    the efficiency with which a query is transferred from
    requester to searcher. Studies reported in the literature
    tend to distribute themselves into one of two categories:
    flowchart analyses or nonverbal communication approaches.
    Because message transfer in an interview is an entirely human
    process, the flowchart approach, while perhaps providing a
    correct analysis, is rejected as a means of improvement.
    Similarly, emphasis on nonverbal cues and communication
    inhibitors is assessed as misplaced. Rather, the method
    recommended is guided practice, using a checklist of areas
    to be covered in an interview for a MEDLARS search. Topic
    appropiateness, form design, and postsearch follow-through
    are included in the discussion.
```

Abb. 6-7: Beispielausdruck einer Informationseinheit

Die Angabe von Feldbezeichnungen im Suchprofil ist nicht zwingend erforderlich. Unterbleibt sie, verwendet das Retrievalsystem eine Voreinstellung (z.B.: Suche durch alle Felder und zeige alle Felder in der Ausgabe an).

Controlled Terms/Thesaurus

Jede Textdatenbank und viele Faktendatenbanken verfügen über einen Satz von Stichwörtern, die durch Verwendung spezieller Speicher- und Zugriffstechniken eine besonders schnelle Suche ermöglichen. Diese Stichwörter – auch: „Deskriptoren" – werden englisch als „Controlled Terms" bezeichnet und bilden in ihrer Gesamtheit den „Thesaurus" einer Datenbank. Die schnellere Zugriffszeit über Deskriptoren ist aber nicht der einzige Vorteil. Da der Thesaurus hierarchisch und mit zahlreichen Querverweisen aufgebaut ist, wird automatisch auch nach Synonymen und teilweise nach entsprechenden fremdsprachigen Formulierungen gesucht. Die verfügbaren Deskriptoren können online zusammen mit der zugehörigen Anzahl von „Treffern" angezeigt werden. Von einigen Datenbanken gibt es auch gedruckte Fassungen der Thesauri, so daß die Recherche besser vorbereitet werden kann.

Freitextsuche

In manchen Fällen sind ausgefallene Suchbegriffe nicht im Thesaurus enthalten. Führte eine Suche über Deskriptoren nicht zum Erfolg, so können mit der Freitextsuche eventuell dennoch „Treffer" erzeugt werden. Bei der Freitextsuche werden die Informationseinheiten der Datenbank (also z.B. auch die Zusammenfassung von Publikationen bei einer bibliographischen Datenbank) sequentiell nach einer vorgegebenen Zeichenfolge durchsucht. In diesem Fall werden also der Reihe nach die Inhalte der Informationseinheiten mit dem Suchbegriff verglichen. Wenn eine Übereinstimmung vorliegt, wird dies als Treffer vermerkt.

Die Freitextsuche hat den Nachteil, daß sie relativ zeitaufwendig ist. Dies deshalb, da der Datenbestand sequentiell durchsucht wird, wogegen bei einem Zugriff über Deskriptoren spezielle Zugriffsverfahren verwendet werden, die die Suche erheblich verkürzen. Aus einer Freitextsuche resultieren höhere Verbindungszeiten und damit oft auch höhere Kosten.

Meist ist die Freitextsuche auf bestimmte Felder beschränkt. Auf welche Felder im Freitext zugegriffen werden kann, ist im Benutzerhandbuch einer Datenbank vermerkt. Für die Freitext-Suche wird die Option „Freitext" als eigenes Feld angegeben (wenngleich es in Wirklichkeit kein eigenes Feld ist). Ist eine Freitextsuche in mehreren Feldern möglich, so kann sie durch die Angabe von Qualifikatoren eingegrenzt werden. Qualifikatoren geben an, in welchen Feldern die Freitextsuche stattfinden soll. Als Qualifikator muß dann das Kürzel des betreffenden Feldes angegeben werden.

Profiltabelle/Suchgeschichte

Als Bedienerunterstützung zeichnet das Retrievalsystem automatisch die „Suchgeschichte" einer Sitzung auf. Diese Suchgeschichte umfaßt alle

```
?
find artificial
1.00  HITS : 71
?
find intelligence
2.00  HITS : 75
?
find 1 and 2
3.00  HITS : 67
?
find expert
4.00  HITS : 106
?
find 3 and 4
5.00  HITS : 30
?
find diagnosis
6.00  HITS : 26
?
find 5 and 6
7.00  HITS : 6
?
show

7.00/000001 ECHO: -EUROPEAN R+D PROJECTS /COPYRIGHT ECHO
ENR : 524
TI  : AI Applications in IBC Network Configuration, Maintenance,
      Operation and Message Processing
PR  : RACE 2025
AR  : artificial intelligence; communications
AB  : This project will report on applications of AI tools and
      techniques to the development, management and use of the
      IBC network. Recommendations on the standarised adoption of
      existing expert system shells and AI tools will be made.
      Ongoing projects whose outputs may be adopted will be
      highlighted for monitoring. R & D projects to provide
      further exploitation of AI on telecommunication problems
      will be specified and subjected to a judgemental cost-
      benefit analysis. The following areas will be considered:
      (1) On-line diagnosis and maintenance of telecommunication
      equipment hardware and software. (2) Configuration and
      management of telecommunication networks. (3) Message
      processing (voice, video, other data). (4) Software
      specification, design and implementation.
CY  : DE
TN  : 05-711-83 62 130
DS  : 860806
MORE
```

Abb. 6-8: Suchgeschichte und Suchprofil

Suchaufträge und deren Ergebnisse, die nun leichter miteinander verknüpft werden können. Um eine Verknüpfung zwischen den einzelnen Suchaufträgen herzustellen, können Ziffern benutzt werden, mit denen das Retrievalsystem die Aktionen des Benutzers durchnummeriert.

Abb. 6-8 veranschaulicht die Verwendung der Suchgeschichte bei einer Recherche in der Datenbank EUROPEAN R+D PROJECTS, in der von der EG geförderte Forschungsprojekte enthalten sind. Ziel der Recherche ist die Auffindung von Projekten mit der Aufgabenstellung Expertensysteme zu diagnostischen Einsatzzwecken. Hierzu wird zunächst nach den Begriffen „Artificial“ und „Intelligence“ gesucht, dann nach „Expert“ und schließlich nach „Diagnosis“. Durch die Verknüpfung dieser Suchbegriffe über die Suchgeschichte wird eine handhabbare Zahl von sechs Treffern erzielt. Die benutzte Abfragesprache wird in Kap. 6.3.2 erklärt.

Zur Verknüpfung der Suchbegriffe werden in diesem Beispiel die vom Host automatisch vergebenen Ziffern verwendet. So bildet die Eingabe „find 3 and 4“ ein abgekürztes Äquivalent zum ausführlichen Suchauftrag „find (artificial and intelligence) and expert“.

6.3.2 Abfragesprachen

Um in einer Datenbank gewünschte Information zu finden, muß der Benutzer entsprechende Befehle eingeben. Die hierbei verwendete Abfragesprache, die vom Retrievalsystem „verstanden“ wird, stellt hierzu einen Befehlssatz mit relativ starrem Aufbau zur Verfügung. Je nach dem verwendeten Retrievalsystem sind unterschiedliche Abfragesprachen in Gebrauch, so daß für Benutzer mehrerer Hosts die Notwendigkeit besteht, mehrere Abfragesprachen zu beherrschen. Die bisher einzige standardisierte Abfragesprache ist die von der Europäischen Gemeinschaft entwickelte Common Command Language (CCL).

Trotz der hohen Komplexität eines Retrievalsystems und der von ihm verwalteten Informationen reichen für den Benutzer wenige Grundfunktionen zur Durchführung einer Recherche aus. Zu diesen Grundfunktionen gehören:

- Auswahl der Datenbank
- Anzeige der Deskriptoren
- Suche nach einem bestimmten Begriff

- Anzeige der Suchergebnisse
- Abmeldung beim Host.

Für diese Funktionen gibt es in unterschiedlichen Abfragesprachen anderslautende Befehle. Wegen der geringen Anzahl an routinemäßig durchgeführten Funktionen sind diese Befehle jedoch leicht zu lernen, wobei entsprechende symbolische Bezeichnungen der Befehle besonders hilfreich sind. So bereitet es auch dem semiprofessionellen Benutzer unterschiedlicher Abfragesprachen kein Problem, wenn der Suchbefehl bei einem Retrievalsystem „FIND“, bei einem anderen System dagegen „SEARCH“ lautet.

Die einzige bisher standardisierte Abfragesprache ist die von der Europäischen Gemeinschaft entwickelte Common Command Language (CCL). Im europäischen Bereich hat sich CCL weitgehend durchgesetzt. Die meisten Befehle in CCL können der Einfachheit halber abgekürzt werden. Tab. 6-1 führt den Befehlssatz der Common Command Language auf, wobei der obligatorische Befehlsteil durch Fettdruck gekennzeichnet ist. Alle Befehle können wahlweise in Groß- oder Kleinschreibung verwendet werden.

Befehl	Bedeutung
BASE	Auswahl einer Datenbank
DISPLAY	Anzeige der Deskriptoren
FIND	Suchauftrag
SHOW	Anzeige der gesuchten Informationen
PRINT	Ausdruck der gesuchten Informationen
SAVE	Speichern der Profiltabelle
DELETE	Löschen von Einträgen der Profiltabelle
DEFINE	Definition von Standardwerten für Abfrage
INFO	Ausgabe der neuesten Systeminformationen
HELP	Hilfsanforderung
MORE	Ausgabe fortsetzen
CONTINUE	Verarbeitung fortsetzen
STOP	Ende des Dialogs

Tab. 6-1: Befehlsvorrat der Common Command Language

Die folgende Beschreibung der einzelnen Befehle der Common Command Language gibt einen Überblick über deren Benutzung und Funktion. Viele Befehle verfügen über zusätzliche Optionen, die hier aus Platzgründen nicht dargestellt werden.

Auswahl einer Datenbank (BASE)

Nach dem Logon-Prozeß (siehe Kap. 6.1.2) muß der Benutzer eine Datenbank auswählen. Das Retrievalsystem fordert hierzu z.B. mit der Meldung „Enter Base Command:“ auf. Auf ein und demselben Host werden in der Regel mehrere Datenbanken angeboten. Deswegen muß der Benutzer dem System zunächst mitteilen, auf welche Datenbank er zugreifen möchte. Hierzu dient der Befehl BASE. Der Befehl BASE wird daher zu Beginn einer jeden Sitzung eingegeben. Ist dem Benutzer der Name der gewünschten Datenbank bekannt, wird dieser zusammen mit dem Befehl BASE eingegeben, also z.B.

BASE CANCERLIT

zur Anwahl der Datenbank CANCERLIT. Der Name der gewünschten Datenbank ist dem Benutzerhandbuch zu entnehmen. Ist der Name der Datenbank nicht bekannt, kann auch einfach BASE ohne Parameter angegeben werden. Daraufhin listet der Host ein Verzeichnis der angebotenen Datenbanken auf, von denen der Benutzer nun eine auswählen kann. Hierzu fordert der Host mit dem Prompt „POOLKEY:“ auf (siehe Abb. 6-9). Eingegeben wird dann nicht der Name der Datenbank, sondern der Poolkey, der zusammen mit dem Namen vom Host aufgelistet wird.

```
ENTER BASE COMMAND
?
base

AA00  MAILBOX                    00.00.00 TO 00.00.00
BG86  BROKERSGUIDE               20.05.86 TO 20.05.88
DG85  DIANEGUIDE                 01.01.81 TO 31.05.88
DU86  DUNDIS                     01.01.84 TO 02.08.86
EE87  ELISE                      20.08.87 TO 12.07.88
EP87  ENREP                      13.05.88 TO 16.05.88
ET86  EURISTOTE                  01.06.85 TO 27.01.88
EU85  EURODICAUTOM               01.01.85 TO 04.12.86
E084  EABS                       01.01.62 TO 07.03.88
IR86  IRSOFT                     14.04.86 TO 08.02.88
MA87  DOMIS                      16.04.87 TO 13.04.88
ME86  MEDREP                     01.01.85 TO 22.12.86
MP88  MISEP                      21.12.87 TO 14.03.88
PE87  PABLIE                     15.08.87 TO 26.07.88
PF87  PABLIF                     07.07.87 TO 26.07.88
RU86  RURALNET                   20.03.86 TO 13.07.87
SDCE  EUROPEAN R+D PROJECTS      23.07.86 TO 20.07.88
SDC1  EUROPEAN R/D PROJECTS      18.11.87 TO 20.07.88
SDC2  ISDC-FACILITIES            23.07.86 TO 06.11.86
SDC3  ISDC-MAIL                  23.07.86 TO 21.10.87
TE86  THESAURI                   11.08.86 TO 08.02.88
PLEASE ENTER POOLKEY:
```

Abb. 6-9: Anzeige der bei einem Host verfügbaren Datenbanken über BASE

Abfrage (FIND)

Mit dem Kommando FIND wird ein Suchauftrag erteilt. Deshalb erfordert die Eingabe von FIND immer die zusätzliche Angabe von Suchbegriffen. Die einfachste Möglichkeit besteht darin, FIND zusammen mit einem einzigen Suchbegriff aufzurufen, also z.B.

FIND COMPUTER

Daraufhin sucht das Retrievalsystem in der ausgewählten Datenbank nach Einträgen, in denen der Suchbegriff „COMPUTER“ im voreingestellten Feld vorkommt. Das bei der Suche zu berücksichtigende Feld kann auch gezielt ausgewählt werden, indem das Kürzel des gewünschten Feldes zusätzlich zum Suchbegriff angegeben wird. Soll z.B. nach Publikationen des Autors Niklaus Wirth gesucht werden, würde der Suchbefehl lauten:

FIND AU = WIRTH N.

Besonders wichtig bei der Formulierung des Suchprofils sind logische Verknüpfungen von Suchbegriffen. Hierzu dienen die logischen Operatoren AND und OR. Durch den Gebrauch von Klammern können komplexe Abfragen aufgebaut werden, mit denen der Benutzer die von ihm gesuchte Information eingrenzen kann. Wird z.B. ein Artikel gesucht, der sowohl einen der beiden Begriffe „LERNEN“ und „GEDAECHTNIS“ als auch den Begriff „COMPUTERSIMULATION“ enthält, könnte der Suchbefehl lauten:

FIND (LERNEN OR GEDAECHTNIS) AND
COMPUTERSIMULATION

Einzelne Buchstaben können durch Eingabe eines Dollar-Zeichens maskiert werden, so daß mehrere Versionen eines Suchbegriff getestet werden können. Soll z.B. nach Publikationen mit wirtschaftsbezogener Thematik gesucht werden, dann wäre die ausschließliche Suche nach „ECONOMY“ verfehlt, weil entsprechende Titel auch unter dem Stichwort „ECONOMICS“ gespeichert sind.Stattdessen wird die Maske „ECONOM$“ verwendet (Abb. 6-10).

```
?
find econom$

  1.01         88 ECONOMIC
  1.02          2 ECONOMICS
  1.03          2 ECONOMISTS
  1.04          1 ECONOMY
CONTINUE
```

Abb. 6-10: Benutzung des Befehls FIND mit Suchmaske

Anzeige der Suchergebnisse (SHOW)

War eine Abfrage erfolgreich und erbrachte die gewünschte Anzahl Treffer („Hits“), dann werden diese nicht automatisch angezeigt, sondern nur auf ausdrücklichen Abruf mit dem Befehl SHOW. Angezeigt werden alle mit dem letzten FIND-Befehl erzeugten Treffer.

Soll die Anzeige in den standardmäßig eingestellten Feldern erfolgen, kann SHOW ohne Parameter aufgerufen werden. Soll nur die Ausgabe von Informationen bestimmter Felder erfolgen, können diese durch den Parameter „F“ angegeben werden. Sollen z.B. nur die Informationen in den Feldern Autor und Titel angezeigt werden, könnte der Befehl lauten:

. SHOW F=AU;TI

Längere Ausgaben werden vom Host mit dem Aufforderungszeichen MORE? (siehe unten) unterbrochen, damit ungelesene Information nicht über den Bildschirmrand geschoben wird.

Anzeige der Deskriptoren (DISPLAY)

In vielen Fällen lohnt es sich, vor einem Suchauftrag die verfügbaren Deskriptoren in einer gedruckten Version des Thesaurus nachzuschlagen, um so gleich die „richtigen“ Suchbegriffe zu verwenden. Aber auch die Online-Anzeige der Deskriptoren ist sinnvoll. In CCL gibt es hierfür den Befehl DISPLAY, der zusammen mit einem Suchbegriff aufgerufen wird. Als Resultat werden die zu diesem Suchbegriff sowie zu den dazu bekannten Synonymen und Unterbegriffen erzielbaren „Treffer“ ausgegeben.

```
?
display computer

  1.01        23 COMPUTER
  1.02        16 COMPUTERIZED
  1.03         1 COMPUTERS
  1.04         1 COMPUTING
  1.05         2 COMUNES
  1.06         1 COMUNICACION
  1.07         2 COMUNICACIONES
  1.08         6 CON
  1.09         1 CONCEPTUAL
  1.10         3 CONCERN
  1.11         3 CONCERNANT
  1.12         7 CONCERNED
  1.13        11 CONCERNING
  1.14         3 CONCERTED
MORE
```

Abb. 6-11: Benutzung des Befehls DISPLAY

Mit dem Kommando DISPLAY kann nicht auf alle Felder einer Datenbank zugegriffen werden. Welche Felder über DISPLAY angezeigt werden können, ist im Benutzerhandbuch einer Datenbank vermerkt.

Sichern eines Suchprofils (SAVE)

Wenn eine bestimmte Abfrage regelmäßig wiederholt wird, ist es sinnvoll, das verwendete Suchprofil zu speichern. Die verwendeten Stichwörter und Verknüpfungen müssen dann nicht immer wieder neu eingegeben werden, sondern können unter einem symbolischen Namen aufgerufen werden.

Zum Speichern eines Suchprofils dient in CCL der Befehl SAVE.Beim Aufruf von SAVE muß ein Name angegeben werden, unter dem das Profil abgespeichert wird und unter dem es später wieder aufgerufen werden kann. Soll das Profil unter dem Namen „LASER" gespeichert werden, lautet der Aufruf einfach

SAVE LASER

Um das Profil später wieder mit dem Befehl FIND aufzurufen, braucht nur noch der Parameter SAVE und der Name angegeben werden, also

FIND SAVE = LASER

Druckauftrag (PRINT)

Mit dem Befehl PRINT wird ein Offline-Druckauftrag erteilt. Die zuvor mit dem Befehl FIND gefundenen Informationen werden auf dem Drukker des Hosts ausgedruckt und dem Benutzer auf dem Postweg zugestellt. Damit dauert das Eintreffen der Rechercheergebnisse natürlich länger als bei der Online-Ausgabe, doch ist der Offline-Druck meist preiswerter.

Dialogunterstützende Funktionen (MORE, CONTINUE)

Um zu vermeiden, daß der Bildschirm zu schnell gefüllt wird und ungelesene Informationen über den Bildschirmrand geschoben werden, wird die Ausgabe vom Host nach einer bestimmten Anzahl von Zeilen unterbrochen. Der Host gibt dann die Meldung MORE aus.Soll das SHOW-Kommando fortgesetzt werden, muß der Benutzter „M" eingeben. An dieser Stelle kann aber auch jedes andere Kommando eingeben werden, wenn die Bildschirmausgabe abgebrochen werden soll.

Wurde die Ausführung eines Befehls durch den Benutzer oder durch den Host unterbrochen, meldet sich der Host mit CONTINUE. Soll die Ausführung des Befehls fortgesetzt werden, gibt der Benutzer „C“ ein. Auch hier kann stattdessen jeder andere Befehl eingegeben werden.

Hilfsanforderung (INFO, HELP)

Der Befehl INFO dient zur Ausgabe allgemeiner Informationen über die vom Host angebotenen Services und Datenbanken oder zur Ausgabe von Informationen über die vom Benutzer gespeicherten Suchprofile. Sollen z.B. allgemeine Informationen über die Datenbank DUNDIS ausgegeben werden, lautet der Befehl

INFO DUNDIS

Sollen Informationen über die vom Benutzer gespeicherten Suchprofile ausgegeben werden, lautet der Befehl

INFO SAVE

Mit dem Befehl HELP können allgemeine Hilfsinformationen zur Benutzung bestimmter Befehle oder Funktionen angefordert werden.Wird HELP ohne Parameter eingegeben, erscheint ein Menü, mit dem die Hilfsanforderung spezifiziert werden kann. Der Aufruf von HELP kann aber auch direkt mit einem bestimmten Parameter, z.B.mit einem zu erklärenden Befehl erfolgen, also etwa

HELP FIND

Der Befehl HELP kann durch ein Fragezeichen („?“) abgekürzt werden.

Abmeldung beim Host (STOP)

Der Befehl STOP beendet die Datenbank-Abfrage. Es wird eine Statistik über die wichtigsten während der Sitzung stattgefundenen Transaktionen angezeigt. Anschließend unterbricht der Host die Verbindung.

Trainingsdatenbank

Ist man noch nicht mit einer Abfragesprache vertraut, führt dies oft zu langwierigen Korrekturen und Wiederholungen, bevor das gewünschte Ergebnis erreicht wird. Auch die Benutzung von Abfragesprachen muß trainiert werden. Kommerzielle Hosts eignen sich hierzu kaum, da die Nutzungsgebühren für diesen Zweck zu hoch sind. Aus diesem Grund bietet die Host-Vereinigung der Europäischen Gemeinschaft (ECHO) eine kostenlose Trainingsdatenbank an, in der die Benutzung der Common Command Language trainiert werden kann. Es fallen lediglich die Verbindungsgebühren an. Diese Datenbank mit dem Namen CCL-TRAIN ist in Luxemburg über Datex-P unter der NUA 0270448112 zu erreichen. Als Benutzerkennung muß TRAIND eingegeben werden (siehe Abb. 6-12).

```
DATEX-P: 44 3000 99134
nui dxxxxx
DATEX-P: Passwort
XXXXXX

DATEX-P: Teilnehmerkennung dxxxxx aktiv
0270448112

DATEX-P: Verbindung hergestellt mit 0 2704 48112
         (471C) (i, n, Tlnkg dxxxxx zahlt, Paket-Laenge: 128)

% PLEASE LOGON AT V219H00
traind
SSSSSSSSSSSSSSSSSSSSSSSSSSSSSSSSSSSSSSSSSSSSSSSSSSSSSSSSSSSS
############################################################
%  JMS0066 OLDSTYLE 88-08-03 17:34 4029
%  CMD0553
%  BLS0500 PROGRAM 'GRIPS-R', VERSION '387' OF '88-02-12' LOADED.
   COPYRIGHT DIMDI 1988
%(MSG) %  %  BLS0519 PROGRAM ':E:$GRIPSN.P.GRIPS-R.387' LOADED
SIE SIND NUN IN DER CCL-DATENBASIS; BITTE BEGINNEN SIE IHRE SUCHE
```

Abb. 6-12: Logon bei der Trainingsdatenbank CCL-TRAIN

6.3.3 Planung einer Recherche

Wie effizient eine Datenbankabfrage ist und welche Kosten sie verursacht, hängt entscheidend von der Vorbereitung ab. Eine schlechte Vorbereitung führt nicht nur zu längeren Verbindungszeiten, sondern auch dazu, daß Informationen abgefragt werden, die sich dann als irrelevant erweisen. Das wichtigste Ziel bei der Vorbereitung einer Datenbankabfrage besteht in der Formulierung eines Suchprofils, das nicht zu viele und nicht zu wenige „Treffer“ erzeugt.

Die Vorbereitung einer Datenbankrecherche beginnt mit der Konkretisierung der Fragestellung. Hierzu wird die Fragestellung am besten schriftlich niedergelegt. Meist liefert eine gedruckte Fassung des Thesaurus eine ganze Reihe von Suchbegriffen, die alle zu dem gesuchten Gebiet gehören. Am Ende dieser Vorbereitungsphase sollten (minimal) zwei oder (maximal) drei Suchbegriffe stehen, die durch logische Verknüpfungen so miteinander verbunden werden, daß die zu erwartende Anzahl von Treffern möglichst niedrig, aber größer als Null ist. Die Anzahl von Treffern ist ein zentrales Maß für die Güte und Verwertbarkeit der abgefragten Information, wie folgendes Beispiel illustriert:

- Die Suche nach Literatur zum Begriff „Psychotherapie" erbringt in der psychologischen Datenbank PSYNDEX 826 Treffer. Diese Fülle von Informationen ist für den Benutzer wertlos, weil bei weitem nicht alle Hinweise verarbeitet werden können. Das Suchprofil muß präzisiert werden, so daß weniger Treffer resultieren, die der Fragestellung besser gerecht werden.
- Die Suche nach Literatur zu den Begriffen „Psychotherapie" UND „Selbstmordversuch" erbringt in derselben Datenbank keinen Treffer. Das Suchprofil muß daher breiter formuliert werden.

Die Formulierung des Suchprofils sollte sich daran orientieren, wie viele Treffer ein „brauchbares" Ergebnis darstellen. Im Grunde bedarf es nur einer einzigen Informationseinheit, die genau die gesuchte Information enthält. In der Praxis ist es aber häufig so, daß z.B. ein Artikel die gesuchte Information zwar am Rande, aber nicht in ausreichender Breite behandelt. Deswegen empfiehlt sich die Suche nach einer überschaubaren Anzahl von Informationseinheiten, die dann anschließend im einzelnen ausgewertet werden können. In der Praxis liegt diese Zahl bei fünf bis zehn Treffern.

Die Konkretisierung des Suchprofils kann fast nur online erfolgen. Zwar vermerkt auch die gedruckte Version des Thesaurus die Anzahl der Einträge zu jedem Suchbegriff, doch ist nicht ersichtlich, wie groß die Überschneidungen bei logischen Verknüpfungen sind. Hier muß man ausprobieren. Es empfiehlt sich aber, einen Satz zusätzlicher Suchbegriffe

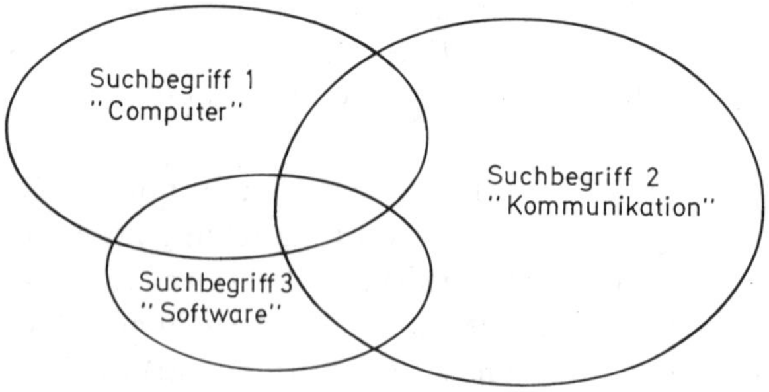

Abb. 6-13: Umfang von Suchbegriffen

bereits vorher zurechtgelegt zu haben, mit denen man dann während der Sitzung schnell die gewünschte Anzahl von Treffern herstellen kann.

An einem Beispiel veranschaulicht: Der Suchbegriff 1 „Computer“ erbringt 45 Treffer, Suchbegriff 2 „Kommunikation“ 53 Treffer und Suchbegriff 3 „Software“ 19 Treffer. Je nach dem, wie diese drei Suchbegriffe logisch miteinander verknüpft werden, ergeben sich andere Trefferquoten (Abb. 6-14).

Das Suchprofil kann zusätzlich auf einen bestimmten Zeitraum festgelegt werden. So kann beispielsweise nur die innerhalb der letzten drei Jahre zu einem Thema erschienene Literatur für den Benutzer interessant sein, was dann durch einen entsprechenden Befehl in das Suchprofil aufgenom-

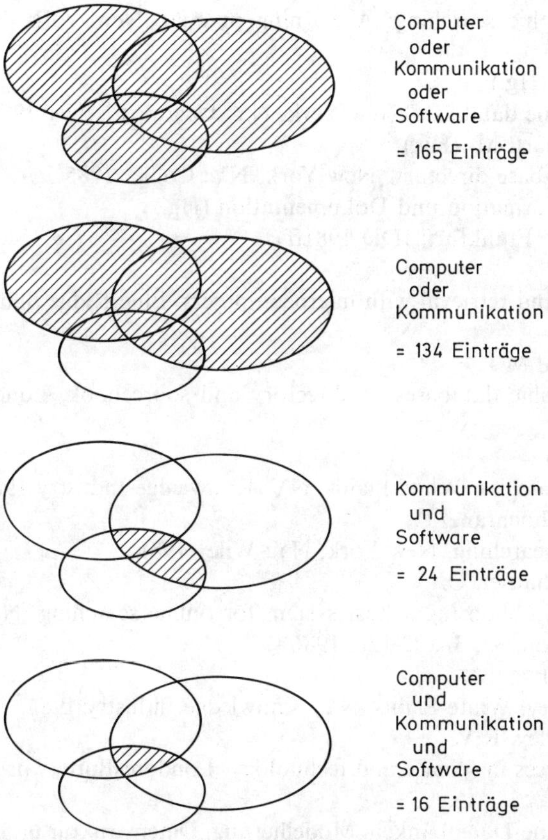

Abb. 6-14: Trefferquoten bei unterschiedlicher Abfragelogik

men werden kann. Ebenso kann die Sprache der Veröffentlichung oder der Publikationstyp (z.B.Zeitschrift, Monographie, Dissertation) vorher festgelegt werden.

6.4 Literatur

Batten, A. & Fitzmaurice, G. (Hg.)
LUCIS guide to Euronet-Diane databases. Loseblattsammlung. London: University of London 1980

Byerly, G.
Online searching. A dictionary and bibliographic guide. Littleton, CO: Libraries Unlimited 1983

Chen, C. & Schweizer, S.
Online bibliographic searching: A learning manual. New York, NY: Neal-Schuman 1982

Cuadra Associates (Hg.)
Directory of online databases. New York, NY: Cuadra/Elsevier 1979ff

Davies, O. & Edelhart, M. (Hg.)
Omni online database directory. New York, NY: Collier 1985

Gesellschaft für Information und Dokumentation (Hg.)
Datenbankführer. Frankfurt: IDD 1981ff

Goldmann, N.
Online research and retrieval with microcomputers. Blue Ridge Summit: TAB 1985

Hall, J.L. & Brown, M.J.
Online bibliographic databases. A directory and sourcebook. London: Aslib 1985

Hoover, R.E. (Hg.)
Online search strategies. White Plains, NY: Knowledge Industry 1982

Meadow, C.T. & Chochrane, P.
Basics of online searching. New York, NY: Wiley 1981

Nevyel, A. & Oberhauser, O.
Decisive factors in choosing a host system for online searching. Nachrichten für Dokumentation, 37, 3, 122-126, 1986

Moore, L. G. (Hg.)
Database directory. White Plains, NY: Knowledge Industry 1984

Parker, C.C. & Turley, R.V.
Information sources in science and technology. London: Butterworth 1986

Staud, J.L.
Die Welt der Online-Datenbanken. Modellierung, Datenstruktur und Retrievalprozeß. Nachrichten für Dokumentation, 37, 3, 1986, 139-150

7. Mailboxen

Mailboxen sind elektronische Kommunikationssysteme zum Austausch von Mitteilungen per Datenfernkommunikation. Mailbox bedeutet soviel wie „Postfach“ für elektronische Kommunikation. Eine Mailbox basiert auf der Zwischenspeicherung von Mitteilungen, die dann von anderen Benutzern der Mailbox abgerufen werden können. Neben Online-Datenbanken sind Mailboxen die zweite Art von öffentlichen Informations- und Kommunikationsdiensten, die per Datenfernkommunikation zu benutzen sind. Dabei haben Mailbox-Dienste etwa die Bedeutung für die interpersonale Kommunikation, die den Online-Datenbanken für die Informationssuche zukommt. Mailboxen ermöglichen effiziente neue Kommunikationsformen, die gegenüber traditionellen Medien wie Telefon und Briefpost mehrere Vorteile aufweisen:

- Unabhängigkeit von Dienstzeiten

  Eine Mitteilung kann ohne Rücksicht auf die Dienstzeiten des Empfängers abgesandt werden. Der Benutzer einer Mailbox liest die an ihn adressierten Mitteilungen dann, wenn er Zeit hat, in sein „elektronisches Postfach“ zu schauen. Andererseits kann die Mitteilung ohne Verzögerung, also unmittelbar nachdem sie abgesandt wurde, gelesen werden. Aus diesem Grund ist die Kommunikation über Mailboxen besonders bei unterschiedlichen Dienstzeiten von Sender und Empfänger sinnvoll, wie sie z.B. bei der Kommunikation mit Außendienstmitarbeitern und im internationalen Verkehr an der Tagesordnung sind.

- Maschinenlesbare Form der Mitteilung

  Der Empfänger einer Mitteilung kann diese unmittelbar seiner Text- und Datenverarbeitung zuführen. Er kann den Inhalt der Mitteilung bei Bedarf ausdrucken, mit einem Text-Editor verändern und mit anderen Informationen kombinieren. Diese Möglichkeit wird z.B. von Verlagen und Redaktionen genutzt, die auf diesem Wege übermittelte Texte von Redakteuren und Korrespondenten direkt weiterverarbeiten können. Da nicht nur Textdateien, sondern auch speziell formatierte Datensätze und ausführbare Computerprogramme über Mailboxen transferiert werden können, ergibt sich eine Vielzahl zusätzlicher Nutzungsmöglichkeiten.

- Möglichkeit der „halböffentlichen" Kommunikation

  Mailboxen eignen sich speziell für die Kommunikation innerhalb von Projektgruppen, deren Mitglieder räumlich voneinander getrennt sind, da Mitteilungen nicht nur an Einzeladressaten, sondern über einen „Verteiler" auch an eine Benutzergruppe gesandt werden können. Zusätzlich ist auf einfachem Wege eine „Konferenzschaltung" zu realisieren. Über öffentliche Nachrichten innerhalb von „Special Interest Groups" ermöglichen Mailboxen die Anknüpfung neuer Kontakte besonders im wissenschaftlichen und im wirtschaftlichen Bereich.

In der Bundesrepublik gibt es bereits eine Vielzahl von öffentlichen Mailbox-Diensten. Hierbei handelt es sich um Hosts, die mit entsprechender Software und ggf. zusätzlichen Dienstleistungen ein Mailbox-System zur öffentlichen Nutzung anbieten. Nachdem die Ursprünge der Mailbox-Dienste im (auch heute noch zahlenmäßig dominierenden) semiprofessionellen Bereich angesiedelt sind, wurde 1982 in der Bundesrepublik der erste kommerzielle Mailbox-Dienst in Betrieb genommen. Seit 1985 bietet auch die Deutsche Bundespost unter dem Namen „Telebox" einen Mailbox-Dienst an.

7.1 Zugang zu Mailboxen

Eine Mailbox ist ein auf einem zentralen Host-Rechner installierter Informations- und Kommunikationsdienst. Die Teilnehmer des Mailbox-Dienstes stellen über öffentliche Datennetze eine Verbindung zur Mailbox her und können untereinander Mitteilungen austauschen, die im Host zwischengespeichert werden.

Eine Mailbox macht sich – ähnlich wie eine Online-Datenbank – die Fähigkeit des Computers zur Speicherung und zur gezielten Abfrage von Daten zunutze. Im Unterschied zur Online-Datenbank werden die bei einer Mailbox abrufbaren Informationen jedoch nicht (oder in nur geringem Maße) vom Systembetreiber aufbereitet und eingespeist, sondern von den Benutzern selbst. Dabei handelt es sich um Mitteilungen, Daten, Texte und Computerprogramme aller Art. Eine Mailbox ist daher einem Medium vergleichbar, das in erster Linie den Zweck hat, Kommunikation zwischen seinen Benutzern zu ermöglichen, ohne selbst Informationsproduzent zu sein. Mailboxen sind somit „Zentralen" für elektronische Kommunikation, die von jedem Ort aus benutzt werden können, von dem aus eine Datenkommunikationsleitung realisiert werden kann (unter Umständen also auch von einer Telefonzelle aus). Gebühren fallen nur für die Verbindung zum Zentralcomputer an, so daß sich Sender und Empfänger einer Nachricht die Kosten für ihre Übermittlung teilen.

Für die Benutzung von Mailboxen sind keine speziellen Computerkenntnisse erforderlich, sondern nur die Vertrautheit mit der Benutzeroberfläche des betreffenden Hosts. Weil Mailboxen in weit größerem Umfang auch von Privatpersonen genutzt werden, finden sich in diesem Bereich komfortablere Benutzeroberflächen als im Datenbanksektor. Mailboxen bieten besonders in Anwendungsbereichen wie der wissenschaftlichen Fachkommunikation und der Geschäftskorrespondenz solche großen Vorteile im Vergleich zu traditionellen Kommunikationsdiensten, daß ihre breitere Verwendung in erster Linie nur noch an der Verwendung einer Computertastatur als Eingabemedium scheitert.

7.1.1 Aufbau, Organisation und Funktionsweise einer Mailbox

Ein Mailbox-Dienst basiert auf der gemeinsamen Nutzung von Speicherkapazität über öffentliche Datennetze. Die im Host-Rechner gespeicherten Texte (Benutzer-Eingabedaten) können von den Teilnehmern des Dienstes (Adressaten) abgerufen werden. Die Mailbox-Software verwaltet von den Benutzern eingegebene Texte zusammen mit der Angabe eines Absenders, eines Adressaten und eines „Betreffs". Zusätzlich werden die einzelnen Mitteilungen nach Themengruppen in spezielle „Schwarze Bretter" aufgeteilt. Ein separates Dateisystem macht einige Mailbox-Dienste zu Sammelstellen für kostenlose „Public Domain"-Software.

Im Bereich der Mailbox-Software gibt es bisher noch keine Ansätze zur Standardisierung. Dennoch gibt es beim Aufbau der zahlreichen unterschiedlichen Mailbox-Dienste eine Reihe von funktionellen Gemeinsamkeiten, die im Struktogramm in Abb. 7-1 dargestellt sind. Die unterschiedlichen Funktionseinheiten einer Mailbox werden im folgenden beschrieben.

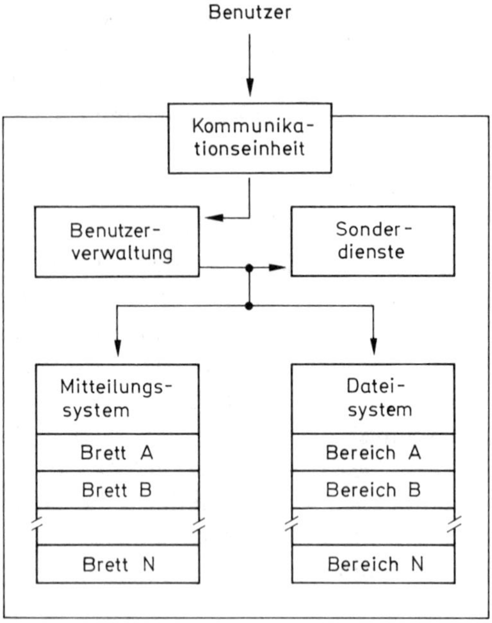

Abb. 7-1: Aufbau einer Mailbox

Kommunikationseinheit

Die Kommunikationseinheit einer Mailbox wickelt die Bedienung der angeschlossenen Datenübertragungseinrichtung ab. Bei größeren Mailbox-Systemen mit Multi-User-Fähigkeit erfordert dies die simultane Überwachung mehrerer Schnittstellen.

Die Steuerung der Ein- und Ausgabe erfolgt nach dem Teletype-Prinzip (siehe Kap. 4.1.3), so daß Zeichen durch Eingabe von ⟨BS⟩ gelöscht werden können und Befehle in der Regel erst nach dem Abschluß mit ⟨CR⟩ bearbeitet werden. Darüber hinaus unterstützen einige (hauptsächlich amerikanische) Mailboxen die ANSI-Escape-Sequenzen zur Bildschirmsteuerung (siehe Kap. 4.1.3) oder verwenden spezielle „höhere" Terminal-Protokolle wie z.B. das CompuServe B-Protokoll. Verfügt der Benutzer über eine entsprechende Terminal-Emulation, dann erfolgt die Bildschirmausgabe übersichtlicher und anprechender; sogar Spezialanwendungen wie z.B. Online-Spiele können auf diese Weise realisiert werden. Teilweise werden spezielle Protokolle verwendet, um Grafiken und Tonfolgen auf dem Endgerät des Benutzers darstellen zu können.

Viele Mailboxen unterstützen das XON/XOFF-Protokoll (siehe Kap. 4.2.1), so daß die Ausgabe mit Control-S unterbrochen werden kann.

Benutzerverwaltung

Kern der Benutzerverwaltung ist eine Datenbank, in der die Namen von allen berechtigten Benutzern des Systems zusammen mit Paßwort, Art der Zugangsberechtigung, Datum des letzten Zugangs usw. gespeichert sind. Anhand dieser Daten kontrolliert die Mailbox bei einem Logon-Prozeß, ob es sich um einen eingetragenen Benutzer handelt. Viele nichtkommerzielle Mailboxen geben dabei auch „Gästen" Gelegenheit, sich im System umzusehen und dann anschließend online die Eintragung als berechtigter Benutzer zu beantragen.

Die Benutzerdaten umfassen unter anderem Angaben zur verwendeten Datenstation. Anhand dieser Angaben kann die Mailbox erkennen, ob bestimmte Protokolle und Terminal-Steuerzeichen verwendet werden können oder ob die Ausgabe im Teletype-Verfahren erfolgen muß. Diese Daten werden vom Benutzer bei der Systemanmeldung eingegeben und werden fortan automatisch von der Mailbox zur Anpassung an sein Endgerät verwendet.

Die Benutzerverwaltung protokolliert darüber hinaus die gelesenen und geschriebenen Mitteilungen sowie die gesendeten und empfangenen Dateien in einem Log-File, der bei kommerziellen Systemen auch zur Abrechnung dient.

Mitteilungssystem

Das Mitteilungssystem stellt aus Benutzersicht den Kern des Mailbox-Systems dar. Im Mitteilungssystem sind alle Mitteilungen gespeichert, die von Benutzern an andere Benutzer abgesandt wurden. Außerdem sind im Mitteilungssystem Systemnachrichten vom System Operator bzw. von der Verwaltung des Mailbox-Dienstes gespeichert, die sich an alle Benutzer richten. Das Mitteilungssystem verfügt über geeignete Funktionen zum Anzeigen der vorhandenen Mitteilungen und zur Eingabe neuer Mitteilungen.

Das Mitteilungssystem ist bei allen Mailbox-Systemen außer den allerkleinsten in unterschiedliche Themenbereiche oder „Bretter" gegliedert. Die Bezeichnung „Brett" leitet sich vom „Schwarzen Brett" her, da die Benutzer einer Mailbox über eine Art Schwarzes Brett miteinander kommunizieren: Jemand bringt eine Nachricht am Schwarzen Brett an, wo sie von allen Benutzern gelesen werden kann, die an diesem Brett „vorbeigehen“, und derjenige, den die Nachricht interessiert, antwortet auf sie (darüber hinaus können Mitteilungen auch „privat“ an bestimmte Benutzer adressiert werden und sind dann nicht öffentlich zugänglich). Die einzelnen Schwarzen Bretter sind nach Themenbereichen geordnet. Solche Themenbereiche können z.B. „Angebote“, „Telekommunikation“, „Technik“, „IBM PC“ u.ä. sein. Die Gliederung der Mitteilungen nach Sachgebieten erleichtert es, aus der Vielzahl von öffentlichen Mitteilungen diejenigen herauszufinden, die für den Benutzer von Interesse sein könnten. Eine Sondernutzung der öffentlichen Mitteilungen ist ihre Nutzung als Werbeträger (z.B.in einem eigenen Brett „Angebote“).

Eine Mitteilung enthält zusätzlich zum Mitteilungstext den Namen des Absenders, Datum und Uhrzeit der Eingabe, einen „Betreff“ und die Angabe des Adressaten. Der typische Aufbau einer Mitteilung eines Mailbox-Systems (hier: Deutsche Mailbox) kommt in Abb. 7-2 zum Ausdruck.

```
Nachricht Nr.:     118
Nachricht von:     XYZ-STUTTGART
Betrifft:          C-PROGRAMMIERER GESUCHT!
Abgesandt am:      04-02-88, 14:51:22
Empfänger:         ANGEBOTE
Kopien:            DM2:ANGEBOTE DM3:ANGEBOTE DM4:ANGEBOTE
Text:

      Programmierer für "C" gesucht
      -----------------------------

      Wir suchen baldmöglichst einen kreativen,
      dynamischen Programmierer für "C" unter
      UNIX. Es handelt sich um ein außerordentlich
      interessantes Aufgabengebiet, das viel
      schöpferische Eigeninitiative verlangt.
      Die Honorierung ist entsprechend hoch.
```

Abb. 7.2: Beispiel einer elektronischen Mitteilung

Zur Selektion von beachtenswerten öffentlichen Mitteilungen reicht mitunter die Anwahl eines bestimmten Brettes nicht aus, da das Themenspektrum innerhalb eines Brettes oft noch sehr breit gestreut ist. Deshalb ist es sinnvoll, daß sich der Benutzer zunächst ein Inhaltsverzeichnis der Mitteilungen anzeigen lassen kann, in dem die laufenden Nummern der Mitteilungen, Eingabedatum, Absender und der „Betreff“ angezeigt werden. Vor allem anhand des „Betreffs“ besteht dann die Möglichkeit, Mitteilungen gezielt auszuwählen.

Eine private Mitteilung ist einem Telegramm oder einem Brief vergleichbar, der in das private Postfach des Empfängers abgelegt wird. Zu diesem

Postfach hat nur der Empfänger Zugang (ausgewiesen durch das korrekte Paßwort). In der Regel wird nach dem Logon angezeigt, ob ungelesene persönliche Mitteilungen vorliegen. Einige kommerzielle Mailbox-Dienste bieten darüber hinaus die Möglichkeit, daß der Benutzer bei dringenden Mitteilungen automatisch vom Mailbox-System angerufen wird und dann bei einem Rückruf die anliegenden Mitteilungen lesen kann.

Dateisystem

Viele (insbesondere nicht-kommerzielle) Mailbox-Systeme verfügen zusätzlich zum Mitteilungssystem über ein Dateisystem, über das nicht nur Texte, sondern auch Datensätze und ausführbare Computerprogramme transferiert werden können. Das Dateisystem ist ähnlich wie das Mitteilungssystem in thematische Bereiche gegliedert (z.B. Computerprogramme für Personal Computer, Künstliche Intelligenz, Spielprogramme). Während die Mitteilungen im ASCII Teletype-Verfahren angezeigt werden, findet der Transfer von Dateien über das Dateisystem in der Regel mit codetransparenten Übertragungsprotokollen wie dem Xmodem-Protokoll statt (siehe Kap. 4.2.2). Bei der Speicherung werden häufig Kompressionsverfahren wie Squeezing, Crunching und Archivierung verwendet, die eine schnellere Übertragung ermöglichen (siehe Kap. 4.3.2). Teilweise sind binär codierte Dateien auch im Intel-Hex-Format gespeichert, so daß die Übertragung auch über codegebundene Datennetze erfolgen kann.

Die in einer Mailbox gespeicherten Computerprogramme rechnen ausnahmslos zum Bereich der „Public Domain Software", die sich unter anderem im Umfeld der Mailboxen entwickelte. Hierbei handelt es sich einerseits um Computerprogramme aus dem Hobby-Bereich, die von den Benutzern einer Mailbox selbst erstellt wurden und die dann anderen Benutzern zugänglich gemacht werden. Den größeren Anteil der Public Domain Software bilden indessen professionelle Programme von Software-Häusern, die über die kostenlose Abgabe entweder einen Werbeeffekt erzielen wollen oder auf ein neuartiges Distributionskonzept setzen, das als „Shareware" oder „User Supported Software" bezeichnet wird. Die Motivation zur kostenlosen Weitergabe professioneller Programme liegt unter anderem in den steigenden Vertriebskosten begründet, die dem Entwickler einen immer geringer werdenden Anteil am Verkaufspreis zuteil werden läßt. Da der Anteil an Raubkopien gerade im PC-Bereich außerordentlich hoch ist, machen einige Anbieter aus der Not eine Tugend und propagieren die kostenlose Weitergabe ihrer Software mit der Aufforderung an den Benutzer, nach dem Testen der Programme freiwillig eine vergleichsweise geringe Nutzungsgebühr zu entrichten.

Sonderdienste

Größere Mailbox-Systeme offerieren eine Reihe von zusätzlichen Dienstleistungen, die neben Mitteilungssystem und Dateisystem in Anspruch genommen werden können. Hierzu gehören vor allem das Senden und Empfangen von Fernschreiben, Gateways zu Datenbank-Anbietern, eine „Konferenz-Schaltung" mit gleichzeitig eingelogten Benutzern, eigene Informations- und Unterhaltungsdienste sowie Fremdleistungen wie Übersetzungsarbeiten, Fotosatz u.ä.

7.1.2 Verbindungsaufbau und Dialog

Die Nutzung eines Mailbox-Dienstes erfordert eine Anmeldung beim Host, die bei nicht-kommerziellen Systemen auch online erfolgen kann. Nach der Anmeldung kann mit einer einfachen Datenstation die Verbindung aufgebaut werden, wobei nicht-kommerzielle Mailboxen über das Telefonnetz und kommerzielle Dienste über Datex-P erreicht werden. Für den Dialog mit der Mailbox-Software sind keine Spezialkenntnisse erforderlich. Bei der Bedienung lassen sich menügesteuerte und kommandogesteuerte Benutzeroberflächen unterscheiden.

Anmeldung beim Host

Bei kommerziellen Mailbox-Diensten muß vor dem ersten Verbindungsaufbau ein Nutzungsvertrag abgeschlossen werden. Dieser Nutzungsvertrag regelt Gebühren und die Abrechnungsmodalitäten. Nach Ausfüllen des Nutzungsvertrages erhält der Teilnehmer eine Benutzerkennung und ein Paßwort, mit denen das Logon erfolgen kann.

Nicht-kommerzielle Mailbox-Dienste erfordern keine schriftliche Anmeldung. Sie können sofort angewählt werden. Auch hier ist bei den meisten Systemen die Eintragung als berechtigter Benutzer erforderlich, doch kann dies gleich beim ersten Logon online erfolgen. Die Benutzung nicht-kommerzieller Mailboxen ist nicht an bestimmte Bedingungen oder Gebührenzahlungen gebunden, doch wird die Registrierung der Benutzer von vielen System Operatoren vorgenommen, um den Benutzern ein persönliches Postfach zuweisen zu können und um unterschiedliche Zugangsprioritäten vergeben zu können.

Verbindungsaufbau und Logon-Prozedur

Bei nicht-kommerziellen Hosts, die ausschließlich über das Telefonnetz erreicht werden, braucht nach Einstellen der Übertragungsparameter (siehe Kap. 2.2) und Einschalten der Datenübertragungseinrichtung nur die betreffende Rufnummer angewählt zu werden. Nach dem Verbindungsaufbau meldet sich der Host (teilweise erst nach Eingabe eines oder mehrerer ⟨CR⟩) und fordert zum Logon auf.

Bei kommerziellen Mailbox-Diensten, die praktisch ausschließlich über Datex-P zu erreichen sind, erfordert der Verbindungsaufbau und das anschließende Logon insgesamt fünf Schritte:

1. Einstellen der Übertragungsparameter (z.B. 1200/75 bit/s, 7E1)
2. Anwahl des nächstgelegenen Datex-P PAD (Rufnummern siehe Anhang A.6)
3. Dienstanforderungssignal und Anmeldung bei Datex-P
4. Verbindungsaufbau zum Host durch Eingabe der NUA
5. Logon beim Host

Sobald die Verbindung hergestellt ist, identifiziert sich der Host mit einer kurzen Signon-Mitteilung. Anschließend muß in der Logon-Prozedur die Benutzerkennung und das Paßwort eingegeben werden. Manche öffentlichen Mailboxen bieten für neue Benutzer hierbei gleich die Möglichkeit, sich als neuer Benutzer eintragen zu lassen. Sollte ein spezielles Paßwort erforderlich sein, akzeptieren diese Systeme für neue Benutzer das Paßwort „GAST".

Beim Verbindungsaufbau zur Deutschen Mailbox (Abb. 7-3) werden beispielsweise folgende Aktionen ausgeführt:

Zeile 1: Dienstanforderungssignal für Datex-P
Zeile 2: Bestätigung des Dienstanforderungssignals durch den PAD
Zeile 3: Eingabe der Benutzerkennung (NUI)
Zeile 4: Aufforderung von Datex-P zur Eingabe des Paßworts
Zeile 5: Eingabe des Paßworts
Zeile 6: Datex-P bestätigt die korrekte Eingabe des Paßworts
Zeile 7: Eingabe der NUA der Deutschen Mailbox
Zeile 8-12: Verbindungsaufbau über Datex-P zur Deutschen Mailbox
Zeile 13-14: Begrüßung durch die Deutsche Mailbox

```
 1: .
 2: DATEX-P: 44 3000 49234
 3: nui dxxxxx
 4: DATEX-P: Passwort
 5: passw
 6: DATEX-P: Teilnehmerkennung dxxxxx aktiv
 7: R 45400091110
 8:
 9: DATEX-P: Verbindung hergestellt mit 45 4000 96110  -
10:      Sammelanschluss (001) (n, Gegenstelle zahlt,
11:      Paket- Laenge: 128)
12:
13: Deutsche Mailbox (DM1)
14:
15: Name? abcdefg
16: Password? xxxx
17:
18: Guten Abend!
19: Letzter Anruf: 17-02-88, 15:39:27
20: Freitag, 4. März 1988, 18:09:27  (Port 3)
21: Schön, daß Sie sich mal wieder zum System einwählen.
22: Bitte in folgenden "Brettern" nachschauen:
23:
24: ANGEBOTE          (04-03-88)     ANREGUNGEN        (20-02-88)
25: BILDSCHIRMTEXT    (25-02-88)     CEBIT88           (04-03-88)
26: DATENBANKEN       (01-03-88)     DFUE-HARDWARE     (15-02-88)
27: GESUCHE           (04-03-88)     JOURNALISTEN      (01-03-88)
28: KUMMERKASTEN      (22-02-88)     MEDIEN            (01-03-88)
29: NETWORKS          (11-02-88)     PRU-BACHE         (04-03-88)
30: SCHULUNG          (10-02-88)     SOFTWARE-BOERSE   (23-02-88)
31: SYSTEM-INFO       (02-02-88)     TELEPUBLISHING    (04-02-88)
32: TELETRANSLATING   (14-02-88)     UNTERHALTUNG      (01-03-88)
33: SE-INFO           (03-03-88)
34:
35: Befehl:
```

Abb. 7-3: Logon bei der Deutschen Mailbox

Zeile 15: Deutsche Mailbox fordert zur Eingabe der Benutzerkennung auf, anschließend Eingabe der Benutzerkennung für die Deutsche Mailbox

Zeile 16: Deutsche Mailbox fordert zur Eingabe des Paßworts auf, anschließend Eingabe des Paßworts

Zeile 17-21: Deutsche Mailbox bestätigt die korrekte Eingabe des Paßworts

Zeile 22-34: Deutsche Mailbox zeigt die Schwarzen Bretter an, die seit der letzten Sitzung neue Nachrichten enthalten

Zeile 35: Aufforderungssignal zur Befehlseingabe

Durch ein spezielles Aufforderungszeichen wird dem Benutzer angezeigt, daß die Mailbox bereit zur Entgegennahme von Kommandos ist. Nun können z.B. Mitteilungen gelesen und geschrieben werden. Um die Sitzung zu beenden, gibt der Benutzer ein spezielles Logout-Kommando ein. In kommandogesteuerten Systemen lautet dieses Kommando oft „LOGOUT“, „LOGOFF“ oder „BYE“. Bevor der Host die Verbindung unterbricht, gibt er noch eine kurze Statistik über die Systemzeit (sowie Datum und Uhrzeit) aus.

Benutzeroberfläche

Mailboxen haben entweder menügesteuerte oder kommandoorientierte Benutzeroberflächen. Menügesteuerte Benutzeroberflächen (siehe z.B. Abb. 7-10) eignen sich besonders gut für neue und unregelmäßige Teilnehmer eines Mailbox-Dienstes, da diese die verfügbaren Kommandos leicht vergessen. Funktionen wie das Lesen und Schreiben von Mitteilungen werden hier durch Kürzel (Buchstaben oder Zahlen, die für einen Menüpunkt stehen) aufgerufen. Welche Menüpunkte zur Auswahl stehen, wird vor jeder Befehlseingabe aufgelistet oder kann durch Eingabe eines Fragezeichens abgerufen werden.

Kommandoorientierte Benutzeroberflächen steuern die Eingabe ähnlich wie bei einer Online-Datenbank (siehe Kap. 6.3.2) über mehr oder weniger komplexe Befehle, die zusammen mit Parametern aufgerufen werden und daher kompaktere Funktionsaufrufe ermöglichen, ohne daß der Benutzer sich durch mehrere Untermenüs durcharbeiten muß. Dieser Vorteil kommt allerdings erst für geübte Benutzer bei regelmäßiger Benutzung der Mailbox zum Tragen.

Generell sind die Benutzeroberflächen von Mailboxen benutzerfreundlicher als diejenigen von Datenbanksystemen und ermöglichen in weitaus größerem Maße auch ungeübten, nicht-professionellen Nutzern der Mailbox die Kommandoeingabe.Praktisch alle Systeme reagieren auf die Eingabe von HELP, INFO oder „?“ mit der Ausgabe von Hilfsinformationen.

Speziell ausgerüstete Terminal-Programme („Mailbox-Benutzeroberflächen“, siehe Kap. 4.1.3) haben Bestandteile der Benutzeroberfläche von Mailbox-Diensten in die Terminal-Software integriert, so daß sich eine schnellere und einfachere Bedienung ergibt. Besonders hilfreich für die Mailbox-Benutzung sind Terminal-Programme mit der Möglichkeit zum Auto-Logon über Kommandodateien, da dann sofort mit der Mailbox-Nutzung begonnen werden kann, ohne umständliche Eingaben bei Verbindungsaufbau und Logon ständig wiederholen zu müssen.

Ablauf einer Sitzung

Der typische Ablauf einer Mailbox-Benutzung läßt sich in die drei Schritte Logon-Prozedur, Systembenutzung und Logout-Prozedur gliedern. Diese

Schritt 1:

- Verbindungsaufbau
- Host bestätigt die Verbindung
- Logon-Prozedur
- Anzeige des System Bulletins

Schritt 2:

- Persönliche Mitteilungen lesen
- (Mitteilungen beantworten)

- Brett auswählen
- Inhaltsverzeichnis anzeigen
- Öffentliche Mitteilungen lesen
- (Mitteilungen beantworten)

(wird wiederholt)

- Brett auswählen
- Inhaltsverzeichnis anzeigen
- Öffentliche Mitteilungen lesen
- (Mitteilungen beantworten)

Schritt 3:

- Abmeldung beim Host
- Unterbrechen der Verbindung

Abb. 7-4: Ablauf einer Terminal-Sitzung

Struktur ist in Abb. 7-4 veranschaulicht, wobei die Systembenutzung nur exemplarisch aufgeführt ist.

Nach der Logon-Prozedur liest der Benutzer gewöhnlich zuerst die an ihn persönlich adressierten Mitteilungen. Falls persönliche Mitteilungen vorliegen, erfolgt nach der Logon-Prozedur ein entsprechender Hinweis. Oft können persönliche Mitteilungen durch eine entsprechende Mailbox-Funktion sofort beantwortet werden (d.h. ohne den Adressaten und den Betreff neu eingeben zu müssen). Nach der Erledigung der persönlichen Post kann noch in diverse „Schwarze Bretter“ geschaut werden, um nach interessanten Mitteilungen Ausschau zu halten.

7.2 Öffentliche Mailbox-Dienste

Öffentliche Mailbox-Dienste sind Host-Computer, die ein Mailbox-System zur öffentlichen Nutzung anbieten. Öffentliche Mailbox-Dienste sind zu unterscheiden von organisationseigenen Mailboxen, die nur einer privilegierten Benutzergruppe (z.B. den Außendienstmitarbeiten oder Kunden eines Unternehmens) Zugang gewähren.

Öffentliche Mailbox-Dienste lassen sich unterteilen in nicht-kommerzielle und kommerzielle Dienste. In der Bundesrepublik sind gegenwärtig etwa 200 verschiedene inländische Mailbox-Dienste erreichbar, wobei die überwiegende Mehrzahl im Hobby-Bereich angesiedelt ist. Durch Unterschiede bei Betreiber und Gerät bedingt ist das Angebot entsprechend vielfältig. Es reicht von Jugendlichen, die mit viel Bastelei auf ihrem Home-Computer ein Mailbox-Programm installiert haben und einige Stunden täglich die Verbindung per Handvermittlung mit einem Akustikkoppler herstellen, bis zu rund um die Uhr erreichbaren Großcomputern, die über mehrere Anschlüsse und Datennetze gleichzeitig erreichbar sind und neben der Mailboxfunktion eine ganze Palette von zusätzlichen Dienstleistungen bieten. Nach Leistungsumfang, Benutzerkreis und Benutzeroberfläche lassen sich die unterschiedlichen Mailbox-Dienste in drei große Gruppen aufteilen:

- nicht-kommerzielle Mailboxen privater Betreiber
- nicht-kommerzielle Mailboxen von Firmen, die als Medium für Kundenbetreuung und als Werbeträger benutzt werden

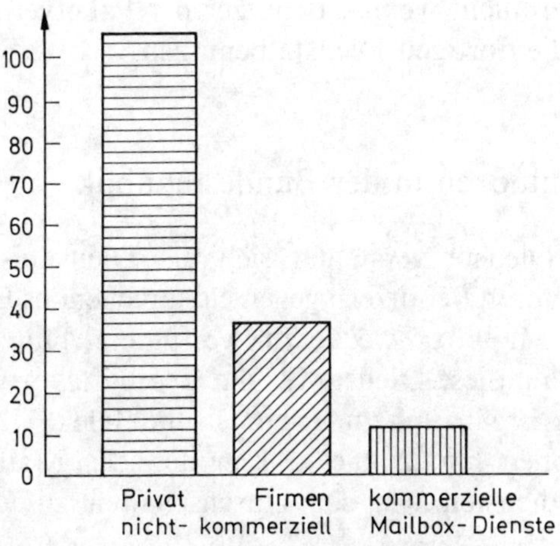

Abb. 7-5: Mailbox-Dienste nach Anbietergruppen

- kommerzielle Mailbox-Dienste (einschließlich der Telebox der Deutschen Bundespost).

Die zahlenmäßigen Relationen dieser drei Anbietergruppen sind für die Bundesrepublik in Abb. 7-5 veranschaulicht.

Für die Leistungsfähigkeit eines Mailbox-Dienstes sind folgende Kriterien ausschlaggebend:

- Zuverlässigkeit und Zugangsmöglichkeit
  - Dienstzeiten (ideal: 24 Stunden täglich)
  - Anzahl von Netzanschlüssen (möglichst hoch, sonst ist ständig „besetzt“)
  - Netzzugänge (ideal: Datex-P)
- Benutzerspektrum
  - Anzahl von Teilnehmern (nicht Anzahl von Benutzern, da Firmen oft mehrere Benutzer stellen)
  - Berufsgruppe/Branche, der die Benutzer überwiegend angehören

Hinsichtlich Zuverlässigkeit und Zugangsmöglichkeit sind die kommerziellen Mailboxen den nicht-kommerziellen Systemen deutlich überlegen. Das Informationsangebot einiger nicht-kommerzieller Mailbox-Dienste braucht dagegen den Vergleich mit den kommerziellen Systemen nicht zu scheuen. Dies gilt insbesondere für DV-bezogene Spezialinteressen, wogegen im Bereich der kommerziellen Mailboxen wirtschaftsbezogene Themen stärker vertreten sind. Hinsichtlich Teilnehmerzahl und Angebotsvielfalt kann sich bisher kein bundesrepublikanisches (aber auch: europäisches) System mit den großen Mailbox-Diensten in den Vereinigten Staaten messen, so daß nicht wenige Benutzer per Paketvermittlung (siehe Kap. 5.2.3) gleich die dortigen Dienste benutzen.

7.2.1 Kommerzielle Mailboxen in der Bundesrepublik

Kommerzielle Mailbox-Dienste verstehen sich als Dienstleistungsunternehmen und stellen ihren Benutzern gegen entsprechendes Entgelt einen Host-Rechner für Mailbox-Zwecke zur Verfügung. Durch ihre hohe Zuverlässigkeit bieten diese Dienste für die Geschäftskorrespondenz eine leistungsfähige Ergänzung zu Briefpost und Telex. Über die reinen Mailbox-Funktionen hinaus bieten kommerzielle Mailboxen eine Reihe von Sonderdiensten wie das Durchschalten zu Online-Datenbanken.

In der Bundesrepublik gibt es gegenwärtig (1988) etwa zehn kommerzielle Mailbox-Dienste privater Anbieter. Die meisten dieser Dienste verwenden Software des Mailbox-Pioniers GeoNet GmbH (Haunetal) und haben deshalb eine gleichartige Benutzeroberfläche. GeoNet führte 1982 unter der Bezeichnung IMCA den ersten kommerziellen Mailbox-Dienst in der Bundesrepublik ein und vermietet seitdem die zugehörige Host-Software samt Hardware an andere Hosts wie z.B. die Deutsche Mailbox GmbH. Ein besonderer Vorteil dieser „GeoNet-Boxen" besteht darin, daß sie untereinander vernetzt sind. Die Benutzer haben dadurch die Möglichkeit, Mitteilungen an Teilnehmer anderer Mailboxen im GeoNet-Verbund zu senden.

Um Benutzer einer kommerziellen Mailbox zu werden, muß man zunächst einen Benutzerantrag stellen. Der Benutzerantrag kann eine Mindestdauer der Nutzung (z.B. 12 Monate) enthalten. Nahezu alle kommerziellen Mailbox-Dienste sind (ausschließlich) über Datex-P zu erreichen. Aus diesem Grund ist der Standort eines Mailbox-Dienstes für die Gebühren praktisch ohne Bedeutung, da die Gebühren für Datex-P im Inland nicht entfernungsabhängig sind. Die einzelnen Netzadressen werden nach der schriftlichen Anmeldung beim Host zusammen mit der Benutzerkennung und dem Paßwort bekanntgegeben.

Kommerzielle Mailbox-Dienste in der Bundesrepublik haben bisher noch den Nachteil, daß kein Dateisystem mit der Möglichkeit zum protokollgesteuerten, codetransparenten Dateitransfer unterstützt wird.

Sonderdienste

Neben dem Austausch von Mitteilungen zeichnen sich kommerzielle Mailbox-Dienste durch eine Reihe von Zusatzfunktionen aus. Hierzu gehört das Absetzen und Empfangen von Fernschreiben sowie die Durchschaltmöglichkeit zu Datenbanken und Presseagenturen.

Da die Bundespost das Zusammenschalten unterschiedlicher Datennetze (wie Datex-P und Telex) verbietet, ist der Zugang zum Telexnetz per Mailbox in der Bundesrepublik nur über einen Umweg möglich. Der Mailbox-Dienst baut zum Absetzen eines Telex eine Verbindung zum englischen Telex-Gateway-Server auf, da die englischen Postvorschriften in dieser Hinsicht liberaler sind. Dank der Einsparung der Festkosten für Telex-Endgeräte usw. ist auf diese Weise eine kostengünstige Teilnahme am Telex-Verkehr möglich, die sich besonders günstig auswirkt, wenn überwiegend Fernschreiben empfangen werden.

Nach amerikanischem Vorbild bieten kommerzielle Mailboxen die Durchschaltmöglichkeit zu einigen Datenbankanbietern an, so daß von der Mailbox aus eine Datenbankabfrage durchgeführt werden kann. Die hierdurch entstehenden Gebühren für die Einzelabfrage liegen über denen, die bei der direkten Benutzung des Datenbank-Hosts entstehen. Wenn nur selten in Online-Datenbanken recherchiert wird, ist diese Möglichkeit des Datenbankzugriffs jedoch vergleichsweise preiswert. In diesem Fall spart der Benutzer die monatliche Grundgebühr des Datenbankanbieters, die vom Mailbox-Betreiber auf alle Benutzer umgelegt wird.

Bedienung

GeoNet-Mailboxen verfügen über eine kommandogesteuerte Benutzeroberfläche. Die einzelnen Kommandos werden in der Regel von einem oder mehreren Parametern gefolgt. Tab. 7-1 führt die wichtigsten GeoNet-Befehle auf. Jeder Befehl kann abgekürzt werden. Die Abkürzungen sind in Tab. 7-1 durch Fettdruck kenntlich gemacht. Bei der folgenden Beschreibung werden nur die wichtigsten Parameter und Funktionen der einzelnen Befehle beschrieben; eine genaue Erklärung findet sich im Benutzerhandbuch, das nach der Systemanmeldung geliefert wird bzw. online angezeigt werden kann.

BRETT	Schwarzes Brett auswählen
MAILBOX	Persönliches Brett auswählen
INHALT	Inhaltsverzeichnis anzeigen
LESEN	Mitteilungen lesen
HILFE	Erklärungstext ausgeben
ENDE	Gegenwärtigen Befehl beenden

Tab. 7-1: Die wichtigsten GeoNet-Befehle

Mit dem Befehl BRETT wird ein „Schwarzes Brett“ des betreffenden Mailbox-Dienstes ausgewählt. Bei Eingabe des Befehls ohne Parameter wird eine Liste aller Bretter gezeigt, die noch ungelesene Mitteilungen enthalten. Als Parameter kann der Name des zu lesenden Schwarzen Bretts angegeben werden, wobei auch auf Bretter anderer Mailboxen im GeoNet-Verbund zugegriffen werden kann. Der Befehl MAILBOX schaltet von einem Schwarzen Brett auf das persönliche Postfach des Benutzers zurück. Das persönliche Postfach ist beim Logon immer das aktive Schwarze Brett.

Mit dem Befehl INHALT können die ungelesenen Mitteilungen eines bestimmten Schwarzen Brettes angezeigt werden. Die Auflistung enthält jeweils eine laufende Nummer, den Absender der Mitteilung, das Eingabedatum und den „Betreff". Anhand dieses Inhaltsverzeichnisses können mit dem Befehl LESEN ausgewählte Mitteilungen eines Schwarzen Brettes angezeigt werden. Der Befehl LESEN wird mit der laufenden Nummer der gewünschten Mitteilung aufgerufen, deren Inhalt anschließend angezeigt wird. Zusätzliche Parameter ermöglichen das Lesen aller neuen Mitteilungen, den Download und die Kurzausgabe von Mitteilungen. Nach dem Lesen kann eine Mitteilung gelöscht, beantwortet oder zur Wiedervorlage abgelegt werden.

Der Befehl HILFE (abzukürzen auch durch „?") bewirkt die Ausgabe eines Hilfstextes. HILFE wird zusammen mit dem Namen des zu erklärenden Befehls aufgerufen (z.B. HILFE LESEN).

Das Kommando ENDE dient zum Abbrechen des gerade ausgeführten Kommandos. Nach der Auswahl eines bestimmten Schwarzen Brettes bewirkt die Eingabe von ENDE die Rückkehr zum persönlichen Postfach. Auf der Ebene des persönlichen Postfachs führt das Kommando zur Unterbrechung der Verbindung durch den Host. Vor Verbindungsabbau werden die wichtigsten Statistiken zur Mailbox-Benutzung (Verbindungsdauer usw.) angezeigt.

Gebühren

Die Gebühren für die Benutzung einer kommerziellen Mailbox setzen sich aus folgenden Hauptgebührenpositionen zusammen:

- einmalige Anmeldungsgebühr
- monatliche Grundgebühr
- Nutzungsgebühren
  - pro Anschaltung
  - pro Minute Verbindungszeit
  - pro abgesandter Mitteilung
  - pro Block gespeicherter Daten
  - für Sonderdienste wie Telex usw.
- Fremdgebühren
  (z.B. Lizenzgebühren für Datenbanknutzung)

7.2.2 Kommerzielle Mailboxen in den USA

In den Vereinigten Staaten gehören kommerzielle Mailbox-Dienste bereits zum Alltag. Das Angebot amerikanischer Mailbox-Dienste reicht von allgemeinen Diensten „für die ganze Familie" bis zu speziellen Wirtschaftsdiensten und dürfte von prognostischer Bedeutung für die Entwicklung der elektronischen Kommunikationsdienste in der Bundesrepublik sein.

In den Vereinigten Staaten gibt es seit 1979 kommerzielle Mailbox-Dienste, die dank dem technologischen Vorsprung und der größeren Verbreitung von Datenverarbeitung und Datenfernkommunikation sowie nicht zuletzt aufgrund geringerer Akzeptanzprobleme von breiten Anwendergruppen genutzt werden. Das Angebot dieser Dienste geht inhaltlich weit über das hinaus, was hiesige Mailboxen bieten. Es umfaßt unter anderem Börseninformationen (Kursveränderungen in Echtzeit), elektronisches Einkaufen, Flugpläne und -buchungen, Hotelbuchungen sowie den Online-Abruf von Zeitungen und Nachrichtendiensten.

Dem großen Angebot entspricht eine wesentlich stärkere Nachfrage als hierzulande. Während die kommerziellen Mailbox-Dienste in der Bundesrepublik insgesamt knapp 10.000 Teilnehmer zählen, werden für die USA 1,5 Millionen geschätzt (zum Vergleich: in England nutzen etwa 60.000 Teilnehmer kommerzielle Mailboxen). Im folgenden werden einige der größten Mailbox-Dienste der Vereinigten Staaten kurz portraitiert.

Allgemeine Dienste

Als allgemeine Dienste werden hier Mailboxen „für die ganze Familie" bezeichnet. Neben Wirtschaftsinformationen bieten sie außerdem Kochrezepte, Spiele, Weiterbildung usw.

Mit über 250.000 Teilnehmern ist der CompuServe Information Service (CIS) der weltweit größte Informationsanbieter.CompuServe wurde 1979 als erster derartiger Kommunikationsservice gegründet. Inzwischen verfügt der Dienst über ein eigenes Paketnetz ähnlich Datex-P mit einer Zentrale in Columbus (Ohio). Das Dienstleistungsangebot umfaßt neben den Mailbox-Funktionen im engeren Sinne (Senden und Empfangen von persönlichen und öffentlichen Mitteilungen) auch einen Bestellservice bei diversen Anbietern (Konsumgüter und DV-Zubehör), Zugang zu

```
CompuServe                    TOP

 1 Instructions/User Information
 2 Find a Topic
 3 Communications/Bulletin Bds.
 4 News/Weather/Sports
 5 Travel
 6 The Electronic MALL/Shopping
 7 Money Matters/Markets
 8 Entertainment/Games
 9 Home/Health/Family
10 Reference/Education
11 Computers/Technology
12 Business/Other Interests

Enter choice number !
```

Abb. 7-6: CompuServe Top Level Menü

Datenbanken, Nachrichtenagenturen und Zeitungen (z.B. Washington Post), Buchungen, Online-Spiele und vieles mehr.

Daneben können bei CompuServe Börseninformationen über 12.000 Notierungen in „Echtzeit" abgerufen werden, und Aktienkäufe und -verkäufe sind 24 Stunden täglich über einen „Online-Broker" zu tätigen.

Besonders für Programmierer interessant ist ein umfangreiches Angebot an Public Domain Software, wie es hierzulande nicht ansatzweise zu finden ist. Kommerzielle Software-Häuser wie z.B. Borland International unterhalten eigene Schwarze Bretter innerhalb von CompuServe als durchgängig erreichbare „Hotline", über die Techniker produktbezogene Fragen beantworten und außerdem zahlreiche Programmierbeispiele kostenlos zum Download anbieten.

Ein ähnlich allgemein ausgerichteter Mailbox-Dienst ist The Source, Teil der Unternehmensgruppe Readers Digest Association. Über The Source kann neben den Mailbox-Funktionen im engeren Sinne ein „privates" Mitteilungsnetz aufgebaut werden, zu dem nur bestimmte Teilnehmer Zugang haben (geschlossene Benutzergruppe). Mit ebenfalls eingelogten Teilnehmern kann eine „Konferenzschaltung" hergestellt werden. Firmendaten, Börsenkurse und Nachrichten können über The Source online abgerufen werden. Im Bereich Börseninformationen können Käufe simuliert werden, um bestimmte Börsenstrategien zu testen.

MCI Mail ist ein Dienst der amerikanischen Postgesellschaft MCI, der elektronische Kommunikation mit dem traditionellen Medium Papier verbindet. Der zentrale Host in Washington speichert alle eingehenden Mitteilungen. Anders als bei gewöhnlichen Mailbox-Diensten können Mitteilungen über MCI jedoch auch an Adressaten gerichtet werden, die selbst nicht Benutzer der Mailbox sind. In diesem Fall erfolgt eine

```
DATEX-P: 44 3000 49234
nui dxxxxxx
DATEX-P: Passwort
XXXXXX
       .
DATEX-P: Teilnehmerkennung dxxxxxx aktiv
03106004759

DATEX-P: Verbindung hergestellt mit 0 3106 004759
     (18B) (i, n, Tlnkg dxxxxxx zahlt, Paket- Laenge: 128)

P  3
HOST IS ON LINE

Port: 43.
Please enter your user name:  userid

Password:  passw
Connection initiated. . . Opened.

Welcome to MCI Mail!

Got hot news in your inbox?  Advanced
Service lets you FORWARD it to others.
Type HELP FORWARD for details.

Save $$$ on PC supplies in HELP ADS PC.


MCI Mail Version 3.0

     There are no messages waiting in your INBOX.

Press <RETURN> to continue

You may enter:

SCAN         for a summary of your mail
READ         to READ messages or LISTS
PRINT        to display messages nonstop
CREATE       to write an MCI Letter
CREATE LIST  to make a distribution list
DOWJONES     to Dow Jones News/Retrieval
ACCOUNT      to adjust terminal display
HELP         for assistance

Command (or MENU or EXIT):
```

Abb. 7-7: Logon bei MCI Mail

Zustellung auf dem gewöhnlichen Postweg. Die Mitteilung wird hierzu elektronisch in die dem Empfänger nächstgelegene Großstadt weitergeleitet, dort ausgedruckt und per Boten zugestellt. Auf diese Weise zugestellte Briefe können innerhalb von vier Stunden ihren Adressaten erreichen. Ein Telex-Gateway ist ebenfalls installiert, so daß auch Fernschreiben gesendet und empfangen werden können.

Wirtschaftsbezogene Dienste

Neben den eher allgemein ausgerichteten Mailbox-Diensten gibt es in den USA einige Mailboxen, die sich auf Nachrichten aus der Wirtschafts-

und Finanzwelt spezialisiert haben. Diese primär zur Informationssuche (z.B. im Bereich Börsen- und Geschäftsinformationen) dienenden Dienste sind eher Online-Datenbanken vergleichbar, unterscheiden sich von diesen jedoch durch ein wesentlich schnelleres Updating (bei Börseninformationen praktisch kontinuierliches Erneuern der Kurse) und durch das Zusatzangebot entsprechend zugeschnittener Dienstleistungen wie Broker-Service usw.

Dow Jones News/Retrieval ist ein Online-Dienst des Börsenunternehmens Dow Jones & Co. Geschäftsinformationen (Adressen, Umsätze, Bilanzen), Wirtschaftsprognosen und Finanzdaten können stets aktuell abgefragt werden. Für einzelne Unternehmen oder für ganze Wirtschaftszweige lassen sich die wichtigsten chronologischen Entwicklungen und Trends anzeigen. Alle Wirtschaftsnachrichten können mit einer Verspätung von 90 Sekunden gegenüber den Nachrichtenagenturen (somit schneller als über jede gedruckte Zeitung) abgefragt werden.

Die Huttonline wird von der amerikanischen Brokerfirma E.F.Hutton betrieben. Sie ist ausschließlich auf Börseninformationen ausgerichtet. Aufträge an den Broker können über dieses Medium 24 Stunden täglich erteilt werden, außerdem wird eine elektronische Beratung zu Börsenstrategien angeboten. Zusätzlich zu Börsenkursen sind Indikatoren der Wirt-

```
      DOW JONES NEWS/RETRIEVAL
         COPYRIGHT (C) 1985
      DOW JONES & COMPANY, INC.
        ALL RIGHTS RESERVED

MANDLIKOVA TOPS NAVRATILOVA
FOR U.S. OPEN TITLE; BYU'S
STREAK ENDS, SEE //SPORTS.
SEE //MENU FOR DATA-BASE LIST.
ENTER QUERY
    //intro

  Welcome to //INTRO, the free
  newsletter to News/Retrieval

PRESS  FOR
 1  New //INVEST: Full Text
      Of Research Reports From
      Leading Financial Analysts
 2  Free Online Tutorials
      For Recently Added Services
 3  Data Bases: //ENCYC Update
 4  Contests; New Trivia Q & A
 5  News Via DowPhone, DowQuot;
      Citibank's Direct Access
 6  Customer Information:
      New Prices, //MENU
 7  DJ Seminars and Software
```

Abb. 7-8: Dow Jones News/Retrieval

schaftsentwicklung abrufbar. Ein bei der Firma E.F.Hutton unterhaltenes Wertpapier-Depot kann kontrolliert und verändert werden. Außerdem sind „Hintergrundinformationen" von Börsenfachleuten abrufbar.

Weniger auf finanzwirtschaftliche Fragen ausgerichtet, sondern als eher allgemeiner Wirtschaftsdienst versteht sich der Mailbox-Dienst NewsNet. Auch NewsNet gibt Börsenkurse zu einer Reihe ausgewählter Notierungen, der Schwerpunkt liegt jedoch auf allgemeinen Informationen, die aus Wirtschaftsinformationsdiensten gewonnen werden. 120 solcher Informationsdienste können online abgerufen werden. Dadurch, daß nur tatsächlich abgerufene Informationen bezahlt zu werden brauchen, ergibt sich ein Preisvorteil gegenüber dem Abbonnement. Darüber hinaus sind detaillierte Informationen aus den Bereichen Marketing und Werbung, Management, Public Relations, Forschung und Entwicklung, Umwelt und Gesundheit, Verwaltung und Steuer u.a. erhältlich.

Zugang

Alle hier beschriebenen Mailbox-Dienste sind an paketvermittelnde Datennetze angeschlossen (teilweise verfügen sie, wie CompuServe, sogar über ein eigenes Paketnetz) und sind daher auf einfache Weise über Datex-P zu erreichen. Kennt man die Netzadresse (NUA) eines Dienstes, kann dieser direkt über Datex-P angewählt werden. Dabei ist zu beachten, daß zusätzlich zur Netzadresse die Netzkennzahl (siehe Anhang A.8) sowie eine „0" (für Auslandswahl) anzugeben ist.

Voraussetzung für die Benutzung einer Mailbox in den USA ist eine amerikanische Kreditkarte (Visa, Master Card, American Express etc.), über die die Fakturierung erfolgt. Der Benutzerantrag kann bei manchen Diensten online gestellt werden. In diesem Fall muß bereits die Nummer der Kreditkarte angegeben werden. Manche Dienste vertreiben über Software-Häuser sogenannte „Subscription Kits", die ein Benutzerhandbuch, eine Benutzerkennung und ein vorläufiges Paßwort enthalten. Ein Teil des Kaufpreises wird als Online-Benutzungszeit angerechnet.

Gebühren

Beim Zugang zu Mailboxen in den USA wirkt sich die Gebührenstruktur von Datex-P besonders günstig aus: Entfernung und Verbindungsdauer fallen hier wesentlich weniger ins Gewicht als beim Telefonieren. Die Hauptgebührenpositionen umfassen:

- einmalige Anmeldungsgebühr
- monatliche Grundgebühr
- Verbindungsgebühren (abhängig von Verbindungsdauer, Tageszeit und Übertragungsgeschwindigkeit)
- zusätzliche Gebühren für Sonderdienste (soweit in Anspruch genommen)

Manche Dienste verzichten auf die Anmeldungsgebühr und auf die monatliche Grundgebühr. Auch gibt es – wie in den Vereinigten Staaten üblich – zahlreiche Sonderangebote. Da die Fakturierung in US $ erfolgt, ist die Höhe der Gebühren nicht zuletzt vom aktuellen Wechselkurs abhängig.

Da die Gebühren für die Verbindung (Datex-P) nur unwesentlich über denen für die Anwahl eines inländischen Mailbox-Dienstes liegen, die Nutzungsgebühren amerikanischer Mailbox-Dienste jedoch teilweise sogar billiger sind als hierzulande, kann die Nutzung eines amerikanischen Dienstes weniger Kosten verursachen als die eines inländischen. Steht daher nicht die Korrespondenz mit anderen (inländischen) Teilnehmern im Vordergrund, sondern z.B. das Abrufen aktueller Börsen- und Geschäftsinformationen oder ein enger Kontakt zu amerikanischen Softwa-re-Entwicklern, kann in vielen Fällen die Benutzung eines amerikanischen Dienstes angezeigt sein.

7.2.3 Die Telebox der Deutschen Bundespost

Die Telebox ist eine von der Deutschen Bundespost betriebene gebührenpflichtige öffentliche Mailbox. Sie ist hauptsächlich als Erweiterung der normalen Briefkommunikation gedacht. Bedingt durch eine vergleichsweise umständliche Bedienung, hohe Gebühren und ein geringes Angebot zusätzlicher Dienstleistungen stellt die Telebox bisher keine ernsthafte Konkurrenz zu den kommerziellen Mailbox-Diensten privater Anbieter dar.

Ende 1985 versuchte die Bundespost mit der Telebox in den Markt der kommerziellen Mailbox-Dienste einzutreten. Die Telebox ist auf einem zentralen Host in Mannheim installiert, der über das Telefonnetz und über die Datex-Netze erreicht werden kann. Trotz größerer Werbemaßnahmen gelang es der Bundespost nicht, sich gegen die Konkurrenz der privaten Mailbox-Dienste durchzusetzen; der Dienst zählte Mitte 1988 etwa 300 Teilnehmer.

Um am Telebox-Dienst teilnehmen zu können, muß zunächst bei der Post ein Benutzerantrag gestellt werden, der von der äußeren Form her etwa dem Antrag für einen Telefon- oder Datex-Anschluß entspricht. Antragsformulare sind bei jedem Postamt erhältlich. Nach Abgabe des Benutzerantrages erhält der Benutzer die Adresse eines persönlichen elektronischen Postfachs. In dieses Postfach können andere Benutzer der Telebox elektronische Mitteilungen ablegen. Dazu müssen sie allerdings die Adresse des Postfachs kennen. Anders als in privaten und komerziellen Mailboxen reicht der Name des Adressaten nicht aus, um eine Mitteilung abzusenden. Bevor der Benutzer die Adresse seines elektronischen Postfachs anderen Benutzern mitgeteilt hat, kann er keine Mitteilungen empfangen. Benutzer der Telebox nennen daher ihre Adresse in der Telebox oft in ihrem Briefkopf. Eine Adresse für ein elektronisches Postfach besteht aus drei Buchstaben und drei Ziffern (z.B. „XYZ123"). Diese Adresse wird dem Benutzer von der Bundespost zugeteilt. Sie ist nicht sein persönliches Paßwort.

Persönliche Mitteilungen

Die Telebox kann zur Abwicklung der persönlichen Korrespondenz als Ersatz für Briefpost benutzt werden, wenn der Adressat ebenfalls Teilnehmer der Telebox ist und die Nummer seiner Box bekannt ist. In gleicher Weise können Mitteilungen von anderen empfangen werden. Eine persönliche Mitteilung kann an jeden geschrieben werden, von dem die Box-Adresse bekannt ist. Lesen kann nur der Inhaber der Box die vorliegenden Mitteilungen, da zum Lesen persönlicher Mitteilungen die Eingabe des zugehörigen Paßwortes erforderlich ist.

Öffentliche Mitteilungen

Öffentliche Mitteilungen – Nachrichten an „Alle" – sind in der Telebox in unterschiedliche „Sparten" (= Schwarzen Brettern) unterteilt. Welche unterschiedlichen „Sparten" in der Telebox eingerichtet sind, ist erkennbar, wenn bei der Frage, welche Sparte ausgewählt werden soll, ein Fragezeichen eingegeben wird.

Gruppenspezifische Mitteilungen

Die Telebox unterstützt gruppeninternen Mitteilungsaustausch in Form von „geschlossenen Benutzergruppen". Hierzu muß der Hauptteilnehmer (z.B. ein Unternehmen) mehrere Boxen beantragen. Diese Boxen können dann auf ein gemeinsames Schwarzes Brett zugreifen, das nicht öffentlich zugänglich ist. Die Einrichtung und Pflege des gruppeninternen Schwarzen Bretts bleibt dem Teilnehmer überlassen, der hierzu einen „Gruppenadministrator" beauftragt. Beantragt ein Teilnehmer mehrere Boxen, erhält er zusätzlich weitere Speicherbereiche zugeteilt, die zur Verwaltung des gruppenspezifischen Schwarzen Bretts genutzt werden können.

Bedienung

Die Telebox arbeitet mit einer Bytelänge von 7 Bit, keine Parität. Deswegen muß das Terminal-Programm vor dem Verbindungsaufbau auf 7 Bit geschaltet werden.

Mit dem Aufforderungszeichen „>" signalisiert die Telebox nach dem Verbindungsaufbau, daß sie zur Entgegennahme von Befehlen bereit ist. Alle Eingaben müssen mit ⟨CR⟩ abgeschlossen werden. ⟨BS⟩ löscht das Zeichen links vom Cursor.

Die Bedienung der Telebox erfolgt nicht menü-, sondern kommandogesteuert. Die Kommandosprache setzt sich aus einer Reihe von Befehlen zusammen, die miteinander kombiniert werden. Die Befehle können in Großbuchstaben oder in Kleinbuchstaben (oder Groß- und Kleinbuchstaben gemischt) eingegeben werden. Tab. 7-2 enthält die wichtigsten Befehle im Überblick.

MITT	Aufruf einer persönlichen Mitteilung
MITTUE	Übersicht über die vorliegenden persönlichen Mitteilungen
TSMITT	Absenden einer vorbereiteten Mitteilung
XMIT	Ein- oder Ausgabe einer Textdatei
SB	Zugang zum Schwarzen Brett
AKT	Lesen aktueller Informationen der Telebox-Zentrale
ED	Text-Editor aufrufen
LI	Persönliche Dateien auflisten
HILFE	Hilfsanforderung
INFO	Ausgabe zusätzlicher Informationen
ENDE	Verlassen der Telebox

Tab. 7-2: Die wichtigsten Befehle der Telebox

Viele Befehle werden zusammen mit Parametern aufgerufen. So muß z.B. mit dem Befehl MITT angegeben werden, ob Mitteilungen gesendet oder

```
DATEX-P: 44 3000 99134
nui dxxxxx
DATEX-P: Passwort
XXXXXX

DATEX-P: Teilnehmerkennung dxxxxx aktiv
45621040000

DATEX-P: Verbindung hergestellt mit 45 6210 40000
         (001) (n, Tlnkg dxxxxx zahlt, Paket-Laenge: 128)

TELEBOX-System  der Deutschen Bundespost
Bitte vorstellen:
>id inf100
Passwort: telebox

 19.4I.224(15)
Angeschaltet    am 06.08.1988 um 14:45 Uhr.
Letzter Zugang am 06.08.1988 um 12:37 Uhr.

Willkommen im TELEBOX-System!
Der Befehl INFO INFO erschliesst Ihnen die Dokumentation des Dienstes.

Vorliegende Mitteilungen (1 Ungelesen)

   Anmerkung: der Befehl INFO INFO gilt nicht fuer ID INF100

   Die INFO-Dateien stellen die Grundinformation ueber das TELEBOX-System
   und seine Nutzungsmoeglichkeiten dar. Sie sind in dieser BOX auf vier Menues
   verteilt. Diese Menues koennen Sie mit den Buchstaben  A, B, C oder D
   aufrufen.

   (Sie koennen die Ausgabe der INFO-Dateien anhalten, wenn Sie die beiden
   Tasten CTRL und S druecken. Durch Druecken der Tasten CTRL und Q wird die
   Ausgabe fortgesetzt. Die Eingabe von BREAK fuehrt in der Regel zur
   Unterbrechung der Zugangsverbindung).

Bitte  A, B, C, D oder ENDE eingeben: a


                              === MENUE A ===
INFO-Nr                                                           Anzahl
                                                                  der Zeilen
1  INFO PROBE.VERZ   Auflistung der Teilnehmer                         >400
2  INFO UEBERSICHT   Uebersicht ueber das TELEBOX-System                 64
3  INFO STRUKTUR     Allgemeine Angaben zur Struktur von TELEBOX        176
4  INFO BERATUNG     Beratung ueber TELEBOX, Kontaktadressen             78
5  INFO GEBUEHREN    Gebuehreninformationen zu TELEBOX                   70
6  INFO BEFEHLE      Auflistung der Ausgangsbefehle                      96
7  INFO PASSW        Verfahren der Passwortaenderung                     35
8  INFO AKT          Aktuelle Informationen                              15
9  INFO BED          Bedienungshinweise                                 100
10 INFO STOER        Hinweise fuer Stoerungen                            28
11 INFO SBRETT       Moeglichkeiten des Schwarzen Brettes                46
12 INFO LIST         Listung von Namen bestehender Textdateien           42
13 INFO VERZ         Verzeichnisse                                      131
14 INFO INTERNATL    Austausch von Mitteilungen mit Partnern
                     im Ausland                                          89

15 INFO INTL.KONT    Kontaktadressen in anderen Laendern                126
16 INFO ENGLISCH     Bedienung in englischer Sprache                     35
17 INFO MANUAL       Zusammenfuegung der INFO-Dateien                    42

B                    Weitere INFO-Dateien
C                    Weitere INFO-Dateien
D                    INFO-Dateien mit Ratschlaegen


Bitte Nr der gewuenschten INFO oder A, B, C, D oder ENDE eingeben:
```

Abb. 7-9: Kostenloser Info-Dienst der Telebox

gelesen werden sollen. Wird ein solcher Befehl, der weitere Parameter erfordert, eingegeben, fragt die Telebox nach der beabsichtigten Unterfunktion. Wird z.B. einfach der Befehl MITT eingegeben, fragt die Telebox „Senden, Lesen oder Abfragen:". Der Benutzer muß nun die Unterfunktion eingeben, die beabsichtigt ist. Dies kann allerdings auch gleich beim Aufruf des Befehls MITT erfolgen. Soll z.B. eine Mitteilung gelesen werden, kann sofort aufgerufen werden MITT LESEN.

Online-Informationen zur Telebox

Nicht eingetragene Benutzer der Telebox können einen kostenlosen Online-Informationsdienst nutzen, um sich über die Möglichkeiten und Gebühren der Telebox zu informieren. Nach dem Verbindungsaufbau zur Telebox wird hierzu als Benutzerkennung „ID INF100" eingegeben, als Paßwort „TELEBOX". Anschließend sind vier Informations-Menüs verfügbar, die über Zugangsmöglichkeiten, Gebühren, Befehle usw. informieren (siehe Abb. 7-9).

Gebühren

Die Gebühren für die Telebox setzen sich zusammen aus

- einmaliger Anmeldungsgebühr (pro Teilnehmer)
- monatliche Grundgebühr (pro Box)
- monatliche Nutzungsgebühr
  - Belegungsgebühren (Verbindungszeit in Minuten)
  - Adressiergebühren (pro abgesandter Mitteilung)
  - Speichergebühren (pro Speicherblock und Tag)

Für die Nutzungsgebühren ist pro Box ein monatliches Minimum zu entrichten. Die aktuellen Gebühren können über den Online-Informationsdienst der Telebox erfahren werden.

7.2.4 Nicht-kommerzielle Mailbox-Dienste

Das Aufkommen von Mailboxen in der Bundesrepublik ging in erster Linie von Jugendlichen aus. Die meisten gegenwärtig erreichbaren Mailbox-Dienste werden von Privatpersonen betrieben, die für die Benutzung dieser Dienste keine Gebühren erheben. Die vielfältige Landschaft der nicht-kommerziellen Mailbox-Dienste ist überwiegend durch jugendliches Publikum gekennzeichnet. Daneben gibt es auch größere, in erster Linie von DV-Firmen zu Werbezwecken betriebene Systeme, die sich von der Leistungsfähigkeit her mit kommerziellen Mailbox-Diensten messen können.

Nicht-kommerzielle Mailbox-Dienste werden in erster Linie durch ein jugendliches Publikum geprägt. Die Benutzer verwenden Phantasienamen (z.B.: „Kilo Byte", „Friendly Bit", „Arthur Dent" u.ä.). Da der Zugang ausschließlich über das Telefonnetz erfolgt, stammen die Benutzer durch die entfernungsabhängigen Gebühren des Telefonierens bedingt überwiegend aus dem Ortsbereich der Mailbox. Die Mitteilungen drehen sich nahezu ausschließlich um das Thema Computer, wobei billige Home-Computer, die von den Jugendlichen am häufigsten benutzt werden, im Zentrum des Interesses stehen. Dabei geht es um An- und Verkauf von Zubehör und Ersatzteilen, Programmtausch und Programmiertips. Private Mailbox-Dienste sind meist bereits an der Namensgebung als solche erkenntlich. So z.B. „Smurf-Box", „Blue-Box", „Bit Dschungel" usw.

Neben dem Gros der hobbymäßig betriebenen Mailbox-Dienste gibt es eine Reihe von nicht-kommerziellen Mailbox-Dienste, die von Computerfirmen betrieben werden. Sie tragen oft den Namen der Firma in ihrer Bezeichnung. Zusätzlich zu den geschilderten Inhalten findet sich hier auch Werbung des Betreibers. Da diese Mailboxen auch zur Kundenbetreuung genutzt werden und die Aufwendungen zum Betrieb der Mailbox geschäftlich als Unkosten geltend gemacht werden können, ist oft eine gute Geräteausstattung und Wartung gegeben, so daß teilweise die Zuverlässigkeit kommerzieller Mailbox-Dienste erreicht wird.

Praktisch alle nicht-kommerziellen Mailbox-Dienste laufen auf Home-Computern oder Personal Computern mit Public Domain Mailbox-Software. Die Benutzeroberfläche dieser Software ist daher im Großteil der Fälle englisch; nur wenige System Operatoren bringen so viel Programmierkenntnisse mit, um eine deutsche Fassung zu entwickeln. Bei der

```
EBBS VER. 2.2.7 (ROS VER. 3.4) / PORT 2

////////////////////////////////////////

      ELSA BULLETIN BOARD SYSTEM
            >>> E B B S <<<
       ELSA GMBH, D-5100 AACHEN

         0241-48221 (5 PORTS)
       300/1200/2400 BIT/S, 8N1
           00.00 - 24.00 H

////////////////////////////////////////

VORNAME : RALPH
NACHNAME: LANGNER
Passwort: passw

Login              : Sa  06.08.88  19:10
Ihr letzter Anruf  : Fr  05.08.88  18:36

Sie sind der 20443. Anrufer.

Login-Zeit gesamt :  2298
Anzahl Uploads    :    44
Anzahl Downloads  :    40
Zuletzt gelesen   :  8100

Hoechste Nachricht:  8110
Oeffentl. Briefe  :    51

RALPH, folgende Briefe sind an Dich adressiert:
  8110
RALPH, Du hast folgende Briefe verschickt:
  6661

99-B: TEE> ?

>>> EBBS <<<   Briefsystem

======= Funktionen =======    ====== Bretter =====     ==== Andere Menues ===

<A>ntwort auf letzten Brief   <B> Logon-Info           <D>ateisystem
<I>nfos fuer neue User        <1> benutzte Hardware    <V>erschiedenes
<K>urzuebersicht              <2> Struktur von EBBS        und Cafe B.
<L>esen von Briefen           <3> gesqueezte Dateien
                              <4> Libraries
<S>chreiben eines Briefes     <5> das System Prompt
<U>ebersicht anzeigen         <6> Infos zur Mailboxliste
<W>echsel des Bereichs        <7> Infos zum Cafe Bernstein
                              <8> Executive User
                              <9> Computer-Club an der RWTH Aachen
<E>nde und Abbruch (Logoff)

99-B: TEE>
```

Abb. 7-10: Logon bei einer nicht-kommerziellen Mailbox

Benutzeroberfläche dominieren menügesteuerte Systeme, die auf „Help" oder „?" mit der Ausgabe von Hilfstexten reagieren.

Ein nicht ungewichtiger Vorteil vieler nicht-kommerzieller Mailboxen besteht in der Möglichkeit, über ein entsprechendes Dateisystem kostenlose Software zu empfangen. Einige engagierte System Operatoren nicht-kommerzieller Mailboxen haben für ihre Benutzer die besten Public Domain-Programme aus den USA in ihren Boxen abgelegt.

Zugang

Nicht-kommerzielle Mailbox-Dienste sind über das Telefonnetz zugänglich und verwenden als Übertragungsparameter nahezu ausschließlich 300 bit/s, 8 Datenbits, keine Parität, 1 Stopbit.

Die meisten Telefonnummern von privaten Mailboxen können über Mailboxen selbst in Erfahrung gebracht werden. Jede Mailbox enthält eine Liste mit Telefonnummern anderer Mailbox-Dienste. Allerdings stellt sich immer wieder heraus, daß der Großteil der angegebenen Nummern falsch ist: entweder existiert die angegebene Mailbox seit langem nicht mehr, oder sie hat nie existiert. In einigen Fällen wurden absichtlich falsche „Mailbox-Nummern" in Umlauf gebracht.

7.3 Literatur

Derfler, F.J.
Microcomputer data communication systems. Englewood Cliffs: Prentice Hall 1982

Glossbrenner, A.
The complete handbook of personal computer communications. New York, NY: 1985

Hiltz, S.R. & Turoff, M.
The network nation. Human communication via computer. Reading, MA: Addison-Wesley 1978

Lancaster, F.W.
Toward paperless information services. New York, NY etc.: Academic 1978

Price, C.R.
Conferencing via computer: Cost effective communication for the era of forced choice. In: Linstone, H.A. & Turoff, M. (Hg.), The Delphi method: Techniques and application. Reading, MA: Addison-Wesley, 1975, 497-516

Roistacher, R.C.
The virtual journal. Computer Networks, 2, 18-24, 1978

Senders, J.W.
An on-line scientific journal. The Information Scientist, 11, 1, 3-9, 1977

A. Tabellen

A.1 ASCII-Konvertierungstabelle

Tab. A-1

dezimal	hexadezimal	oktal	binär	std.-ASCII	Control-
0	00	000	00000000	⟨NUL⟩	Ctrl-@
1	01	001	00000001	⟨SOH⟩	Ctrl-A
2	02	002	00000010	⟨STX⟩	Ctrl-B
3	03	003	00000011	⟨ETX⟩	Ctrl-C
4	04	004	00000100	⟨EOT⟩	Ctrl-D
5	05	005	00000101	⟨ENQ⟩	Ctrl-E
6	06	006	00000110	⟨ACK⟩	Ctrl-F
7	07	007	00000111	⟨BEL⟩	Ctrl-G
8	08	010	00001000	⟨BS⟩	Ctrl-H
9	09	011	00001001	⟨HT⟩	Ctrl-I
10	0A	012	00001010	⟨LF⟩	Ctrl-J
11	0B	013	00001011	⟨VT⟩	Ctrl-K
12	0C	014	00001100	⟨FF⟩	Ctrl-L
13	0D	015	00001101	⟨CR⟩	Ctrl-M
14	0E	016	00001110	⟨SO⟩	Ctrl-N
15	0F	017	00001111	⟨SI⟩	Ctrl-O
16	10	020	00010000	⟨DLE⟩	Ctrl-P
17	11	021	00010001	⟨DC1⟩	Ctrl-Q
18	12	022	00010010	⟨DC2⟩	Ctrl-R
19	13	023	00010011	⟨DC3⟩	Ctrl-S
20	14	024	00010100	⟨DC4⟩	Ctrl-T
21	15	025	00010101	⟨NAK⟩	Ctrl-U
22	16	026	00010110	⟨SYN⟩	Ctrl-V
23	17	027	00010111	⟨ETB⟩	Ctrl-W
24	18	030	00011000	⟨CAN⟩	Ctrl-X
25	19	031	00011001	⟨EM⟩	Ctrl-Y
26	1A	032	00011010	⟨SUB⟩	Ctrl-Z
27	1B	033	00011011	⟨ESC⟩	Ctrl-Ä
28	1C	034	00011100	⟨FS⟩	Ctrl-Ö
29	1D	035	00011101	⟨GS⟩	Ctrl-Ü
30	1E	036	00011110	⟨RS⟩	Ctrl-ˆ
31	1F	037	00011111	⟨US⟩	Ctrl-_
32	20	040	00100000	⟨SP⟩	

Tab. A-1 (Fortsetzung)

dezimal	hexadezimal	oktal	binär	std.-ASCII	Control-
33	21	041	00100001	!	
34	22	042	00100010	″	
35	23	043	00100011	#	
36	24	044	00100100	$	
37	25	045	00100101	%	
38	26	046	00100110	&	
39	27	047	00100111	′	
40	28	050	00101000	(	
41	29	051	00101001	)	
42	2A	052	00101010	*	
43	2B	053	00101011	+	
44	2C	054	00101100	,	
45	2D	055	00101101	-	
46	2E	056	00101110	.	
47	2F	057	00101111	/	
48	30	060	00110000	0	
49	31	061	00110001	1	
50	32	062	00110010	2	
51	33	063	00110011	3	
52	34	064	00110100	4	
53	35	065	00110101	5	
54	36	066	00110110	6	
55	37	067	00110111	7	
56	38	070	00111000	8	
57	39	071	00111001	9	
58	3A	072	00111010	:	
59	3B	073	00111011	;	
60	3C	074	00111100	〈	
61	3D	075	00111101	=	
62	3E	076	00111110	〉	
63	3F	077	00111111	?	
64	40	100	01000000	§	
65	41	101	01000001	A	
66	42	102	01000010	B	
67	43	103	01000011	C	
68	44	104	01000100	D	
69	45	105	01000101	E	
70	46	106	01000110	F	
71	47	107	01000111	G	
72	48	110	01001000	H	
73	49	111	01001001	I	
74	4A	112	01001010	J	
75	4B	113	01001011	K	
76	4C	114	01001100	L	

Tab. A-1 (Fortsetzung)

dezimal	hexadezimal	oktal	binär	std.-ASCII	Control-
77	4D	115	01001101	M	
78	4E	116	01001110	N	
79	4F	117	01001111	O	
80	50	120	01010000	P	
81	51	121	01010001	Q	
82	52	122	01010010	R	
83	53	123	01010011	S	
84	54	124	01010100	T	
85	55	125	01010101	U	
86	56	126	01010110	V	
87	57	127	01010111	W	
88	58	130	01011000	X	
89	59	131	01011001	Y	
90	5A	132	01011010	Z	
91	5B	133	01011011	Ä	
92	5C	134	01011100	Ö	
93	5D	135	01011101	Ü	
94	5E	136	01011110	^	
95	5F	137	01011111	_	
96	60	140	01100000	‘	
97	61	141	01100001	a	
98	62	142	01100010	b	
99	63	143	01100011	c	
100	64	144	01100100	d	
101	65	145	01100101	e	
102	66	146	01100110	f	
103	67	147	01100111	g	
104	68	150	01101000	h	
105	69	151	01101001	i	
106	6A	152	01101010	j	
107	6B	153	01101011	k	
108	6C	154	01101100	l	
109	6D	155	01101101	m	
110	6E	156	01101110	n	
111	6F	157	01101111	o	
112	70	160	01110000	p	
113	71	161	01110001	q	
114	72	162	01110010	r	
115	73	163	01110011	s	
116	74	164	01110100	t	
117	75	165	01110101	u	
118	76	166	01110110	v	
119	77	167	01110111	w	
120	78	170	01111000	x	

Tab. A-1 (Fortsetzung)

dezimal	hexadezimal	oktal	binär	std.-ASCII	Control-
121	79	171	01111001	y	
122	7A	172	01111010	z	
123	7B	173	01111011	ä	
124	7C	174	01111100	ö	
125	7D	175	01111101	ü	
126	7E	176	01111110	ß	
127	7F	177	01111111	⟨DEL⟩	
128	80	200	10000000		
129	81	201	10000001		
130	82	202	10000010		
131	83	203	10000011		
132	84	204	10000100		
133	85	205	10000101		
134	86	206	10000110		
135	87	207	10000111		
136	88	210	10001000		
137	89	211	10001001		
138	8A	212	10001010		
139	8B	213	10001011		
140	8C	214	10001100		
141	8D	215	10001101		
142	8E	216	10001110		
143	8F	217	10001111		
144	90	220	10010000		
145	91	221	10010001		
146	92	222	10010010		
147	93	223	10010011		
148	94	224	10010100		
149	95	225	10010101		
150	96	226	10010110		
151	97	227	10010111		
152	98	230	10011000		
153	99	231	10011001		
154	9A	232	10011010		
155	9B	233	10011011		
156	9C	234	10011100		
157	9D	235	10011101		
158	9E	236	10011110		
159	9F	237	10011111		
160	A0	240	10100000		
161	A1	241	10100001		
162	A2	242	10100010		
163	A3	243	10100011		
164	A4	244	10100100		

Tab. A-1 (Fortsetzung)

dezimal	hexadezimal	oktal	binär	std.-ASCII	Control-
165	A5	245	10100101		
166	A6	246	10100110		
167	A7	247	10100111		
168	A8	250	10101000		
169	A9	251	10101001		
170	AA	252	10101010		
171	AB	253	10101011		
172	AC	254	10101100		
173	AD	255	10101101		
174	AE	256	10101110		
175	AF	257	10101111		
176	B0	260	10110000		
177	B1	261	10110001		
178	B2	262	10110010		
179	B3	263	10110011		
180	B4	264	10110100		
181	B5	265	10110101		
182	B6	266	10110110		
183	B7	267	10110111		
184	B8	270	10111000		
185	B9	271	10111001		
186	BA	272	10111010		
187	BB	273	10111011		
188	BC	274	10111100		
189	BD	275	10111101		
190	BE	276	10111110		
191	BF	277	10111111		
192	C0	300	11000000		
193	C1	301	11000001		
194	C2	302	11000010		
195	C3	303	11000011		
196	C4	304	11000100		
197	C5	305	11000101		
198	C6	306	11000110		
199	C7	307	11000111		
200	C8	310	11001000		
201	C9	311	11001001		
202	CA	312	11001010		
203	CB	313	11001011		
204	CC	314	11001100		
205	CD	315	11001101		
206	CE	316	11001110		
207	CF	317	11001111		
208	D0	320	11010000		

Tab. A-1 (Fortsetzung)

dezimal	hexadezimal	oktal	binär	std.-ASCII	Control-
209	D1	321	11010001		
210	D2	322	11010010		
211	D3	323	11010011		
212	D4	324	11010100		
213	D5	325	11010101		
214	D6	326	11010110		
215	D7	327	11010111		
216	D8	330	11011000		
217	D9	331	11011001		
218	DA	332	11011010		
219	DB	333	11011011		
220	DC	334	11011100		
221	DD	335	11011101		
222	DE	336	11011110		
223	DF	337	11011111		
224	E0	340	11100000		
225	E1	341	11100001		
226	E2	342	11100010		
227	E3	343	11100011		
228	E4	344	11100100		
229	E5	345	11100101		
230	E6	346	11100110		
231	E7	347	11100111		
232	E8	350	11101000		
233	E9	351	11101001		
234	EA	352	11101010		
235	EB	353	11101011		
236	EC	354	11101100		
237	ED	355	11101101		
238	EE	356	11101110		
239	EF	357	11101111		
240	F0	360	11110000		
241	F1	361	11110001		
242	F2	362	11110010		
243	F3	363	11110011		
244	F4	364	11110100		
245	F5	365	11110101		
246	F6	366	11110110		
247	F7	367	11110111		
248	F8	370	11111000		
249	F9	371	11111001		
250	FA	372	11111010		
251	FB	373	11111011		
252	FC	374	11111100		

Tab. A-1 (Fortsetzung)

dezimal	hexadezimal	oktal	binär	std.-ASCII	Control-
253	FD	375	11111101		
254	FE	376	11111110		
255	FF	377	11111111		

A.2 Die wichtigsten CCITT-Empfehlungen

Die folgende Tabelle vermittelt eine Übersicht über die wichtigsten CCITT-Empfehlungen zur Datenübertragung. Die Empfehlungen der Serie V beziehen sich auf die Datenübertragung im Telefonnetz, die Empfehlungen der Serie X auf Datenübertragung in digitalen Netzen. Der Wortlaut der Empfehlungen ist wiedergegeben in dem von W. Pippart herausgegebenem Band „CCITT-Empfehlungen der V-Serie und der X-Serie", erschienen 1977 in R.v.Decker's Fachverlag, Heidelberg.

CCITT-Empfehlungen der V-Serie

Die folgenden CCITT-Empfehlungen beziehen sich auf die Datenübertragung in analogen Netzen (Telefonnetz).

Tab. A-2

Siegel	Inhalt
V.1	Äquivalenz zwischen Binärzeichen und den Kennzuständen eines Zwei-Zustand-Codes
V.2	Leistungspegel für Datenübertragung über Fernsprechleitungen
V.3	Internationales Alphabet Nr. 5
V.4	Allgemeine Struktur von Signalen, die nach dem Alphabet Nr. 5 codiert sind
V.5	Normierung der Übertragungsgeschwindigkeiten für synchrone Datenübertragung über das öffentliche Telefonnetz
V.6	Normierung der Übertragungsgeschwindigkeit für synchrone Datenübertragung auf Standleitungen
V.10	Elektrische Eigenschaften für unsymmetrische Doppelstrom-Schnittstellen
V.11	Elektrische Eigenschaften für symmetrische Doppelstrom-Schnittstellen
V.15	Anwendung von akustischer Kopplung für die Datenübertragung

Tab. A-2 (Fortsetzung)

Siegel	Inhalt
V.16	Modems für die Übermittlung analoger medizinischer Daten
V.19	Modems mit Parallelübertragung unter Verwendung der Fernsprechsignalisierungsfrequenzen
V.21	200 Baud-Modem zur Benutzung im öffentlichen Telefonnetz
V.22	Modem mit 1200 bit/s duplex zur Benutzung im öffentlichen Telefonnetz und auf Standleitungen
V.22bis	Modem mit 2400 bit/s duplex zur Benutzung im öffentlichen Telefonnetz und auf Standleitungen unter Verwendung des Frequenz-Getrenntlage-Verfahrens
V.23	600/1200 Baud-Modem zur Benutzung im öffentlichen Telefonnetz
V.24	Liste der Definitionen für Schnittstellenleitungen zwischen Datenendeinrichtungen und Datenübertragungseinrichtungen
V.25	Automatische Wähl- und/oder Anrufbeantwortungseinrichtung im öffentlichen Telefonnetz
V.26	Modem mit 2.400 bit/s zur Benutzung auf Standleitungen
V.26bis	Modem mit 2400/1200 bit/s zur Benutzung im öffentlichen Telefonnetz
V.26ter	Modem mit 2400 bit/s duplex zur Benutzung im öffentlichen Telefonnetz und auf Standleitungen
V.27	Modem mit 4.800 bit/s auf Standleitungen
V.27ter	Modem mit 4.800/2.400 bit/s zur Benutzung im öffentlichen Telefonnetz
V.28	Elektrische Eigenschaften für unsymmetrische Doppelstrom-Schnittstellenleitungen
V.29	Modem mit 9.600 bit/s auf Standleitungen
V.31	Elektrische Eigenschaften für Einfachstrom-Schnittstellenleitungen mit Kontakten
V.35	Datenübertragung mit 48 kbit/s über Primärgruppenleitungen
V.36	Modem zur synchronen Datenübertragung auf Primärgruppenleitungen
V.40	Fehleranzeige mit elektromechanischen Einrichtungen
V.41	Vom Code unabhängiges System des Fehlerschutzes
V.50	Standardgrenzwerte für die Übertragungsgüte von Datenübertragung
V.51	Organisation des Unterhaltungsdienstes an internationalen Fernsprechwegen für Datenübertragung
V.52	Kennwerte für Verzerrungs- und Fehlerratenmeßgeräte für Datenübertragung
V.53	Betriebswerte bei Datenübertragung über Fernsprechwege
V.54	Schleifenschaltungen für Modems
V.55	Gerät zum Messen von Impulsstörungen bei Datenübertragung
V.56	Vergleichende Tests von Modems an Fernsprechwegen
V.57	Zusammengefaßtes Meßgerät für hohe Übertragungsgeschwindigkeiten

CCITT-Empfehlungen der X-Serie

Die folgenden CCITT-Empfehlungen beziehen sich auf die Datenübertragung in digitalen Netzen.

Tab. A-3

Siegel	Inhalt der Empfehlung
X.1	Internationale Benutzerklassen in öffentlichen Datennetzen
X.2	Internationale Leistungsmerkmale für Benutzer in öffentlichen Datennetzen
X.4	Allgemeine Struktur von Signalen, die nach dem Internationalen Alphabet Nr. 5 codiert sind
X.20	Asynchrone Schnittstelle zwischen DEE und DÜE
X.20bis	V.21-kompatible asynchrone Schnittstelle zwischen DEE und DÜE
X.21	Synchrone Schnittstelle zwischen DEE und DÜE
X.21bis	Einsatz von DEEs mit Schnittstellen für Modems der V-Serie in digitalen Datennetzen
X.24	Liste der Definitionen für Schnittstellenleitungen zwischen DEE und DÜE
X.25	Schnittstelle zwischen DEE und DÜE für DEEs, die im Paket-Modus arbeiten
X.95	Netz-Parameter in öffentlichen Datennetzen
X.96	Dienstsignale beim Verbindungsaufbau in öffentlichen Datennetzen

A.3 DIN-Normen zur Datenübertragung

Die folgenden DIN-Normen betreffen die Datenübertragung. Sie wurden vom Deutschen Institut für Normung e.V., Normenausschuß Informationsverarbeitung, entwickelt. Der Originaltext der Normen ist erhältlich beim Beuth Verlag, Berlin.

Tab. A-4

DIN	Teil	Inhalt
44 300		Informationsverarbeitung; Begriffe
44 302		Informationsverarbeitung; Datenübertragung, Datenübermittlung; Begriffe
57 800	(1)	Bestimmungen für Errichtung und Betrieb von Fernmeldeanlagen, einschließlich Informationsverarbeitungsanlagen; Allgemeine Bestimmungen
66 020	(1)	Funktionelle Anforderungen an die Schnittstelle zwischen DEE und DÜE in Fernsprechnetzen
66 020	(2)	Funktionelle Anforderungen an die Schnittstelle zwischen DEE und DÜE in Datennetzen

Tab. A-4 (Fortsetzung)

DIN	Teil	Inhalt
66 021	(1)	Datenübertragung; Schnittstelle zwischen DEE und DÜE bei 200 bit/s im Gegenbetrieb auf Fernsprechleitungen
66 021	(2)	Datenübertragung; Schnittstelle zwischen DEE und DÜE bis 1.200 oder 600 bit/s auf Fernsprechleitungen
66 021	(3)	Datenübertragung; Schnittstelle zwischen DEE und DÜE bei 2.400 oder 1.200 bit/s auf Fernsprechleitungen
66 021	(4)	Datenübertragung; Schnittstelle zwischen DEE und DÜE bei automatischem Verbindungsaufbau in Fernsprechwählnetzen
66 021	(5)	Datenübertragung; Schnittstelle zwischen DEE und DÜE für synchrone Übertragung in Datennetzen
66 021	(6)	Datenübertragung; Schnittstelle zwischen DEE und DÜE für Start-Stop-Übertragung in Datennetzen
66 021	(7)	Datenübertragung; Schnittstelle zwischen DEE und DÜE für synchrone Übertragung bei 4.800/2.400 bit/s auf Fernsprechleitungen
66 021	(8)	Datenübertragung; Schnittstelle zwischen DEE und DÜE für synchrone Übertragung bei 9.600/7.200/4.800 bit/s auf Fernsprechleitungen
66 021	(9)	Datenübertragung; Schnittstelle zwischen DEE und DÜE für synchrone Übertragung bei 48.000 bit/s auf Primärgruppenverbindungen
66 021	(10)	Datenübertragung; Schnittstelle zwischen DEE und DÜE bei paralleler Datenübertragung auf Fernsprechleitungen
66 221	(1)	Bitorientiertes Steuerungsverfahren zur Datenübermittlung HDLC; Aufbau des Datenübertragungsblockes
66 221	(2)	Bitorientiertes Steuerungsverfahren zur Datenübermittlung HDLC; Elemente der Steuerungsverfahren
66 244	(1)	Datenübertragung; Schnittstelle zwischen DEE und DÜE für Start-Stop-Übertragung in Datennetzen
66 224	(2)	Datenübertragung; Schnittstelle zwischen DEE und DÜE in Datennetzen; synchrone Übertragung und Verbindungssteuerung bei Leitungsvermittlung
66 224	(3)	Datenübertragung; Schnittstelle zwischen DEE und DÜE in Datennetzen; Vermittlungsprotokoll bei Paketvermittlung
66 259	(1)	Elektrische Eigenschaften der Schnittstellenleitungen; Doppelstrom, unsymmetrisch, bis zu 20 kbit/s
66 259	(2)	Elektrische Eigenschaften der Schnittstellenleitungen; Doppelstrom, unsymmetrisch, bis zu 100 kbit/s
66 259	(3)	Elektrische Eigenschaften der Schnittstellenleitungen; Doppelstrom, symmetrisch, bis zu 10 Mbit/s

A.4 Technische Schnittstellenausführung

Die CCITT-Richtlinien V.24 und X.24 machen keine Aussagen über die technische Ausführung der Schnittstelle. Solange die technische Ausführung aber nicht standardmäßig definiert ist, lassen sich Inkompatibilitäten in der Praxis nicht vermeiden.

Die technische Ausführung betrifft die mechanischen und physikalischen Eigenschaften der Schnittstelle (also z.B. elektrische Spannungsverhältnisse und Steckerausführung) und richtet sich danach, ob die Schnittstelle zur synchronen oder asynchronen Übertragung und zur seriellen oder parallelen Übertragung verwendet werden soll. Die technische Ausführung für serielle Schnittstellen ist in der amerikanischen Norm RS-232-C bzw. in DIN 66020 festgelegt; die elektrischen Eigenschaften in der CCITT-Empfehlung V.28.

Jeder logischen Schnittstellenleitung entspricht eine physikalische Leitung und daher auch ein Pin der zugehörigen Steckverbindung. Als gemeinsame Rückleitung wird die logische Leitung E2 (CCITT 102) benutzt. Für die asynchrone Übertragung beschränken sich die meisten Schnittstellenkabel auf 9 Leitungen. Diese werden meist über einen 25-poligen Subminiatur-Stecker (bzw. -Buchse) verdrahtet. In manchen Fällen (z.B. beim IBM AT) wird eine 9-polige Subminiatur-Steckverbindung verwendet. Die Pins der Steckverbindung sind von 1 bis 25 bzw. von 1 bis 9 durchnummeriert, wobei die Nummerierung durch Beschriftung kenntlich gemacht ist.

Pinbelegung für Schnittstellen in Analog-Netzen (V.-Serie)

Bei Schnittstellen der V.-Serie werden die logischen Schnittstellenleitungen an die in Tab. A-5 aufgeführten Pins angeschlossen.

Soll die Leitung nur für asynchrone Übertragung genutzt werden, brauchen die Taktleitungen nicht verdrahtet zu werden.

Die gezeigte Verdrahtung gilt für die Verbindung von Datenendeinrichtungen mit Datenübertragungseinrichtungen. Sollen zwei Datenendeinrichtungen direkt miteinander verbunden werden (Nullmodem), so ergibt sich eine abweichende Verdrahtung. In diesem Fall müssen die Leitungen D1 und D2, am besten auch S1 und M1 sowie S2 und M2 gekreuzt werden.

Tab. A-5

	25-polig	9-polig
D1	2	3
D2	3	2
M1	6	6
M2	5	8
M3	22	9
M4	12	
M5	8	1
S1	20	4
S2	4	7
E1	1	U
E2	7	5
T1	24	
T2	15	
T4	17	

Pinbelegung für Schnittstellen in Digital-Netzen (X.-Serie)

Verwendet werden 15-polige Subminiatur-Stecker oder entsprechende Buchsen, die nach folgendem Schema verdrahtet werden:

Tab. A-6

Leitung	T	R	C	I	S	B	G	Ga	Gb
Pin	2	4	3	5	6	7	8	9	11

Die elektrischen Ausführungen sind identisch mit V.10 und V.11.

A.5 Der Schnittstellenbaustein beim IBM PC

Der IBM PC kann prinzipiell vier serielle Schnittstellenbausteine bedienen, die als logische Geräte COM1: bis COM4: ansprechbar sind. Nur zwei dieser Schnittstellenbausteine können jedoch einen Hardware-Interrupt generieren, was die Voraussetzung für den verlustfreien Empfang von Zeichen ist. In der Praxis werden daher nur COM1: und COM2: zur Datenübertragung verwendet. Die folgende Tabelle enthält die Basisadressen von COM1: und COM2: sowie die zugehörigen Interrupts.

Tab. A-7

	COM1:	COM2:
Basisadresse	3F8H	2F8H
InterruptNr.	0CH	0BH
Interrupt-Kennung	IRQ4	IRQ3
Vektoradresse	0030H	002CH

Das Einstellen der Basisadressen und das Durchschalten der Interrupt-Leitungen erfolgt auf der Platine des Schnittstellenbausteins. Gewöhnlich sind bei Auslieferung die beschriebenen Werte voreingestellt, jedoch sollte bei hartnäckigen Übertragungsproblemen die Einstellung überprüft werden.

Kernstück der asynchronen Kommunikationseinheit des IBM PC bildet ein Schnittstellenbaustein vom Typ 8250. Dieser Chip verfügt über mehrere programmierbare Register, die oberhalb der Basisadresse liegen. Die folgende Tabelle gibt die Position der einzelnen Register dieses Schnittstellenbausteins relativ zur Basisadresse (siehe oben) an.

Tab. A-8

Sendedaten	Offset + 0
Empfangsdaten	Offset + 0
Interrupt Enable Register	Offset + 1
Interrupt ID Register	Offset + 2
Leitungssteuerregister	Offset + 3
Modemsteuerregister	Offset + 4
Leitungsstatusregister	Offset + 5
Modemstatusregister	Offset + 6
Teilerspeicher LSB	Offset + 0
Teilerspeicher MSB	Offset + 1

Zur Programmierung der einzelnen Register sei auf die im nächsten Kapitel gegebenen Programmierbeispiele sowie auf das Datenblatt des 8250 (z.B. Western Digital) verwiesen. Darüber hinaus sind mehrere Software-Pakete im Handel, die die erforderlichen Prozeduren im Quellcode beinhalten.

Datex-P Netzknoten

Tab. A-9

	Vorwahl	300 bit/s	1200 bit/s	1200/75 bit/s
Augsburg	0821	3 67 91	3 67 81	3 67 61
Berlin	030	23 00 01	24 00 81	24 00 61
Bielefeld	0521	5 90 11	5 90 21	5 90 41
Bremen	0421	17 01 31	1 42 91	1 50 77
Dortmund	0231	5 70 11	5 20 11	5 20 81
Düsseldorf	0211	32 93 18	32 92 49	32 07 48
Essen	0201	78 70 51	79 10 21	79 30 03
Frankfurt	069	2 02 81	2 02 91	2 02 01
Hamburg	040	44 12 31	44 12 61	44 12 81
Hannover	0511	32 66 51	32 74 81	32 75 91
Karlsruhe	0721	6 02 41	6 03 81	6 05 81
Köln	0221	29 11	29 31	29 51
Mannheim	0621	40 90 85	3 99 41	3 99 51
München	089	22 87 30	22 86 30	22 87 58
Nürnberg	0911	2 05 71	2 05 41	2 05 01
Saarbrücken	0681	81 00 11	81 00 31	81 00 61
Stuttgart	0711	29 91 71	29 90 61	29 92 91

A.6 Datex-P Parameter

Tab. A-10

Par.	Bedeutung	Wert	Bedeutung
1	Möglichkeit des Wechselns zwischen Datentransfer und Befehlseingabe	0 1	Kein Wechsel möglich Wechsel ist möglich
2	Lokales Echo ein/aus	0 1	Lokales Echo aus Lokales Echo an
3	Definiere Aktivierungszeichen zum Senden eines Datenpakets	0 2 126	Kein Aktivierungszeichen Aktivierungszeichen = ⟨CR⟩ Alle Control-Codes und ASCII 127 (7FH) wirken als Aktivierungszeichen
4	Definiere Zeiteinheit, nach der ein Datenpaket gesendet werden soll	0 n	Kein zeitabhängiges Senden Senden nach n*40 msec, wobei n eine ganze Zahl zwischen 1 und 255 ist
5	Xon/Xoff-Protokoll ein/aus	0 1	Xon/Xoff-Protokoll aus Xon/Xoff-Protokoll ein

Tab. A-10 (Fortsetzung)

Par.	Bedeutung	Wert	Bedeutung
6	Anzeige von PAD-Meldungen ein/aus	0	Meldungen vom PAD werden unterdrückt
		1	Meldungen vom PAD werden weitergeleitet
7	Behandlung des Break-Signals	0	Break hat keine Auswirkungen
		21	Break bewirkt die Auslösung von Datex-P
8	Ausgabe	0	Normale Ausgabe
		1	Ausgabe unterdrücken
9	Anzahl von ⟨NUL⟩-Zeichen nach ⟨CR⟩	n	Es werden n Nullzeichen nach ⟨CR⟩ gesendet, wobei n eine ganze Zahl zwischen 0 und 255 sein muß
10	Definition der Zeilenlänge vor ⟨CR⟩	0	unbestimmte Zeilenlänge
		n	Anzahl der Spalten pro Zeile, bevor ein ⟨CR⟩ eingefügt wird. n muß eine ganze Zahl zwischen 1 und 255 sein
11	Ausgabe der aktuellen Übertragungsgeschwindigkeit (Aufruf ohne Angabe eines Werts)	0	110 bit/s
		2	300 bit/s
		3	1.200 bit/s
		4	600 bit/s
		5	75 bit/s
		6	150 bit/s
		7	1.800 bit/s
		8	200 bit/s
		9	100 bit/s
		10	50 bit/s
		11	1.200/75 bit/s
12	Xon/Xoff-Protokoll für Kommunikation mit dem PAD ein/aus	0	PAD arbeitet ohne Xon/Xoff
		1	PAD arbeitet mit Xon/Xoff
118	Definiere Delete-Zeichen. Zuvor muß Parameter 4 auf den Wert 0 gesetzt werden	0	Kein Delete-Zeichen
		n	Dezimal-Code eines ASCII-Zeichens mit einem Wert zwischen 1 und 127
		a	Das Zeichen a wird als Delete-Zeichen verwendet
119	Definiere Delete-Zeichen für eine ganze Eingabezeile	0	Kein Delete-Zeichen
		n	Dezimal-Code eines ASCII-Zeichens mit einem Wert zwischen 1 und 127
		a	Das Zeichen a wird als Delete-Zeichen verwendet
120	Definiere Zeichen zur Anzeige der letzten Zeile	0	Kein Steuerzeichen zur Anzeige der letzten Zeile

Tab. A-10 (Fortsetzng)

Par.	Bedeutung	Wert	Bedeutung
		n	Dezimal-Code eines ASCII-Zeichens mit einem Wert zwischen 1 und 127
		a	Das Zeichen a wird als Steuerzeichen zur Anzeige der letzten Zeile verwendet
121	Definiere alternatives Aktivierungszeichen 1	0	Kein Aktivierungszeichen
		2	Aktivierungszeichen = ⟨CR⟩
		126	Alle Control-Codes und ASCII 127 (7FH) wirken als Aktivierungszeichen
122	Definiere alternatives Aktivierungszeichen 2	0	Kein Aktivierungszeichen
		2	Aktivierungszeichen = ⟨CR⟩
		126	Alle Control-Codes und ASCII 127 (7FH) wirken als Aktivierungszeichen
123	Paritätsprüfung ein/aus	0	Paritätsprüfung aus
		1	Paritätsprüfung ein
125	Verzögerung für Ausgaben vom PAD bei Halbduplex-Betrieb	0	Keine Verzögerung (vollduplex)
		n	Verzögerungszeit in Sekunden, wobei n eine ganze Zahl zwischen 1 und 255 sein muß
126	Auto-Linefeed ein/aus	0	Auto-Linefeed aus
		1	Auto-Linefeed nach ⟨CR⟩ vom Host
		4	Auto-Linefeed nach ⟨CR⟩ vom lokalen Computer
		5	Auto-Linefeed nach ⟨CR⟩ vom Host und vom lokalen Computer (entspricht 1 und 4)

A.7 Internationale Paketnetze

Die folgenden Tabellen beinhalten die Netzkennzahlen der internationale Paketnetze in Europa, den Vereinigten Staaten und Kanada. Zu einem Netzanschluß innerhalb dieser Netze kann von Datex-P aus eine Verbindung hergestellt werden, indem der Network User Adress (NUA) eine Null und die Netzkennzahl, die den folgenden Tabellen zu entnehmen ist, vorangestellt wird.

Europäische Paketnetze

Tab. A-11

Land	Paketnetz	Kennzahl
Belgien	DCS	2062
Dänemark	Datapac	2382
Finnland	Datapac	2442
Frankreich	Transpac	2080
	NTI	2081
Griechenland	Helpac	2022
Großbritannien	IPSS	2341
	PSS	2342
Irland	Eirpac	2724
Italien	Itapac	2222
	Itapac	2227
Luxemburg	Luxpac	2704
Niederlande	Datanet1	2041
	Dabas	2044
Norwegen	Norpak	2422
Österreich	Datex-P	2322
Portugal	Datacess	2682
Schweiz	Telepac	2284
Spanien	NIDA	2141
	Iberpac	2145
Ungarn	Nedix	2161

Paketnetze in den USA und Kanada

Tab. A-12

Paketnetz	Kennzahl
ADP-Autonet	3126
AT&T-APS	3134
CompuServe	3132
Datapac	3020
Globedat-P	3025
Infoswitch	3029
ITT-UDTS I	3107
ITT-UDTS II	3103
Marknet	3136
MCI-Data-Transport	3102
MCI-Mail	3104
RCA-LSDS	3113
SNET-Connet	3140
Telenet	3110
	3127
TRT-Datapak	3119
Tymnet	3106
Uninet	3125
WUTCO PTN-1	3101

B. Programmierbeispiele

Für die Datenfernkommunikation sind einige Hilfsprogramme erforderlich, die im Fachhandel kaum erhältlich sind. Da viele dieser Programme so einfach sind, daß sie mit ein wenig Programmiererfahrung leicht selbst implementiert werden können, werden im folgenden Programmierbeispiele für einige häufig gebrauchte Funktionen beschrieben.

Die Beispiele wurden für den IBM PC entwickelt. Als Programmiersprache wurde Turbo Pascal (Borland International Corp.) gewählt.

B.1 Konvertierung der Umlaute

Das folgende Programm ermöglicht es, eine Datei in ein Format umzukopieren, bei dem die deutschen Umlaute und das „ß“ entweder in standard ASCII oder im erweiterten ASCII dargestellt werden.

```
PROGRAM Umlaute;

TYPE
  FileN       = String[14];
  BufferType = Array[1..128] of Byte;
  ModeType   = (ext_to_std, std_to_ext, Exit);

VAR
  InputFile,
  OutputFile : File;
  InFileN,
  OutFileN   : FileN;
  Buffer     : BufferType;
  i,
  RecsRead   : Integer;
  Mode       : ModeType;
  Konsole    : Char;

CONST  (* ASCII-Codes der Umlaute *)
  ext_kl_ae    = 132;          std_kl_ae     = 123;
  ext_kl_ue    = 129;          std_kl_ue     = 125;
  ext_kl_oe    = 148;          std_kl_oe     = 124;
  ext_gr_Ae    = 142;          std_gr_Ae     = 91;
  ext_gr_Ue    = 154;          std_gr_Ue     = 93;
  ext_gr_Oe    = 153;          std_gr_Oe     = 92;
  ext_sz       = 225;          std_sz        = 126;
```

```
procedure menu;
begin
  writeln;
  writeln('1> extended ASCII --> standard ASCII');
  writeln('2> standard ASCII --> extended ASCII');
  writeln('3> Programm abbrechen');
  writeln;
  write('Eingabe (1/2/3): ');
  repeat read(Kbd,Konsole) until Konsole in ['1','2','3'];
  writeln(Konsole);
  case Konsole of
    '1' : Mode:= ext_to_std;
    '2' : Mode:= std_to_ext;
    '3' : Mode:= Exit;
  end;
end;


procedure open_files;
begin
  writeln;
  write('Eingabedatei: ');
  readln(InFileN);
  write('Ausgabedatei: ');
  readln(OutFileN);
  assign(InputFile,InFileN);
  assign(OutputFile,OutFileN);
  reset(InputFile);
  rewrite(OutputFile);
  writeln;
  writeln('Konvertierung laeuft:');
end;

procedure convert;
begin
  repeat
    blockread(InputFile,Buffer,1,RecsRead);
    if Mode= ext_to_std then
      for i:= 1 to 128 do
        case Buffer[i] of
          ext_kl_ae : Buffer[i]:= std_kl_ae;
          ext_kl_ue : Buffer[i]:= std_kl_ue;
          ext_kl_oe : Buffer[i]:= std_kl_oe;
          ext_gr_Ae : Buffer[i]:= std_gr_Ae;
          ext_gr_Ue : Buffer[i]:= std_gr_Ue;
          ext_gr_Oe : Buffer[i]:= std_gr_Oe;
          ext_sz    : Buffer[i]:= std_sz;
        end
    else  (* Mode= std_to_ext *)
      for i:= 1 to 128 do
        case Buffer[i] of
          std_kl_ae : Buffer[i]:= ext_kl_ae;
          std_kl_ue : Buffer[i]:= ext_kl_ue;
          std_kl_oe : Buffer[i]:= ext_kl_oe;
          std_gr_Ae : Buffer[i]:= ext_gr_Ae;
          std_gr_Ue : Buffer[i]:= ext_gr_Ue;
          std_gr_Oe : Buffer[i]:= ext_gr_Oe;
          std_sz    : Buffer[i]:= ext_sz;
        end;
    blockwrite(OutputFile,Buffer,RecsRead);
    write('.');
  until RecsRead=0;
end;

procedure close_files;
begin
  close(InputFile);
  close(OutputFile);
  writeln;
  writeln('Konvertierung abgeschlossen.');
end;
```

```
BEGIN
  writeln; writeln; writeln;
  writeln('Konvertierungsprogramm fuer ASCII-Umlaute');
  repeat
    menu;
    if Mode<>Exit then
      begin
        open_files;
        convert;
        close_files;
      end;
  until Mode=Exit;
  writeln('Programm abgebrochen.');
END.
```

Die Arbeitsweise dieses Programms läßt sich wie folgt beschreiben:

- Nach dem Programmaufruf erscheint ein Menü, in dem der Benutzer auswählt, ob er eine Datei von erweitertem ASCII in eine Datei mit standard ASCII umwandeln möchte, oder ob er eine Datei mit standard ASCII in erweitertes ASCII umwandeln möchte.
- Ist eine Option gewählt, wird nach den Namen einer Eingabedatei und einer Ausgabedatei gefragt.
- Von der Eingabedatei wird jeweils ein Block (128 Byte) Daten gelesen. Dieser Block wird anschließend Byte für Byte konvertiert. Nach der Konvertierung eines Blocks wird auf dem Bildschirm ein Punkt („.“) ausgegeben, um dem Benutzer anzuzeigen, an welcher Stelle sich das Programm befindet.
- Ist die Konvertierung abgeschlossen, führt das Programm zum Menü zurück, wo nun eine weitere Datei umgewandelt oder das Programm abgebrochen werden kann.

B.2 Umformatierung der Bytelänge

Das folgende Programm eignet sich zur Vorbereitung von Textdateien für den Dateitransfer. Viele Text-Editoren erzeugen einen 8-Bit-Code, der nicht über codegebundene Datennetze übertragen werden kann. Diese Dateien müßten also normalerweise im 8-Bit-Format mit hilfe eines codetransparenten Protokolls übertragen werden. In Fällen, in denen dies nicht möglich ist, kann mit Hilfe des folgenden Programms eine Umwandlung in 7-Bit-Format vorgenommen werden.

Vor der Benutzung des Programms ist sicherzustellen, daß die umzuwandelnde Datei kein erweitertes ASCII verwendet. Sollten Umlaute im erweiterten ASCII vorhanden sein, müssen diese zuvor nach standard ASCII umgewandelt werden (siehe Programmierbeispiel B.1).

```
PROGRAM Bit7Off;

TYPE
  FileN      = String[14];

VAR
  InputFile,
  OutputFile : Text;
  InFileN,
  OutFileN   : FileN;
  Buffer     : Char;
  i          : Integer;

procedure open_files;
begin
  writeln;
  write('Eingabedatei (<CR> fuer Ende) : ');
  readln(InFileN);
  if InFileN='' then
    begin
      writeln('Programm abgebrochen.');
      Halt;
    end
  else
    begin
      write('Ausgabedatei                  : ');
      readln(OutFileN);
      assign(InputFile,InFileN);
      assign(OutputFile,OutFileN);
      reset(InputFile);
      rewrite(OutputFile);
      writeln;
      writeln('Konvertierung laeuft:');
    end;
end;


procedure strip_off;
const
  LF    = #$0A;
  FF    = #$0C;
  CR    = #$0D;
var
  LFflag, CRflag : Boolean;
begin
  LFflag:= false;
  CRflag:= false;
  i:= 0;
  while not Eof(InputFile) do
    begin
      read(InputFile,Buffer);
      Buffer:= Chr(Ord(Buffer) and $7F);
      case Buffer of
        LF  : if CRflag then CRflag:= false
              else LFflag:= true;
        CR  : if LFflag then LFflag:= false
              else CRflag:= true;
        else  if LFflag or CRflag then
                begin
                  if LFflag then
                    begin
                      write(OutputFile,CR);
                      LFflag:= false;
                    end;
                  if CRflag then
                    begin
                      write(OutputFile,LF);
                      CRflag:= false;
                    end;
                end;
      end;
```

```
    if Ord(Buffer) > 31 then write(OutputFile,Buffer)
    else if Buffer in [CR,LF,FF] then write(OutputFile,Buffer);
    i:= succ(i);
    if i=128 then
      begin
        write('.');
        i:= 0;
      end;
  end;
end;

procedure close_files;
begin
  close(InputFile);
  close(OutputFile);
  writeln;
  writeln('Konvertierung abgeschlossen.');
end;

BEGIN
  writeln; writeln; writeln;
  writeln('Umwandlung der Bytelaenge auf 7 Bit');
  repeat
    open_files;
    strip_off;
    close_files;
  until false;
END.
```

Sicherheitshalber eliminiert das Programm in der Ursprungsdatei bereits vorhandene oder bei der Konvertierung entstehende Steuerzeichen (mit ASCII-Codes unter 32). Hiervon ausgenommen sind die Steuerzeichen ⟨LF⟩, ⟨CR⟩ und ⟨FF⟩. Darüber hinaus simuliert das Programm die Funktion „Auto-Linefeed". Da viele Text-Editoren beim automatischen Zeilenumbruch nur ein ⟨LF⟩ einfügen, kann dies zu Komplikationen bei der Übertragung führen. Deswegen erkennt das Programm, ob nach einem ⟨CR⟩ auch ein ⟨LF⟩ folgt bzw. nach einem ⟨LF⟩ ein ⟨CR⟩. Ist dies nicht der Fall, wird das Steuerzeichen automatisch zu einer ⟨CR⟩/⟨LF⟩-Sequenz ergänzt.

Die Arbeitsweise dieses Programms läßt sich wie folgt beschreiben:

- Nach dem Aufruf des Programms wird nach einer Eingabedatei gefragt. Wurde der Name einer existierenden Datei angegeben, wird anschließend nach dem Namen für die Ausgabedatei gefragt.
- Anschließend beginnt die Konvertierung. Jeder konvertierte Block (128 Byte) wird auf dem Bildschirm durch einen Punkt („.") angezeigt.
- Ist die Konvertierung abgeschlossen, fragt das Programm nach einer weiteren Eingabedatei zum Umformatieren. Zur Beendung des Programms wird statt eines Dateinamens ⟨CR⟩ eingegeben.

B.3 Setzen der Übertragungsparameter

Die folgende Prozedur setzt die Übertragungsparameter an der Schnittstelle COM1: beim IBM PC (oder IBM-kompatiblen Personal Computern). Übertragungsgeschwindigkeit, Bytelänge, Parität und Stopbits können den Anforderungen der Übertragung entsprechend eingestellt werden.

Hierzu wird direkt der Schnittstellenbaustein 8250 programmiert, da die Benutzung des Software-Interrupts (INT 14H) teilweise unerwünschte Nebeneffekte hat. So wird im PC-BIOS (anders als im AT-BIOS) bei jeder Änderung der Schnittstellenparameter über INT 14H das Interrupt-Enable-Flag zurückgesetzt. Auf der anderen Seite hat sich der 8250 hinreichend als Standard durchgesetzt, so daß es keine Kompatibilitätsprobleme bei der direkten Programmierung gibt.

```
TYPE
  Paritytype      = (E,O,N);

CONST
  Base            = $3F8;
  line_control    = $3FB;
  line_status     = $3FD;


Procedure SetParams(Speed      : Integer;
                    Bytelength : Integer;
                    Parity     : Paritytype;
                    Stopbits   : Integer);
var
  lcr_new,
  lcr_buffer : Byte;
  bd_count   : Integer;
begin
  if (Speed > MaxInt) then Exit;
  case Bytelength of
    5 : lcr_new:= 0;
    6 : lcr_new:= 1;
    7 : lcr_new:= 2;
    else lcr_new:= 3;
  end;
  if (Stopbits = 2) then
    lcr_new:= lcr_new + 4;
  if (Parity <> N) then
    begin
      lcr_new:= lcr_new + 8;
      if (Parity = E) then
        lcr_new:= lcr_new + 16;
    end;
  bd_count:= Trunc(115200.0 / Speed);
  Inline($FA);      (* CLI *)
  lcr_buffer:= Port[Base];
  lcr_buffer:= Port[line_status];
  Port[line_control]:= (lcr_new or $80);
  Port[Base]:= lo(bd_count);
  Port[Base+1]:= hi(bd_count);
  Port[line_control]:= lcr_new and $7F;
  Inline($FB);      (* STI *)
end;
```

Die Prozedur SetParams wird mit den gewünschten Übertragungsparametern aufgerufen. Um den Asynchron-Adapter COM1: auf eine Übertragungsgeschwindigkeit von 300 bit/s, eine Bytelänge von 8 bit/Zeichen, keine Parität und ein Stopbit zu programmieren, würde der entsprechende Aufruf lauten:

SetParams(300,8,N,1)

Anschließend ist die Schnittstelle mit den angegebenen Parametern programmiert.

B.4 Bedienung der Schnittstellenleitungen

Die folgenden Funktionen und Prozeduren sind für Benutzer gedacht, die sich ein eigenes Terminal-Programm schreiben oder bestehende Anwendungen mit einem Interface zur Datenübertragung ausstatten wollen. In beiden Fällen ist die korrekte Bedienung der Schnittstellenleitung erforderlich. Leider gibt es hierfür bei den meisten Betriebssystemen keine BDOS-Funktionen, so daß die Programmierung maschinennah erfolgen muß.

Die folgenden Funktionen und Prozeduren greifen direkt auf die Schnittstellen-Ports zu und eignen sich für den IBM PC oder kompatible Personal Computer. Sie gestatten die Ein- und Ausgabe von Daten, das Lesen der Modem-Meldesignale und das Setzen der Modem-Steuersignale.

Alle Prozeduren und Funktionen wirken auf die Schnittstelle COM1:. Soll die Schnittstelle COM2: verwendet werden, müssen zuvor die Portadressen im Konstanten-Deklarationsteil entsprechend geändert werden. Bei einer gleichzeitigen Verwendung der in Anhang B.3 beschriebenen Prozedur SetParams braucht der Konstanten-Deklarationsteil nicht erneut eingefügt zu werden.

```
CONST
  Base            = $3F8;
  line_control    = $3FB;
  modem_control   = $3FC;
  line_status     = $3FD;
  modem_status    = $3FE;

Function M1: Boolean;
begin
  M1:= (Port[modem_status] and $20) <> 0;
end;
```

```
Function M2: Boolean;
begin
  M2:= (Port[modem_status] and $10) <> 0;
end;

Function M3: Boolean;
begin
  M3:= (Port[modem_status] and $40) <> 0;
end;

Function M5: Boolean;
begin
  M5:= (Port[modem_status] and $80) <> 0;
end;

Procedure S1(switch: switchtype);
begin
  case switch of
    ON  : Port[modem_control]:= Port[modem_control] or $01;
    OFF : Port[modem_control]:= Port[modem_control] and not $01;
  end;
end;

Procedure S2(switch: switchtype);
begin
  case switch of
    ON  : Port[modem_control]:= Port[modem_control] or $02;
    OFF : Port[modem_control]:= Port[modem_control] and not $02;
  end;
end;

Procedure D1(Ch: Char);
begin
  S2(On);
  while (not M2) or (Port[line_status] and $20=0) do
    begin end;
  Port[Base]:= Ord(Ch);
  S2(Off);
end;

Function D2: Char;
var
  Buffer, Status : Byte;
begin
  if M5 then
    begin
      Status:= Port[line_status] and $01;
      if Status <> 0 then
        begin
          if (Status and $0E) <> 0 then
            begin
              Buffer:= Port[Base];
              D2:= #00;
            end
          else D2:= Chr(Port[Base])
        end
      else D2:= #00
    end
  else D2:= #00
end;
```

Das Lesen der Modem-Meldesignale erfolgt durch den Aufruf der Funktionen M1, M2, M3 und M5. Je nach dem Zustand der zugehörigen Signale liefern diese Funktionen den Wert „true“ oder „false“. Ist also beispielsweise ein Trägersignal erkannt worden und das Signal M5 demzufolge eingeschaltet, liefert ein Aufruf der Funktion M5 den Wert „true" zurück.

Das Setzen der Modem-Steuersignale erfolgt durch Aufruf der Prozeduren S1 und S2. Die Prozedur S1 bedient die Leitung S1.1 bzw. S1.2, die Prozedur S2 die Leitung S2. Beide Prozeduren werden mit dem Parameter „On" oder „Off" aufgerufen, woraufhin sich der Zustand der betreffenden Steuerleitung entweder zu „EIN" oder zu „AUS" ändert. Soll also z.B. die Leitung S1.2 eingeschaltet werden, kann dies durch den Aufruf „S1(On)" geschehen.

Die Prozedur D1 dient zum Senden von Zeichen. Sie wird mit dem zu sendenden Zeichen als Parameter aufgerufen. Soll also z.B. das Zeichen „A" gesendet werden, würde der Aufruf „D1('A')" lauten. Bevor das Zeichen gesendet wird, wird die Modem-Steuerleitung S2 eingeschaltet. Anschließend wird überprüft, ob das Modem-Meldesignal M2 eingeschaltet ist und der Übertragungspuffer der Schnittstelle (Transmitter Holding Register) leer ist. Ist wenigstens eine der beiden Bedingungen nicht erfüllt, wartet die Prozedur mit der Ausgabe, bis beide Bedingungen erfüllt sind. Nach der Ausgabe des Zeichens wird das Signal S2 wieder ausgeschaltet. Bei ausschließlicher Verwendung im Duplex-Betrieb kann die Bedienung von S2 und die Abfrage von M2 entfallen; in diesem Fall sollte S2 konstant eingeschaltet bleiben.

Die Funktion D2 liefert als Wert das aktuell empfangene Zeichen zurück, wenn ein solches vorliegt. Wurde kein Zeichen empfangen, liefert die Funktion den Wert ⟨NUL⟩. Ein ⟨NUL⟩ wird ebenfalls zurückgeliefert, wenn ein Paritäts-, Überlauf- oder Rahmenfehler erkannt wurde. Bei dieser Implementierung einer Empfangsfunktion handelt es sich um ein sehr einfaches Beispiel, das sich nur für niedrige Übertragungsgeschwindigkeiten bis 300 bit/s eignet. Höhere Übertragungsgeschwindigkeiten erfordern die Verwendung eines interrupt-gesteuerten Empfangspuffers. Entsprechende Implementierungsbeispiele, die den hier vorgegebenen Rahmen sprengen würden, finden sich in den kommerziellen Programmpaketen zur Datenübertragung, die im Fachhandel erhältlich sind.

B.5 Dateichiffrierung

Wenn vertrauliche Daten oder Texte übermittelt werden sollen, sind bei der Verwendung öffentlich zugänglicher Systeme Schutzmaßnahmen gegen die unbefugte Einsichtnahme zu treffen. Die einfachste und gleichzeitig sicherste Möglichkeit besteht in der Chiffrierung der zu übertragenden Daten, wie sie in Kap. 4.3.3 beschrieben wurde. Das folgende Beispielprogramm chiffriert Dateien mit der Eingabe eines Paßworts. Der Empfänger kann die Datei erst verwenden, wenn er sie mit dem selben Paßwort (und dem selben Chiffrierprogramm) dechiffriert hat. Das folgende Programm erfüllt nicht die Kriterien des Data Encryption Standard (DES), bietet jedoch insbesondere bei doppelter Chiffrierung mit unterschiedlichen Paßwörtern einen hinreichend sicheren Schutz gegen „Code-Knacker".

```
PROGRAM Crypt;

VAR
  Buffer        : array[1..128] of Byte;
  InFileN,
  OutFileN      : String[14];
  InputFile,
  OutputFile    : File;
  Passwort      : String[20];

Procedure open_files;
begin
  write('Eingabedatei: ');
  readln(InFileN);
  write('Ausgabedatei: ');
  readln(OutFileN);
  assign(InputFile,InFileN);
  assign(OutputFile,OutFileN);
  reset(InputFile);
  rewrite(OutputFile);
end;

Procedure Chiffriere;
var
  i, j, n,
  len,
  RecsRead : Integer;
  Code     : array[1..20] of Byte;
begin
  len:= length(Passwort);
  for i:= 1 to len do Code[i]:= not ord(Passwort[i]);
  repeat
    blockread(InputFile,Buffer,1,RecsRead);
    for i:= 0 to (127 div len) do
      for j:= 1 to len do
        begin
          n:= (i*len)+j;
          if n in [1..128] then
            case odd(i) of
              true  : Buffer[n]:=
                        Buffer[n] xor (Code[j] shr 1) xor lo(sqr(i));
              false : Buffer[n]:=
                        Buffer[n] xor (Code[j] shl 1) xor lo(sqr(i));
            end;
        end;
    blockwrite(OutputFile,Buffer,RecsRead);
    write('.');
  until RecsRead=0;
end;
```

```
Procedure close_files;
begin
  close(InputFile);
  close(OutputFile);
  writeln; writeln;
  writeln('Chiffrierung/Dechiffrierung abgeschlossen.');
end;

BEGIN
  writeln; writeln; writeln;
  writeln('Programm zur Chiffrierung/Dechiffrierung');
  writeln;
  open_files;
  write('Passwort (max. 20 Zeichen): ');
  BufLen:= 20;
  readln(Passwort);
  writeln;
  writeln('Chiffrierung/Dechiffrierung laeuft:');
  Chiffriere;
  close_files;
END.
```

Vor dem Senden einer Datei chiffriert der Sender die Datei durch Aufruf des Programms CRYPT. Nach der Eingabe einer Ein- und Ausgabedatei und des Paßworts erzeugt das Programm eine chiffrierte Kopie der Datei. Diese Kopie kann nur gelesen werden, nachdem sie mit dem gleichen Programm und dem gleichen Paßwort wieder dechiffriert wurde.

Die chiffrierte Datei hat ein 8-Bit-Format und erfordert daher eine codetransparente Übertragung mit acht Bit pro Zeichen.

C. Glossar

Akustikkoppler

Datenübertragungseinrichtung, die die von einem Computer ausgegebenen digitalen Signale in Schallfrequenzen umwandelt und umgekehrt Schallfrequenzen in digitale Signale rückverwandelt. Mit einem Akustikkoppler können Daten über ein gewöhnliches Telefon ins öffentliche Fernsprechnetz eingespeist und zu einem anderen Computer übertragen werden. Hierzu wird der Telefonhörer in entsprechende Gummimuscheln am Akustikkoppler gepreßt, so daß eine „akustisch gekoppelte" (im Unterschied zur galvanisch gekoppelten) Verbindung zustande kommt. Akustikkoppler stellen eine preiswerte, jedoch störanfällige Alternative zu Modems dar.

ANSI

American National Standards Institute. Nationales Koordinationsgremium für Standardisierung in den USA. Dem Deutschen Institut für Normung vergleichbare regierungsunabhängige Institution in den Vereinigten Staaten, an der über 1.000 Gewerbeorganisationen, Berufsvereinigungen und Firmen mitarbeiten. Das ANSI hat mehrere Standards zur Datenübertragung veröffentlicht, die international verwendet werden (z.B. die ANSI-Escape-Sequenzen zur Bildschirmsteuerung).

ASCII

American Standard Code of Information Interchange. In der ursprünglichen Fassung aus sieben Bit bestehender Code, der national und international das gebräuchlichste Alphabet zur Datenübertragung darstellt. Von diesem auch als „standard ASCII" bezeichnetem Code ist das „erweiterte ASCII" der Firma IBM mit einem Zeichensatz von 256 Zeichen zu unterscheiden, daß unter anderem auch Grafik-Sonderzeichen beinhaltet und eine Bytelänge von acht Bit verwendet.

Asynchrone Übertragung

Datenübertragung, bei der Sender jedes zu sendende Byte durch ein „Startbit" ankündigt und durch ein oder zwei „Stopbits" beendet. Mit dieser auch als „Start-Stop-Verfahren" bezeichneten Synchronisation wird der Gleichlauf zwischen Sender und Empfänger jeweils für die Dauer eines Bytes sichergestellt. Im Gegensatz hierzu wird bei der synchronen Übertragung durch zusätzliche Taktleitungen die Synchronisation für jedes einzelne Bit hergestellt.

AWD
Automatische Wähleinrichtung für Datenverbindungen. Ältere Wähleinrichtung zum automatischen Verbindungsaufbau, wie sie früher bei Postmodems eingesetzt wurde. Die AWD verwendet zur Übergabe der Steuerinformationen einen vergleichsweise umständlichen 5-Bit-Code nach der CCITT-Empfehlung V.25. Neuere Modems verfügen über eine integrierte Wähleinrichtung nach V.25bis, bei der die Steuerinformationen im ASCII-Code über die Datenleitungen übergeben werden.

Baud
Einheit der Schrittgeschwindigkeit. Ein Baud entspricht einem Schritt pro Sekunde. Ein Schritt ist das Zeitintervall, innerhalb dessen sich der Zustand auf einer Signalleitung ändert. Bei zweiwertigen Signalen ist die Schrittgeschwindigkeit identisch mit der Übertragungsgeschwindigkeit in bit/s. Werden höherwertige Signale pro Schritt codiert, wie bei Modems mit Übertragungsgeschwindigkeiten über 1.200 bit/s, dann ist die Schrittgeschwindigkeit kleiner als die Übertragungsgeschwindigkeit in bit/s.

BBS
Bulletin Board System. Amerikanische und englische Bezeichnung für Mailbox-Systeme.

BCC
Block Check Character. Blockprüfzeichen, das einem Datenblock mit zusätzlicher Redundanzinformation zur Fehlerprüfung angehängt wird. Die zahlreichen synchronen Übertragungsprotokolle verwenden zur Fehlersicherung pro Datenblock ein Blockprüfzeichen.

BIGFON
Breitbandiges Integriertes Glasfaser-Fernmelde-Ortsnetz.Ausbaustufe von ISDN, bei dem eine Umstellung der Leitungssysteme auf Glasfaserkabel (jetzt noch: Kupferkabel) erfolgt und hierdurch eine breitbandige Übertragung (z.B. von bewegten Bildern) möglich wird.

Binärcode
Code, dessen Zeichenvorrat aus nur zwei Elementen besteht. Der Binärcode ist deswegen von grundlegender Bedeutung, weil er leicht physikalisch (z.B. durch die Unterscheidung „Strom"/„kein Strom") dargestellt werden kann. Bei der Datenübertragung findet vor dem eigentlichen Übertragungsvorgang automatisch eine Umsetzung in den Binärcode statt, so daß die Daten bitweise über die Schnittstelle übergeben werden können. – Als „binär codiert" werden auch Dateien bezeichnet, die sich nicht an gewöhnliche Codes wie z.B. ASCII halten und deshalb eine codetransparente Übertragung erfordern.

Bit
Aus „binary digit" zusammengezogene Bezeichnung für eine binär codierte Informationseinheit. Ein Bit kann nur zwei Kennzustände einnehmen (z.B. „0" und „1"). Die Kombination mehrerer Bits zu Bitgruppen (Bytes) gestattet dagegen auch die Repräsentation komplexerer Informationen.

bit/s
Bits pro Sekunde. Einheit der Übertragungsgeschwindigkeit. Die Einheit bit/s gibt an, wie viele Bits pro Sekunde über eine bestimmte Schnittstelle oder Übertragungsstrecke übertragen werden können. Bei der seriellen Übertragung kann die für die Übertragung eines Zeichens erforderliche Zeit dadurch berechnet werden, daß die Übertragungsgeschwindigkeit in bit/s durch die Bytelänge geteilt wird. Bei asynchroner Übertragung sind zusätzlich noch die Übertragungsdauern für die Start- und Stopbits zu berücksichtigen. Die englische Bezeichnung für diese Einheit lautet bps (bits per second).

Block
Datensatz von festgelegter Größe (z.B. 128 Byte), der geschlossen übertragen wird. Blöcke sind insbesondere bei protokollgesteuertem Dateitransfer von Bedeutung, da hier die Fehlersicherung nicht pro Zeichen, sondern pro Datenblock erfolgt. Zusätzlich zu den Nutzdaten wird ein Block gewöhnlich mit Steuer- und Redundanzinformationen versehen. Der genaue Blockaufbau ist vom verwendeten Übertragungsprotokoll abhängig.

BSC
Binary Synchronous Communication. Von der Firma IBM entwickeltes Protokoll für synchrone Datenübertragung.

Btx
Bildschirmtext. Kommunikationsdienst der Deutschen Bundespost. Btx verschafft privaten Teilnehmern Zugang zu zentralen Informationsbanken der Btx-Anbieter. Zur Teilnahme an Btx ist ein speziell ausgerüstetes Fernsehgerät und ein spezieller Btx-Modem („Btx-Anschlußbox") erforderlich. Der Zugang zu Btx erfolgt über das Telefonnetz mit einer Übertragungsgeschwindigkeit von 1200/75 bit/s.

Byte
Gruppe zusammengehöriger binärer Informationen (Bits). Sofern nicht anders angegeben, besteht ein Byte aus acht Bits (= Bytelänge). Bytes dienen zur Repräsentation einzelner Zeichen, bei der Benutzung des ASCII-Codes z.B. von Buchstaben.

CCITT
Commite Consultatif International Telegraphique et Telephonique. Beratende Kommission der Internationalen Fernmeldeunion, die für den Daten- und Fernsprechdienst zuständig ist. Von der CCITT gingen wichtige Empfehlungen zur Vereinheitlichung von Schnittstellen wie die V.24-Richtlinien aus, die die internationale Datenfernkommunikation ermöglichen. Die CCITT-Richtlinien sind auch Grundlage der Zulassungsprüfungen, die die Deutsche Bundespost bei Datenendgeräten und Datenübertragungsgeräten durchführt.

CCL
Common Command Language. Gemeinsame Kommandosprache. Von der Europäischen Gemeinschaft entwickelte standardisierte Abfragesprache für Datenbanken, die die Benutzung unterschiedlicher internationaler Datenbank-Hosts erleichtern soll.

CEPT
Conference Europeenne des Postes et des Telecommunications. Vereinigung europäischer Postbehörden, die z.B. die für Btx benutzten Standards definiert.

Codetransparenz
Datenübertragung, bei der beliebige Bitmuster ohne Bindung an einen bestimmten Code (z.B. ASCII) übertragen werden können. Im Unterschied hierzu dürfen bei der codegebundenen Übertragung keine beliebigen Bitmuster übertragen werden, sondern nur die durch einen bestimm-

ten Code vorgegebenen. Eine codetransparente Übertragung ist insbesondere zur Übertragung von ausführbaren Computerprogrammen und komprimierten oder chiffrierten Dateien erforderlich.

CRC

Cyclic Redundancy Check. Zyklische Redundanzprüfung. Methode zur Berechnung von Redundanzinformation aus einem Datenblock, um diese Information zur Fehlersicherung zusammen mit dem Datenblock zu übertragen. Die CRC-Prüfsumme hat eine Länge von zwei Byte.

Crunching

Verfahren zur Dateikompression nach Lempel und Ziv, bei dem die in einer Datei enthaltene Information in ein kompakteres Format gebracht wird. Da beim Crunching nur ein Durchlauf durch die zu komprimierende Datei erforderlich ist, ist dieses Verfahren besonders schnell.

Datennetz

Physikalisches Leitungssystem (Kabel und Funkstrecken), über das Daten von einer Datenendeinrichtung zu einer anderen Datenendeinrichtung übertragen werden können. In der Bundesrepublik ist die Bundespost alleiniger Betreiber von Datennetzen. Ihr Angebot umfaßt neben der Datenübertragung im Telefonnetz und den Datex-Diensten das Direktrufnetz sowie spezielle Datendienste in diesen Netzen wie z.B. Bildschirmtext und Teletex.

Datex

Aus dem Begriff Data Exchange Service abgeleitete Sammelbezeichnung für die speziellen digitalen Datenübertragungsdienste der Bundespost. Diese umfassen die beiden Netze Datex-P und Datex-L, die sich hauptsächlich in ihrer Vermittlungsart unterscheiden. Während Datex-P die Paketvermittlungstechnik verwendet, basiert Datex-L auf der Leitungsvermittlung.

DBP

Deutsche Bundespost.

Decoder

Gerät, das hardwaremäßig die Umwandlung von Zeichen auf der Basis eines bestimmten Codes vornimmt. Decoder sind z.B. für die Teilnahme an Bildschirmtext erforderlich, um den innerhalb von Btx verwenden

CEPT-Code in auf dem Fernsehbildschirm darstellbare Zeichen umzuwandeln.

DEE
Datenendeinrichtung. Gewöhnlich ein Computer oder ein Datenterminal. Von der Datenendeinrichtung unterschieden wird die Datenübertragungseinrichtung, mit der zusammen die DEE eine Datenstation bildet.

DFN
Deutsches Forschungsnetz. Über Direktrufleitungen realisiertes geschlossenes Netz, über das die Rechner bundesdeutscher Hochschulen und Forschungsinstitute miteinander verbunden sind.

DFÜ
Datenfernübertragung. DFÜ meint vorwiegend den technischen Vorgang der Übermittlung von Daten über Weitverkehrsnetze und wird deshalb von der Datenfernverarbeitung (DFV) und der Datenfernkommunikation (DFK) unterschieden.

Download
Dateitransfer, bei dem eine von der Gegenstelle gesendete Datei empfangen und mitgespeichert wird.

DST
Datenstation. Funktionale Einheit aus Datenendeinrichtung und Datenübertragungseinrichtung, die einem Benutzer Zugang zu einem Datennetz und damit die Teilnahme an der Datenfernkommunikation ermöglicht.

DÜE
Datenübertragungseinrichtung. Eine Datenübertragungseinrichtung verbindet eine Datenendeinrichtung mit einem Datennetz. Häufig verwendete Datenübertragungseinrichtungen sind Modems und Akustikkoppler zur Datenübertragung im Telefonnetz.

Duplex
Leitungscharakteristik, die die Richtung des Datenflusses zwischen zwei Datenstationen angibt. Hierbei wird zwischen simplex, halbduplex und duplex (auch: vollduplex) unterschieden. In der Betriebsart duplex können beide Datenstationen gleichzeitig Daten senden. In der Betriebsart halbduplex kann jeweils nur eine Datenstation senden, wobei durch entspre-

chende Prozeduren die Richtung des Datenflusses umgeschaltet werden kann. In der Betriebsart simplex kann dauerhaft nur eine der Datenstationen senden.

EBCDIC
Extended binary coded decimals interchange code. Auf einigen Großrechnern anstelle des ASCII-Codes verwendeter Code zur Darstellung von Buchstaben und Ziffern. EBCDIC und ASCII sind nicht miteinander kompatibel.

Electronic Mail
Oberbegriff für die Kommunikation über Mailboxsysteme. Abkürzung: EMAIL.

FTZ
Fernmeldetechnisches Zentralamt. Einrichtung der Deutschen Bundespost mit Sitz in Darmstadt. Das FTZ war früher für die Vergabe der Zulassungen für Datenübertragungseinrichtungen und Datenendeinrichtungen zuständig. Diese Aufgabe wird nun vom ZZF übernommen.

FTZ-Nummer
Zulassungsnummer, die früher vom Fernmeldetechnischen Zentralamt für Datenübertragungseinrichtungen und Datenendeinrichtungen erteilt wurde. Die Zulassung ist in der Bundesrepublik für alle Geräte erforderlich, die an Datennetze angeschlossen werden. Die Bezeichnung „FTZ-Nummer“ wurde 1986 durch „DBP-Zulassungsnummer“ ersetzt. Diese Nummer ist an allen postzugelassenen Geräten aufgeklebt, so daß die Zulassung für die Teilnahme an einem bestimmten Datendienst leicht überprüft werden kann.

Gateway
Übergangsstelle zwischen zwei Netzen mit evtl. unterschiedlichen Kommunikationsprotokollen. Ein Gateway kann auch den Übergang zwischen einem öffentlichen und einem privaten Netz (z.B. einem LAN) herstellen. In der Datenfernkommunikation von Bedeutung sind Gateways zum Telex-Netz und zu den Hosts von Online-Datenbanken, die von kommerziellen Mailbox-Diensten hergestellt werden.

GRIPS

General Relation based Information Processing System.Datenbanksystem des Deutschen Instituts für medizinische Dokumentation und Information (DIMDI), das auch von vielen anderen europäischen Datenbankanbietern benutzt wird. Als Abfragesprache verwendet GRIPS eine leicht erweiterte Version von CCL.

Hexadezimal-Code

Code mit 16 verschiedenen Code-Elementen, die als Ziffern von 0 bis 9 und anschließend als Buchstaben von A bis F dargestellt werden. Der Hexadezimal-Code ist insbesondere bei der maschinennahen Programmierung von Bedeutung.

Host

Wirtsrechner, dessen Kapazität eine oder mehrere andere Computer auf dem Weg der Datenfernübertragung nutzen. Hosts sind die Zentralrechner, auf denen Online-Datenbanken und Mailbox-Systeme implementiert sind. Zusätzlich zur eigentlichen Rechenanlage wird als Host zuweilen auch die den Rechner betreibende Organisation (z.B. ein Datenbankanbieter) bezeichnet.

ISDN

Integrated Services Digital Network. Diensteintegriertes Digitalnetz der Deutschen Bundespost, das im Probebetrieb seit 1987 installiert wird. Die wichtigsten Merkmale von ISDN sind ein die gleichzeitige Nutzungsmöglichkeit für alle Formen der Telekommunikation (Telefonieren, Datenübertragung, Btx, Telefax,Bildtelefon usw.) bei ausschließlich digitaler Übertragung mit hohen Geschwindigkeiten.

ISO

International Standard Organisation. Weltweiter Zusammenschluß aller nationalen Normungsausschüsse.

IuD

Information und Dokumentation.

KB

Kilobyte. Einheit für Dateigröße und Speicherkapazität. 1 KB entspricht 1024 Byte.

Kermit
Übertragungsprotokoll, das ursprünglich an der Columbia University (New York) entwickelt wurde. Das Kermit-Protokoll zeichnet sich dadurch aus, daß es auch unter restriktiven Bedingungen Dateitransfers ermöglicht (z.B. Übertragung von 8-Bit-Dateien über 7-Bit-Netze). Implementierungen des Kermit-Protokolls gibt es kostenlos für praktisch alle verfügbaren Rechnertypen.

Kompatibilität
Austauschbarkeit von Hardware, Software und Daten zwischen unterschiedlichen Gerätetypen. Im Bereich der Personal Computer ist hauptsächlich von „IBM-Kompatibilität" die Rede, was bedeutet, daß ein bestimmtes Programm auf einem IBM Personal Computer oder einem Nachbau lauffähig ist.

LAN
Local Area Network. Organisationsinternes Netzwerk, bei dem die Verbindungen zwischen Rechnern über ein eigens hierzu physikalisch eingerichtetes Nahverkehrsnetz, nicht aber über öffentliche Weitverkehrsnetze hergestellt wird. LANs werden daher auch als „Inhouse-Netzwerke" bezeichnet.

Logon
Zugangsprozedur zu einem Host, bei der der Benutzer seine Zugangsberechtigung durch eine registrierte Benutzerkennung und durch ein Paßwort nachweist. Bei ungültiger Benutzerkennung oder fehlerhaft eingegebenem Paßwort wird die Verbindung in der Regel automatisch vom Host unterbrochen. Logon-Prozeduren sollen hauptsächlich vor unbefugten Benutzern schützen und dienen bei kommerziellen Hosts gleichzeitig zur Buchführung. Synonym: Login.

Logout
Benutzerabmeldung bei einem Host. Der Benutzer teilt dem Host mit einem speziellen Kommando (z.B. LOGOUT, LOGOFF, BYE) mit, daß er die Sitzung beendet hat. Anschließend wird die Verbindung unterbrochen. Synonym: Logoff.

LRC
Longitudinal Redundancy Check. Verfahren zur Fehlerprüfung bei blockweiser Übertragung, bei dem aus einem Datenblock ein Paritätsbyte

berechnet wird, das als Redundanzinformation zusätzlich zum Block übertragen wird. Siehe auch: BCC.

Mailbox
Elektronisches „Postfach". Mailbox-Dienste bieten ihren Teilnehmern die Möglichkeit, untereinander elektronisch Mitteilungen auszutauschen, die im zentralen Host gespeichert werden. Neben organisationsinternen Mailboxen gibt es in der Bundesrepublik eine Vielzahl öffentlicher Mailbox-Dienste, von denen der Großteil nicht-kommerziell ausgerichtet ist. Kommerzielle Mailbox-Dienste verstehen sich als Dienstleistungsunternehmen, die insbesondere im Bereich der Geschäftskorrespondenz eine Ergänzung zur traditionellen Briefpost und einen Zugang zu Online-Datenbanken bieten.

Modem
Abkürzung für Modulator-Demodulator. Datenübertragungseinrichtung zum Anschluß einer Datenendeinrichtung an das Telefonnetz. Der Modem wandelt die von der Datenendeinrichtung verwendeten digitalen Daten in analoge Signale um, die über das Telefonnetz übertragen werden können. Anders als ein Akustikkoppler wird ein Modem über eine entsprechende Anschlußdose elektrisch mit dem Telefonnetz verbunden und kann daher z.B. auch automatisch Verbindungen aufbauen und Rufe annehmen.

NUA
Network User Adress. Netzadresse eines Datex-P-Hauptanschlusses ähnlich einer Telefonnummer. Über die NUA wird eine Verbindung zum gewünschten Hauptanschluß aufgebaut.

NUI
Network User Identification. Teilnehmerkennung zur Teilnahme an Datex-P20. Mit einer bei der Post beantragten NUI weist sich der Benutzer als berechtigter Teilnehmer von Datex-P20 aus. Eine NUI besteht aus zwei Teilen (Teil B = Paßwort) und sollte, da über sie auch die Abrechnung der Nutzungsgebühren erfolgt, geheim gehalten werden.

Nullmodem
Direktes Zusammenschalten zweier Datenendeinrichtungen über ein hierzu geeignetes Verbindungskabel. Anders bei der Datenübertragung per Modem müssen beim Nullmodem die Datenleitungen (Sende- und

Empfangsdaten) gekreuzt werden. Zusätzlich empfiehlt sich das Kreuzen der Leitungen S1-M1 und S2-M2. Ein Nullmodem kann aufgrund der gekreuzten Datenleitungen nicht zum Anschluß eines Modems verwendet werden. Das Zusammenschalten eines Modem-Anschlußkabels mit einem Nullmodem ergibt ein Nullmodem.

Offline
Zustand einer Datenendeinrichtung, in dem diese nicht (per Datenfernübertragung) mit einer anderen Datenendeinrichtung verbunden ist. Bei der Datenübertragung im Telefonnetz kann der Zustand „offline“ daran erkannt werden, daß die Signale M1 und M5 ausgeschaltet sind.

Online
Zustand einer Datenübertragungseinrichtung, in dem diese über ein Datennetz mit einer anderen Datenendeinrichtung verbunden ist, so daß Sendedaten der einen Datenstation bei der anderen Datenstation als Empfangsdaten dargestellt werden und umgekehrt. Bei der Datenübertragung im Telefonnetz kann der Zustand „online“ daran erkannt werden, daß die Signale M1 und M5 eingeschaltet sind.

PAD
Packet Assembly/Disassembly Facility. Paketier-Depaketier-Stelle beim Übergang von und zu paketvermittelten Datennetzen (z.B. Datex-P). Zum Übergang vom Telefonnetz nach Datex-P unterhält die Bundespost 17 PADs, die über die gesamte Bundesrepublik verteilt sind.

Parität
Verfahren zur automatischen Fehlererkennung. Zusätzlich zu den Nutzdaten wird ein Paritätsbit oder Paritätsbyte ermittelt, das die Anzahl der auf logisch „1“ gesetzten Bits zu einer geraden (even parity) oder zu einer ungeraden Zahl (odd parity) ergänzt. Die Paritätsinformation wird zusätzlich zu den Nutzdaten übertragen, so daß der Empfänger hierdurch die Möglichkeit hat, bestimmte Übertragungsfehler zu erkennen. Wie solche Übertragungsfehler behandelt werden, bleibt allerdings dem Empfänger überlassen.

Parallele Übertragung
Übertragungsformat, bei dem die Bits eines Bytes gleichzeitig über jeweils eigene Datenleitungen übertragen werden anstatt nacheinander, wie bei der seriellen Übertragung. Da die parallele Übertragung einen hohen

technischen Aufwand erfordert, wird sie nur für Spezialanwendungen eingesetzt.

Protokoll
Kontrolle eines fehlerfreien Verbindungsaufbaus, einer fehlerfreien Datenübertragung oder eines fehlerfreien Verbindungsabbaus. Protokolle regeln die Ereignisfolgen bei einem „ordnungsgemäßen" Übertragungsverlauf und können somit Vorkehrungen gegen Störungen und Übertragungsfehler treffen. Protokolle sind insbesondere beim Dateitransfer von Bedeutung, wo sie durch Verfahren zur automatischen Fehlerkorrektur die fehlerfreie Übertragung größerer Datenbestände sicherstellen.

Public Domain-Software
Computerprogramme, die urheberrechtlich geschützt sind, für deren Benutzung und Verbreitung jedoch keine Gebühren erhoben werden.

Redundanz
Nachrichtenelemente, die keine zusätzliche Information liefern, sondern bestimmte Informationen einer Nachricht wiederholen.Praktisch alle Verfahren zur Fehlererkennung und -korrektur basieren auf der Übertragung von Redundanzinformationen zusätzlich zu den Nutzdaten. Anhand des Vergleichs der Nutzdaten mit der Redundanzinformation können Übertragungsfehler erkannt werden. Besonders häufig wird das Prüfsummen- oder Quersummen-Verfahren verwendet, bei denen die ASCII-Codes eines Datenblocks aufsummiert werden und der resultierende Wert als Blockprüfzeichen (BCC) zusätzlich zu den Daten übertragen wird.

Retrieval
Abfrage einer Datenbank. Zum Retrieval ist die Kenntnis der physikalischen Datenspeicherung nicht notwendig, wohl aber die Kenntnis der vom Retrieval-System verwendeten Abfragesprache.

RS-232-C
Recommended Standard 232-C. Schnittstellen-Spezifikation zur seriellen Datenübertragung. Die RS-232-C-Spezifikation ergänzt die CCITT-Richtlinie V.24 um die technische Schnittstellenausführung. RS-232-C-Schnittstellen werden weltweit am häufigsten zur Datenübertragung genutzt und finden sich fast an jeder Datenendeinrichtung.

Schnittstelle
Übergabestelle von Daten zwischen zwei informationsverarbeitenden Einheiten. Eine Schnittstelle befindet sich z.B. zwischen Datenendeinrichtung und Datenübertragungseinrichtung. Zur fehlerfreien Datenübergabe an Schnittstellen sind einheitliche Standards die Voraussetzung, wie sie z.B. in den CCITT-Richtlinien der Serien V. und X. zum Ausdruck kommen.

SDI
Selected Dissemination of Information. Dauerauftrag bei einer Datenbank, Informationen zu einem bestimmten Suchprofil regelmäßig zusammenzustellen und dem Benutzer in ausgedruckter Form zuzusenden.

Serielle Übertragung
Übertragungsformat, bei dem die zu sendenden Daten bitseriell übertragen werden, so daß lediglich ein Sende- und ein Empfangskanal erforderlich ist. Die serielle Übertragung wird dank ihrer geringen technischen Voraussetzungen wesentlich häufiger genutzt als die aufwendigere parallele Übertragung.

Startbit
Bei der asynchronen Übertragung ist das Startbit die Markierung auf der Datenleitung dafür, daß das nächste Zeichen beginnt und der Synchronismus hergestellt werden muß.

Stopbit
Bei der asynchronen Übertragung ist das Stopbit die Markierung dafür, daß ein gerade gesendetes Byte abgeschlossen ist. Der Zustand des Stopbits unterscheidet sich von dem des Startbits, so daß der Beginn des nächsten Zeichens wieder problemlos erkannt werden kann.

Squeezing
Verfahren zur Dateikompression nach Huffman, bei dem die in einer Datei enthaltene Information in einen häufigkeitsabhängigen Code variabler Länge gebracht wird. Da die beim Squeezing verwendeten Algorithmen recht komplex sind, dauert die Kompression entsprechend lang. In der Praxis werden Dateien daher häufiger mit dem schnelleren Crunching komprimiert.

Synchrone Übertragung
Übertragungsart, bei der der Gleichlauf zwischen Sender und Empfänger durch einen Bit-Synchronismus über eigene Taktleitungen hergestellt wird. Bei der synchronen Übertragung erfolgt der Datenaustausch nicht zeichenweise, sondern blockweise.

Sysop
System Operator einer Mailbox, einer Datenbank oder eines Großrechners.

Telebox
Mailbox-Dienst der Deutschen Bundespost. Abkürzung: Tbx.

Telefax
Fernkopier-Dienst der Deutschen Bundespost. Telefax ermöglicht die originalgetreue Übertragung von Text- und Bildvorlagen im A-4-Format, die an der Gegenstelle als Fernkopie ausgedruckt werden. Telefax verwendet als Datennetz das öffentliche Fernsprechnetz. Da bei Telefax keine Daten in maschinenlesbarer Form übertragen werden, rechnet dieser Dienst nicht zur Datenübertragung im engeren Sinne.

Teletex
Textkommunikationsdienst der Deutschen Bundespost. Teletex überträgt Texte im Datex-L-Netz mit einer Übertragungsgeschwindigkeit von 2.400 bit/s und ist damit bedeutend schneller als Telex. Zur Teilnahme am Teletex-Dienst ist ein speziell ausgerüstetes Teletex-Endgerät erforderlich.

Telex
Internationales Fernschreibnetz. Telex wird über ein eigenes Datennetz mit einer Übertragungsgeschwindigkeit von 50 bit/s abgewickelt. Damit ist Telex zwar wesentlich langsamer als andere Fernkommunikationsdienste, erreicht jedoch national und international mehr Adressaten als alle anderen Datendienste.

Terminal
Datenendeinrichtung zur Datenein/ausgabe (z.B. Datensichtgerät, Drukker), das die eingegebenen Daten nicht selbst verarbeitet, sondern – z.B. per Datenfernkommunikation – an eine Datenverarbeitungsanlage weiterleitet bzw. von einer solchen Anlage empfangene Daten anzeigt.

Thesaurus

Gesamtheit der kontrollierten Schlüsselwörter einer Datenbank. Über kontrollierte Schlüsselwörter ist ein besonders schneller Datenbankzugriff möglich. Alle kontrollierten Schlüsselwörter einer Datenbank bilden deren Thesaurus, der vor Beginn einer Suche online angezeigt werden kann. Für einige Datenbanken ist auch eine gedruckte Version des Thesaurus erhältlich.

Timeout

Zeitüberlauf bei einer protokollgesteuerten Transaktion.Übertragungsprotokolle definieren bestimmte Zeitintervalle, innerhalb derer eine erwartete Aktion ausgeführt sein muß. Wird die hierfür vorgesehene Zeit überschritten, dann wird von einem Übertragungsfehler ausgegangen und je nach der Stelle, an der sich der Zeitüberlauf ereignete, der letzte Übertragungsschritt wiederholt oder die Übertragung abgebrochen. Bei fehleranfälligen Datenübertragungsstrecken (z.B. Telefonnetz) ist die restriktive Verwendung von Timeouts die einzige Methode, um Endlosschleifen zu vermeiden, die aus der fehlerhaften Übertragung von Steuerinformationen resultieren würden.

Trägersignal

Modem-Meldesignal, das dem Modem (bzw. dem Akustikkoppler) anzeigt, daß die Gegenstelle bereit zum Senden ist. DIN-Bezeichnung: M5.

Transfergeschwindigkeit

Geschwindigkeit, mit der Daten fehlerfrei von einer Datenstation zu einer anderen Datenstation übertragen werden. Während die Übertragungsgeschwindigkeit ein eher ideales Maß darstellt, das in der Praxis durch die Einwirkungen verschiedener Störquellen nicht erreicht werden kann, bestimmt die Transfergeschwindigkeit den effektiven Durchsatz einer Übertragungsstrecke.

TTY

Teletype. Übertragungsverfahren, bei dem die Nutzdaten wie bei einem Fernschreiber ohne zusätzliche Steuerinformationen zur Video-Darstellung übermittelt werden. Im Unterschied zum Teletype-Verfahren sind bei speziellen Terminal-Protokollen wie z.B. VT-100 im Datenstrom Steuerzeichen enthalten, die bei der Gegenstelle Video-Funktionen zur Cursorpositionierung u.ä. bewirken. Beim Teletype-Verfahren sollen dagegen nur die reinen Nutzdaten als ASCII-Zeichen übertragen werden.

UART
Universal Asynchronous Receiver and Transmitter. Universeller Schnittstellenbaustein zur asynchronen Datenübertragung.

Übertragungsgeschwindigkeit
Geschwindigkeit, mit der Daten von einer Datenstation zu einer anderen Datenstation übertragen werden. Einheit der Übertragungsgeschwindigkeit ist bit/s. Die Übertragungsgeschwindigkeit ist von der Schrittgeschwindigkeit und von der Transfergeschwindigkeit zu unterscheiden. Sie gibt die Geschwindigkeit an, mit der einzelne Bits – unabhängig davon, ob sie Nutzdaten oder Steuerinformationen repräsentieren und ob die Übertragung fehlerfrei oder gestört war – über einen Übertragungsweg gesandt werden. Bei der Benutzung öffentlicher Datennetze sind die zu verwendenden Übertragungsgeschwindigkeiten in feste Geschwindigkeitsklassen eingeteilt (z.B. 300, 1.200, 2.400, 4.800 und 9.600 bit/s).

Update
Aktualisierung eines Datenbestandes. Bei Datenbanken gibt die sog. Update-Frequenz an, in welchen Perioden neue Datensätze hinzugefügt werden. Die Update-Frequenz ist ein Indikator für die Aktualität der Datenbank.

Upload
Dateitransfer, bei dem eine Datei zur Gegenstelle gesendet wird, um dort gespeichert zu werden.

VT-100
Terminal-Spezifikation des Herstellers Digital Equipment Corporation (DEC). VT-100 verwendet unter anderem die ANSI-Escape-Sequenzen zur Bildschirmsteuerung und ist eine der verbreitetsten Terminal-Emulationen für Mikrocomputer.

Xmodem
Ursprünglich von Ward Christiansen entwickeltes Übertragungsprotokoll für den Dateitransfer zwischen Mikrocomputern. Das Xmodem-Protokoll ist ein 8-Bit-Protokoll, bei dem Dateien in Blöcken von jeweils 128 Byte zusammen mit einer Prüfsumme übertragen werden. Dank seiner automatischen Fehlerkorrektur und Codetransparenz wurde das Xmodem-Protokoll rasch zum weltweit verbreiteten Standard zum Austausch von Dateien für Mikrocomputer und Mailbox-Systeme.

ZZF
Zentralstelle für Zulassungen im Fernmeldewesen. Das ZZF ist eine Einrichtung der Deutschen Bundespost mit Sitz in Saarbrücken und ist zuständig für die Vergabe von Zulassungen für Datenübertragungseinrichtungen und Datenendeinrichtungen.

Register